# Spätmittelalter und Reformation
# Neue Reihe

begründet von Heiko A. Oberman

herausgegeben von Berndt Hamm
in Verbindung mit Johannes Helmrath,
Jürgen Miethke und Heinz Schilling

## 20

Susanne Kleinöder-Strobel

# Die Verfolgung von Zauberei und Hexerei in den fränkischen Markgraftümern im 16. Jahrhundert

Mohr Siebeck

*Susanne Kleinöder-Strobel,* geboren 1969; 1988–94 Studium der Germanistik, Geschichte und Theologie in München und Erlangen; zur Zeit Studienrätin für Deutsch und Evangelische Religionslehre in Neumarkt/OPf.

Gedruckt mit Unterstützung des Förderungs- und Beihilfefonds Wissenschaft der VG WORT.

ISBN 3-16-147863-0
ISSN 0937-5740

Die Deutsche Bibliothek verzeichnet diese Publikation in der Deutschen Nationalbibliographie; detaillierte bibliographische Daten sind im Internet über http://dnb.ddb.de abrufbar.

© 2002 J.C.B. Mohr (Paul Siebeck) Tübingen.

Das Werk einschließlich aller seiner Teile ist urheberrechtlich geschützt. Jede Verwertung außerhalb der engen Grenzen des Urheberrechtsgesetzes ist ohne Zustimmung des Verlags unzulässig und strafbar. Das gilt insbesondere für Vervielfältigungen, Übersetzungen, Mikroverfilmungen und die Einspeicherung und Verarbeitung in elektronischen Systemen.

Das Buch wurde von Computersatz Staiger in Rottenburg/N. aus der Bembo-Antiqua gesetzt, von Gulde-Druck in Tübingen auf alterungsbeständiges Werkdruckpapier gedruckt und von der Großbuchbinderei Heinr. Koch in Tübingen gebunden.

Für meine Eltern

## Vorbemerkung

An dieser Stelle möchte ich mich bei all jenen bedanken, die mich auf meinem bisherigen Weg begleitet und das Entstehen dieser Arbeit ermöglicht haben.

Mein erster Dank gilt meinem Lehrer Prof. Dr. Berndt Hamm, der mich nicht nur inhaltlich mit kompetentem Rat und kritischer Aufmunterung begleitet, sondern auch in juristischen und organisatorischen Wirrnissen unerschütterlich und optimistisch unterstützt hat. Insbesondere möchte ich mich bei seiner Mitarbeiterin Dr. Petra Seegets bedanken, in deren Proseminar „Hexen und Hexenverfolgungen der frühen Neuzeit" alles seinen Anfang nahm. Das Wissen, dass sie bei einem Problem stets für mich Zeit haben würde, hat mir die Ausgeglichenheit, Ruhe und Sicherheit gegeben, die zu einem erfolgreichen Arbeiten nötig sind. Nicht weniger herzlich sei Prof. Dr. Wolfgang Kraus gedankt, der in äußerst unkomplizierter Art und Weise meine Arbeit „adoptiert" und den zügigen Abschluss gefördert hat.

Hervorheben möchte ich die vielfache Unterstützung, die ich von Mitarbeitern verschiedener Archive und Bibliotheken erfahren habe. Sie alle aufzuzählen würde den Rahmen dieser Vorbemerkung sprengen. Mein Dank gilt ferner Dr. Robert Schuh (Nürnberg), der mir für historisches Detailwissen mehrfach eine große Hilfe war, und Dr. Hubert Zölch (Amberg), der sich für druckreife Übersetzungen lateinischer Zitate verantwortlich zeigte.

Bedanken möchte ich mich auch bei meinen beiden Schulleitern in diesen Jahren, OStD Dr. Herwig Säckl und StD Karl-Heinz Bruckner, die das Entstehen dieser Arbeit mit freundlichem Interesse und dienstlichem Entgegenkommen gefördert haben.

Schließlich möchte ich den Korrekturlesern, Dr. Petra Seegets, Ulrike Halbe-Bauer und meiner Schwester Regine herzlichen Dank sagen.

Verbunden bin ich auch meinen Eltern und meinen Schwestern für telephonische und vielfältige anderweitige Unterstützung.

Last but not least gilt mein besonderer Dank meinem lieben Mann, der die atmosphärische Rundumbetreuung meiner Arbeit angefangen von technischen Belangen bis hin zu „Trost und Rat" übernommen und dabei eine nie endende Geduld bewiesen hat.

Neumarkt, Mai 2002

# Inhalt

Vorbemerkung .................................................. VII
Inhaltsübersicht ................................................ IX
Verzeichnis der Tabellen ..................................... XVII

| | | |
|---|---|---|
| 1. | *Grundlagen* .................................................. | 1 |
| 1.1 | Forschungsüberblick ....................................... | 1 |
| 1.2 | Zielsetzung und Aufbau der Arbeit .................... | 7 |
| 1.3 | Zeitliche Eingrenzung .................................... | 10 |
| 1.4 | Das Untersuchungsgebiet ................................ | 11 |
| 1.5 | Kurzer Abriss der allgemeinen Geschichte in den beiden Markgraftümern ...................... | 13 |
| 1.5.1 | Die Regenten in den beiden Markgraftümern ..... | 13 |
| 1.5.2 | Vom Beginn der Reformation bis zum Augsburger Religionsfrieden ............................ | 14 |
| 1.5.3 | Vom Augsburger Religionsfrieden bis zum Dreißigjährigen Krieg .................................. | 16 |
| 1.6. | Die Quellenlage ............................................ | 18 |
| 1.7 | Terminologische Vorbemerkungen ................... | 19 |
| 1.7.1 | Der kumulative Hexenbegriff .......................... | 19 |
| 1.7.2 | Zur Unterscheidung der Begriffe Zauberei und Hexerei ............................................... | 21 |
| 2. | *Das legislative Wirken der Markgrafen bezüglich Zauberei und Hexerei* ................................................. | 23 |
| 2.1. | Die Markgrafen als lutherische Obrigkeit .......... | 24 |
| 2.1.1 | Luthers Rede von den zwei Reichen und den drei Ständen ..................................... | 24 |
| 2.1.2 | Das landesherrliche Kirchenregiment ............... | 30 |
| 2.1.3 | Das Selbstverständnis der Markgrafen als evangelische Obrigkeit ............................. | 32 |

| | | | |
|---|---|---|---|
| 2.1.4 | | Die Aufgabe der Landesherrn in der Verfolgung von Hexerei nach Ansicht der Reformatoren ........... | 35 |
| | 2.1.4.1 | Martin Luther ................................ | 35 |
| | 2.1.4.2 | Andreas Osiander........................... | 37 |
| | 2.1.4.3 | Johannes Brenz ............................. | 39 |
| 2.2 | | Das legislative Wirken der Markgrafen hinsichtlich des Zauber- und Hexenwesens im 16. Jahrhundert – Kirchenordnungen und Policey- und Landesordnungen ............................... | 43 |
| 2.2.1 | | Die Kirchenordnungen ............................. | 43 |
| | 2.2.1.1 | Vorkommen der Zaubereithematik und begriffliche Analyse ..................................... | 43 |
| | 2.2.1.2 | Die Kirchenordnung von 1533 .................. | 46 |
| | 2.2.1.2.1 | Die Entstehung der Kirchenordnung von 1533 ....... | 46 |
| | 2.2.1.2.2 | Das Zaubereithema in der Kirchenordnung von 1533 .. | 47 |
| | 2.2.1.2.3 | Die Weiterwirkung der Kirchenordnung von 1533 .... | 49 |
| | 2.2.1.3 | Der „Sitz im Leben" der Zauberthematik in den Kirchenordnungen von Ansbach-Bayreuth........... | 51 |
| | 2.2.1.4 | Das Fehlen des Begriffs „Hexe" ................. | 53 |
| 2.2.2 | | Policey- und Landesordnungen........................ | 55 |
| | 2.2.2.1 | Peinliche Halsgerichtsordnung .................. | 56 |
| | 2.2.2.2 | Polizey-Ordnung............................. | 57 |
| | 2.2.2.3 | Ordnungen, Verordnungen und Reskripte .......... | 58 |
| | 2.2.2.3.1 | Begriffliche Analyse .......................... | 58 |
| | 2.2.2.3.2 | Anlass und Aufgabe der Mandate................. | 60 |
| | 2.2.2.3.3 | Feststellung einer Zunahme des Zauberwesens ....... | 61 |
| | 2.2.2.3.4 | Zuspitzung um 1590 ......................... | 61 |
| | 2.2.2.4 | Die Frage nach einer eigenen Gesetzgebung gegen Hexerei in den Markgraftümern im Kontext einer Zuspitzung der Problematik um 1591 .............. | 63 |
| | 2.2.2.4.1 | Die Situation im Herzogtum Bayern .............. | 63 |
| | 2.2.2.4.2 | Die Situation in Ansbach und Kulmbach/Bayreuth .... | 64 |
| 2.3 | | Zusammenfassung ................................. | 65 |
| 3. | | *Die Auseinandersetzung protestantischer Theologie mit der Zauberei- und Hexenthematik in den Markgraftümern Ansbach und Kulmbach/Bayreuth*...................... | 68 |
| 3.1. | | Der Sitz im Leben der theologischen Auseinandersetzung . | 68 |
| 3.2 | | Fragen zur Einordnung theologischer Texte in das Spektrum verschiedener Haltungen gegenüber Zauberei und Hexerei ...................... | 73 |

| | | |
|---|---|---|
| 3.3 | Die theologische Auseinandersetzung mit dem Thema in der Katechismusliteratur .................. | 86 |
| 3.3.1 | Das Thema in den Kinderpredigten von 1533 ......... | 86 |
| | 3.3.1.1 Inhaltliche Wiedergabe.................. | 86 |
| | 3.3.1.2 Einordnende Interpretation................. | 87 |
| | 3.3.1.3 Die Katechismuspredigten zwischen Fortführung der Tradition und eigenständiger Interpretation ..... | 89 |
| 3.3.2 | Der Althamersche und der Kargsche Katechismus....... | 90 |
| 3.4 | Theologische Auseinandersetzung mit der Zaubereithematik in der Kirchenordnung von 1533 ............ | 91 |
| 3.4.1 | Inhaltliche Wiedergabe ............................ | 91 |
| 3.4.2 | Einordnende Interpretation........................ | 92 |
| 3.5 | Die Auseinandersetzung mit der Hexereithematik in Adam Franciscis „General Instruction von den Truten" 1591 ............................ | 98 |
| 3.5.1 | Zum Verfasser ................................. | 99 |
| 3.5.2 | Literarische Analyse der Quelle .................... | 100 |
| 3.5.3 | Gliederung der Quelle............................ | 101 |
| 3.5.4 | Begriffliche Analyse.............................. | 103 |
| 3.5.5 | Der kumulative Hexenbegriff..................... | 105 |
| 3.5.6 | Einordnende Interpretation / Theologische Analyse..... | 109 |
| | 3.5.6.1 Die Frage der „permissio dei".................. | 109 |
| | 3.5.6.2 Die Frage nach der Theodizee ................ | 112 |
| | 3.5.6.3 Die Frage nach der Realität der Zauberei ......... | 117 |
| | 3.5.6.4 Die Frage nach der Willensfreiheit.............. | 123 |
| | 3.5.6.5 Die Frage nach den Gegenmitteln ............. | 123 |
| | Exkurs: Die Transzendentalisierung/Apostasierung des Hexereiverbrechens ....................... | 124 |
| | 3.5.6.6 Die Frage nach der Bestrafung der Zauberei ....... | 126 |
| | 3.5.6.7. Hinweise Franciscis für die Prozessführung......... | 131 |
| | 3.5.6.7.1 Die Aufgabe der Pfarrer ...................... | 131 |
| | 3.5.6.7.2 Gebet statt Magie........................... | 132 |
| | 3.5.6.7.3 Kritik am Nachrichter ....................... | 132 |
| | 3.5.6.7.4 Vorbilder in der Prozessführung ............... | 134 |
| 3.5.7 | Franciscis Auseinandersetzung mit den Quellen ....... | 136 |
| | 3.5.7.1 Juristische Quellen ......................... | 136 |
| | 3.5.7.2 Theologische Quellen ....................... | 137 |
| 3.6. | Zusammenfassung ............................. | 139 |

| 4. | Praxis der Hexenprozesse in den Markgraftümern im 16. Jahrhundert | 141 |
|---|---|---|
| 4.1 | Vorbemerkungen zum Verzeichnis der Hexen- und Zaubereiprozesse in den Markgraftümern Ansbach und Kulmbach/Bayreuth im 16. Jahrhundert | 141 |
| 4.1.1 | Quellenbasis des Verzeichnisses der Zauber- und Hexenprozesse | 141 |
| 4.1.2 | Ablauf eines Hexenprozesses in den Markgraftümern | 142 |
| 4.1.3 | Legende zum Verzeichnis der Hexen- und Zaubereiprozesse in den Markgraftümern Ansbach und Kulmbach/Bayreuth im 16. Jahrhundert | 145 |
| 4.2 | Verzeichnis der Hexen- und Zaubereiprozesse in den Markgraftümern Ansbach und Bayreuth im 16. Jahrhundert | 148 |
| 4.3 | Klassifizierung der Prozesse nach ihrer Häufigkeit | 194 |
| 4.4 | Klassifizierung der Prozesse hinsichtlich der verhängten Urteile | 196 |
| 4.5 | Die Erfassung der Hexenprozesse in der „Himmler-Kartothek" | 198 |
| 4.6 | Die verschiedenen Ebenen eines Hexenprozesses | 202 |
| 4.6.1 | Der Ansbacher Hof | 202 |
| 4.6.2 | Die lokale Ebene am Beispiel des Klosters Heilsbronn | 204 |
| 4.6.3 | Der neue Nachrichter von 1590/91 | 205 |
| 4.7 | Die Rolle der Geistlichkeit in den Hexenprozessen | 210 |
| 4.7.1 | Zeugenschaft von Pfarrern | 211 |
| 4.7.2 | Teilnahme an Verhören | 215 |
| 4.7.3 | Pfarrer in der Vorbereitung der Angeklagten auf den endlichen Rechtstag | 217 |
| 4.7.4 | Ablehnung der Zusammenarbeit mit der weltlichen Obrigkeit | 219 |
| 4.8 | Hexenverfolgung – Frauenverfolgung? – Analyse der Hexenprozesse unter dem Aspekt des „Gender" | 221 |
| 4.8.1 | Die angeklagten Männer | 221 |
| 4.8.1.1 | Die zauberische Familie am Beispiel der Familie Brecht in Heilsbronn/Weißenbronn | 221 |
| 4.8.1.2 | Männer als „Beihelfer" zur Zauberei | 223 |
| 4.8.1.3 | Männer als Kunden bei der Wahrsagerin (Zaubereigebrauch) | 223 |

| | | | |
|---|---|---|---|
| 4.8.2 | Die angeklagten Frauen | | 225 |
| | 4.8.2.1 | Alter, Stand und gesellschaftliche Stellung | 225 |
| | 4.8.2.2 | Hexenbilder-Frauenbilder | 229 |
| | 4.8.2.2.1 | Weise Frauen: Wahrsagerinnen und Heilerinnen | 229 |
| | 4.8.2.2.2 | Die schadenstiftenden Zauberinnen | 232 |
| | 4.8.2.2.2.1 | Krankheit und Tod bei Mensch und Vieh | 233 |
| | 4.8.2.2.2.2 | Männlichkeitsdiebinnen | 234 |
| | 4.8.2.2.3 | Zauberei im Verbund mit anderen Verbrechen | 235 |
| | 4.8.2.2.4 | Die Teufelshure | 237 |
| 4.9 | Zusammenfassung | | 239 |
| 5. | „Kirchliche Sündenzucht" – Das Vorgehen gegen Zauberei im Rahmen der Kirchenzucht | | 241 |
| 5.1 | Vorbemerkung zur Terminologie: Kirchliche Sündenzucht – weltliche Strafgewalt | | 241 |
| 5.2 | Geschichte der Kirchenzucht | | 242 |
| 5.2.1 | Geschichte der Kirchenzucht bis zur Reformation | | 242 |
| 5.2.2 | Luthers Haltung zur Kirchenzucht | | 244 |
| 5.2.3 | Die Entwicklung der lutherischen Kirchenzucht im 16. Jahrhundert | | 255 |
| 5.3 | Kirchenzucht in den Markgraftümern Ansbach und Kulmbach/Bayreuth im 16. Jahrhundert | | 247 |
| 5.4 | Markgräfliche Kirchenzucht im Kampf gegen Zauberei | | 250 |
| 5.4.1 | Predigt und Unterricht gegen Zauberei – Kirchenzucht auf gemeindlicher Ebene | | 250 |
| 5.4.2 | Visitationen – Kirchenzucht auf der Ebene der Superintendentur | | 252 |
| | 5.4.2.1 | Verzeichnis der Beschwerden über Zaubereidelikte in den Visitationsprotokollen von 1558 bis 1600 | 254 |
| | 5.4.2.2 | Geschlecht, Alter, sozialer Stand der erfassten Personen | 258 |
| | 5.4.2.3 | Formen des Fehlverhaltens | 260 |
| | 5.4.2.4 | Das Fehlen des kumulativen Hexenbegriffs | 262 |
| | 5.4.2.5 | Unterscheidung zwischen Zauberei und Zaubereigebrauch | 263 |
| | 5.4.2.6 | Motivation des Handelns der kirchlichen Leitung | 264 |
| | 5.4.2.7 | Konkretisierung anhand von Beispielen für zauberische Handlungen aus den Visitationsprotokollen | 266 |
| | 5.4.2.8 | Die Ortspfarrer zwischen Gemeinde und kirchlicher Obrigkeit | 269 |
| | 5.4.2.9 | Ahndung der Aberglaubensdelikte im Rahmen der Visitationen | 270 |

|  |  | 5.4.2.9.1 | Ermahnung und Buße | 270 |
|---|---|---|---|---|
|  |  | 5.4.2.9.2 | Übergabe an die weltliche Gewalt | 272 |
| 5.5 |  | Zusammenfassung | | 274 |
| 6. |  | *Ergebnis der Untersuchung* | | 275 |
| 7. |  | *Quellen- und Literaturverzeichnis* | | 283 |

Anhang 1: Franken um 1500 .................................. 305

Anhang 2: Adam Francisci:
General Instruction von den Truten ................. 309

Register ............................................... 325

# Verzeichnis der Tabellen

| Tabelle 1: | Terminologie der Kirchenordnungen | 44 |
|---|---|---|
| Tabelle 2: | Studienorte markgräflicher Pfarrer im 16. Jahrhundert | 69 |
| Tabelle 3: | Klassifizierung der Hexen- und Zaubereiprozesse nach der Zahl der Betroffenen | 195 |
| Tabelle 4: | Klassifizierung der Prozesse hinsichtlich des Prozessausgangs | 196 |
| Tabelle 5: | Auswertung der Himmler-Kartothek für Ansbach (1587–1600) | 201 |
| Tabelle 6: | Auswertung der Zauberei- und Hexenprozesse hinsichtlich männlicher und weiblicher Angeklagter | 221 |
| Tabelle 7: | Alter der angeklagten Frauen | 225 |
| Tabelle 8: | Familienstand der angeklagten Frauen | 225 |
| Tabelle 9: | Gesellschaftlicher Stand und Beruf der Angeklagten | 226 |
| Tabelle 10: | Den Hexenprozessen „vorausgehende Unglücke" | 228 |
| Tabelle 11: | Zauberei im Verbund mit anderen Verbrechen: Dieberei | 235 |
| Tabelle 12: | Zauberei im Verbund mit anderen Verbrechen: Ehebruch | 236 |
| Tabelle 13: | Zauberei im Verbund mit anderen Verbrechen: Kindsmord | 236 |
| Tabelle 14: | Beschwerden über Zaubereidelikte in den Visitationsprotokollen | 254 |
| Tabelle 15: | Alter und sozialer Stand der in den Visitationsprotokollen erfassten Personen | 259 |
| Tabelle 16: | Formen des Fehlverhaltens in den Visitationsprotokollen | 262 |

# 1. Grundlagen

## 1.1 Forschungsüberblick

Seit Wilhelm Gottlieb Soldan 1843 mit seinem Werk „Geschichte der Hexenprozesse"[1] den Grundstein gelegt hat für eine wissenschaftliche Erforschung der Hexenthematik, hat die Forschung bis heute mehrere Schwerpunkte verfolgt.[2] Das Verdienst der Arbeiten aus dem letzten Jahrhundert liegt darin, die Entstehung und Entwicklung des westeuropäischen Hexenbegriffs vor dem Hintergrund der Ketzerprozesse des 13.–15. Jahrhunderts rekonstruiert zu haben.[3] Paradigmatisch hierfür steht Hansens „Zauberwahn, Inquisition und Hexenprozeß im Mittelalter und die Entstehung der großen Hexenverfolgung" von 1900 und der dazugehörige Quellenband 1901.[4] Behringer weist mit Recht darauf hin, dass diese Forschungen aus dem letzten Jahrhundert einen soliden Grundstock für alle weiteren Arbeiten legten.[5]

Die Untersuchungen des 19. Jahrhunderts stimmen größtenteils in der Ansicht überein, dass Hexenprozesse die Geschichte vom Mittelalter bis ins 18. Jahrhundert als konstanter Faktor begleiteten. Dies wird inzwischen anders gesehen, da man deutliche zeitliche und regionale Schwankungen in

---

[1] SOLDANS „Geschichte der Hexenprozesse" wurde 1879 von seinem Schwiegersohn Heinrich HEPPE und 1911 ein weiteres Mal von Max BAUER bearbeitet. Übereinstimmend gilt dies Werk den internationalen Hexenforschern als Grundlegung der Hexenforschung (BEHRINGER 1994, S. 105).

[2] Einen sehr guten Überblick über die Geschichte der Hexenforschung auch für die Zeit vor Soldans Arbeit gibt BEHRINGER in seinem Aufsatz „Geschichte der Hexenforschung" von 1994.

[3] BEHRINGER 1987a, S. 3.

[4] Weitere Arbeiten aus dieser Zeit: RIEZLER, Geschichte der Hexenprozesse in Bayern. Im Lichte der allgemeinen Entwicklung dargestellt, Stuttgart 1896; DIEFENBACH, Der Hexenwahn vor und nach der Glaubensspaltung, Mainz 1886, LÄNGIN, Religion und Hexenprozeß, Leipzig 1888; SNELL, Hexenprozeß und Geistesstörungen, Psychiatrische Untersuchungen, München 1891; RAPP, Die Hexenprozesse und ihre Gegner in Tirol, Innsbruck 1874; DUHR SJ, Die Stellung der Jesuiten in den deutschen Hexenprozessen, Köln 1900; PAULUS, Hexenwahn und Hexenprozeß, vornehmlich im 16. Jahrhundert, Freiburg/Br. 1910; ROSKOFF, Geschichte des Teufels, Bd. 2, Leipzig 1869; HAYN/GOTENDORF, Bibliotheka Germanorum Erotica et Curiosa, Bd. 3, München 1913, Stichwort „Hexenwesen", 171–258. u.a.

[5] BEHRINGER 1987a, S. 3.

der Praxis der Prozessführung berücksichtigt. So ist man sich heute darin einig, dass der Höhepunkt der Hexenverfolgungen in Europa zwischen 1560 und 1630 anzusetzen ist.[6]

Seit den 60er Jahren hat die Hexenforschung einen neuen Aufschwung genommen. Befruchtend wirkte sich die Diskussion mit Soziologen, Psychologen und Ethnologen aus[7], die letztendlich dazu führte, dass man Hexenglauben in der frühen Neuzeit nicht als ein Randphänomen, sondern als ein die Kultur und Gesellschaft der damaligen Zeit zutiefst beeinflussendes, ja in deren Zentrum stehendes Denk- und Interpretationssystem erkannte. Zudem richtete sich das Augenmerk auch auf die breiten Bevölkerungsschichten, die oft am stärksten von der Sache der Hexenprozesse betroffen waren, und nicht nur auf Adlige, Fürsten, Theologen, Juristen und Mediziner.[8] Einen weiteren wichtigen Schritt stellte die Erforschung des großen Bereichs der Magie und Zauberei im Mittelalter und in der frühen Neuzeit dar. Magie als „Knotenpunkt"[9] in der mittelalterlichen und frühneuzeitlichen Welt bildete die Grundlage für das Denken der Menschen damals und damit natürlich auch für die Führung von Hexenprozessen. Die Arbeiten von Kieckhefer und van Dülmen haben diesbezüglich einen wesentlichen Beitrag zur Interpretation von Hexenprozessen in der frühneuzeitlichen Gesellschaft geleistet.[10]

Die neueren Arbeiten im Bereich der Hexenforschung zeichnen sich den eben skizzierten Ansätzen entsprechend dadurch aus, dass sie versuchen, den Forschungsgegenstand nicht monokausal zu erklären, sondern als Zusammenspiel geistesgeschichtlicher, sozialer, gesellschaftlicher, ökonomischer, politischer und anderer Faktoren. Man erkannte zunehmend, dass man nicht vorschnell verallgemeinern darf. Nur die Detailarbeit von Regionalstudien kann Aufschluss geben über die Entstehung, die Durchführung, die Funktion und das Beenden von Hexenprozessen. Als Beispiel dafür soll an dieser Stelle Behringers Arbeit „Hexenverfolgung in Bayern" genannt werden.[11]

Die für unseren Forschungsgegenstand wichtigste Regionalstudie stellt Merzbachers Werk „Die Hexenprozesse in Franken" von 1970 dar, das von

---

[6] AaO., S. 4.
[7] Vgl. v. a. EVANS-PRITCHARD, Hexerei, Orakel und Magie bei den Zande, Frankfurt / Main 1978 (EA Oxford 1937).
[8] Vgl. z. B. BAROJA, Die Hexen und ihre Welt, Stuttgart 1967 (EA Madrid 1961); MANDROU, Magistrats et sorciers en France au XVII siècle. Une analyse de psychologie historique, Paris 1968; MACFARLANE, Witchcraft in Tudor and Stuart England, London 1970. ua.
[9] KIECKHEFER 1992, S. 9.
[10] KIECKHEFER, Magie im Mittelalter, München 1992; van DÜLMEN, Hexenwelten. Magie und Imagination, Frankfurt /Main 1987.
[11] BEHRINGER 1987a.

seiner Anlage her jedoch noch ganz dem Ansatz von Hansen[12] verbunden ist. Nach einem grundlegenden ersten Teil gibt Merzbacher auf 26 Seiten einen Überblick über die Hexenprozesse in den Hochstiften Würzburg und Bamberg, in den Markgraftümern und den fränkischen Reichsstädten. Leider hat Merzbacher in vielen Punkten zu oberflächlich gearbeitet. Dies hat erst jüngst Östmann in Zusammenhang mit der Erforschung der Stellung des Reichskammergerichtes zur Hexenproblematik gezeigt.[13] Während die Hexenprozesspraxis in den Hochstiften Würzburg und Bamberg bereits untersucht worden ist,[14] fehlt bislang eine derartige Detailstudie für die Markgraftümer Ansbach und Kulmbach/Bayreuth.

Neu belebt wurde die Diskussion ferner durch die Einführung der Kategorie „Gender" (= Geschlecht) in die Geschichtswissenschaft. Ein sozialgeschichtlicher Ansatz hat dafür gesorgt, dass Bevölkerungsgruppen außerhalb des Systems der Machtausübung in den Blick gerieten.[15] Wie oben bereits beschrieben ist dies für die Hexenforschung von eminenter Bedeutung, wenngleich der Aspekt des „Gender" nicht immer den notwendigen Platz in der seriösen Literatur erhalten hat. Desto mehr jedoch in einer Vielzahl vor- und außerwissenschaftlicher Veröffentlichungen, die meist der Horror- und Sensationslust eines breiteren Lesepublikums frönen. Häufig wird in Anschluss an Michelet[16] die Hexe als weise, heilkundige Frau gesehen, welche von Kirche und Obrigkeit, aber auch männlichen akademisch gebildeten „Ärzten" zur bösartigen und dämonischen Hexe abgestempelt und verfolgt wurde.[17]

In der wissenschaftlichen Hexenforschung gibt es weiterhin zwei Lager, von denen das eine davon ausgeht, dass die Tatsache der hohen Frauenquote unter den Opfern der Prozesse ein Nebenproblem ist, während diese Frage für die andere Richtung im Zentrum der Klärung des Hexenphänomens steht.[18]

---

[12] HANSEN, Zauberwahn, Inquisition und Hexenprozeß im Mittelalter und die Entstehung der großen Hexenverfolgung, Leipzig 1900.
[13] OESTMANN 1997, S. 9.
[14] Zu Würzburg vgl. neben den Veröffentlichungen MERZBACHERs selbst die Arbeiten von SCHWILLUS, Die Hexenprozesse gegen Würzburger Geistliche unter Fürstbischof Philipp Adolf von Ehrenberg (1623–1631), Würzburg 1989, BEYER, Hexen-leut, so zu Würzburg gerichtet, Frankfurt 1986. Zu Bamberg vgl. WITTMANN, Die Bamberger Hexenjustiz 1595–1631, in: Archiv für das katholische Kirchenrecht 50 (1883), 177–223, und v. a. die erst jüngst erschienene Dissertation von GEHM, Die Hexenverfolgung im Hochstift Bamberg und das Eingreifen des Reichshofrates zu ihrer Beendigung, Hildesheim 2000. Zu den fränkischen Reichsstädten vgl. WITTKAMPF, Das Hexenwesen in den kleineren Reichsstädten, München 1987.
[15] LERNER 1995, S. 39.
[16] MICHELET, La sorcière, neueste deutsche Ausgabe München 1974.
[17] Vgl. z. B. HEINSOHN/STEIGER, Die Vernichtung der weisen Frauen. Beiträge zur Theorie und Geschichte von Bevölkerung und Kindheit, 6. erw. Aufl., München 1994.
[18] Vgl. BURGHARTZ 1995, S. 148.

Einen guten Überblick über die verschiedenen Ansätze zur Erklärung der Frage, warum überwiegend Frauen als Hexen angeklagt und verurteilt wurden, geben Burghartz in „Hexenverfolgung als Frauenverfolgung" und Opitz in „Hexenverfolgung als Frauenverfolgung? Versuch einer vorläufigen Bilanz".[19] Insgesamt, so stellt Burghartz fest, müssten zunächst einmal Regionalstudien erforschen, welche geschlechtsspezifischen Vorwürfe in den Prozessen überhaupt auftauchen. Im Falle Luzerns hat eine derartige Untersuchung ergeben, dass alle wichtigen Arten von Schadenzauber, Teufelspakt und Teilnahme am Hexensabbat sowohl Frauen als auch Männern vorgehalten wurden. Daneben gab es typische Frauenvergehen wie z. B. den Liebeszauber, aber auch typische Männerverbrechen wie z. B. das Glücksspiel.[20] Erst auf der Basis derartiger Detailanalysen könnten allgemeinere Aussagen gemacht werden, die deutliche regionale und zeitliche Schwankungen des Prozentsatzes von Frauen als Hexenprozessopfer berücksichtigen.

Ausgehend von dem eben vorgestellten Ansatz wird auch in der vorliegenden Arbeit der Aspekt des „Gender" als wesentliches Analysekriterium aufgenommen.

Ganz im Gegensatz zur Erforschung der Hexenprozesse von den verschiedensten Bereichen der Geschichtswissenschaft her steckt die Untersuchung des Forschungsgegenstandes in Bezug auf kirchen- und theologiegeschichtliche Aspekte noch in den Kinderschuhen. Bevor auf diesen Punkt aber genauer eingegangen werden soll, ist zu klären, was man unter einem kirchen- und theologiegeschichtlichen Ansatz versteht.

Kirchengeschichte versucht, die vergangene Vielfalt des christlichen Glaubens zu vergegenwärtigen. Dabei will sie nicht nur wichtige Daten auflisten. Das Zentrum vor allem einer protestantischen Kirchengeschichte ist vielmehr die Geschichte ihrer Theologie, d. h. die Erforschung und Auswertung der zumeist in schriftlichen und bildlichen Quellen vorliegenden Reflexionen des Glaubens und der Frömmigkeit. Kirche stellt dabei den Lebensraum für Glauben, Frömmigkeit und Theologie dar, und ist ihrerseits wieder im Kontext von Politik, Staat, Wirtschaft und Gesellschaft zu sehen.

In Bezug auf die Hexenforschung meint dies die Untersuchung der Reflexionen des Glaubens und der Frömmigkeit hinsichtlich ihrer Aussagen zum Hexenwesen im Kontext der allgemeinen Geschichte. Damit erhält man einen weiteren wichtigen Baustein für das Verständnis des Gesamtkomplexes der Verfolgung von Zauberei und Hexerei in der frühen Neuzeit.

Ganz in diesem Sinne wurde in der jüngeren Hexenforschung die Stellung einzelner Theologen untersucht. So hat Haustein „Martin Luthers

---

[19] Beides erschienen in OPITZ 1995.
[20] BURGHARTZ 1995, S. 163f.

Stellung zum Zauber- und Hexenwesen" in umfassender Weise dargestellt und Munzert die acht Hexenpredigten David Meders erforscht.[21] Es fehlen aber größtenteils Arbeiten, die die Hexenprozesspraxis in einem bestimmten Gebiet unter kirchen- und theologiegeschichtlichen Aspekten untersuchen.[22]

Zwar erkannte man schon im 19. Jahrhundert, dass dieser Bereich nicht außer Acht gelassen werden darf, spielte doch die Kirche eine zentrale Rolle in der frühneuzeitlichen Gesellschaft und damit auch in der Hexenverfolgung. Jedoch verzichtete man häufig auf eine detaillierte Untersuchung und kam so zu oft falschen oder verallgemeinernden Erklärungsversuchen für Hexenprozesse. Im letzten Jahrhundert neigte man im Zeichen des Kulturkampfes vorschnell dazu, Hexenprozesse im Zusammenhang konfessioneller Auseinandersetzungen im 16. und 17. Jahrhundert zu interpretieren.[23] Je nachdem lag dann das Bemühen des Autors darin zu beweisen, dass der Katholizismus oder der Protestantismus mehr Anteil an der Verbreitung und Erhaltung des Hexenwahns hatte.[24] Bei genauerem Hinsehen kann man sehr schnell erkennen, dass sich dieser Ansatz als wenig tragfähig erweist.[25]

Deutlich vor Augen geführt wird das Dilemma dieser Leerstelle auch in der jüngeren Forschung an einer Arbeit wie „Die Geschichte der Hexenverfolgung in Europa" von Levack, der unter anderem auch auf den „Einfluß der Reformation" auf die Hexenjagd eingeht. Einleitend schreibt er: „Um eine Antwort darauf [auf die Frage, ob die Reformation eine Ausweitung der Hexenjagd begünstigt hat, Anm. d. Verf.] zu finden, müssen wir zunächst die Auswirkungen der Reformation und der Gegenreformation untersuchen, weil sowohl in katholischen als auch in protestantischen Ländern Hexen verfolgt wurden. [...] Offensichtlich hatten beide Reformbewegungen, die gewissermaßen zwei verschiedene Ausprägungen derselben europaweiten religiösen Erneuerungsbwegung bildeten, auf die Hexenjagd vergleichbare Auswirkungen. Immerhin teilten katholische und protestantische Reformer im wesentlichen den gleichen Hexenglauben sowie den

---

[21] HAUSTEIN 1990; MUNZERT 1996.
[22] Nicht übersehen werden darf hierbei MIDELFORT, Witch Hunting in Southwestern Germany. 1562–1684, Stanford 1972, der bezüglich Südwestdeutschland wesentliches Quellenmaterial aus dem Bereich der Kirchen- und Theologiegeschichte gesichtet und ausgewertet hat.
[23] Vgl. beispielsweise DIEFENBACH, Der Hexenwahn vor und nach der Glaubensspaltung in Deutschland, Mainz 1886.
[24] BEHRINGER 1994, S. 107.
[25] So hat Munzert jüngst in ihrer Arbeit über David Meders acht Hexenpredigten sehr schön nachgewiesen, dass das Bild, das Diefenbach von Meder entwirft, ein absichtlich verzeichnetes, für seine Argumentation zurecht geschnittenes ist (MUNZERT 1996, S. 6).

Wunsch, das Hexenwesen auszurotten."[26] Ein solcher Ansatz bleibt nach Meinung der Verfasserin zu sehr im Allgemeinen. Reformation und Gegenreformation können nicht von Anfang an zusammen abgehandelt werden unter der doch sehr oberflächlichen Prämisse, dass sie „im wesentlichen" in der Hexenfrage übereingestimmt hätten. Von einer solchen Feststellung ausgehend kann Levack am Ende dieses Kapitels nur zu dem unbefriedigenden, ja paradox anmutenden Schluss kommen: „Dabei dürfen wir natürlich die negativen Auswirkungen der Reformation auf die Hexenverfolgung nicht aus den Augen verlieren. [...] Aber die Tatsache, daß die Reformation sich sowohl negativ als auch positiv auf die Hexenjagd auswirkte, sollte uns davon abhalten, die Schuld an der gesamten Hexenverfolgung in Europa der Reformation, der Gegenreformation oder beiden zuzuweisen."[27]

Es wird deutlich, dass nur detaillierte kirchen- und theologiegeschichtliche Studien darüber Aufschluss geben können, inwieweit sich verschiedene konfessionelle Denkmuster auf die Verfolgung von Zauberei und Hexerei in der frühen Neuzeit ausgewirkt haben. Ferner werden Gründe, Ausmaß und Auswirkungen der Beteiligung von Theologen an eben dieser Verfolgung zu überprüfen sein. Im einzelnen lassen sich also folgende Fragen formulieren:

– Welche unterschiedlichen Denkmuster in Bezug auf Zauberei und Hexerei gab es bei den verschiedenen Konfessionen?
– Wo war der „Sitz im Leben" der Auseinandersetzung mit Zauberei und Hexerei im Raum der Kirche?
– In welcher Weise konnte die kirchliche Leitung[28] das Volk beeinflussen?
– In welchem Zusammenhang stehen theoretische Denkmuster und kirchliche Praxis der Ahndung von zauberischen Handlungen?
– Welchen Einfluss hatten theologische Vorstellungen auf die Auseinandersetzung der weltlichen Obrigkeit[29] mit diesem Thema?

---

[26] LEVACK 1995, S. 104.
[27] AaO., S. 124.
[28] Zu Verwendung des Terminus „kirchliche Leitung" muss folgende Anmerkung gemacht werden: Die „potestas ecclesiastica" („der Bischoven Gewalt", CA Art. XXVIII) des kanonischen Rechts muss nach Luther unterschieden werden hinsichtlich der *Schlüsselgewalt*, die dem Vollzug des ius divinum in der Kirche dient, und „der *äußeren Leitungsgewalt* in der Kirche, welche von den Gläubigen als ius humanum im äußeren Kirchenwesen frei geordnet und gehandhabt wird. [...] Diese geistl.[iche] Kirchengewalt ist von dem weltl.[ichen] Regiment der weltl.[ichen] Obrigkeit wesensverschieden." (HECKEL 1966, Sp. 1751f.). Um dieser Verschiedenheit in der vorliegenden Arbeit Ausdruck zu verleihen, wird zwar von „weltlicher Obrigkeit" (zur Begriffsdefinition vgl. Anm. 29) gesprochen, dem gegenüber aber für den kirchlichen Bereich von „kirchlicher Leitung" bzw. „Gewalt".
[29] In der vorliegenden Arbeit wird Luthers Sprachgebrauch der weltlichen „Obrigkeit" beibehalten und damit einer vorschnellen Identifizierung mit dem modernen

– Wie funktionierte das Zusammenspiel zwischen weltlicher Obrigkeit und kirchlicher Leitung bei der Verfolgung von Zauberei und Hexerei?
– Wo liegen die Parallelen, aber auch die Unterschiede zwischen Kirchenzucht auf der einen und staatlicher Strafzucht auf der anderen Seite?[30]
– Inwieweit waren Theologen selbst zugleich Träger und Verbreiter eines magischen Weltbildes?

Erst wenn Regionalstudien auch in dieser Hinsicht einen weiteren Baustein zur Aufdeckung des Funktionierens von Hexenprozessen geliefert haben, kann man einen Vergleich wagen zwischen verschiedenen protestantischen Gebieten, aber auch zwischen protestantischen und katholischen. Erst dann kann unter anderem auch Antwort gegeben werden auf die Frage, in welcher Weise sich die Reformation auf die „Hexenjagd" ausgewirkt hat.

## 1.2 Zielsetzung und Aufbau der Arbeit

Aus dem eben gegebenen Forschungsüberblick ergibt sich die Zielsetzung der Arbeit.

Sie stellt eine Regionalstudie dar, die die Verfolgung von Zauberei und Hexerei im Raum der Markgraftümer Brandenburg Ansbach und Kulmbach/Bayreuth[31] in den Blick nimmt.[32] Damit wird eine Forschungslücke geschlossen, denn außer Merzbachers sehr allgemeiner Untersuchung zum Thema Hexenverfolgung in Franken von 1970 liegt keine jüngere Arbeit vor. Dies liegt vermutlich daran, dass dieses Gebiet mehr als andere immer wieder von geschichtlichem Wandel betroffen war und damit als eigenständige Größe auch an politischer Bedeutung verloren hat.[33] Das zeigt nicht zuletzt die Tatsache, dass es heute zu drei verschiedenen bayerischen Regierungsbezirken (Oberfranken, Mittelfranken, Unterfranken) und zu zwei Bundesländern (Bayern, Baden-Württemberg) gehört. Dies hat zur Folge, dass die für eine Untersuchung notwendigen Quellen über zahlreiche Archive verstreut und somit schwer zu sichten sind und das Ergebnis der

---

Staatsbegriff vorgebeugt. Der Terminus „Obrigkeit" meint für das Verständnis des 16. Jahrhunderts „ansatzweise denselben Aufgabenkreis, für den bei kontinuierlicher Extension der Aufgaben und Rechte in der Neuzeit der Begriff Staat verwendet wird, ohne daß beide Termini synonym gebraucht oder identifiziert werden dürfen." (WOLGAST 1977, S. 43).

[30] Vgl. Abschnitt 5.1 der vorliegenden Arbeit.
[31] Die Hofhaltung der Kulmbacher Markgrafen befand sich bis 1603 auf der Plassenburg über Kulmbach, erst 1603 wurde sie unter Markgraf Christian (1603–1655) in das Alte Stadtschloss nach Bayreuth verlegt. Deshalb wird das Markgraftum in der vorliegenden Arbeit entsprechend der chronologischen Entwicklung Markgraftum Kulmbach/Bayreuth genannt.
[32] Zum Untersuchungsgebiet vgl. Abschnitt 1.4.
[33] Vgl. Abschnitt 1.5.

Quellensuche häufig dennoch ein nur rudimentäres ist. Trotz des Verlustes der Markgraftümer an politischer Relevanz im Laufe der geschichtlichen Entwicklung darf aber nicht übersehen werden, dass gerade der protestantische Markgraf Georg Friedrich, der von 1556 bis 1603 regiert hat, ein Mann von „ungeheuerem politischen Verstand" war, der zum einen als Landesherr der fränkischen, schlesischen und preußischen Hohenzollernbesitzungen zu sehen ist, aber auch als einflussreicher Reichsfürst und Dynast mit europäischer Wirksamkeit.[34]

Ein weiterer Grund für die Nichtbeachtung der Markgraftümer durch die Hexenforschung ist darin zu sehen, dass bedingt durch die Quellenlage keine „reine" Geschichte der Hexenprozesse im Ansbacher und im Kulmbach/Bayreuther Gebiet geschrieben werden kann. Zu viele Prozessaufzeichnungen sind verloren gegangen bzw. nur lückenhaft erhalten. In der vorliegenden Arbeit werden die Markgraftümer vielmehr als Beispiel für das Zusammenspiel zwischen weltlicher Obrigkeit und kirchlicher Leitung in der Verfolgung von Zauberei und Hexerei in einem größeren lutherischen Territorium gewählt. Die Vorgehensweise stellt sich dabei wie folgt dar:

(1) Prämisse

Ausgangspunkt ist die Untersuchung der Auseinandersetzung weltlicher und kirchlicher Eliten in den Markgraftümern mit Luthers Neubestimmung des Verhältnisses zwischen weltlicher Obrigkeit und geistlichem Kirchenregiment.[35] Die von Luther trotz aller Kooperation herausgestellte wesenhafte Unterscheidung zwischen geistlicher Kirchengewalt und dem Regiment der weltlichen Obrigkeit ermöglicht es, beide – weltlichen und kirchlichen Bereich – in ihrer Eigengesetzlichkeit wahrzunehmen.

(2) Analyse der theoretischen Vorgaben zum Vorgehen gegen Zauberei und Hexerei auf der Seite der weltlichen Obrigkeit, aber auch im Bereich der kirchlichen Leitung

Im Kapitel 2 wird das legislative Wirken der Markgrafen gegen Zauberei und Hexerei im 16. Jahrhundert analysiert werden. Gegenstand der Untersuchung sind hierbei die Kirchen-, Policey- und Landesordnungen des 16. Jahrhunderts, aber auch die Frage nach einer speziellen Hexengesetzgebung wird gestellt. Anschließend wird die Auseinandersetzung protestantischer Theologie mit diesem Thema analysiert. Zu Beginn werden dabei Überlegungen zum „Sitz im Leben" der theologischen Diskussion über das

---

[34] SEYBOTH 1991, S. 84.
[35] Dass eine derartige Auseinandersetzung stattgefunden hat, beweisen z.B. die Gutachten evangelischer Theologen der Markgraftümer Ansbach und Kulmbach/Bayreuth zur Vorbereitung des Augsburger Reichstags von 1530 (vgl. die Untersuchung dieser Gutachten durch SCHNEIDER, Gutachten evangelischer Theologen des Fürstentums Brandenburg-Ansbach/Kulmbach zur Vorbereitung des Augsburger Reichstags von 1530. Zugleich ein Beitrag zur fränkischen Reformationsgeschichte, Neustadt/Aisch 1987).

Zauber- und Hexenwesen im 16. Jahrhundert erörtert. Damit soll aufgezeigt werden, welche Aspekte die zukünftige kirchen- und theologiegeschichtliche Beschäftigung mit dieser Thematik grundsätzlich berücksichtigen sollte.[36] Für die beiden Markgraftümer steht die Behandlung des Themas in der Katechismusliteratur des 16. Jahrhunderts und in der Kirchenordnung von 1533 im Zentrum der wissenschaftlichen Analyse. Einen weiteren Schwerpunkt stellt die Beschäftigung mit Adam Franciscis – ein v. a. für das Fürstentum Ansbach in der zweiten Hälfte des 16. Jahrhunderts wichtiger lutherischer Theologe – „General Instruction von den Truten" von 1591 dar, die wesentliche Einsichten in die theologische Argumentation, aber auch das Verhältnis von Staat und Kirche in dieser Frage ermöglicht.

(3) Erforschung der Praxis der Verfolgung von Zauberei und Hexerei seitens der weltlichen Obrigkeit, aber auch der kirchlichen Leitung

In zwei weiteren Kapiteln wird sodann die Praxis der Verfolgung in den Blick genommen. Dabei wird unterschieden zwischen der „staatlichen Strafgewalt", die sich in den Hexen- und Zaubereiprozessen manifestiert, und der „Kirchenzucht", die vor allem in den Aufzeichnungen der Visitatoren fassbar wird.[37] Aber auch das Zusammenwirken beider Bereiche in der Verfolgung von Zauberei und Hexerei wird hierbei zwangsläufig in den Blick genommen werden müssen.

(4) Conclusio

In einem zusammenfassenden Schlusskapitel werden schließlich die verschiedenen Stränge der Analyse, soweit noch nicht geschehen, zusammengeknüpft, so dass ein Gesamtbild der Verfolgung von Zauberei und Hexerei in den Markgraftümern Ansbach und Kulmbach/Bayreuth entsteht. Daraus ergibt sich dann auch eine abrundende Auseinandersetzung mit der bisherigen wissenschaftlichen Literatur zur Hexenverfolgung in der frühen Neuzeit.

Nicht nur die lutherische Geistlichkeit, sondern auch die lutherische weltliche Obrigkeit hat sich für ihr Selbstverständnis und ihr Handeln immer wieder auf die grundlegenden Erkenntnisse Martin Luthers und der Reformation bezogen. Deshalb versteht sich die vorliegende Arbeit auch als ein Beitrag zur Erforschung der Rezeption reformatorischer Denkmuster hinsichtlich Zauberei und Hexerei.

---

[36] Jedoch bleibt zu beachten, dass eine regionale Untersuchung oft bestimmte Bereiche nicht berücksichtigen kann. Für die Markgraftümer Ansbach und Kulmbach/Bayreuth gilt dies z. B. für die Universität als Ort der Diskussion der Zauber- und Hexereithematik, weil eine Universität während des Untersuchungszeitraums in der Region nicht vorhanden war.
[37] Zur Unterscheidung von „staatlicher Strafgewalt" und „Kirchenzucht" vgl. Abschnitt 5.1.

## 1.3 Zeitliche Eingrenzung

Die vorliegende Arbeit untersucht einen Zeitraum von etwa 100 Jahren. Die zeitliche Eingrenzung ist zum einen durch die Reformation vorgegeben, die ja den Ausgangspunkt für die Analyse einer Rezeption reformatorischer Denkmuster darstellen muss. Die Zeit der Reformation ging in den sie einführenden Gebieten über in den Prozess der „Konfessionsbildung" und „Konfessionalisierung", „in dem sich die durch ihre unterschiedlichen Bekenntnisse definierten Kirchentümer dogmatisch, verfassungsrechtlich und institutionell verfestigten und eigene Profile von Lebensformung, Mentalität und alltäglicher Kultur" ausbildeten.[38] Dies dauerte bis ins beginnende 17. Jahrhundert. In den Markgraftümern Ansbach und Kulmbach/Bayreuth umfasst diese Entwicklung vor allem die Regierungszeit Georg Friedrichs des Älteren von 1556 bis 1603.

Zusätzliche zeitliche Strukturierungen gibt die Hexenforschung vor, die deutliche Verfolgungswellen festgestellt hat. Wie im Forschungsüberblick bereits vermerkt, herrscht allgemeiner Konsens darüber, dass der Höhepunkt der Hexenverfolgung in Mitteleuropa nicht etwa im Mittelalter, sondern in der frühen Neuzeit zu verzeichnen ist. So wird immer wieder herausgestellt[39], dass zwischen 1560 und 1630 die schlimmsten Verfolgungen stattfanden mit den Verfolgungsspitzen in den 80er Jahren.[40]

In den Markgraftümern[41] geht der älteste Vermerk über Hexenprozesse auf das Jahr 1505 zurück und markiert somit den Beginn der Untersuchung. Die ersten ausführlicheren Quellen stammen aber erst aus den 50er Jahren des 16. Jahrhunderts. Auch in den Markgraftümern häufen sich die Prozesse in den 80er und 90er Jahren des 16. Jahrhunderts, bevor mit dem Ende der Regierungszeit des Markgrafen Georg Friedrich die Zahl der Prozesse deutlich abnimmt.[42]

---

[38] HAMM 1996, S. 15.
[39] BEHRINGER 1998, S. 35.
[40] Auch im 17. Jahrhundert lassen sich immer wieder kleinere Verfolgungswellen ausmachen, während im 18. Jahrhundert in den Ländern Westeuropas im Zuge der Aufklärung eine Abwendung davon zu erkennen ist.
[41] Vgl. zum Folgenden Abschnitt 4.2 und 4.3.
[42] Auch nach Georg Friedrichs Amtszeit gab es selbstverständlich in den Markgraftümern weitere Hexenprozesse. 1606 kam es zu einer Verfolgung in Kitzingen, die wohl in Verbindung mit Prozessen in Würzburg zu sehen ist, dann trat aber sowohl in dem Markgraftum Ansbach als auch in dem Markgraftum Kulmbach/Bayreuth eine Pause von etwa 10 Jahren bis zu den nächsten Prozessen ein. Im weiteren Verlauf des 17. Jahrhunderts ist eine Häufung von Hexenprozessen vor allem nach dem Dreißigjährigen Krieg zu erkennen. Der letzte für die Markgraftümer Ansbach und Kulmbach/Bayreuth quellenmäßig belegte Hexenprozess fand im Jahr 1790 in Seybelsdorff im Markgraftum Kulmbach statt (StA Bamberg neu verzeichnet 9955). Die Prozesse des 17. und 18. Jahrhunderts müssen jedoch unter anderen Vorzeichen untersucht werden als die des 16. Jahrhunderts, was im

Fasst man die genannten Aspekte zusammen, erstreckt sich der Untersuchungszeitraum damit von 1505, dem Jahr der ältesten Aufzeichnungen über stattgefundene Hexenprozesse in den Markgraftümern, bis zum Todesjahr des Markgrafen Georg Friedrich 1603.

## 1.4 Das Untersuchungsgebiet[43]

Das Untersuchungsgebiet gehörte seit der Schaffung von sechs Reichskreisen (Franken, Schwaben, Bayern, Niederrhein, Westfalen, Niedersachsen) durch Kaiser Maximilian im Jahre 1500 zum Kreis Franken. In der Hauptsache umfasste dieser den Bereich der drei Hochstifte Bamberg, Würzburg und Eichstätt, die fünf Reichsstädte Nürnberg, Rothenburg, Windsheim, Schweinfurt und Weißenburg, die beiden Reichsdörfer Gochsheim und Sennefeld, die in Franken ansässigen Grafen und Herren und eben die beiden zollerischen Fürstentümer Ansbach und Kulmbach.[44] Obwohl das Bestreben der Zollern immer wieder dahin ging, ein geschlossenes Territorium zu schaffen, blieb ihnen dieser Erfolg versagt, die fränkischen Reichslande blieben ein „territorium non clausum".[45]

Seit der Aufteilung des fränkischen Gebiets der Hohenzollern durch Friedrich V. (1332–1398) unter seine Söhne zerfiel es in das Gebiet „oberhalb des Gebirgs" (= Oberland) mit den Hauptstädten Kulmbach (bis 1603) und Bayreuth und das Gebiet „unterhalb des Gebirgs" (= Unterland) mit der Hauptstadt Ansbach.

Anhand der für unser Thema ausschlaggebenden Hochgerichtsbezirke soll ein Überblick über das Untersuchungsgebiet gegeben werden.[46]

---

Zusammenhang dieser Arbeit zu weit führen würde. Zu den Prozessen des 17. und 18. Jahrhunderts in der Markgrafschaft Ansbach vgl. KLEEFELD 1998.

[43] Vgl. die Übersichtskarte Anhang 1.

[44] Die reichsverfassungsrechtlich korrekte Bezeichnung für das in den Quellen häufig „Fürstentum" genannte Territorium der fränkischen Linie der Hohenzollern ist „Markgraftum". Der Begriff „Markgrafschaft" ist hingegen erst im 19. Jahrhundert aufgekommen (vgl. FOERSTER 1975, S. 11, Anm. 43).

[45] HOFMANN 1954/1956, S. 5f.

[46] Das Delikt der Hexerei konnte mit dem Tod bestraft werden und gehörte somit in die Hochgerichtsbarkeit. Die Auflistung der Hochgerichtsbezirke im Folgenden richtet sich nach der vom Historischen Atlas von Bayern erstellten Karte „Mittel- und Oberfranken am Ende des alten Reiches", vgl. HOFMANN 1954/1956. Leider existiert für das 16. Jahrhundert keine Karte, die die Verhältnisse nach der Reformation wiedergibt. Aber man kann davon ausgehen, dass sich in der Einteilung der für unser Thema wichtigen Hochgerichtssprengel keine wesentlichen Veränderungen ergeben haben. Eine Ausnahme stellt Lauenstein dar; Stadt und Gebiet Lauenstein kam erst 1622 zu den Markgraftümern (vgl. BOSL 1961, S. 370).

Zur Unterscheidung zwischen Hochgerichtsbezirk und Landeshoheit vgl. HOFMANN 1954/1956, S. 7f., WILLOWEIT 1975, SCHUH 1994 und SCHUH 1995.

*(1) Markgraftum Kulmbach/Bayreuth:*

Hauptstadt oder -ort einer Region oder Sitz eines höheren Amtes:

Hof
Kulmbach
Bayreuth
Wunsiedel

Gerichts-, Amts- oder Verwaltungssitz:

Lichtenberg
Schwarzenbach
Schauenstein
Helmbrechts
Rehau
Münchberg
Selb
Wirsberg
Thierstein
Weißenstadt
Hohenberg
Arzberg
Berneck
Goldkronach
Sanspareil
Streitberg
Pegnitz
Thuisbronn
Baiersdorf
Dachsbach
Erlangen
Neustadt/Aisch
Herzogenaurach
Hohenstadt
Lenkersheim
Markt Erlbach
Burg Bernheim
Bergel

*(2) Markgraftum Ansbach:*

Hauptstadt oder -ort einer Region oder Sitz eines höheren Amtes:

Uffenheim
Ansbach
Schwabach
Windsbach
Roth
Crailsheim
Stauf
Gunzenhausen
Wassertrüdingen
Hohentrüdingen

Gerichts-, Amts- oder Verwaltungssitz:

Mainbernheim
Langenzenn
Kreglingen
Roßtal
Colmberg
Leutershausen
Heidenheim
Heilsbronn

## 1.5 Kurzer Abriss der allgemeinen Geschichte in den beiden Markgraftümern

In diesem Abschnitt werden die wichtigsten Stationen der Geschichte der Markgraftümer von 1520 bis 1720 ohne Anspruch auf Vollständigkeit abgehandelt. Vielmehr wird auf diejenigen geschichtlichen Stationen eingegangen, die für das Thema und damit für das Verständnis der gesamten Arbeit wichtig sind. So waren folgende Kriterien maßgebend:
- Wo sind grundlegende religiöse Entwicklungen bzw. Veränderungen zu erkennen?
- Wo beeinträchtigen politische Entwicklungen das tägliche Leben der Menschen in den beiden Markgraftümern Ansbach und Kulmbach/Bayreuth?
- Wo haben sich politische Entwicklungen direkt auf den Umgang mit Zauberei usw. ausgewirkt?

Nicht beachtet wird hingegen z. B. Stellung und Funktion der beiden Markgraftümer im Fränkischen Kreis oder gar im Reich selbst, da diese Faktoren offensichtlich keinen Einfluss auf die untersuchten Ereignisse und Vorgänge hatten.

### 1.5.1 Die Regenten in den beiden Markgraftümern

| Zeit | Ansbach | Kulmbach |
|---|---|---|
| 1495–1515 | Friedrich der Ältere ||
| 1515–1527 | Kasimir ||
| 1527–1541 | Georg der Fromme ||
| 1541–1543 | Georg der Fromme | |
| 1543–1556 | Vormundschaftsregierung* | Albrecht Alcibiades |
| 1556–1557 | | |
| 1557–1603 | Georg Friedrich der Ältere ||
| 1603–1625 | Joachim Ernst | Christian |

* Während der Unmündigkeit Georg Friedrichs wurden die Amtsgeschäfte in Ansbach von Beamten der Vormünder, der Kurfürsten von Sachsen und Brandenburg und des Landgrafen von Hessen, versehen.

## 1.5.2 Vom Beginn der Reformation bis zum Augsburger Religionsfrieden[47]

Zu Beginn des 16. Jahrhunderts hatte der Fränkische Kreis seine geographische Abgrenzung und räumliche Geschlossenheit weitgehend erlangt, die bis zum Ende des Alten Reiches nur noch geringfügige Veränderungen erfuhr.[48]

Lassen wir unseren geschichtlichen Überblick mit den Anfängen der Reformation beginnen, die einen Systembruch mit der mittelalterlichen Kirche, Theologie und Frömmigkeit bedeutete.[49] Dabei darf das Verhältnis von Religion und Gesellschaft nicht aus den Augen verloren werden, denn religiöse Impulse, die die Transzendenzbindung des Menschen betreffen, und gesellschaftliche Impulse, die die weltliche Einbindung des Menschen meinen, hängen voneinander ab und bedingen sich wechselseitig.[50]

Zentrum der reformatorischen Bewegung in Franken war Nürnberg, wo reformatorisches Gedankengut schon sehr früh aufgenommen wurde. „Als Zentren des Lesens, der literarischen Bildung und künstlerischen Kultur und als Orte des Druckgewerbes, vervielfältigter Bildproduktion und des Humanismus boten sie [v. a. die größeren, im Süden gelegenen Städte wie z.B. eben Nürnberg, Anm. d. Verf.] den idealen Nährboden für eine Bewegung, die sich über die Schriftlichkeit der übersetzten Bibel, der Flugschriften und Flugblätter seit 1518 als Lese-Lawine verbreitete."[51]

Doch auch in den Markgraftümern ist eine sehr frühe reformatorische Bewegung auszumachen.[52] So gab es im Kloster Heilsbronn bereits 1520 Anhänger Luthers, bis 1525 war die Mehrzahl der 72 Mönche ausgetreten. Im Ober- wie im Unterland lässt sich in etlichen Städten eine „Reformation von unten" erkennen, die 1524 in einer Eingabe an den Landesherrn gipfelte, unterzeichnet von den Städten Ansbach, Schwabach, Kitzingen, Crailsheim, Gunzenhausen, Uffenheim, Wassertrüdingen, Neustadt/Aisch, Kulmbach, Bayreuth, Hof und Wunsiedel. Darin wurde der Markgraf darum gebeten, dass das göttliche Wort „lauter und rein ohne menschlich Zusätz gepredigt werde", ebenso dass „das Sacrament in beiderlei gestalt empfahen, teutsch meß zu hören, und Anders, was das Evangelium mit sich

---

[47] Die Strukturierung des geschichtlichen Überblicks folgt SPINDLER 1971, S. 451–517.

[48] Vgl. dazu die Karten zu Franken um 1500 bzw. 1789 auf S. 25 und 30f. in SPINDLER 1969.

[49] HAMM 1996, S. 15.

[50] Über das Verhältnis von Religion und Gesellschaft in Bezug auf die Reformation vgl. aaO., S. 18–20; ders. 1992, S. 179–181.

[51] HAMM 1996, S. 77f.

[52] Die Darstellung der Reformation folgt den Ausführungen von MEIER 1997, S. 38–90.

bringt, wie auch an viel andern christenlichen orten jetzo beschieht, gebrauchen mögen oder aufs wenigst nit darwider sein ."[53]

Solange jedoch Markgraf Kasimir die Regierungsgeschäfte leitete, konnte sich die reformatorische Bewegung nicht durchsetzen. Seine Religionspolitik war nicht durch seine persönliche Glaubensüberzeugung bestimmt, sondern durch den „Primat der Politik".[54] Hier wiederum ließ Kasimir nichts über seine Loyalität zu den Habsburgern kommen, er war stets bemüht, nach dem Reichsrecht zu handeln und von daher bestrebt, am religiösen status quo festzuhalten.

Ganz anders handelte sein Bruder Georg, genannt Georg der Fromme. Als Kasimir 1527 starb, übernahm dieser die politische Verantwortung in den Markgraftümern. Bereits am 11. März 1528 ordnete er die Einführung der Reformation an und sorgte mit Mandaten dafür, dass sie sich durchsetzte. Georg der Fromme handelte aus eigener, tiefster Glaubensüberzeugung und zeigte offen seine proreformatorische Gesinnung. Erst als er sich der Konsequenzen seines Handelns ohne Rücksicht auf Kaiser und Reich bewusst wurde, „änderte [er] seine Religionspolitik in der Weise, daß er wie Kasimir ein gutes Verhältnis zum Kaiser als Voraussetzung markgräflicher Politik erkannte und eine lavierende Position zwischen dem Reichsoberhaupt und dem Schmalkaldischen Bund bezog".[55]

Georgs des Frommen Regierungszeit markiert Fortgang und Ende des Prozesses der Reformation, und mit der Brandenburg-Ansbachischen Kirchenordnung von 1533[56] den Anfang der Konfessionalisierung[57], die sich bis ins nächste Jahrhundert hinzog. Ein wichtiger, gerade für die Markgrafen nicht hoch genug einzuschätzender Schritt war der Augsburger Religionsfriede von 1555, in dem die Religionseinheit für das Reich aufgehoben wurde. Er garantierte den Reichsständen und den Reichsrittern das Recht, sich einer der beiden reichsrechtlich legitimierten Konfessionen anzuschließen und ihren Untertanen, die dem Religionsbann unterstanden, die Annahme des gleichen Bekenntnisses vorzuschreiben.

Franken jedoch befand sich zu diesem Zeitpunkt in der Hochphase des zweiten Markgräflerkriegs.[58] 1541 war Albrecht, der Sohn Kasimirs, im Markgraftum Kulmbach an die Regierung gelangt. Mit ihm begann eine Zeit instabiler Politik. So kämpfte er zunächst im Schmalkaldischen Krieg

---

[53] Zitiert nach: AaO., S. 63.
[54] AaO., S. 83.
[55] AaO., S. 132.
[56] Vgl. Abschnitt 2.2.1.2 und 3.4.
[57] Zur Unterscheidung der Begriffe „Reformation" und „Konfessionalisierung" vgl. HAMM 1996, S. 16. Bezüglich der Reformation und der Konfessionalisierung in den Markgraftümern vgl. Abschnitt 2.1.3 dieser Arbeit.
[58] Die Darstellung folgt im wesentlichen SPINDLER 1971, S. 469–471.

zusammen mit Herzog Moritz von Sachsen gegen seine eigenen Glaubensgenossen, wechselte dann aber zum antikaiserlichen Fürstenbund über. In Franken wollte er ein von ihm beherrschtes Herzogtum Franken schaffen, indem er die wirtschaftliche Vormachtstellung Nürnbergs zerstören und die Hochstifte säkularisieren wollte. Im Mai 1552 wurden die fränkischen Stände ultimativ aufgefordert, sich dem Fürstenbund anzuschließen, dann begann Albrecht mit der Bedrohung Nürnbergs und mehrerer Bambergischer Ämter. Bamberg, schließlich auch Nürnberg und Würzburg mussten gezwungenermaßen Verträge mit Albrecht abschließen, die von Kaiser Karl V. für nichtig erklärt wurden. Die Verwirrung in Franken wurde dadurch noch gesteigert, dass der Kaiser sich zweideutig verhielt und sich bald auf Seiten Albrechts, dann wieder auf Seiten der fränkischen Stände befand. Die Verwüstung Frankens nahm ein derartiges Ausmaß an, dass König Ferdinand, die fränkischen Bundesverwandten sowie Kurfürst Moritz von Sachsen und Herzog Heinrich von Braunschweig die Vernichtung Albrechts beschlossen. Nach seiner Niederlage floh Albrecht zunächst nach Frankreich, dann zu seinem Schwager, dem Markgrafen Karl von Baden, wo er am 8. Januar 1557 verstarb. Im Wiener Vertrag 1558 wurde das gesamte Fürstentum Kulmbach dem Markgrafen Georg Friedrich übertragen, dem Sohn Georgs des Frommen. Er erreichte, dass die fränkischen Bundesverwandten hohe Entschädigungssummen für die seinem Territorium zugefügten Schäden zahlten.

### 1.5.3 Vom Augsburger Religionsfrieden bis zum Dreißigjährigen Krieg

„Die zollerischen Fürstentümer hatten das Glück, in Markgraf Georg Friedrich einen überaus tüchtigen und tatkräftigen Landesherrn zu besitzen. Er führte nicht nur grundlegende Reformen auf dem Gebiet der Verwaltung, der Staatswirtschaft und der Rechtspflege durch, sondern war auch an den religiösen Fragen höchst interessiert."[59]

Für die Entwicklung eines neuzeitlichen Staates war zunächst die Herausbildung einer modernen Behördenstruktur wichtig. Die Verwaltungsgeschäfte wurden von vier gesonderten Ratsgremien übernommen:

- Hofrat: Justiz und Verwaltung
- Kammerrat: Wirtschaft und Finanzen
- Konsistorium: Kirchen, Schulen, Ehegericht, Zensur
- Geheimer Rat: Leitung der Regierungsgeschäfte bei Abwesenheit des Markgrafen

---

[59] SPINDLER 1971, S. 479.

Eine besondere Leistung Georg Friedrichs liegt in der Ordnung des Kirchenwesens. Mit der Synodalordnung von 1556[60] wurde das gesamte Markgraftum Ansbach in zehn Kapitel unter je einem Superintendenten eingeteilt: Cadolzburg, Crailsheim, Feuchtwangen, Gunzenhausen, Kitzingen, Leutershausen, Schwabach, Uffenheim, Wassertrüdingen, Wülzburg. 1565 kamen noch Neustadt/Aisch und Baiersdorf dazu. Diese Einteilung wurde 1572 auch auf das Markgraftum Kulmbach übertragen. Dort entstanden die Kapitelbezirke Bayreuth, Hof, Kulmbach und Wunsiedel. Die Konsistorialordnung von 1594[61] schloss diese Neustrukturierung des Kirchenwesens ab.

Besonderes Augenmerk legte Georg Friedrich auch auf die Bildung.[62] Sein Engagement richtete sich nicht nur auf die Errichtung zahlreicher Dorfschulen und höherer Schulen in den einzelnen Städten. 1582 wurde die Fürstenschule Heilsbronn eingeweiht. Dort wurden etwa 100 Landeskinder (12–16-Jährige) aus beiden Markgraftümern untergebracht, um den hohen Bedarf an gut ausgebildetem Nachwuchs für Kirche und Schule zu decken. Stipendien ermöglichten dann das Theologie-Studium in Wittenberg.

Die Bekenntnisbildung innerhalb des Reichs wurde abgeschlossen durch die Unterzeichnung der Konkordienformel durch 51 Fürsten, darunter Georg Friedrich. „Der Prozeß der Konfessionsbildung in den Markgraftümern führte also schrittweise zu einer Verdichtung und normativen Zentrierung, die die lutherische Lehre präzisierte, melanchthonische Einflüsse ausschloß und abweichende Meinungen nicht mehr tolerierte."[63] Während die Markgraftümer in der Frage der Konkordienformel nicht mit Nürnberg übereinstimmten, das diese nicht unterzeichnete, ging man in der Abwehr der Wiederherstellungsversuche der Alten Kirche im Zeitalter der Gegenreformation gemeinsam vor.

„Als mächtigster protestantischer Fürst in Franken machte sich Georg Friedrich zum Anwalt der politischen Ansprüche seiner Glaubenspartei innerhalb des Fränkischen Kreises."[64] So unterstellte er z.B. die Grafschaft Schwarzenberg dem markgräflichen Schutz und sorgte so dafür, dass das evangelische Bekenntnis auch nach dem Tod des kinderlos verstorbenen Grafen Johann des Jüngeren von Schwarzenberg 1588 erhalten blieb.[65]

Ganz im Gegensatz zur Festlegung auf ein streng lutherisches Bekenntnis im eigenen Territorium wandte sich Georg Friedrich auf Reichsebene

---

[60] Ediert in SEHLING 1961, S. 338–340.
[61] Ediert aaO., S. 379–396.
[62] Detaillierte Angaben zur Neustrukturierung des Bildungswesens bei MEIER 1997, S. 193f.
[63] AaO., S. 167.
[64] Zitiert aus SCHUHMANN 1980, S. 104.
[65] Ebenda.

der aktiven calvinistischen Partei zu, von der die Einigungsbestrebungen der deutschen protestantischen Fürsten ausgingen.

## 1.6. Die Quellenlage

Das Verzeichnis der benutzten Quellen im Anhang gibt einen Eindruck davon, über welche geographischen Entfernungen die Quellen verstreut liegen. Den nördlichsten Punkt markierte die Herzog-August-Bibliothek in Wolfenbüttel, die berühmt ist für ihre Sammlung frühneuzeitlicher Drucke. Sodann folgte die Außenstelle des Bundesarchivs in Frankfurt a.M., die Mikrofilme der Kartei des Hexen-Sonderkommandos Heinrich Himmlers beherbergt.[66] An übergreifenden Archiven wurden ferner aufgesucht die Bayerischen Staatsarchive in Bamberg (StAB) und Nürnberg (StAN) sowie das Bayerische Hauptstaatsarchiv in München (HStAM). Ebenso wurden die Bestände des landeskirchlichen Archivs in Nürnberg (LKAN) durchgesehen. Zudem wurden die Archive der Städte Hof, Naila, Lichtenberg, Münchberg, Bayreuth, Forchheim, Schwabach, Crailsheim, Feuchtwangen, Kitzingen und Ansbach kontaktiert sowie die Dekanatsarchive von Crailsheim, Hof und Bayreuth. Schließlich waren auch Materialien im Archiv der Universität Erlangen (Universitätsbibliothek Erlangen) und des Historischen Vereins von Oberfranken (Universitätsbibliothek Bayreuth) zur Kenntnis zu nehmen.

Eine Vielzahl unterschiedlichster Quellengattungen hat sich dabei aufgetan. Ein Grundanliegen dieser Arbeit ist es, diese in ihrer Verschiedenartigkeit hinsichtlich des Themas nutzbar zu machen. Dabei ist neben der zeitlichen Einordnung zu unterscheiden, ob es sich bei einem Text um eine polemisch-abgrenzende Quelle handelt oder eine konstruktiv entwickelnde. Ferner, ob sie für den Privatbereich oder die Öffentlichkeit bestimmt ist. Auch ist zu hinterfragen, inwiefern in der entsprechenden Quelle Prinzipien erarbeit oder vorgestellt werden oder ob ein aktuelles Ereignis den Hintergrund bildet. Schließlich ist zu beachten, ob ein Text auf den Normalfall geordneter Verhältnisse Bezug nimmt oder sich mit einer Ausnahmesituation befasst.[67] Die eben aufgezeigten Fragen bilden die Grundlage der Erschließung der benutzten Quellen.

---

[66] Die Originale liegen in Polen im Wojewodzkie Archiwum Pánstwowe Pozna'.
[67] Vgl. zu den eben vorgestellten Fragen zur Erschließung der Quellen: SEEGETS 1999, S. 168.

## 1.7 Terminologische Vorbemerkungen

### 1.7.1 Der kumulative Hexenbegriff

Grundlage der folgenden Ausführungen zum Thema Hexenverfolgung ist der sogenannte kumulative Hexenbegriff, dessen einzelne Bestandteile während der Jahrzehnte um 1400 aus früher bereits bekannten Vorstellungen zu einer „elaborierten Hexenvorstellung" zusammengefügt wurden.[68] Dazu gehört der theologisch notwendige Pakt der Hexen mit dem Teufel (*Teufelspakt*)[69], dann die immer wieder mit Bezug auf Thomas von Aquin angeführte geschlechtliche Vermischung der Hexen mit den Dämonen (*Teufelsbuhlschaft*), der Flug durch die Luft (*Unholdenflug*)[70] zur großen Hexenversammlung (*Hexensabbat*)[71] und schließlich der *Schadenzauber*[72]. Zu diesem Kumulativdelikt, das sich aus den genannten fünf Komponenten

---

[68] BEHRINGER 1998, S. 35.

[69] Der Teufelspakt beinhaltet die Abschwörung Gottes oft in Form einer Eheschließung und hat seine Wurzeln in der Vorstellung vom geschlechtlichen Verkehr zwischen Menschen und Göttern, die im frühen Christentum zu Dämonen umgedeutet wurden, während dies in der griechisch-römischen Mythologie z. B. nichts Ungewöhnliches war (JILG 1991, S. 53).

[70] Dem Umherfliegen der Hexen lagen unterschiedliche Vorstellungen zugrunde. So z. B. dachte man sich ihn in der Gestalt der Nachteule (lat. strix), die als gieriger, vampirartiger Vogel Säuglinge aus der Wiege raubt und ihnen das Blut aussaugt (JILG 1991, S. 46f.). Sehr verbreitet war auch das Bild einer auf einem Tier oder einem Stecken reitenden oft nackten Frau. Albrecht Dürer hat diese Vorstellung 1500/1503 auf dem Kupferstich „Reitende Hexe" eindrucksvoll dargestellt. Vgl. die Erklärungen zu Dürers Bild und weitere Literaturhinweise in: RAUSCHER 1994, S. 209f. (Vgl. zur Diskussion um die Flugvorstellung Abschnitt 3.2 (3)).

[71] Der Hexensabbat meint ein jährliches Treffen der Hexen an abgelegenen Orten, die sich meist in gebirgiger Gegend befinden. Bis ins 17. Jahrhundert hinein blieb die Nacht vom 30. April auf den 1. Mai, die Walpurgisnacht, der spezifische Termin für die Hexenversammlungen. Die Bezeichnung Sabbat geht wahrscheinlich auf die Ketzerversammlungen zurück, die unter diesem Spottnamen bekannt waren. „Die Ketzer des mittelalterlichen Ketzerbildes – der Name kommt von den Katharern des 12./13. Jahrhunderts – traten kollektiv auf, schlossen unter Verleugnung Gottes einen Pakt mit dem Teufel und trafen sich in der Nacht an abgelegenen Orten mit Dämonen zu scheußlichen Orgien." (JILG 1991, S. 52). Die bekannteste literarische Umsetzung der Vorstellung vom Hexensabbat findet sich wohl in Johann Wolfgang GOETHES Faust I in der „Walpurgisnacht" – Szene (V 3835–4223). Die Teilnahme der Hexe am Hexensabbat war der folgenschwerste Vorwurf, da daraus resultierte, dass jeder Anwesende andere Teilnehmer kennen musste, deren Namen man im Verlauf eines Prozesses auch unter Anwendung von Folter ermitteln wollte. (vgl. auch Abschnitt 4.1.2 Ablauf eines Hexenprozesses).

[72] Der Vorwurf des maleficiums ist außerordentlich vielgestaltig (vgl. Abschnitt 3.5.5 und 4.8.2.2.2) und taucht bei fast allen Völkern auf. Schon im Pentateuch z. B. galt Schadenzauber als Götzendienst und wurde mit dem Tod bestraft (Exodus 22,17). Auch im römischen Zwölftafelgesetz von ca. 450 v. Chr. wurde die Ausübung schädigender Zauberei verboten.

zusammensetzte,[73] konnten weitere ergänzende Vorstellungen dazukommen, z. B. die Fähigkeit der Hexe zur Tierverwandlung, die Wettermacherei oder die Verursachung von Monstergeburten („Wechselbälge").[74] Dieser kumulative Hexenbegriff, wie er sich in theologischen Traktaten und der bekannten dämonologischen Literatur findet, die die ideologische Basis der Verfolgung überhaupt darstellten, ist jedoch nicht identisch mit dem Hexenbild, wie es in den Prozessen selbst zum Tragen kam. Neben volkstümlichen Elementen, die in die Prozesse hineingetragen werden, weist auch das Hexenbild der Gelehrten Veränderungen auf. Richard van Dülmen unterscheidet in seinem Aufsatz „Die Dienerin des Bösen" vier chronologisch aufeinanderfolgende Hexenbilder der frühen Neuzeit, die trotzdem lange Zeit nebeneinander existieren konnten.

(1) Er rekonstruiert aus den Prozessen des 15. Jahrhunderts das Bild einer Hexe, die vor allem Schaden anrichtet. Zwar „taucht der Teufel auf, aber er spielt nur eine periphere, jedenfalls keine substantielle Rolle. Es fehlen der Teufelspakt und die Teufelsbuhlschaft."[75] Ein dämonologisches Leitbild nach Art des „Hexenhammers" oder anderer Traktate findet sich hier noch nicht, der Schaden steht eindeutig im Vordergrund.

(2) Um 1500 beginnt der Einfluss der Dämonologen in den Prozessen sich deutlicher herauszukristallisieren mit der Verbreitung der Idee des Teufelspaktes und der Ausformung der Vorstellung vom Hexentanzplatz. Noch immer steht zwar der Schadenzauber im Mittelpunkt und die Hexe hat das Wissen, wie man Schaden stiftet, nicht vom Teufel, sondern meistens von einer weiblichen Vorfahrin erlernt bzw. ererbt, doch nimmt der Teufel mit Buhlschaft und Hexensabbat einen deutlich wichtigeren Platz ein.

(3) Bei diesem Typus tritt der Teufel als zentrale Figur auf, zudem geht es neben den verübten Schäden, die ebenfalls aufgedeckt werden, um das Verhältnis der Angeklagten mit dem Teufel. Man will wissen, „auf welche Weise er sich ihr näherte, wann und wie sie sich fleischlich vermischten, mit welchen Worten sie ihm Treue schwor. […] Dazu gehörte der Teufelspakt mit dem Einbrennen eines Siegels und dem Beischlaf als Zeichen ewiger Verbundenheit, die Hexenausfahrt auf dem Bock und das Teufelsfest auf dem Hexentanzplatz, auf dem es wie auf einem Jahrmarkt zuging, sowie der Auftrag, wo immer es möglich war, Schaden zu verursachen".[76] Die Hexe stiftet nicht aus sich heraus, sondern lediglich als Werkzeug des Teufels das Böse, was in diesem Zusammenhang vor allem heißt, die Menschen vom Christentum abzubringen.

---

[73] SCHORMANN hält nur 4 Elemente für konstitutiv, der Hexenflug fehlt in seiner Definition, vgl. SCHORMANN 1986, S. 23.
[74] Vgl. BEHRINGER 1987b, S. 24.
[75] van DÜLMEN 1991a, S. 387.
[76] AaO., S. 390/391.

(4) Eine letzte Steigerung dieses Hexenbildes stellt das diabolische Hexenbild dar, das die Hexe als ausdrückliche Teufelsdienerin zeigt. Ihre Macht hat sie aufgrund des auf dem Hexensabbat praktizierten Satanskultes, der eine völlige „Unterwerfung unter die Macht des Bösen, in einer Umkehrung aller christlichen Lebensnormen"[77] darstellt. Sie ist in erster Linie Mitglied einer Teufelssekte und erst in zweiter Linie Schadenstifterin.

### 1.7.2 Zur Unterscheidung der Begriffe Zauberei und Hexerei

Nach den eben gemachten Ausführungen bleibt zu klären, wann von Hexerei bzw. von einem Hexenprozess im Unterschied zu Zauberei bzw. einem Zaubereiprozess gesprochen wird. Als Zaubereiprozess werden in Anlehnung an Behringer solche Strafverfahren bezeichnet, die „zauberische Manipulationen zum Gegenstand haben, und in denen nicht primär wegen Hexerei oder ‚Aberglauben' ermittelt wird."[78] Im Zusammenhang der vier dargelegten Hexenbilder entspräche der Zaubereiprozess dem Hexenbild (1). Ein derartiger Zaubereiprozess findet sich z.B. gegen Dorothea Landtman in Bayreuth 1551 (Nr. 7).[79] Die überlieferten 11 Fragstücke und die dazu gehörigen Antworten der Dorothea gehen nur auf den ihr vorgeworfenen Liebeszauber mit Milch ein und einen (eventuell) von ihr verursachten Schaden an Mensch und Vieh. Das Stichwort „Teufel" taucht überhaupt nicht auf, ebenso wenig die Idee eines Teufelspaktes, der Teufelsbuhlschaft, des Hexenfluges oder Hexensabbats.

Als Hexenprozess wird hingegen ein Strafverfahren bezeichnet, in dem unabhängig von seinem Ausgang die Anklage auf Hexerei im Sinne des kumulativen Hexenbegriffs lautet. Dabei ist es nach Meinung der Verfasserin nicht unbedingt notwendig, dass alle Elemente des kumulativen Hexenbegriffs zusammen auftauchen, vielmehr ist zu überprüfen, ob der oder dem Angeklagten überhaupt ein Verhältnis mit dem Teufel unterstellt wird. Dass dieses Verhältnis unterschiedlich gesehen werden konnte, zeigen die Hexenbilder (2)–(4). Dabei wird in Kauf genommen, dass eine derartige Definition in den frühneuzeitlichen Quellen nicht existiert, vielmehr die Grenzen zwischen Aberglauben, Zauberei, Schadenzauber und Hexerei in hohem Maße fließend waren.

Im Folgenden wird als Hexe jede Person bezeichnet, der in den Quellen neben anderen Punkten vor allem ein Verhältnis mit dem Teufel unterstellt

---

[77] AaO., S. 393.
[78] Behringer 1987a, S. 18.
[79] Die bei Hexenprozessen aus den Markgraftümern in Klammern angegebenen Zahlen beziehen sich auf das Verzeichnis aller Zauberei- und Hexereiprozesse (Abschnitt 4.2).

wird. Geht es lediglich um „zauberische Manipulation", wird der Begriff Zauberin bzw. Zauberei verwendet. Männliche Personen werden gegebenenfalls als Hexer/Hexenmann oder aber Zauberer bezeichnet.

## 2. Das legislative Wirken der Markgrafen bezüglich Zauberei und Hexerei

Der lutherische Theologe Adam Francisci schreibt in seiner „General Instruction von den Truten" 1591 Folgendes: „Soll demnach weltliche Obrigkeit, | mit allem fleiß darauff bedacht sein, dz [= dass] Inn dießen schweren | wichtigen und gefehrlichen sachen von Christlichen und weltlichen | Personen, ein wohlbedachter rechtmeßig[er] Proceß gebreucht | werde".[1]

In dem eben zitierten Satz kommen mehrere Begriffe vor, die einen Bezug zu Luther vermuten lassen. Es sind dies der Terminus der „weltlichen Obrigkeit" und die Unterscheidung von „christlichen" und „weltlichen Personen", die Kernbegriffe in Luthers Differenzierung der zwei Reiche darstellen. In der Forschung wird Luthers Verhältnisbestimmung zwischen Staat und Kirche zusammengefasst unter dem Stichwort der *Zwei-Reiche-Lehre*[2].

Dieser Neuansatz Luthers ist für die vorliegende Arbeit besonders wichtig, berührte doch Zauberei und Hexerei im 16. Jahrhundert den geistlichen wie den weltlichen Bereich gleichermaßen. Doch wäre es verkürzt zu behaupten, dass Luthers Neubestimmung der Unterscheidung der Aufgabenbereiche unter dem Vorzeichen der grundsätzlichen Zusammenarbeit von Staat und Kirche sich in direkter Form am Beispiel der Verfolgung von

---

[1] StAB, Rep. 26c, Nr. 44, neu verzeichnet 1903, fol. 8b. Transkription des vollständigen Textes der „General Instruction" in Anhang 2.

[2] Zur Problematik des Begriffs vgl. NOWAKS Aufsatz „Zweireichelehre. Anmerkungen zum Entstehungsprozeß einer umstrittenen Begriffsprägung und kontroversen Lehre" von 1981. Beide Distinktionen, „Reich" und „Regiment", sind bei Luther nebeneinander zu finden (LOHSE 1995, S. 172–174) und bezeichnen nach Scharffenorth das „Gemeinwesen als Institution und zugleich den engen Lebenszusammenhang des Landes und seiner Bewohner mit ihrer Regierung" (SCHARFFENORTH 1982, S. 98). Zusätzlich verwendete Luther den Begriff „Reich" in augustinischer Tradition, wenn er in der Genesis-Vorlesung von 1535–45 zwischen „Reich Gottes" und „Reich des Teufels" unterscheidet (PRIEN 1992, S. 148). Luther hat folglich zwei verschiedene Traditionskomplexe miteinander verbunden: erstens die Unterscheidung zweier Menschengruppen danach, ob sie sich prinzipiell dem Willen Gottes oder dem Willen des Bösen unterstellen; zweitens die Differenzierung verschiedener „Regimente" Gottes in weltliche Obrigkeit und kirchlichen Arm, die beide zusammen gegen die Herrschaft des Bösen und deren Folgen in der Welt gerichtet sind (PRIEN 1992, S. 149f.). In der vorliegenden Arbeit wird, ohne die eben aufgezeigte begriffliche Problematik einebnen zu wollen, der Einfachheit halber ausschließlich der geläufigere Terminus „Zwei-Reiche-Lehre" verwendet.

Zauberei und Hexerei in den Markgraftümern ablesen ließe. Vielmehr kam es zu einer Auseinandersetzung der kirchlichen und weltlichen Elite mit Luthers neuen Gedanken Staat und Kirche betreffend, ohne dass dabei die Hexenverfolgung überhaupt eine Rolle spielte. Deutlich wird dies z. B. an den Gutachten evangelischer Theologen der Markgraftümer zur Vorbereitung des Augsburger Reichstags von 1530.[3] In mehr als zwei Drittel der Gutachten findet sich eine Äußerung zur Obrigkeit im Zusammenhang des Reformationsrechtes der weltlichen Obrigkeit. Dabei herrschen unterschiedliche Meinungen darüber, wie stark zwischen weltlicher Obrigkeit und geistlichem Amt zu unterscheiden ist.

Das bedeutet für das weitere Vorgehen, dass nach einer Darstellung von Luthers Zwei-Reiche-Lehre unter Punkt 2.1.1 zu überprüfen ist, in welcher Weise seine Gedanken in den Markgraftümern rezipiert wurden.

Für die Einordnung markgräflicher Texte, in denen es um Zauberei und Hexerei geht, ist es ferner wichtig zu wissen, inwieweit Luthers grundsätzliche Haltung zu diesem Thema aufgenommen wurde. Schließlich darf nicht vergessen werden, dass neben Luther auch andere Reformatoren für die Markgraftümer wichtig waren, wie z. B. Andreas Osiander oder Johannes Brenz. Erst vor diesem Hintergrund kann das legislative Wirken der Markgrafen im Hinblick auf Zauberei und Hexerei untersucht werden.

## 2.1 Die Markgrafen als lutherische Obrigkeit

### 2.1.1  Luthers Zwei-Reiche-Lehre[4]

Obwohl Luther in der Entwicklung[5] seiner Gedanken der *Zwei-Reiche-Lehre* auf Vorbilder wie z. B. Paulus im Neuen Testament und vor allem Augustinus mit seiner Unterscheidung zwischen „civitas dei" und „civitas terrena", die im Mittelalter ihrerseits z. B. von Ockham oder Marsilius von Pa-

---

[3] SCHNEIDER 1987, S. 152–157.

[4] Die *Zwei-Reiche-Lehre* Martin Luthers ist einer der umstrittensten Punkte der Lutherforschung nach dem Zweiten Weltkrieg. Vgl. SCHREY 1969, der auf S. 557–566 eine umfassende Bibliographie zu diesem Themenkomplex bietet. Einen Einblick in die kontroverse Forschungsdiskussion v. a. in den 70er und 80er Jahren bieten u. a. DUCHROW, „Christenheit und Weltverantwortung", 1970, „Luther und die Obrigkeit" hg. von WOLF 1972, WOLGAST „Die Wittenberger Theologie und die Politik der ev. Stände" 1977, der von ISERLOH und MÜLLER herausgegebene Sammelband „Luther und die politische Welt", GÄNSSLERS Werk „Evangelium und weltliches Schwert" 1983 und LOHSE 1995, S. 333–344. Im Folgenden kann nur auf einige wenige Aspekte dieser Diskussion Bezug genommen werden.

[5] LOHSE weist darauf hin, dass die *Zwei-Reiche-Lehre* nicht als grundsätzlich gültiger Entwurf einer evangelischen politischen Ethik von Luther gedacht gewesen sei, sondern in ihrem historischen Kontext verstanden werden müsse (LOHSE 1995, S. 334f.). Ebenso HONECKER 1978, S. 151f. und GÄNSSLER 1983, S. 146.

dua weiterentwickelt worden war, zurückgreifen konnte, ist sie dennoch „inhaltlich seine eigene Leistung ohne spezifisches Vorbild".[6] Dabei ist zu beachten, dass Luthers Lehre im Kontext seiner Theologie zu sehen ist, nicht als Staatstheorie an und für sich. Voraussetzung[7] für das Verständnis seiner Lehre sind deshalb folgende Punkte:

(1) Luther zog in all seiner theologischen Arbeit die Bibel als Maßstab für Denken und Handeln heran (Schriftprinzip), folglich auch, wenn es um die Frage des Verhältnisses Staat – Kirche ging.

(2) Die *Zwei-Reiche-Lehre* lässt sich nur vor dem Hintergrund von Luthers Anthropologie erklären. Luther folgte der Dreiteilung des Menschen in Leib, Seele und Geist (corpus/caro – anima – spiritus), verband sie aber in Anlehnung an Paulus im Neuen Testament mit der Dichotomie von Geist und Fleisch (spiritus – caro[8]), die alle drei Bereiche durchzieht. Dabei meint „Geist" das theologische Gute im Menschen, „Fleisch" hingegen das Böse. „Die schrifft teilet den menschen ynn drey teil [Geist, Seele, Leib] [...] Und ein iglichs diezer dreier sampt dem gantzen menschen wirt auch geteylet auff ein ander weysz ynn zwey stuck, die da heissen geist und fleisch, wilch teilung nit der natur, szondernn der eygenschaff ist, das ist, die natur hat drey stuck: geist, seel, leip, und mugen alle sampt gut oder bosz sein, das heist denn geist und fleysch sein".[9] Neu ist bei Luther im Gegensatz zur bisherigen Tradition „eine auffallende Relativierung der Begabung des Menschen mit rationaler Erkenntnis und Entscheidungskraft hinsichtlich ihrer Bedeutung für seinen Gottesbezug. [...] Luther stellt in Abrede, [...] daß in der voluntas des fleischlichen Menschen ein liberum arbitrium angelegt bleibe mit der unverlierbaren Möglichkeit, sich dem dictamen rationis folgend für dieses Gute zu entscheiden. Ja, darüber hinaus behauptet er bekanntlich, daß gerade die ratio und die Entscheidungen, mit denen der Mensch ihren Vorstellungen folgt, weit entfernt, einen Restbestand ursprünglicher Gottgemäßheit in ihm zu garantieren, ihn erst recht als Sünder qualifizieren."[10] Der Mensch kann nicht aus sich heraus gegen seine Sündhaftigkeit angehen, Subjekt dieses Geschehens im Menschen ist allein Gott. Nicht den durch göttliche Gnade gerecht Gewordenen, sondern den wirklich „Gottlosen" (Röm 4,5) spricht Gott gerecht. Der absolut sündige Mensch wird gerecht, weil Gott ihm, dem „Gottlosen", Gerechtigkeit zuteil werden lässt („simul iustus et peccator").[11]

---

[6] WOLGAST 1977, S. 40.
[7] Die folgenden Ausführungen basieren auf der Darstellung bei WOLGAST 1977, S. 20–39.
[8] Spiritus und caro meinen für Luther Bestimmungen des ganzen Menschen („totus homo") in seinem totalen Lebensakt (JOEST 1967, S. 197).
[9] Magnificat-Auslegung WA 7,550, 20–27.
[10] JOEST 1967, S. 202f.
[11] JOEST 1990, S. 440.

Geht es Luther um die Beurteilung des Menschen in der Welt und ihren Zusammenhängen, hat er vor allem den „homo carnalis" im Sinn: „keyn mensch von natur Christen odder frum ist, sondern altzumal sunder und böse sind."[12] Diese Tatsache macht ein weltliches Regiment erst notwendig, das das Böse in Schach hält. Gott selbst ist wie eine Larve/Maske hinter dem Tun der Menschen verborgen, das wiederum als Maske auf den deus absconditus zurückweist. Gott kooperiert mit den Menschen (Cooperatio-Gedanke), denn das äußere, sichtbare Handeln in der Welt geschieht durch die Menschen, die sich in ihrem Tun als bewusste oder unbewusste Mitarbeiter Gottes ausweisen (Instrumentum-Gedanke). Somit verbindet Luther die Vorstellung der Alleinwirksamkeit Gottes mit der Forderung nach einem Menschen, der in der Welt verantwortlich und selbständig handelt entsprechend Genesis 1,28.

(3) Luthers Denken wohnt eine eschatologische Ausrichtung inne: Die Welt ist ein Kampffeld, auf dem der Teufel das Werk Gottes zerstören will. Dabei befand sich Luther mit vielen seiner Zeitgenossen in einer intensiven Endzeiterwartung, Papst und Türke galten ihm als Manifestationen des Bösen schlechthin. Die Ordnung der Dinge schien ihm so aus den Fugen geraten, dass daraus nur der Jüngste Tag erretten könne. Allerdings führte diese Endzeitstimmung bei Luther nicht zu einer Handlungslähmung, nichts wird mit dem Hinweis auf das Ende der Welt aufgeschoben, sondern er fordert vielmehr zum Kampf gegen die pervertierte Ordnung angesichts des Gerichtes Gottes auf.

(4) Luthers Gedanken sind eingebunden in den historischen Kontext. Der unmittelbare politische Kontext bestand für Luther in den territorialen Auseinandersetzungen zwischen Kursachsen und herzoglichem Sachsen, schließlich in der Aufgabe, den latenten Konflikt um das „ius reformationis" zu schlichten.[13]

Vor dem Hintergrund dieser Voraussetzungen lässt sich Luthers Unterscheidung der zwei Reiche bzw. Regimenter folgendermaßen darstellen:[14]

Luther nimmt zwei Reiche an, ein weltliches und ein geistliches, die nebeneinander existieren und nicht in Konkurrenz zueinander stehen. Beide Regimente sind deshalb notwendig, weil die Christen seltene Leute auf Erden seien, „Darumb ist ynn der welt nott eyn strenge hart weltlich regiment, das die bösen zwinge und dringe, nicht zu nemen noch zu rauben, und widder zu geben was sie borgen (obs gleich eyn christen nicht sol wid-

---

[12] WA 11, 250, 26f.
[13] „Luthers Ausgangspunkt sind die universalen Herrschaftsansprüche des Papsttums, sein Ziel ist die Befreiung der Kirche aus der babylonischen Gefangenschaft. Roms Kirchenstaat ist kein Sonderfall, sondern exemplarisch für die Vermischung der beiden Bereiche, die in Deutschland politisch konkret wird in Städten, Bistümern und eben Territorien." (OBERMAN 1984, S. 30.)
[14] Der Darstellung liegen zugrunde: WOLGAST 1977, S. 40–84; JOEST 1990, S. 602–604; GÄNSSLER 1983, S. 52–104.

der foddern noch hoffen), Auff das die wellt nicht wüste werde, fride untergehe, und der leute handel und gemeynschafft gar zu nichte werde. Wilchs alles wurde geschehen, wo man die wellt nach dem Evangelio regieren solte und die bösen nicht mit gesetzen und gewallt treyben und zwingen, zu thun und leyden was recht ist".[15] Ziel des weltlichen Regiments ist die Erhaltung des irdischen Lebens in einer guten Ordnung, Ziel des geistlichen Regiments ist die Errettung des Menschen aus der Macht der Sünde zum ewigen Leben. So wie beide Reiche verschiedene Aufgaben haben, haben sie auch unterschiedliche Mittel: das weltliche Regiment, wenn nötig, die Gewalt, das geistliche ausschließlich das Wort. Beide Regimente sind Mandate Gottes, jedoch sind die staatlichen Gesetze an die Übereinstimmung mit dem Gesetz Gottes gebunden („usus politicus"). Die „Erhaltungsordnung in der Welt ist engstens verbunden mit Gottes Offenbarung der lex divina in der lex Christi".[16] Die Obrigkeit hat dem geistlichen Regiment Hilfestellung zu geben, indem sie durch Erhaltung der äußeren Ordnung dessen Dienst an den Seelen erleichtert. Die Unterordnung des weltlichen Regiments unter die Herrschaft Christi ist ein zentraler Punkt in den Ausführungen Luthers, weltliche Obrigkeit handelt im Auftrag Christi: „Die Fürsten sein auch Henker und Stockblöcher Christi, die ihm sein Volk strafen und richten müssen."[17] Obrigkeit ist dabei nach Luther nicht als abstrakte Institution zu denken, sondern stark personal als Auftrag Gottes an einen Menschen, durch das weltliche Amt das Regiment zu führen. Der Fürst ist nicht bereits als adelige Person oder qua Amt ein Vorbild im Sinn christlicher Ethik, sondern erst sein Verhalten entscheidet darüber, ob er als Fürst sich auch als Christ erweist.

Welche konkreten Aufgaben von dieser Konzeption her der Obrigkeit zuwachsen, hat Luther vor allem in seiner Schrift „Von weltlicher Obrigkeit"[18] 1523 zusammengefasst. An erster Stelle steht die Friedenssicherung, gefolgt von der Kriegführung, der Rechtswahrung und der Aufrechterhaltung der Sozialordnung. „Die inhaltliche Seite des weltlichen Regiments überläßt Luther der Vernunft"[19], gibt den Fürsten aber drei Ratschläge, wie das weltliche Regiment regiert werden soll: Erstens soll er seinen Untertanen in Liebe dienen, zweitens ist seinen Räten gegenüber vorsichtiges Vertrauen geboten und drittens soll er sein Strafamt in weiser und vernünftiger Großzügigkeit ausüben, Krieg darf er nicht leichtfertig beginnen.[20] Dabei besteht bei Luther eine untrennbare Verbindung zwischen Obrigkeit und

---

[15] WA 15, 302, 14–21.
[16] HECKEL 1966, Sp. 1757.
[17] WA 10, III, 380, 31f.
[18] Darin findet sich eine Übernahme von Gedanken, die er in einer Predigt am 25.10.1522 über das weltliche Reich Christi formuliert hat (WA 10, III, 379–385).
[19] GÄNSSLER 1983, S. 88.
[20] Vgl. WA 11, 273, 7–278, 26.

Recht, wobei der Staat eine edukativ-positive und eine regulierend-prohibitive Funktion hat.

Der Christ ist nach Luther Bürger in beiden Reichen, in doppelter Hinsicht ist er folglich aufgefordert, Verantwortung zu übernehmen.[21] Er untersteht beiden Regimenten und ist zugleich „Christperson" und „Weltperson".[22] An diesem Punkt nun geht es um das Verhältnis von Bergpredigt, die für den Christen Richtschnur seines Handelns sein soll, und weltlicher Gewalt. Luther löst dieses Verhältnisproblem durch die Formel „für sich" und „für andere". „Soweit ein Unrecht ihn selbst betrifft, muß dieses jeder Christ, nicht nur der vollkommene, geduldig leiden und so seinen Feind lieben. Damit ist die Verbindlichkeit der Bergpredigt in ihrem radikalen Sinn wieder für alle aufgerichtet. Betrifft ein Unrecht aber den Nächsten, so ist diesem gegen einen Übeltäter beizuspringen. Da solcher Schutz des Nächsten vor den Übergriffen anderer sozusagen hauptamtlich von der öffentlichen Gewalt besorgt wird, ist diese und also auch die dabei nötige Gewaltanwendung vom Christen zu unterstützen."[23] In seiner Schrift „Von weltlicher Obrigkeit" schreibt Luther hierzu unter anderem:

„Aber weyl eyn rechter Christen auff erden nicht yhm selbs sondern seynem nehisten lebt unnd dienet, szo thutt er von art seyns geystes auch das, des er nichts bedarff, sondern das seynem nehisten nutz und nott ist. Nu aber das schwerd eyn groß nodlicher nutz ist aller wellt, das frid erhalten, sund gestrafft und den bösen geweret werde, so gibt er sich auffs aller willigst unter des schwerds regiment, gibt schos, ehret die uberkeyt, dienet, hilfft und thut alles, was er kan, das der gewalt fodderlich ist, auff das sie ym schwang und bey ehren und furcht erhalten werde, wie wol er des fur sich keynes darff noch yhm nott ist, Denn er sihet darnach, was andern nutz und gutt ist".[24]

Das Neue an Luthers Lehre besteht in der konsequenten Unterscheidung des geistlichen und des weltlichen Bereichs im Unterschied zu der damals vorherrschenden Vermischung beider Gewalten, die über Jahrhunderte hinweg immer wieder zu Auseinandersetzungen geführt hatte.[25] Beide existieren nach Luther als unabhängige Partner nebeneinander. Nicht nur die Eigenständigkeit des weltlichen Arms ist damit theologisch begründet, sondern auch der Verzicht der Kirche auf weltliche Macht. Die strikte Unterscheidung von weltlichem und geistlichem Reich trotz aller Kooperation führt uns zu unserem Ausgangspunkt zurück, nämlich dem Eingebundensein von Luthers *Zwei-Reiche-Lehre* in seine Theologie. Häufig ist z. B. darauf aufmerksam gemacht worden, dass die Unterscheidung zwischen

---

[21] Die Verantwortung jedes Christen auch für den weltlichen Bereich formuliert LUTHER besonders deutlich in seiner Rede von den *drei Ständen* (vgl. S. 29f.).
[22] Zu den beiden Begriffen „Christperson" und „Weltperson" vgl. DUCHROW 1970, S. 536–552.
[23] DUCHROW 1970, S. 540.
[24] WA 11, 253, 23–32.
[25] PRIEN 1992, S. 146.

den beiden Reichen und Regimenten der von Gesetz und Evangelium entspräche, und Luther selbst hat darauf hingewiesen, dass die Nichtunterscheidung beider Reiche auf eine Vermischung von Gesetz und Evangelium hinauslaufe.[26] Ein wichtiger Unterschied zu Augustinus besteht darin, dass Luther beide Reiche unter der göttlichen Regierung stehen sieht, in beiden ist Gott mit seiner Güte und Barmherzigkeit anwesend, beide sind von Gott verordnet.[27]

Diese für die damalige Zeit neue Eigenständigkeit der Kirche auf der einen und des Staates auf der anderen Seite hat auch Luther selbst nicht immer durchgehalten; das zeigt sich vor allem in seinen Auseinandersetzungen mit den „Schwärmern".

Der Tatsache, dass der Christ nicht nur im Reich Christi lebt, sondern sich hier und jetzt seiner Verantwortung für die Welt zu stellen hat, trägt Luther mit der Rede von den *drei Ständen*[28] Rechung. Die wichtigsten Äußerungen hierzu finden sich in der Schrift „Vom Abendmahl Christi. Bekenntnis" von 1528, in der Luther die *drei Stände* folgendermaßen umreißt: „Aber die heiligen orden und rechte stiffte von Gott eingesetzt sind diese drey: Das priester ampt, Der Ehestand, Die weltliche öberkeit."[29] Sie alle sind von Gott selbst gestiftet und dienen der Erhaltung der Schöpfung. So geht es Luther, wenn er vom weltlichen Regiment redet, keinesfalls lediglich um die Obrigkeit oder den Staat, vielmehr hat er alle Dinge, die für das Leben in der Welt notwendig sind, vor Augen.[30] Die *Drei-Stände-Lehre* macht deutlich, dass das „Rathaus" nicht sich selbst überlassen werden und der Glaube an Christus nicht isoliert werden darf.[31] Das Leben des christlichen Glaubens vollzieht sich vielmehr in drei Dimensionen, der Individualethik, der Hausstandsethik und der politischen Ethik.[32]

Obwohl die Redeweise von den *drei Ständen* nicht die gleiche Aufmerksamkeit wie die *Zwei-Reiche-Lehre* gefunden hat, ist sie im Zusammen-

---

[26] Das Verhältnis der Unterscheidung der beiden Regimente zu der Differenzierung von Gesetz und Evangelium hat JOEST in seinem gleichnamigen Aufsatz von 1958/1969 herausgearbeitet.
[27] LOHSE 1995, S. 338–340.
[28] Zum traditionsgeschichtlichen Hintergrund der *Drei-Stände-Lehre* vgl. SCHWARZ 1978. Neben dem Begriff „Stand" finden sich auch die Termini „Orden", „Stifte", „Ämter" oder „Hierarchien". Vor allem letzterer, der erst in späteren Schriften und dann nur selten auftaucht (vgl. „Zirkulardisputation über das Recht des Widerstandes gegen den Kaiser" vom 9. Mai 1539; WA 39 II, (34) 39–91), weist eine deutlich polemische Note auf. Luther will den bisherigen Orden und Stiften etwas Neues gegenübersetzen, er verurteilt alle Klöster, Stifte und Orden, die von Menschen eingesetzt worden sind (WA 26, 503, 36–504, II). Der angestrebte Nachweis, dass für das Mönchtum und Papsttum in keiner der drei Hierarchien Platz ist, steht im Hintergrund seiner Rede von den *drei Ständen*.
[29] WA 26, 504, 30 f.
[30] LOHSE 1995, S. 344.
[31] SCHWARZ 1978, S. 33.
[32] AaO., S. 32f.

hang der vorliegenden Arbeit deshalb zu beachten, da sie für das spätere 16. Jahrhundert sehr prägend gewesen ist.[33]

Luther hat immer wieder betont, dass es sein Verdienst ist, der weltlichen Gewalt zu ihrem Recht gegenüber dem geistlichen Regiment verholfen zu haben.[34] Dennoch nahm bereits in der Reformationszeit eine Entwicklung ihren Lauf, die diesen Grundsatz der Trennung beider Bereiche nicht durchhielt: die Entstehung des landesherrlichen Kirchenregiments.

### 2.1.2 Das landesherrliche Kirchenregiment

Wenngleich Ansätze zu einem Landeskirchentum bereits im Spätmittelalter zu verzeichnen sind, wie später am Beispiel der Markgraftümer zu zeigen sein wird, begünstigte Luthers Verwerfung des kanonischen Rechts eine derartige Entwicklung.[35]

Vorbild für die Entwicklung eines landesherrlichen Kirchenregiments war Kursachsen, wo die Kirche von oben her, vom Landesherrn, neu organisiert wurde. Dazu diente die Kirchen- und Schulvisitation der Jahre 1526–1530. Vom Landesherrn eingesetzte Kommissionen bereisten das ganze Land und sorgten für eine einheitliche Form des Gottesdienstes, der Lehre und des Unterrichts. Später wurden Konsistorien errichtet, die bald den Charakter von landesherrlichen Kirchenleitungsbehörden hatten. Das Kirchenwesen wurde als ein Departement der Staatsverwaltung angegliedert.[36]

In der Forschung ist immer wieder die Frage gestellt worden, ob diese Entwicklung in Kursachsen Luthers Gedanken widersprach oder nicht. Zunächst einmal bleibt festzuhalten, dass er seinen Landesherrn dazu gedrängt hat, Visitationen abzuhalten. Für Luther lag dies aus folgenden Gründen nahe: Weltliche Obrigkeit war für Luther gleichbedeutend mit monarchischer Herrschaft, das entsprach seinem Erfahrungsbereich der Territorialstaaten des 16. Jahrhunderts. Der Fürst amtierte als Diener Gottes, ihm war

---

[33] LOHSE 1995, S. 342. Vgl. auch die Untersuchung von SCHORN-SCHÜTTE 1998 „Die Drei-Stände-Lehre im reformatorischen Umbruch".

[34] WA 30/II, 110, 1f.

[35] FUCHS 1976, S. 135. Konkret stellt das landesherrliche Kirchenregiment die „Fortsetzung des Bauernkrieges ‚mit anderen Mitteln'"dar (ZIMMERMANN 1985, S. 146). Mit dieser These setzt sich Zimmermann zu Recht von der häufig geäußerten Meinung ab, dass revolutionäre Erhebung und verstaatlichte Reformation einen Gegensatz darstellen. Nach der Niederschlagung der Revolutionäre, so Zimmermann, seien diejenigen Landesherrn, die den reformatorischen Gedanken gegenüber positiv eingestellt waren, dazu übergegangen, im Zuge der Neuorganisation der Kirchenordnung dem Wunsch des gemeinen Mannes vor allem nach Abbau der Privilegien der Geistlichkeit zu entsprechen. Dass sie damit durchaus im Sinne des Volkes handelten, zeige die Tatsache, dass über Jahrhunderte hinweg keine neuen Erhebungen mehr zu verzeichnen waren.

[36] Vgl. hierzu WALLMANN 1988a, S. 71–73.

das ius gladii von Gott verliehen. Ist der Fürst Christ, dann hat er nach Luther als Glied der christlichen Gemeinde Hilfsfunktionen für die christliche Gemeinde zu leisten.[37] Ausschlaggebend für die Beantwortung der obigen Frage ist die Vorrede Luthers zu den Visitationsartikeln von 1528.[38] Nach Holl[39] sah Luther in der Leitung der Visitationen usw. durch den Landesherrn nur eine Übergangslösung, da wegen des Versagens der Bischöfe ein offensichtlicher Notstand herrschte. Luther legte, so Holl, Wert darauf, dass die Abhaltung der Visitation eigentlich Pflicht der Bischöfe sei. Da aber die Bischöfe dieser Pflicht nicht nachkämen, bitte er den Landesherrn darum, der wiederum mit der Erfüllung dieser Bitte nicht einer Amtspflicht entspreche, sondern als christlicher Bruder handle. Diese Vorrede nimmt sich im Kontext der Zeit gleichsam als „Richtigstellung" gegenüber der kurfürstlichen Instruktion vom Jahr 1527 aus, in der er als Landesherr die Visitation anordnet und mit Hilfe seiner Beamten durchführt.[40]

Zu einer anderen Einschätzung kommt Sichelschmidt in Anlehnung an Rieker[41], wo Luthers Anliegen folgendermaßen umschrieben wird: Ihm gehe es darum, dass die Grundlagen unangetastet blieben, d. h. dass das Bekenntnis und die Glaubenswahrheit nicht mit Mitteln des Rechts zu fassen seien. „Falls der Frieden im Territorium jedoch bedroht ist, so hat der Landesherr die Verpflichtung zum Einschreiten [...] Der Landesherr darf der Sache des Evangeliums seine exekutiven Möglichkeiten zur Verfügung stellen."[42] Hier wird deutlich unterschieden zwischen der geistlichen Leitungsgewalt, die der weltlichen Obrigkeit nicht zusteht, und der äußeren Leitungsgewalt, die durchaus auch vom Landesherrn wahrgenommen werden dürfe.

Die oben gestellte Frage, ob diese Entwicklung in Kursachsen in Luthers Sinn war oder nicht, kann und muss an dieser Stelle nicht beantwortet werden. Hier geht es nur darum, welches Selbstverständnis als evangelische Ob-

---

[37] WOLGAST 1984, S. 37f.
[38] WA XXVI 195–201.
[39] Zum Folgenden vgl. HOLL 1911/1923. Vgl. auch die Beurteilung bei WALLMANN 1988, S. 73; Rieker fasst die ältere Forschung zusammen, indem er schreibt: „Es darf als die herrschende Ansicht bezeichnet werden, daß die geschichtliche Entwicklung der rechtlichen Stellung der evangelischen Kirche in Deutschland im Widerspruch mit den Anschauungen der Reformatoren über das Verhältnis von Staat und Kirche erfolgt" (RIEKER 1893, S. 1).
[40] SEHLING 1902, S. 142–148.
[41] RIEKER 1893, S. 158: „Die weltliche Obrigkeit muß sich nun der Visitation der Geistlichen und des geistlichen Lebens annehmen, obgleich sie das eigentlich nichts angeht, aber aus christlicher Liebe und um der Not willen kann und darf sie es nicht lassen. Darum wird aber die Visitation nicht ein weltliches Geschäft, eine Pflicht und Befugnis der bürgerlichen Obrigkeit: Sie bleibt ein geistliches Amt, wie am deutlichsten das aus ihr hervorgegangene Superintendentenamt beweist."
[42] SICHELSCHMIDT 1993, S. 8.

rigkeit die Markgrafen hatten, also um deren Rezeption und Interpretation von Luthers Vorstellungen.

### 2.1.3 Das Selbstverständnis der Markgrafen als evangelische Obrigkeit

Wohl keinem anderen Fürsten in Deutschland kam der Neuansatz Luthers so gelegen wie Markgraf Kasimir von Brandenburg-Kulmbach.[43] Bereits seit 1520 betrieb er aus wirtschaftlichen Gründen die Säkularisation und ließ seit 1523 die Klostergüter inventarisieren. Der Ausbau der Kirchenhoheit war ihm Hauptmittel zum Aufbau der Landesherrschaft. Jedoch geschah dies alles auch nach 1525, ohne dass sich Kasimir inhaltlich der evangelischen Bewegung geöffnet hätte. So entwickelte er in Ansätzen ein landesherrliches Kirchenregiment ohne reformatorischen Hintergrund.

Die Situation änderte sich von Grund auf unter seinem Nachfolger Markgraf Georg dem Frommen.[44] Am 11.3.1528 ordnete dieser die Einführung der Reformation an. An den Kaiser schrieb er hierzu unter anderem: Weil die fränkischen Bischöfe „ihrem Amt nicht genüge gethan und groß Aergernis in Lehre und Leben der Clerisei in seinen Landen hätten einreißen lassen und auch kein allgemeines Concilium zur verbesserung der Religion und geistlichkeit sei zu erhalten gewesen", habe er „als ein christlicher Fürst, dem nicht nur obliege, für seiner Unterthanen zeitliche, sondern auch ewige Wohlfahrt zu sorgen, seinem Amt und Gewissen Genüge tun müssen".[45] Bei den evangelischen Theologen in den Markgraftümern blieb die Frage des vom Markgrafen beanspruchten Reformationsrechtes der Obrigkeit natürlich nicht undiskutiert.[46] In diesem Zusammenhang kam es auch zu einer inhaltlichen Auseinandersetzung mit Luthers Zwei-Reiche-Lehre. Die konsequenteste Aufnahme von Luthers Gedanken findet sich u.a. bei Hiob Gast[47]. „Gast hält strikt die Ämtertrennung durch und fordert eine Behörde, der die Entscheidungen für den kirchlichen Bereich zufallen sollen. In einem solchen Gremium dürfte der Fürst kein Mitspracherecht haben. Zwar darf eine christliche Obrigkeit den rechten Gottesdienst fördern, aber nicht von Amts wegen, sondern als christliche Privatperson."[48] Gast konnte sich mit seiner Meinung nicht durchsetzen, die Abstellung der Missbräuche wurde in der Realität durch die Obrigkeit vollzogen. Vor dem Hintergrund dieser Diskussion in den Markgraftümern

---

[43] Vgl. zum Folgenden FUCHS 1976, S. 137–139.
[44] Zu den folgenden Ausführungen zur Konfessionalisierung in den Markgrafentümern vgl. die einschlägigen Arbeiten von MEIER 1997 und DIXON 1996.
[45] Zitiert nach KARZEL 1979, S. 37.
[46] Vgl. SCHNEIDER 1987, S. 152–157.
[47] Geboren in Künzelsau, gestorben 1544 in Cadolzburg, galt er als einer der profiliertesten Theologen des Unterlandes (vgl. SIMON 1957, S. 144).
[48] AaO., S. 156.

wird man Meier nicht zustimmen können, der die Ansicht vertritt, dass der Markgraf im Sinne Luthers handelte, wenn er davon ausging, dass er als weltlicher Herrscher auch für das ewige Seelenheil seiner Untertanen zuständig sei und daraus entsprechende Befugnisse ableitete.[49] Die Aufgabenverteilung entsprechend Luthers *Zwei-Reiche-Lehre* war jedenfalls eine andere, wie oben bereits beschrieben wurde. Hier eignete sich der Markgraf also eindeutig Kompetenzen an, die ihm nach Luthers Lehre auch als „Notbischof" nicht zustanden.

Dementsprechend kann Dixon die Rezeption der lutherischen Zwei-Reiche-Lehre in den Markgraftümern folgendermaßen zusammenfassen: „Die Anführer der Reform in Brandenburg-Ansbach-Kulmbach folgten in ihrer Rechtfertigung der Beanspruchung des Kirchenregiments durch den Markgrafen Luthers Argumentation. Im fränkischen Bekenntnis lieferte Luthers Vorstellung von den zwei Reichen die Voraussetzungen für eine Diskussion der Kirche. Die wirkliche Kirche, die Gemeinschaft der wahren Gläubigen, ist unsichtbar, sie wird allein durch Christus regiert (Gewalt Christi). Weil es aber für die äußere Gestalt nötig ist, dass die Ordnung aufrecht erhalten wird, verlangt die Ordnung der Kirche (Gewalt der Kirche) den Dienst und die Organisation der Gesellschaft. Erstere kümmert sich um das Heil, letztere um Frieden und Einigkeit unter den Gläubigen. Um Frieden und Ordnung auf Erden aufrecht zu erhalten, erhob der Markgraf vollständigen Anspruch auf das Vorrecht der Überwachung der kirchlichen Gewalt. (Dies war ein erheblich entschiedenerer Anspruch auf die Macht als in Luthers früherer Bemerkung von den ‚Notbischöfen', die in vorübergehender und ausnahmsweiser Eigenschaft handelten.)"[50]

Georg der Fromme ging bald daran, die kirchlichen Verhältnisse zu ordnen; dies geschah zunächst in Zusammenarbeit mit der Stadt Nürnberg.[51] Visitationen wurden ab 1528 durchgeführt. Nach der Überwindung der damit verbundenen Schwierigkeiten und einer erneuten Gefährdung der Reformation durch den Speyrer Reichstag wurde eine Kir-

---

[49] So MEIER 1997, S. 95.
[50] DIXON 1996, S. 47 (Englischer Originaltext: „The reform leaders in Brandenburg-Ansbach-Kulmbach followed Luther's line of reasoning when they justified the margrave's usurpation of ecclesiastical power. In the Franconian Confession, Luther's idea of the Two Kingdoms provided the context for a discussion of the church. The real church, the community of true believers, is invisible, ruled through Christ alone (Gewalt Christi). However, as it is necessary for the external form to maintain order, the rule of the church (Gewalt der Kirche) prescribes the service and the organisation of the assembly. The former deals with salvation, the latter with peace und unity among believers. In order to maintain peace and order on earth, the margrave laid full claim to powers of supervision over the rule of the church. (This was a bid for power rather more emphatic than Luther's early notion of ‚emergency bishops' who were acting in a temporary and exceptional capacity.)" Übersetzung durch Verf.).
[51] Vgl. aaO., S. 93–130.

chenordnung erarbeitet. Am 1.3.1533 wurde sie in den Markgraftümern in Kraft gesetzt.[52]

Entsprechend dem Testament seines Vaters führte Markgraf Georg Friedrich[53] das Begonnene weiter, indem er in den 47 Jahren seiner Regierungszeit daran ging, der evangelischen Kirche eine feste Verfassung und äußere Form zu geben. Dies begann mit dem Erlass der Synodalordnung 1556, in der u.a. das Unterland in Dekanate eingeteilt wurde und Superintendenten ernannt wurden, und der Abtrennung des Ehegerichts als eigenständiger Institution vom Hof. Ab 1558 wurden wieder Visitationen durchgeführt. Ein weiterer wichtiger Schritt war die Kapitelsordnung von 1565, die 1572 auch auf das Oberland übertragen wurde. In dieser wurden weitere Maßnahmen zur Organisation der Kirche erlassen. Den Höhepunkt und zugleich Abschluss dieser Entwicklung stellt die Konsistorialordnung von 1594 dar, mit der der Markgraf die Macht, die er als „Summus episcopus" über die Kirche seines Landes ausübte, an das Konsistorium als zentrale Instanz für Kirchenangelegenheiten delegierte.

Die Markgrafen von Ansbach und Kulmbach/Bayreuth verstanden sich demnach als Obrigkeit in Anlehnung an Luthers Zwei-Reiche-Lehre und der damit verbundenen Unterscheidung zwischen geistlichem Arm und weltlicher Obrigkeit. Deutlich wird dies z.B. an Begrifflichkeit und Inhalt eines für das Schlussgebet im Gottesdienst in der Kirchenordnung von 1533 zu findenden Gebets:

„O barmherziger, himlischer Vater, [...] Wir bitten dich, sihe gnediglich auf deine diener, den römischen kaiser, unsere fürsten und alle ordenlich oberkeit, damit sie das weltlich schwert, inen von dir befolhen, nach deinem befelch füren mögen. Erleucht und erhalt sie bei deinem göttlichen namen! Gib inen, lieber Herr, weisheit und verstand und ein fridlich regiment, auf das sie alle ire untertanen in frid, rue und ainigkeit beschirmen und regieren!"[54]

Beide, weltliche Obrigkeit und geistlicher Arm, erledigen ihre Aufgabe, weil sie ihnen von Gott befohlen ist, sie haben eine gemeinsame Grundausrichtung: Erhaltung der göttlichen Ordnung! Von daher ergibt sich auch eine Zusammenarbeit beider Gewalten. Sie haben aber unterschiedliche Aufgaben und nur der weltlichen Obrigkeit obliegt es, das „weltlich schwert" zu führen.

---

[52] Vgl. Abschnitt 2.2.1.2.
[53] Georg Friedrich regierte bis 1558 lediglich über die Markgraftümer Ansbach, danach über beide Markgraftümer, Ansbach und Bayreuth/Kulmbach, in Personalunion. Somit erhielt die evangelische Kirche „oberhalb und unterhalb des Gebirgs" (vgl. Abschnitt 1.4 Das Untersuchungsgebiet) dieselbe Verfassung und äußere Gestalt. Für das Oberland war der Regierungsantritt Markgraf Georg Friedrichs in kirchlicher Hinsicht insofern günstig, als damit die Gefährdungen der Reformation durch das Augsburger Interim von 1548, das von Markgraf Albrecht Alcibiades gegen den Widerstand der Pfarrer eingeführt werden sollte, gebannt waren.
[54] SEHLING 1961, S. 191.

Aus dem historischen Abstand heraus muss jedoch festgehalten werden, dass sich die Markgrafen im Verlauf des 16. Jahrhunderts deutlich mehr Kompetenzen aneigneten, als dies in Luthers Vorstellungen gegeben war. Somit sind sie ein typisches Beispiel für die Einebnung von Luthers Zwei-Reiche-Lehre in das „System" des landesherrlichen Kirchenregiments.

## 2.1.4 Die Aufgabe der Landesherrn in der Verfolgung von Hexerei nach Ansicht der Reformatoren

Es kann im Folgenden nicht darum gehen, die Stellung aller führenden Reformatoren zum Hexenglauben ihrer Zeit zu analysieren. Vielmehr rücken neben Luther nur diejenigen in unser Blickfeld, die für das Untersuchungsgebiet in irgendeiner Weise wichtig waren. Es sind dies vor allem Andreas Osiander und Johannes Brenz, die durch ihre Mitwirkung an der Kirchenordnung von 1533 erheblichen Einfluss ausgeübt haben, wie später noch zu zeigen sein wird. Johannes Brenz war darüber hinaus als theologischer Berater für die Durchführung der Reformation in Brandenburg-Ansbach ab 1528 tätig, 1530 gehörte er auf dem Augsburger Reichstag zur ansbachischen Gesandtschaft.[55]

Zudem sei darauf hingewiesen, dass in den folgenden Abschnitten nur eine kurze Zusammenfassung der grundsätzlichen Haltung von Luther, Brenz und Osiander zur Zauberei- und Hexereifrage vorgelegt wird. Ein vollständiges Bild ergibt sich erst durch die Zusammenschau mit den themenzentrierten Bezugnahmen auf die drei Personen im weiteren Fortgang dieser Arbeit.

### 2.1.4.1 Martin Luther[56]

Prinzipiell ist Luthers Stellung durch ein Ja zu Hexenprozessen gekennzeichnet.[57] Er teilte den Glauben seiner Zeitgenossen an die Realität, Wirkkraft und Bedrohung von und durch Dämonen und Zauberwesen. Davon ausgehend trat er auch für ein striktes Vorgehen gegen Hexen ein. „Gladio aut firma fide" hieß Luthers Lösungsansatz in einer Reihe von Predigten über Exodus 22, die er ab Herbst 1524 in der Wittenberger Stadtkirche hielt, für die Bedrohung durch das Hexenwesen, und durch ein fünfmaliges „occidantur" unterstrich er seine Forderung nach der To-

---

[55] BRECHT 1981, S. 172.
[56] Die jüngste und umfassendste Darstellung der Haltung Luthers in der Hexenfrage ist von HAUSTEIN 1990 vorgelegt worden. Sie bildet die Grundlage des folgenden Kapitels.
[57] Vgl. ferner zur Haltung Luthers zu Zauberei und Hexerei Abschnitt 3.2 und 3.3.1.3, Abschnitt 3.4.2 sowie 3.5.7.2 der vorliegenden Arbeit.

desstrafe.[58] Auch wenn seine Äußerungen hinsichtlich der Bestrafung von Hexen nicht immer so streng ausfielen,[59] ist wohl alles in allem festzuhalten, dass Luther „die Überlieferung der Hexen an Folter und Scheiterhaufen für selbstverständlich hält: „quando istae magiae [...] manifestae, gehört meister / Hans (= Scharfrichter), der sol stro etc. machen" (= den Scheiterhaufen herrichten?)".[60]

Dabei machte Luther, entsprechend seiner Erkenntnis, dass das eigentliche Verbrechen bei der Zauberei im Verstoß gegen das erste Gebot liegt und nicht im Schadenzauber, keinen Unterschied zwischen schädigender und nichtschädigender Magie wie etwa die Peinliche Gerichtsordnung Karls V., die Constitutio Criminalis Carolina, die am 25.7.1532 vom Regensburger Reichstag genehmigt und 1533 gedruckt worden ist.[61] Des öfteren scheint in Luthers Bemerkungen ein Tadel an diejenigen weltlichen Herrn auf, die die Magie als Verbrechen nicht nur unterschätzen, sondern an ihren eigenen Höfen praktizieren, ein Vorwurf, der in besonderem Maße an die geistlichen Fürsten geht.[62]

Ganz im Sinne der *Zwei-Reiche-Lehre* gibt es für Luther als Gegenmittel gegen Zauberei Schwert und Glaube: „gladio aut firma fide pergendum".[63] Der Christenmensch setzt seine Hoffnung auf den Glauben und das Vertrauen in Christus. „Wenn etwas fehlt, bittet im Glauben, bittet um zeitliche und ewige Dinge, wenn ihr es nicht gleich bekommt, wartet, handelt nicht mit dem Satan, macht Gott keine Vorschriften wie die Zauberinnen. [...] Wo aber gute Christen sind, bei ihnen kann er es nicht wie bei den Ungläubigen, denen geschieht, wie sie glauben, es sei denn, er will sie heimsuchen, um sie zu prüfen wie Hiob."[64] Das Schwert, d. h. die Führung von Prozessen und die damit verbundenen Untersuchungen, gehörten zur Pflicht einer weltlichen Obrigkeit, die es mit Gott nicht verderben wollte.[65]

---

[58] WA 16,551.18–552.23. Vgl. Hausteins Ausführungen zu Luthers Predigt in: HAUSTEIN 1990, S. 123–126.
[59] In der Vorlesung über das Zwölfprophetenbuch von 1524 ff. forderte Luther lediglich den Ausschluss der Delinquenten. WA 13,697.1f. (HAUSTEIN 1990, S. 127).
[60] HAUSTEIN 1990, S. 127.
[61] Im weiteren kurz „Carolina" genannt.
[62] AaO., S. 65.
[63] Ebenda.
[64] WA 16, 551.24–25 und 552.11–13. („Si deest aliquid, petite fide, petite corporalia et eterna, si non statim accipitis, expectate, cum Satana non agite, non praescribite deo ut magae. [...] Ubi vero boni Christiani sunt, non potest in illos ut in infideles, quibus fit, ut credunt, nisi quando adfligere vult ad probandum ut Hiob." Übersetzung nach HAUSTEIN 1990, S. 123f.).
[65] Neben Schwert und Glaube als Gegenmittel gegen Zauberei und Hexerei kannte Luther auch die Natur im Sinne einer Naturheilkunde, die er deutlich von der Magie abgrenzt: „Medicina vero est aliud: natura scilicet, non daemon. Si tu herbis vires indis tuis verbis aut benedictione per pater noster vel Angelum u. demon est. Natura autem die est, qua urtica urit, aqua humectat. Quaedam herbae sanativae sunt. Si autem tuis verbis opus

Diese Pflicht liegt vor allem darin begründet, dass Zauberei und Hexerei Abfall von Gott bedeuten, crimen laesae Maiestatis divinae sind und im Falle einer unterlassenen Sanktionierung negative Folgen für das ganze Land nach sich ziehen kann. Der Vergleich von Hexen und Zauberern mit Fahnenflüchtigen bzw. Hochverrätern, der in einer Tischrede überliefert ist, macht dies nur allzu deutlich:

„Denn wie die Juristen fein künstlich disputiren und reden von mancherlei Art der Rebellion und Mißhandlung wider die hohe Majestät, und unter anderen zählen sie auch diese, wenn einer von seinem Herrn feldflüchtig, treulos wird, und begibt sich zu den Feinden; und denselbigen allen erkennen sie zu die peinliche Strafe von Leib und Leben. Also auch, weil Zäuberei ein schändlicher, gräulicher Abfall ist, da einer sich von Gott, dem er gelobt und geschworen ist, zum Teufel, der Gottes Feind ist, begibt, so wird sie billig an Leib und Leben gestraft."[66]

Eines sei an dieser Stelle bereits festgehalten: Die weltlichen Obrigkeiten suchten in mancherlei Anliegen den Rat des Reformators, nicht aber in Sachen Hexenverfolgung.[67] Sicherlich liegt das daran, dass Luthers Wirkungsjahre in keine Hochphase der Hexenprozesse fielen.[68] Es lässt aber wohl auch darauf schließen, dass Luther trotz aller Mahnungen an die Obrigkeit, gegen Hexerei streng vorzugehen, diesbezüglich nicht als Autorität galt.

### 2.1.4.2 Andreas Osiander[69]

Der 1496 oder 1498 geborene Sohn einer angesehenen Familie aus Gunzenhausen erhielt 1520 die Priesterweihe und eine Stelle als Hebräischlehrer im Nürnberger Augustinerkloster. Aufgrund seiner reformatorischen

---

est, daemon est, non natura." (WA 16, 551. 37–41). („Die wahre Medizin ist etwas anderes: die Natur nämlich, nicht der Dämon. Wenn du die Wirkung den Kräutern beilegst mit deinen Worten oder Segen durchs Vaterunser oder der Engel etc., ist es der Dämon. Die Natur Gottes aber ist, durch die Brennessel brennt und das Wasser befeuchtet. Einige Kräuter sind heilkräftig. Wenn es aber ein Werk durch deine Worte ist, ist es der Dämon, nicht die Natur." Übersetzung nach HAUSTEIN 1990, S. 123).
[66] WA TR 6, 222.21–28 = Nr. 6836; HAUSTEIN 1990, S. 126.
[67] Vgl. KUNST 1976.
[68] Vgl. hierzu LEVACK 1995, S. 177.
[69] Eine eigenständige Darstellung der Haltung Osianders zur Hexenfrage ist bisher nicht vorgelegt worden. Für die diesbezüglichen Ausführungen und die Einordnung Osianders in der vorliegenden Arbeit wurde die Gesamtausgabe Andreas Osianders d. Ä., hg. v. MÜLLER/SEEBASS, hinsichtlich der Stichwörter „Zauberei" und „Hexerei" durchgesehen. Am ausführlichsten widmet sich Osiander der Thematik in der Kirchenordnung von 1533 und den sich daran anschließenden Kinderpredigten (vgl. Abschnitt 3.3.1 und 3.4). Nur kurz streift er den Bereich der Zauberei in der Verantwortung des Nürnbergischen Katechismus von 1539, in dem Gutachten zur Blutbeschuldigung von 1540, in der 7. Predigt über Daniel 1–2 von 1542/43 und in dem Unterricht wider den Türken von 1542. Schließlich geht er in ähnlicher Weise wie in den Kinderpredigten in den Predigten über die 10 Gebote von 1542 auf Zauberei ein und entsprechend der Nürnberger Kirchenordnung auch in der Pfalz-Neuburger Kirchenordnung von 1543.

Gesinnung bekam er 1522 die Predigerstelle an St. Lorenz und war als Sprecher der Evangelischen maßgeblich an dem Religionsgespräch vom März 1525 beteiligt. In den folgenden Jahren galt sein Engagement der Neuordnung und Neugestaltung des Kirchenwesens, die in der Kirchenordnung von 1533 zum Abschluss kam. Auseinandersetzungen mit wichtigen Mitgliedern des Nürnberger Rats, die auch sein Verhältnis zu den Wittenberger Reformatoren trübten, minderten seinen Einfluss in Nürnberg jedoch ab 1530. Ständige Streitigkeiten führten 1548 zur heimlichen „Flucht" Osianders aus Nürnberg nach Königsberg, wo er ab 1549 Professor an der neuen Universität wurde. Er starb überraschend am 17. Oktober 1552.[70]

Osiander wird in seiner Haltung gegenüber dem Aberglauben in der Literatur häufig eine sehr viel aufgeklärtere Haltung nachgesagt als Luther. Dafür wird eine Nachricht aus Luthers Tischreden angeführt, wonach im Sommer 1540 an Luthers Tafel in Wittenberg jemand behauptet habe, Osiander glaube nicht an die Realität von Poltergeistern und ähnlichen Dämonen. Luther habe daraufhin Osiander vorgeworfen, dass er immer eine besondere Ansicht vertreten müsse.[71] Dennoch muss vorwegnehmend festgehalten werden – die Untersuchung unter Punkt 3.3.1 und 3.4. zeigt es – dass Osiander und Luther in formalen wie auch inhaltlich-theologischen Punkten häufig einer Meinung waren. Trotzdem überraschen die für seine Zeit äußerst kritischen Gedanken Osianders bezüglich der Realität von Zauberei. Schwerpunkt seiner Predigten, die diese Thematik behandeln, war die nachdrückliche Warnung davor, Zauberei zu gebrauchen.[72] In seinen Ausführungen in der Kirchenordnung von 1533 unter der Überschrift „Vom kreutz und leyden" gab er gleich zu Beginn seiner kritischen Haltung Ausdruck, wenn er bezüglich der Frage, woher das Leid kommt, schreibt:

„so sprechen sie alsbald, es sey durch zauberey geschehen; und sollicher aberglaub regiert sunderlich bey dem einfeltigen paursvolck. Darauß folgt dann auch, das sie warsager, zauberer, barillenseher, teuffelsbeschwerer und andere solche gotlose leüt rats fragen, und nicht allein fragen, sunder iren lügen auch glauben und gemainklich die frümbsten, unschuldigisten leüt im verdacht haben und hynterrück gegen andern leüten vermeeren, darzu ihre teüffelskünst und hilf annemen, folgen und gebrauchen derselben, dardurch sie in abgötterey fallen, welliches alles sollich grosse und greüliche sünde sein, darumb gewißlich Gottes zorn kumbt über die kinder des unglaubens, wie Paulus spricht."

---

[70] Zu den biographischen Angaben vgl. SEEBASS 1995, S. 508–510.
[71] WA TR 5, S. 87,5–7. „Von Polter Geystern. Osiander helt, das nichts sey mit den Poltergeistern. Doruff der Doctor gesagt: Ich halt, das was dran sey. Osiander mus altzeit was sonderlichs haben."
[72] Vgl. Abschnitt 3.3.1.

Die Warnung vor dem Gebrauch der Zauberei beschließt diesen Abschnitt:

„Wir haben auch hilf und rath, uns von Gott verordent, in allerlay leyden: nemlich wider den sathan das wort Gottes, wider böse, mutwillige, frefle menschen die weltlichen oberkeyt, wider kranckheyt und gebrechen des leybs die natürlichen ärtzney und wider sie alle ingemain ein christenlich, ernstlich gebet. Darumb ist es nicht nott, hilf und rath bey dem teüffel oder teuffelskünstnern oder sunst in ander unchristenlich wege zu suchen, sunder mögen und sollen uns der obgemelten hilf nach Gottes wort gebrauchen mit guttem gewissen; und wes sie uns nicht abhelfen, sollen wir mit gedult leyden."[73]

Auch er hielt die weltliche Obrigkeit dazu an, abergläubische Praktiken nicht zu dulden, jedoch sind seine diesbezüglichen Äußerungen weitaus weniger scharf als die Luthers. In den 40er Jahren des 16. Jahrhunderts wettert aber auch er in seinen Predigten über die 10 Gebote gegen die Obrigkeit: „Nu sicht man, das es [gemeint ist Zauberei, Hinzufügung durch Verf.] mehr leut thund dan wenigck, und geschicht grosser schad baiden dem leib und der seelen, wiewohl es kain oberkait strafft, wie man thun solt."[74]

Die seit Gottfried Seebass' Untersuchung „Das reformatorische Werk des Andreas Osiander"[75] sich durch die Sekundärliteratur ziehende Aussage, dass Osiander die Anwendung der Todesstrafe verhindert(!) habe, ist so aus den Quellen heraus nicht zu belegen, aber auch nicht zu widerlegen.

### 2.1.4.3 Johannes Brenz[76]

Brenz wurde 1499 in der Reichsstadt Weil in der Nähe von Stuttgart als Sohn des Schultheißen geboren. Während seiner Studienzeit in Heidelberg (Immatrikulation 1514) lernte er Luther durch seine Schriften, aber auch persönlich bei der Heidelberger Disputation 1518 kennen, wodurch seine Theologie entscheidende Impulse erhielt. 1522 wurde er Prediger an der Michaelskirche in Schwäbisch Hall und war Führer der Haller Reformation. Ab 1528 wurde er als Berater in die Reformation von Brandenburg-Ansbach eingeschaltet und arbeitete auch an der Ausarbeitung der Kirchenordnung von 1533 mit. 1537/38 lehrte er an der Universität in Tübingen, bevor er durch den Schmalkaldischen Krieg zur Flucht aus Hall gezwungen wurde. In den folgenden Jahren schlug er Professuren in Leipzig, aber auch

---

[73] OSIANDER GA, Bd. 5, S. 98, S. 106.
[74] OSIANDER GA, Bd. 7, S. 363.
[75] SEEBASS 1967, S. 90.
[76] Auch für den Reformator Brenz liegt keine eigenständige Untersuchung vor, wenngleich das Quellenmaterial hier ungleich größer ist als bei Osiander. Eine erste grundlegende Orientierung bietet jedoch MIDELFORT 1972. In der dortigen Bibliographie findet sich eine Auflistung der für dieses Thema relevanten Schriften von Johannes Brenz (MIDELFORT 1972, S. 263). Diese wurden auch als Grundlage für die Ausführungen in der vorliegenden Arbeit herangezogen.

Dänemark und England aus, 1553 nahm er das Amt des Propstes an der Stuttgarter Stiftskirche an. In der letzten Phase seines Lebens setzte er sich für die organisatorische und theologische Konsolidierung des Luthertums in Deutschland ein. Er starb am 11.9.1570 in Stuttgart.[77]

Ausgangspunkt und zugleich Zentrum der Brenzschen Argumentation in der Hexenfrage ist seine Gotteslehre. Gott der Schöpfer hat die Freiheit, mit der Welt und den Menschen so umzugehen, wie er es will. „Gott erscheint fast wie ein Tyrann."[78] Der Allmächtige, der seinem Wesen nach gerecht handelt, wirkt alles, auch das Böse. Wenn sich Gott des Bösen als Werkzeug bedient,[79] geht es ihm um die Mehrung von Glauben und Gottesfurcht. Der Mensch ist angesichts der potentia Dei ohnmächtig, die einzige Möglichkeit, die er hat, ist das Sich-Schicken in den Willen Gottes. – Aber: „Das Sich-Schicken in Gottes Willen ist nicht fatalistisch gemeint, sondern als ausdrückliche Bejahung von Gottes Güte im Kreuz. Das kann nur der, der weiß, daß Gottes eigentlicher Wille das Leben ist. Wir sind in der memoria Dei, und das bedeutet Seligkeit und Leben vor Gott, obwohl wir vor der Welt vergehen."[80] Deutlich wird dies in seinem Hiobkommentar von 1526 zu Hiob 1,21b:

„Es genügt nämlich nicht, das Kreuz allein nach dem Willen des Herrn anzunehmen, denn auch die Bösen gestehen zu, dass das Kreuz von Gott (auf uns) geworfen werde, man muss es vielmehr gerne und nach dem guten Willen des Herrn annehmen. Denn wenn du am Kreuz nicht die gütige und wohlwollende Hand dessen, der es schickt, anerkennst, wirst du es nie mit reinem und heiterem Herzen ertragen. Aber was bedeutet ‚der gute Wille des Herrn' am Kreuz? Das ist er: Es kreuzigt der Herr, um (uns) auferstehen zu lassen, er schlägt, um zu heilen, (und) er tötet, um das Leben zu geben.[81]

Von seiner Gotteslehre ausgehend ist Brenz zunächst ein Anhänger der Episcopi-Tradition, die grundsätzlich ablehnt, dass Hexen die Fähigkeit dazu besitzen, aus sich heraus Schaden zu stiften.[82] In seiner Predigt aus dem Jahre 1539, die auf ein aktuelles Unwetter Bezug nimmt, geht er soweit, das Unwetter selbst als von Gott gewirkt zu erklären entgegen vielen

---

[77] Zu den biographischen Anmerkungen vgl. BRECHT, 1981, S. 170–173.
[78] BRECHT 1966, S. 154.
[79] BRENZ Hiob, S. 122b zu Hiob 12,21: „Sed malis […] Deus utitur veluti instrumento et ministris ad declarandam maiestatem suam, quemadmodum alias utitur Satana, qui tamen non propterea bonus est, quod Dei sit instrumentum".
[80] BRECHT 1966, S. 158f.
[81] BRENZ Hiob, S. 15: „Non enim sufficit crucem e sola Domini voluntate suscipere, nam et impii fatentur crucem a Deo obtrudi, sed suscipienda est e beneplacito et bona voluntate Domini. Quod si in cruce non agnoveris benignam et benevolentem percutientis manum, numquam candide feres eam. Sed quae est bona Domini voluntas in cruce? Haec est, crucifigit Dominus, ut resurgere facit, percutit, ut sanet, occidit, ut vivificet" (Übersetzung durch Dr. Hubert Zölch, Amberg).
[82] Vgl. MIDELFORT 1972, S. 36–38.

seiner Mitmenschen, die die Schuld dem Teufel, Zauberern und Unholden geben:

„als nemlich dz Gott der Herr den Hagel schaffe und zu wegen bringe / dieser ursachen halben / die Gottlosen / ungleubigen und ungerechten darmit zu straffen / auff daß / wenn sie nuhn mehr durch solche straff zu erkanntnuß irer sünden kommen / sich nachmals zur busse und besserung kehren und wenden: da dagegen die frommen und gottförchtigen / durch ein fallung deß Hagels und Ungewitters / ob sie im waren glauben uff erkanntnuß Gottes bestendiglichen beharren wöllen / probiret werden."[83]

Logischerweise spricht sich Brenz im weiteren Verlauf der Predigt auch gegen die Meinung aus, dass die Katastrophe eines Hagelschlags für immer von der Menschheit genommen wäre, wenn alle Hexen verbrannt werden würden. Da die Ursache des Unwetters vielmehr die Sünde der Menschen sei, warnt Brenz davor, „denn mit solchen geschrey wir uns selber zum Feuwer verdammen."[84] So fortschrittlich und aufgeklärt sich Brenz' Worte in diesem Zusammenhang anhören, so sehr werden sie relativiert durch einen Briefwechsel zwischen Johannes Brenz und dem Jülicher Arzt Johann Weyer, einem der konsequentesten Gegner der Hexenprozesse des 16. Jahrhunderts.

Von Weyer, dessen Arbeit er hohes Lob zollte,[85] daraufhin befragt, warum er trotzdem darauf bestehe, dass die Hinrichtung durch Verbrennung von der Obrigkeit bei ausreichender Beweislage durchgeführt werde, wo er doch den Hexen die prinzipielle Fähigkeit, Schaden anzurichten, abspreche, beruft sich Brenz darauf, dass allein die Gesinnung für eine Bestrafung ausreiche, und bekräftigt nochmals die Pflicht der Obrigkeit in dieser Sache. Unter Berufung auf Exodus 22 hält er ganz klar an der Todesstrafe für Zauberinnen fest. So 1537/1538 in seiner Tübinger Vorlesung über das Buch Exodus[86], aber auch 1561 in einem Gutachten an den Pfarrer von Walden-

---

[83] Die betreffende Predigt hat Brenz im Jahre 1539 gehalten, erstmals gedruckt wurde sie in: Pericopiae evangeliorum quae usitato more in praecipuis Festis legi solent, expositae per Iohan. Brent, Frankfurt 1557. Die deutsche Übersetzung wurde erstmals gedruckt 1558. Für die vorliegende Arbeit wurde der Abdruck in De praestigiis daemonum von Johannes WEYER, Frankfurt 1586 benutzt.
[84] AaO., fol. 491.
[85] In dem bereits zitierten Briefwechsel schreibt er an Weyer folgendes: „„Eine uberauß grosse Tugendt undd Frömmigkeit ist es / sich der armen Weysen anzunemmen / mitleidens mit ihnen zu haben / unnd sich uber sie erbarmen. Wöllet derowegen lieber Herr / in euwerem angefangenen Beruff unnd Ampt / da ihr begeret / daß die armen bekümmerten Weibs Personen / entweder under euwere Cur der Arzeney / oder under meine der Theologische möchten gethan T unnd auff solche weise dem Hencker auß den Händen entwendet / unnd von der straffe deß Feuwers erlöset werden / mit fleiß fortfahren / denn in solchem werdet ihr / das ihcnige / so einen auffrichtigen Gottsförchtigen / frommen unnd ehrliebenden Mann wol ansteht / beweisen." (WEYER De praestigiis Daemonum, fol. 499).
[86] BRENZ Exodus, S. 496. Vgl. MIDELFORT 1972, S. 37.

burg, Philippus Knerel, „Iudicium D. Brentii, De muliercula, quae in oppidulo Waldenburg, cum Diabolo consuetudinem habuit":

„Vielleicht kann sie durch fromme Ermahnungen noch auf den rechten Weg zurück gebracht werden. Im übrigen ist es so: – sei es, dass sie in sich geht, sei es dass sie verstockt bleibt – wie der Rat dir einerseits Zeit bei deiner Aufgabe lässt, die Frau zur rechten Reue zu bewegen, so sollst du anderer-seits den Rat nicht daran hindern, dass er seines Amtes waltet und ein so schauerliches Verbrechen bestraft. Er hat seine Gesetze und öffentlichen Verpflichtungen, nach denen er solche Verbrechen bestrafen muss, um andere abzuschrecken. Man darf auch dem Satan nicht erlauben, ungestraft die Menschen zu verspotten und zu betrügen. In Exod. 22 gibt es das Gesetz Mose, dass sterben soll, wer mit einem Lasttier Unzucht treibt. Verachtenswerter als mit einem Tier aber ist es, mit Satan ein Bündnis zu schließen und Verkehr zu haben; und es gibt im Kodex ein Gesetz betreffend Giftmischer und Zauberer. Aus diesen und vergleichbaren Fällen kann der Rat erkennen, was hier seine Pflicht ist. Wir wollen unsere Dinge tun, wie du schreibst: Wenn wir schon den Leib der Frau vor der weltlichen Hinrichtung nicht retten können, retten wir wenigstens ihre Seele aus dem Schlund des Teufels und vor der ewigen Verdammnis."[87]

Vergleicht man die drei Reformatoren miteinander hinsichtlich ihres eigenen Glaubens an die Macht der Hexen, so ist Luther derjenige, der ihnen trotz aller Zweifel am meisten die Fähigkeit, Schaden zu stiften, zuspricht, während Brenz und vor allem Osiander diese Fertigkeit den Hexen immer wieder abstreiten. Davon ausgehend ist Luther auch derjenige, der am konsequentesten und schärfsten für die Todesstrafe durch Verbrennung eintritt, während Brenz sich durchaus gegen ein blindwütiges Verurteilen und Verbrennen ausspricht. Alle drei betonen, dass es die Pflicht der Obrigkeit ist, bei entsprechenden Verdachtsmomenten einen Prozess zu führen und gegebenenfalls mit der vollen Härte des Gesetzes gegen dergleichen Personen vorzugehen. Gemeinsam sehen sie Zauberei als ein Vergehen gegen die Majestät Gottes an, gegen das 1. Gebot. Damit wird nicht erst der Schadenzauber als solcher zum Grund der Verurteilung, sondern bereits der Wille, mit dem Teufel im Bunde Böses anrichten zu wollen. Dementsprechend ist vor allem Brenz und Osiander ein stark warnender Ton zu Eigen: Dem Christen gebührt es, sich in allen Notlagen allein auf Gott und seine Hilfe

---

[87] Abgedruckt in Bidembach 1611, S. 144–147.
(„si forte pijs cohortationibus in viam reduci queat. Ceterum sine resipiscat, sine non resipiscat: Sicut magistratus concedit tibi tuum, in revocanda muliere ad veram poenitentiam, ministerium. Ita tuum non est, magistratum impedire, quo minus suum officium in puniendo tam horrendo scelere exerceat. Habet ille suas leges & publicas ordinationes, iuxta quas talia scelera in aliorum terrorem punienda sunt. Nec est permittendum Satanae, vt impune hominibus illudat. In Exod. cap. 22. extat lex Moysi, qui coierit cum iumento, morte morietur. Detestabilius autem est, cum Satana foedus iungere, & coire, quam cum iumento. Et his & id genus aliis potest magistratus cognoscere, quid hac in re sit officij. Nos nostra agamus, vt quod tu scribis, si non corpus mulieris è mundano supplicio eripere queamus : eripiamus saltem animam eius è faucibus Diaboli, & ab aeterno supplicio. „ (Für die Übersetzung danke ich Dr. Hubert Zölch, Amberg).

zu verlassen. Allein der Glaube bietet das wirksamste Gegenmittel gegen Zauberei und Hexerei!

## 2.2 Das legislative Wirken der Markgrafen hinsichtlich des Zauber- und Hexenwesens im 16. Jahrhundert – Kirchenordnungen und Policey- und Landesordnungen

Im Zentrum dieses Kapitels stehen Quellen legislativen Charakters, in denen auf Zauberei und Hexerei eingegangen wird. Da eine absolut strikte Trennung zwischen geistlicher und weltlicher Gewalt, wie bereits aufgezeigt, nicht durchgeführt worden ist, muss genauer differenziert werden. Übereinstimmend handelt es sich um Prinzipientexte, die alle, auch wenn es sich um kirchliche Angelegenheiten handelt, im Kontext des markgräflichen Hofes erarbeitet wurden und die eine autoritär normierende, gesetzgebende Intention kennzeichnet.[88] Zwar kann man davon ausgehen, dass sich die Markgrafen bei Gegenständen, die die Kirche betrafen, nicht nur von den ansässigen Theologen beraten ließen, sondern dass diese häufig als Verfasser die Vorarbeiten für die endgültigen Gesetze leisteten. Das ändert aber nichts daran, dass sie juristisch gesehen geltendes Landesrecht waren und insofern die Mitarbeit der Theologen über die Hilfe bei der Abfassung nicht hinausging.[89] Absender des Ganzen blieb der Markgraf. Dabei dürfte Adressat der Kirchenordnungen vor allem die theologische Elite bis hinunter zur Ebene des örtlichen Pfarrers gewesen sein. Polizeiordnung, Peinliche Halsgerichtsordnung und Mandate des Markgrafen hingegen sind für die markgräflichen weltlichen Beamten, Vögte, Castner, Bürgermeister, Stadtschreiber und sonstige städtische Funktionsträger bestimmt. Die nun folgende Abhandlung berücksichtigt diese Unterscheidung nach Adressatengruppen.

### 2.2.1 Die Kirchenordnungen[90]

#### 2.2.1.1 Vorkommen der Zaubereithematik und begriffliche Analyse

Bei genauer Durchsicht der Kirchenordnungen von Ansbach und Kulmbach/Bayreuth für das 16. Jahrhundert fällt vor allem die „einheitlich uneinheitliche" Begrifflichkeit in Bezug auf unser Thema auf. Im Folgenden wird deshalb zunächst ein Überblick gegeben, in welchen Kirchenordnun-

---

[88] Die Kirchenordnung von 1533 stellt insofern eine Ausnahme dar, als sie in Zusammenarbeit der Ansbacher mit den Nürnbergern erarbeitet worden ist.
[89] SEHLING 1902, S. VII.
[90] Der Begriff wird hier im Sinne Sehlings gebraucht, der darunter alle Verfügungen

gen das Zaubereithema vorkommt. Dabei bietet die nachfolgende Statistik zugleich eine Auflistung der verwendeten Termini. Zugrunde gelegt ist dabei im Wesentlichen die Sammlung der Kirchenordnungen von Sehling.[91] Zusätzlich ist zu berücksichtigen, dass verschiedene grammatikalische Formen eines Wortes immer in der Form des Nomens eingeordnet wurden. So gehört z. B. das Stichwort „aberglaubische Machenschaften" in dieser Liste zur Spalte „Aberglauben". In einer weiteren Spalte wird das Jahr angegeben, in dem die entsprechende Kirchenordnung erlassen wurde, und gegebenenfalls die in der Quelle zu findende Erklärung für den entsprechenden Begriff.

Die in dieser Statistik erfassten Quellenbelege bilden die Grundlage für die Auswertung der Kirchenordnungen in den folgenden Abschnitten.

| Begriff | Häufigkeit | Vorkommen | Semantik des Begriffs (soweit er erklärt wird) |
|---|---|---|---|
| Aberglauben | 1 | 1528: Nbg. Lehrartikel | Meint, von Menschen gemachte Gesetze als Wort Gottes auszugeben |
| | 2 | 1533: Kirchenordnung | Bez. von Zauberei als Aberglaube |
| | 2 | 1533: Kirchenordnung | Abergläubische Praktiken bei der Taufe (Öl, Salz, Kot)[93] |
| | 1 | 1533: Kinderpredigten[92] | Bez. von Sterndeuterei als Aberglaube |
| | 1 | 1533: Kinderpredigten | Meint, sich ein falsches Bild von Gott machen |
| | 1 | 1533: Kinderpredigten | (unspezifisch) |
| | 1 | 1536: Kirchenvisitation | Abergläubische Praktiken bei der Geburt[94] |
| | 1 | 1556: Vereinbarungen der Theologen auf der Synode | Abergläubische Praktiken der Geburt |

---

versteht, die zur Regelung bestimmter kirchlicher Verhältnisse da waren, nicht aber Anordnungen, die nur vorübergehenden Zwecken dienten. Eine feste zeitgenössische Bezeichnung dafür gibt es nicht, nebeneinander treten z. B. die Begriffe auf: Artikel, Generalia, Generalartikel, Ordnung, Landesordnung, Kirchenordnung, Agenda, Consistorial-Ordnung, Ehe-Ordnung, Polizei-Ordnung ... . Vgl. SEHLING 1902, S. VIIIf.
[91] Für das Untersuchungsgebiet vgl. SEHLING 1961.
[92] Die der Kirchenordnung angefügten Predigten sind überschrieben: „Catechismus oder kinderpredig" (OSIANDER GA, Bd. 5, S. 197). Deshalb werden auch in der vorliegenden Arbeit beide Begriffe, Kinderpredigten bzw. Katechismuspredigten, nebeneinander verwendet.
[93] Vgl. Anm. 113, S. 50.
[94] Vgl. Abschnitt 2.2.1.3.

| Begriff | Häufig-keit | Vorkommen | Semantik des Begriffs (soweit er erklärt wird) |
|---|---|---|---|
| Abgötterey | 3<br>6<br>1 | 1533: Kirchenordnung<br>1533: Kinderpredigten<br>1594: Konsistorialordnung | |
| Barillenseher[95] | 1 | 1533: Kirchenordnung | |
| Gotteslesterer | 1<br>1 | 1578: Kapitelsordnung<br>1594: Konsistorialordnung | |
| Segenssprecher | 1<br>1 | 1578: Kapitelsordnung<br>1594: Konsistorialordnung | |
| Teufelsbeschwerer | 1 | 1533: Kirchenordnung | |
| Teufelskünst | 3 | 1533: Kirchenordnung | |
| Warsager | 1<br>1 | 1533: Kirchenordnung<br>1578: Kapitelsordnung | |
| Weissager | 1 | 1594: Konsistorialordnung | |
| Zauberer | 3<br>6<br>1<br>1<br>1<br>1<br>1<br>1<br>1 | 1533 Kirchenordnung<br>1533: Kinderpredigten<br>1548: Mehrung der Kirchenordnung<br>1556: Vereinbarung der Theologen auf der Synode<br>1565/78: Kapitelsordnung<br>1578: Kapitelsordnung<br>1594: Konsistorialordnung<br>1594: Konsistorialordnung<br>1594: Konsistorialordnung | <br><br><br>abergläubische Praktiken bei der Taufe<br><br><br>„papistische Zauberei", meint abergläubische Praktiken bei der Taufe |
| Zeichendeuter | 1 | 1594: Konsistorialordnung | |

Tabelle 1: Terminologie der Kirchenordnungen

---

[95] DWB Bd. I, Sp. 1133: „Barill" = Brille; Brillen wurden häufig für Wahrsagerei hergenommen.

## 2.2.1.2  Die Kirchenordnung von 1533

Bereits 1533 in der Kirchenordnung von Brandenburg-Ansbach-Kulmbach und Nürnberg[96] ist das Thema Zauberglaube/Aberglaube fester Bestandteil. Da die Brandenburg-Nürnbergische Kirchenordnung von 1533 die erste deutsche protestantische Kirchenordnung überhaupt ist, ist es für unser Thema wichtig zu untersuchen, wie und in welcher Form das Zaubereithema darin behandelt wird.

### 2.2.1.2.1  Die Entstehung der Kirchenordnung von 1533

Schon 1528 hatte man sich in Ansbach und in Nürnberg[97] in Zusammenhang mit den ersten Visitationen an die Arbeit gemacht.[98] Als Vorbild diente natürlich Luthers Schrift „Unterricht der Visitatoren an die Pfarrherrn im Kurfürstentum zu Sachsen" von 1528.[99] Man einigte sich nach längeren Verhandlungen darauf, dass Andreas Osiander, einer der führenden Theologen in der Stadt Nürnberg, einen Entwurf ausarbeiten sollte.[100] Dieser wurde im Januar 1530 fertiggestellt, jedoch übte der Nürnberger Ratsschreiber Lazarus Spengler massive Kritik daran. Während es Osiander z. B. vor allem um die Praxis gegangen war, bestand Spengler auf einem vorangehenden ausführlichen Lehrteil. Zudem lag für Spengler u. a. der Akzent zu sehr auf der christlichen Freiheit; angesichts der Lage in den Gemeinden schien ihm das Kapitel „das Gesetz und desselben strafe" wichtiger. Hinter dem Rücken des Nürnberger Rats forderte er die Nürnberger Kollegen Osianders zu einem Gegenentwurf auf, der im März des Jahres vollendet wurde. Zahlreiche Stellungnahmen von Ansbacher und Nürnberger Seite wurden ausgetauscht, die hier nicht alle beachtet werden können und müssen. Im Herbst 1531 wurde dann nochmals ein „Neuer Begriff" ausgearbeitet, der im Sommer 1532 mit einem gesonderten Kapitel zur Frage des Banns nach Wittenberg zur Stellungnahme durch Luther, Melanchthon und Bugenhagen geschickt wurde. Diese zeigten sich inhaltlich zwar einverstanden, kritisierten aber die Uneinheitlichkeit im Stil, die durch die zahlreichen Redaktionen entstanden war, und rieten, dass Osiander auf der Grundlage aller vorangehenden Entwürfe eine endgültige Version schreiben sollte. Diese wurde dann im September 1532 von Osiander zusammen mit Johannes Brenz[101] erarbeitet, so dass die Kirchenordnung in beiden Territorien zu Beginn des Jahres 1533 eingeführt werden konnte.

---

[96] Abgedruckt in SEHLING 1961, S. 140–205.
[97] Treibende Kraft für eine Zusammenarbeit im kirchlichen Bereich der sonst ständig streitenden Nachbarn war der Nürnberger Ratsschreiber Lazarus Spengler.
[98] Zur Darstellung der Entwicklung der Kirchenordnungen vgl. SEHLING 1961, S. 113–125 und SEEBASS, OSIANDER GA, Bd. 5, S. 468–470.
[99] WA 26,195–240.
[100] Vgl. Abschnitt 2.1.4.2.
[101] Vgl. Abschnitt 2.1.4.3.

## 2.2.1.2.2 Das Zaubereithema in der Kirchenordnung von 1533

Sieht man sich die Vorlage der Nürnberger und Ansbacher Theologen an, Luthers „Unterricht der Visitatoren an die Pfarrherrn im Kurfürstentum Sachsen"[102], so fällt auf, dass das Zaubereithema dort nicht auftaucht, weder im Lehr- noch im Praxisteil. So wird auch im Ernestinischen Sachsen in der „Instruction und befelch dorauf die visitatore abgefertigt sein" von 1527 oder den „Verordnungen aus der Visitation" von 1528/29 nicht auf Zauberei und Magie eingegangen.[103] Erstmals tauchen entsprechende Passagen in einer Kirchenordnung aus dem Ernestinischen Sachsen in der 1542 erlassenen „Constitution und artikel des geistlichen consistorii zu Wittemberg" auf.[104] Umso mehr erstaunt es, dass im Gegensatz dazu die Zaubereithematik in der Nürnberg-Ansbacher Kirchenordnung von 1533 fest verankert ist. Im Lehrteil wird ausführlicher im Kapitel „Vom kreutz und leyden" und im anschließenden Kapitel „Von christlichem gebete" auf die Zaubereiproblematik eingegangen, im Praxisteil vor allem im Zusammenhang mit der Taufe. Schließlich enthalten auch die der Kirchenordnung angehängten Katechismuspredigten Ausführungen zur Zauberei. In den Abschnitten 3.3.1 und 3.4 der vorliegenden Arbeit werden Kirchenordnung und Katechismuspredigten genauer untersucht werden.

An dieser Stelle ist noch einmal ein Blick auf die Entstehung der Kirchenordnung von 1533 zu werfen. Die Kapitel „Vom kreutz und leyden" und „Vom christlichen gebete" waren im ursprünglichen Entwurf von Osiander noch nicht enthalten, was insofern logisch ist, als er damals noch daran dachte, einen ausführlichen Lehrteil in einer gesonderten Abhandlung zu verfassen. Erstmals tauchen sie im Gegenentwurf seiner Kollegen auf, jedoch findet unter dem Stichwort „Von Kreuz und Trübsal" die Zaubereiproblematik keinerlei Erwähnung, lediglich im Kapitel „Vom gebet" werden Pfarrer in einem Satz darauf hingewiesen, dass sie bei ihrem Kirchenvolk auf die Nichtanwendung abergläubischer Gebete achten mögen.[105] Somit geschieht eine ausführlichere Behandlung der Zaubereithematik im Lehrteil innerhalb der Kapitel „Vom kreutz und leyden" und „Vom christlichen gebete" erst in dem endgültigen Entwurf von 1533. Beide Kapitel werden in der Forschung inzwischen eindeutig der Verfasserschaft Andreas Osianders zugeschrieben, dem damaligen Pfarrer an St. Lorenz. Was kann Osiander, der in der Frage der Zauberei, wie bereits weiter oben betont, keinesfalls eine radikale Haltung eingenommen hat, sondern vielmehr Zauberei und Aberglaube nicht für Realität, sondern für „eitel

---

[102] WA 26,195–240.
[103] SEHLING 1902, S. 142–147, S. 175–177.
[104] AaO., S. 205.
[105] OSIANDER GA, Bd. 3, S. 580–583.

betrug und lügen"[106] hielt, dazu veranlasst haben, relativ ausführlich davon in der Kirchenordnung zu schreiben?

Sicherlich ist er dazu nicht von seinen Kollegen gezwungen worden. Bei den zahlreichen Schreiben, die zwischen Nürnberg und Ansbach hin- und hergehen, werden zwar viele Fragen die Kirchenordnung betreffend strittig diskutiert, nie aber ist davon die Rede, dass das Thema der Zauberei aufgenommen werden müsste. Das lag auch gar nicht nahe, da es im „Unterricht der Visitatoren" von Luther nicht vorkam.

Vielleicht hing die ausführliche Behandlung des Themas damit zusammen, dass es in der Zwischenzeit in Nürnberg zu einigen neuen Zaubereiprozessen gekommen war.[107] Am naheliegendsten aber ist die Vermutung, dass Osiander aufgrund theologischer Gesichtspunkte darauf zu sprechen kam. Die aktuellen Vorkommnisse bestätigten für ihn wahrscheinlich nur die Notwendigkeit, auf die dadurch entstehenden Fragen einzugehen. Osiander sah sich gezwungen – er musste ja alle vorgehenden Entwürfe mit Brenz zusammen zu einer endgültigen Version kompilieren –, ein Kapitel „Vom kreutz und leyden" und „Vom gebet" aufzunehmen, da es auch im Gegenentwurf seiner Kollegen enthalten war. Folgte er zeitgenössischen Erklärungsmustern, musste er darin automatisch auf die Frage zu sprechen kommen, woher das Leid kommt und wie man damit umgeht. So ist er bei unserem Thema angelangt. Denn für viele Menschen war die normale Antwort auf die Frage, woher eine unerklärliche, plötzliche Krankheit oder sonstiges Unheil oder Leid komme: von Zauberei. Diesen Ansatz aufgreifend handelt Osiander die Frage nach der Herkunft des Leids in der für ihn charakteristischen Weise, also keinesfalls besonders radikal, ab.

Dass die Frage der Vereinbarkeit des im gegenwärtigen Weltzustand begegnenden Übels mit der Gerechtigkeit und Vollkommenheit Gottes (von Leibniz später „Theodizee" genannt) einer der klassischen Orte für die Zaubereithematik ist, zeigen auch die Katechismuspredigten. Dort wird das Thema im Zusammenhang des ersten und zweiten Gebots behandelt und in der siebten Bitte des Vaterunsers „Sonder erlos uns von ubel".[108]

So bleibt zunächst einmal festzuhalten, dass Osiander nicht aus einer besonderen Affinität zu diesem Thema, sondern allein aus theologischen Gesichtspunkten heraus auf Zauberei und Aberglauben in der Kirchenordnung und den angehängten Kinderpredigten zu sprechen kam.

---

[106] DERS. Bd. 5, S. 210.
[107] KUNSTMANN 1970, S. 53f.
[108] SEHLING 1961, S. 206–278.

## 2.2.1.2.3 Die Weiterwirkung der Kirchenordnung von 1533

Die Nürnberger und Ansbacher hatten die erste Kirchenordnung entstehen lassen. Dieser kommt natürlich eine enorme Vorbildfunktion zu. „Der Unterricht für die Visitatoren" aus dem Ernestinischen Sachsen und die Brandenburg-Nürnbergische Kirchenordnung sind gleichsam die Urbilder zweier „Familien"[109] von Kirchenordnungen in Deutschland, sie bilden also den Anfang einer langen Reihe. Damit hielt auch die Zaubereithematik Eingang in all diejenigen Kirchenordnungen, die die Brandenburg-Nürnberger Kirchenordnung entweder direkt übernahmen oder nach ihrem Vorbild gestalteten. Dabei wurde die Kirchenordnung nicht nur in der näheren Umgebung übernommen, wie z. B. in den Reichsstädten Weißenburg (1533), Dinkelsbühl (1534), Windsheim (1535) oder Regensburg (1542) usw., sondern auch der Herzog von Mecklenburg wollte z. B. die Reformation seines Landes nach der Brandenburg-Nürnbergischen Kirchenordnung durchführen, die Pfalzgrafschaft Neuburg erstellte eine Kirchenordnung nach ihrem Vorbild, ebenso das Fürstentum Calenberg-Göttingen usw. Fast wörtlich übernommen wurden die Hauptstücke der christlichen Lehre natürlich auch in der Kirchenordnung für Pfalz-Neuburg 1543, die auf Osiander zurück geht. Genau so oft wurden auch die der Kirchenordnung angehängten Katechismuspredigten in anderen Territorien, z. T. mit der Kirchenordnung, z. T. ohne, nachgedruckt.[110] Jungkuntz hat in seiner Untersuchung der Auswirkungen der Brandenburg-Nürnbergischen Kirchenordnung deutlich gemacht, dass „die Brandenburg-Nürnberger Kirchenordnung, ungeachtet der fast wörtlichen Nachdrucke, bei der Abfassung von 11 Kirchenordnungen mehr oder weniger stark benutzt worden ist".[111]

Im Folgenden soll nun an dem Beispiel der Kirchenordnung für die Mark Brandenburg von 1540 aufgezeigt werden, in welcher Weise die Kirchenordnung von 1533 hinsichtlich der Zaubereithematik aufgenommen worden ist.[112]

Im Auftrag des Kurfürsten Joachim II. wurde diese Kirchenordnung von den Theologen Jakob Stratner – Seelsorger des fränkischen Markgrafen Georg Friedrichs, des Vetters von Joachim II. –, Georg Buchholzer und Georg Witzel verfasst. Die wichtigsten Quellen für die Abfassung waren die Brandenburg-Nürnberger Kirchenordnung von 1533 und die Sächsische

---

[109] Zu den verschiedenen Familien von Kirchenordnungen vgl. SEHLING 1902, S. IX.
[110] Zum Einflussbereich der Ansbachisch-Nürnbergischen Kirchenordnung vgl. SEHLING 1961, S. 122f.
[111] JUNGKUNTZ 1964, S. 8. Jungkuntz bietet einen ausführlichen Vergleich, während in unserem Zusammenhang nur die Zaubereiproblematik genauer untersucht wird.
[112] Der Text ist abgedruckt bei SEHLING 1909, S. 39–90. Zum Vergleich der Brandenburg-Nürnbergischen Kirchenordnung und der Kirchenordnung der Mark Brandenburg siehe JUNGKUNTZ 1964, S. 21–55.

Kirchenordnung von 1539/40. Für unseren Zusammenhang ist es wichtig, dass unter anderem auch diejenigen Passagen aus der Brandenburg-Nürnbergischen Kirchenordnung wörtlich übernommen wurden, in denen es im Zusammenhang mit der rechten Lehre und Unterweisung um die Zaubereiproblematik geht. Es sind dies die Abschnitte „Vom kreutz und leyden" und in den Katechismuspredigten die Ausführungen zum ersten und zweiten Gebot sowie die Vaterunser-Predigten über „Geheiligt werd dein name" und „Sonder erloss uns vom ubel". Folgte man in Lehre und Unterweisung dem Brandenburg-Nürnbergischen Ansatz, so zeigt sich im Gegensatz dazu eine deutliche Abweichung bei den Ausführungen zur Taufe und ihrer rechten Durchführung. In der Diskussion standen dabei die damals üblichen taufbegleitenden Zeremonien.[113] In Anlehnung an Luther lehnte man in der Brandenburg-Nürnbergischen Kirchenordnung derartige Praktiken als Aberglaube ab, mit der Begründung, dass diese vom Ernst der Taufe ablenken könnten.[114] Um der Einheit der Kirche willen ging man in der Mark Brandenburg einen anderen Weg. Man verbot diese Zeremonien nicht, sondern behielt sie als eine „gute Erinnerung" bei. Damit setzte sich der sehr enge Aberglaubensbegriff Luthers und der Brandenburg-Nürnbergischen Kirchenordnung in der Frage der Taufe nicht durch. Somit ist die Behandlung der Zaubereithematik in den Kirchenordnungen des 16. Jahrhunderts ein weiteres Beispiel dafür, wie unscharf die Grenze zwischen Magie und Religion auch für die Zeitgenossen war. Die Brandenburg-Nürnbergische Kirchenordnung schiebt jeglichem Denken von vornherein einen Riegel vor, das davon ausgeht, dass man Gott zu etwas zwingen kann, wenn man mechanisch die vorgeschriebenen Rituale ausführt.[115] Wie schwierig es für Menschen des einfachen Volkes gewesen sein muss, zwischen „erlaubten" religiösen Praktiken auf der einen Seite und „verbotenen" magischen Riten auf der anderen Seite unterscheiden zu können, beweisen die Aufzeichnungen in den Visitationsprotokollen.[116]

Zusammenfassend lässt sich sagen:

– Die Zaubereithematik ist bereits in der Brandenburg-Nürnbergischen Kirchenordnung von 1533 aufgrund theologischer Einsichten fest verankert, sowohl im Lehr- als auch im Praxisteil und in den angehängten Katechismuspredigten.

---

[113] Vgl. SEHLING 1961, S. 99f.: Während der Taufhandlung wurde dem Täufling zum einen „Salz der Weisheit", das diesen zum ewigen Leben führen sollte, in den Mund getan, sodann Speichel an beide Ohren und die Nase geschmiert, damit der Teufel vertrieben wurde, und schließlich wurde es mit Chrisam, einem geweihten Öl, gesalbt.
[114] OSIANDER GA, Bd. 5, S. 122f.
[115] Vgl. hierzu KIECKHEFER 1992, S. 24.
[116] Vgl. Abschnitt 5.4.2.1.

- Die inhaltliche Darstellung dieser Problematik geht auf Andreas Osiander zurück.
- Da die Brandenburg-Nürnbergische Kirchenordnung Vorbild für zahlreiche andere Kirchenordnungen war, findet die Zaubereithematik Eingang in die Gattung Kirchenordnung überhaupt. Dabei muss jedoch von Fall zu Fall untersucht werden, ob es nicht zu charakteristischen inhaltlichen Abweichungen kommt.

### 2.2.1.3 Der „Sitz im Leben" der Zauberthematik in den Kirchenordnungen von Ansbach-Bayreuth

Ab 1533 kehrt das Thema in allen wichtigen obrigkeitlichen Verfügungen in folgenden Zusammenhängen wieder:

(1) Wenn es um die rechte Lehre und Unterweisung geht. So taucht das Thema in der Brandenburg-Nürnbergischen Kirchenordnung von 1533 unter den Stichpunkten „Vom kreutz und leyden"[117] auf und vor allem in den Katechismuspredigten von 1533 bezüglich der Ausführungen zum 1. und 2. Gebot und innerhalb der Vaterunser-Predigten im Zusammenhang der Bitten „Geheiligt werd dein name" und „Sonder erlos uns vom ubel"[118].

(2) Wenn es um die Taufe und ihre rechte Durchführung geht. So wird die Anwendung von „salz, spaichel und kot"[119] in der Taufhandlung bereits 1528 in der Brandenburg-Nürnbergischen Kirchenordnung[120] als „päpstische machenschaft" verworfen, unter dem Stichwort „Aberglaube" taucht die Thematik sodann in der Brandenburg-Nürnbergischen Kirchenordnung von 1533[121] auf, im selben Sinn auch in der Vereinbarung der Theologen auf der Synode 1556.[122] Gerade die Geburt eines Kindes war von Alters her ein Ort, an dem zahlreiche magische Riten praktiziert wurden.[123] Durch das Lösen von Schürzen-, Strumpf- und Schuhbändern wie auch das Aufschließen der Schlösser im ganzen Hause versuchte man z.B. den Geburtsakt zu erleichtern. Böse, teuflische Einflüsse wehrte man durch Feuer oder Licht ab, die Wallonen entzündeten im Augenblick der Geburt eine geweihte Kerze. Aufgrund dieser üblichen Praktiken verwundert es nicht, dass z.B. im Gewaltbrief für die Visitation 1536 besonderes Augenmerk für Ammen gefordert wird:

---

[117] SEHLING 1961, S. 160–165.
[118] SEHLING 1961, S. 208–214, S. 250–252, S. 264–266.
[119] Vgl. Anm. 113, S. 50.
[120] AaO., S. 135.
[121] AaO., S. 174.
[122] AaO., S. 336.
[123] Zum Folgenden vgl. HWDA, Bd. 3, Sp. 406–419.

„Es sollen von den visitatoribus auch die ammen gefordert und gefragt werden von nachvolgenden stucken: Wie sie sich bei den geberenden weibern halten, ob sie vleis ankeren etc., wie sie dieselben trösten, ob sie nicht aberglaubische segen und wort bei inen gebrauchen oder inen dieselben anhenken und andere unchristliche ding treiben".[124]

(3) Wenn es um die Visitation der Pfarrgemeinden geht. So sollen nach den eben bereits zitierten Artikeln für die Visitation von 1536 die Visitatoren zunächst nur die Ammen hinsichtlich abergläubischer Praktiken befragen. In der Kapitelsordnung von 1565 liest sich das bereits sehr viel umfassender unter der Überschrift „Von der visitation, was darinnen zu handeln, zu tun und auszurichten sei":

„Darnach sollen sie [die Visitatoren] des pfarrers und anderer kirchenpersonen beschwerten und clag, so vil sie deren in gemain und ein jeder insonderhait furbringen und anzeigen wollen, anhören und vleißig aufzeichnen [...] sonderlich, offentlicher laster als gotteslesterung, zauberei, verachtung und versaumbung göttlichs worts und der heiligen sacrament, ehbruchs, fullerei, wuchers".[125]

1578 wurde an dieser Stelle noch ausdrücklich hinzugefügt:

„Ob auch in steten oder dörfern zauberer, gotteslesterer, segen-sprecher, wahrsager, hurer, ehebrecher, wucherer, eheleut, die einander mutwillig verlassen, und andere" zu finden sind.[126]

Wie wichtig in diesem Zusammenhang die Visitationen waren, die ja ab 1565 jährlich durchgeführt wurden, zeigt sich an den Berichten der Visitatoren, die in Abschnitt 5.4.2 untersucht werden.

(4) Wenn es um die Aufgaben des Konsistoriums[127] geht. So heißt es in der Konsistorialordnung von 1594 unter Punkt IV:

„Damit guter und gebuerlicher unterscheid zwischen dem weltlichen und kirchenrat gehalten und dieselben nicht miteinander vermischt werden, sollen nicht allerlei, sondern allein die sachen und mit solcher maß ins consistorium genomen werden, wie unterschiedlich hernach volgt. ... Zum vierten: Alle ärgerliche sund und laster an den lehrern und zuhörern wider die erste und andere tafel der gebot Gottes, so vil die gradus admonitionum und nicht die weltliche straf belangt, als da sind wider die erste tafel verdacht der abgotterei, ketzerei, zauberei, weissagen, zeichendeuten, segensprechen, gotteslesterung, entheiligung des sabbats, verachtung göttliches worts, der heiligen sacramenten und derselben diener und, was dergleichen mehr wider die gebot der ersten tafel gesündigt werden mag, wider die verdacht der andern tafel sund und laster als ehebruch, hurerei, unzucht, unversonlicher haß, verletzung an leib und leben, trun-

---

[124] SEHLING 1961, S. 321.
[125] AaO., S. 351.
[126] AaO., S. 352.
[127] Das Konsistorium übte im Namen des Landesherrn dessen kirchliche Regierungsrechte aus, es bestand aus Theologen und Juristen, beaufsichtigte die Geistlichkeit und die Lehre. Zur Entwicklung des Konsistoriums in den Markgraftümern Ansbach und Kulmbach/Bayreuth vgl. MEIER 1997, S. 183–191.

kenheit, verbotene spiele, diebstahl, wucher, unbillige contract, lugen, und, was dergleichen wider Gottes gebot mit ärgernus der kirchen begangen wird. Do nun die gradus admonitionum bei solchen ruchlosen verbrechern keine statt finden wurden, sollen dieselben, wie obgemelt uns, deren von Gott fürgesetzten, weltlichen obrigkeit, zu geburlicher, unnachlessiger straf angezeigt werden."[128]

Hier wird besonders deutlich, dass eine Differenzierung der Aufgabenbereiche bei inhaltlichen gleichen Zielen zwischen kirchlichem und weltlichem Regiment vorgenommen worden ist. Aufgabe der Pfarrer, Dekane und in letzter Instanz des Konsistoriums bleibt die Predigt des richtigen Lebens und die Ermahnung und Warnung („gradus admonitionum"). Führt dies nicht zu dem gewünschten Erfolg, kann die weltliche Obrigkeit eingeschaltet werden, die dann mit den ihr zur Verfügung stehenden Gesetzen strafen kann und muss. Man kann folglich von einer funktionalen Differenzierung mit stark kooperativen Momenten sprechen.

### 2.2.1.4 Das Fehlen des Begriffs „Hexe"

Bereits unter Abschnitt 2.2.1.1 ist auf die „einheitlich uneinheitliche" Begrifflichkeit der Kirchenordnungen hingewiesen worden. Aber die Begriffe „Hexe", „Trute" oder „Unhold" fehlen in sämtlichen untersuchten Kirchenordnungen des 16. Jahrhunderts gänzlich. Bedenkt man, dass „Hexe", „Trut" oder „Unhold" diejenigen Begriffe sind, die in den untersuchten Hexenprozessaufzeichnungen aus dem 16. Jahrhundert als Bezeichnung für die Opfer der Prozesse verwendet wurden,[129] ist zu fragen, warum sie in den Kirchenordnungen dennoch nicht auftauchen.

Es ist bereits darauf hingewiesen worden,[130] dass die Kirchenordnungen eine Mittelstellung zwischen kirchlicher und weltlicher Gewalt einnehmen. So ist auch hinsichtlich der Terminologie davon auszugehen, dass man sich an Vorbildern aus beiden Bereichen orientiert hat.

Dass die Abhandlungen Luthers über das Zauberwesen einen enormen Einfluss hatten auf andere Reformatoren und die Theologen der Markgraftümer, wird später noch nachgewiesen werden. An dieser Stelle sei aber festgehalten, dass Parallelen in der Terminologie festgestellt werden können.

So kommen die Begriffe „Hexe", „Unhold" oder „Trut" auch in Luthers Schriften äußerst selten vor.[131] Ebenso wie in den Kirchenordnungen

---

[128] SEHLING 1961, S. 385f.
[129] Eine spezielle Untersuchung der Terminologie in den Quellen zu Hexenglauben und -verfolgung des 16. Jahrhunderts existiert nach Wissen der Verfasserin noch nicht. Vgl. bezüglich der eben gemachten Aussage die Begrifflichkeit in Adam Franciscis Schrift (Abschnitt 3.5.4) oder auch die tabellarischen Übersichten unter Abschnitt 5.4.2.
[130] Vgl. S. 43.
[131] HAUSTEIN 1990, S. 32.

ist die Begrifflichkeit Luthers gekennzeichnet durch eine Vielzahl von Termini, die den Begriff „Hexe" mehr oder weniger umschreiben. Das lässt vermuten, dass die zu Luthers Zeit sowieso in Teilen umstrittene „Hexenlehre", die von einem kumulativen Hexenbegriff[132] ausging, noch keinen bestimmten Terminus für sich in Anspruch genommen hatte. Setzte man sich mit diesem Thema auseinander, traten terminologisch wie auch inhaltlich „gebildete" Vorstellungen (erkennbar an lateinischen Termini aus dem antik-mantischen Bereich wie z. B. „ariolus" oder „coniector") neben eher volkstümliche Elemente (erkennbar an deutschen Bezeichnungen wie z.B. „Milchdieb" oder „weise Frauen").[133]

Sicherlich orientierte man sich bei der Abfassung der ersten Kirchenordnungen in den 30er Jahren am Beispiel Luthers, allerdings verzichtete man auf lateinische Begriffe, sondern verwendete durchgängig die volkstümlicheren deutschen Ausdrücke. Im Unterschied zu Luther ist die Terminologie in den Kirchenordnungen zudem weitgehend geschlechtsneutral gehalten – schließlich geht es ja um allgemeine Anordnungen, die für alle Fälle gelten müssen, eben auch für Männer. Z. B. wird immer der Terminus „Zauberer" verwendet, nie „Zauberin". Es liegt nahe, dass „Zauberer" aber nicht nur männlich, sondern eben auch das weibliche Geschlecht betreffend gemeint ist. Lediglich in Zusammenhang mit Geburt und Taufe sind ausschließlich die Frauen im Blick. Eine gegenüber Frauen aggressive Begrifflichkeit wie z.B. bei Luther[134] ist nicht nachzuweisen.

Auf der anderen Seite fällt auf, dass der Begriff „Zauberei" mit deutlichem Abstand am häufigsten Verwendung gefunden hat. Erklären lässt sich das damit, dass „Zauberei" auch der in den weltlichen Gesetzestexten der damaligen Zeit für dieses Vergehen gängige Terminus war, wie z.B. in der Carolina „Zauberei" der Oberbegriff ist, während „Gotteslesterer", „Segensprecher", „Barillenseher"[135] usw. nur einen bestimmten Bereich davon herausstellen.

Der Hauptgrund für die Beibehaltung der uneinheitlichen Begrifflichkeit und die Dominanz des Wortes „Zauberei" als Oberbegriff bis zum Ende des Jahrhunderts liegt aber sicherlich darin, dass auch inhaltlich ein Eindringen der aktuellen Hexenlehre, des kumulativen Hexenbegriffs,[136] nicht festzumachen ist.[137] Die grundsätzlichen Erwägungen zum Thema der Zauberei in der Kirchenordnung von 1533, die unter Punkt 3.4 der vor-

---

[132] Vgl. Abschnitt 1.7.1.
[133] AaO., S. 34.
[134] AaO., S. 34.
[135] Vgl. Anm. 95, S. 45.
[136] Vgl. Abschnitt 1.7.1.
[137] Eine tiefergehende inhaltliche Auseinandersetzung mit dem Zaubereithema geschieht lediglich in der Kirchenordnung von 1533 und den daran angehängten Katechismuspredigten. Vgl. dazu Kapitel 3.3.1 und 3.4.

liegenden Arbeit analysiert werden, weckten offensichtlich nicht das Bedürfnis nach Ergänzung.

Eine Differenzierung der unterschiedlichen Begriffe nach dem Grade der Superstition kann für die Kirchenordnung nicht festgestellt werden. Luther z. B. verdeutlicht derartige Abstufungen hinsichtlich des Zauber- und Aberglaubens in seiner Schrift „Decem praecepta" mit Hilfe der drei Lebensalter „Adolescentia", „Iuventus" und „Aetas vetularum" :

„Adolescentia: „die / iugent / die von selbs schnel vnd geneigt ist zu der verfürung / des finds."

„Iuventus: das manlich alter / deren die yetz / der ee verbunden sind / vnd nemlich der weyber die / gar lichtlich verfürt werden zum tüfels werck vß / vnordentlicher begird die sy haben zu den kindern / vnd zu / dem zytlichen gut."

Aetas vetularum: „Das drit alter schriben wir zu den alten wybern / vnn / denen die glychen ding mit inen wircken / mit namen / die do gelübdnuß machen mit den tüfeln."[138]

Auch wenn eine solche qualitative Gewichtung in den Kirchenordnungen nicht extra herausgestellt wird, dürften dem zeitgenössischen Leser derartige Unterschiede bekannt gewesen sein.

## 2.2.2. *Policey- und Landesordnungen*[139]

In den Blick der Untersuchung kommen nun diejenigen Quellen, die als Handlungsanweisung für weltliche Beamten und Funktionsträger dienten.

---

[138] Zitiert aus: Der .x. gebot ein nutzliche erklerung Durch den hochgelerten D. Martinum Luther Augustiner ordens beschriben und gepredigt, geistlichen und weltlichen dienende. Item ein schöne predig von den .vii. todsünden auch durch in bechriben. Adam Petri, Basel 1520, fol. IIIb, IVb, VIIIa. („Prima est Adolescentia per se proclivis in seductionem hostis." WA 1, 401,10; „Secunda est iuventus et eorum qui coniugio iam sunt astricti, ubi affectus prolis et rerum mulierculas mire seductiles reddit in hoc opere diaboli." WA 1, 402, 11–13; „Tertia aetas propria est vetularum aut similia illis operantium ut qui cum daemonibus paciscuntur, de quibus passim habetur notitia." WA 1,406,1–3).

[139] Die Gliederung der folgenden Kapitel richtet sich nach HÄRTER/STOLLEIS 1996, Repertorium der Policeyordnungen der Frühen Neuzeit, die folgendermaßen differenzieren (S. 12–14.): *(1) Policey- und Landesordnungen*: Vom Landesherrn erlassene Ordnungen, die auf eine umfassende Regelung bzw. Normierung des gesamten Policeywesens zielen. Sie zeichnen sich durch eine Vielzahl der unterschiedlichen Regelungen aus. *(2.) Ordnung*: Relativ umfassende Regelung eines größeren Bereichs, gegliedert in mehrere Artikel, Paragraphen oder Titel. *(3.) Verordnungen*: Sie weisen meist keine Untergliederung in Artikel oder Paragraphen auf, sind weniger umfassend und sachlich eng begrenzt. Selbstbezeichnungen: Mandat, Edikt, Verordnung, ... Adressat: Bevölkerung oder nachgeordnete Behörde, die die darin enthaltene Rechtsnorm öffentlich publizieren soll. *(4.): Reskript*: „schriftlicher Bescheid einer Oberbehörde an eine nachgeordnete Behörde oder Person" (vgl. DILCHER 1984, Sp. 936).

### 2.2.2.1 Peinliche Halsgerichtsordnung[140]

1516 wurde die auf Freiherr Johann von Schwarzenberg und Hohenlandsberg zurückgehende Bambergische Halsgerichtsordnung von 1507 als Brandenburgische Halsgerichtsordnung in den Markgraftümern Ansbach und Kulmbach/Bayreuth eingeführt.[141] Ein Vergleich mit dem Bayreuther Stadtbuch von 1464 und der darin enthaltenen Auflistung von Halsgerichtsfällen zeigt, dass es hinsichtlich der Zauberei zu keiner nennenswerten Veränderung gekommen war. Bereits dort wurde Zauberei als ein Verbrechen charakterisiert, das mit dem Tod durch Verbrennen zu bestrafen sei.[142] Insgesamt gesehen machte sich jedoch eine Verschärfung der peinlichen Strafen in der Brandenburgischen Halsgerichtsordnung bemerkbar.[143]

Auch bei der Revidierten Peinlichen Halsgerichtsordnung von 1582 blieben die entsprechenden Artikel für Zauberei 44, 52 und 109 (= Zählung in der Carolina = LV, LXIIII, CXXI in der Brandenburgischen Halsgerichtsordnung) unverändert.[144]

Damit entsprach man in den Markgraftümern, was die grundsätzliche Regelung anbelangte, voll dem Reichsrecht, das „lediglich" Schadenzauber mit der Feuerstrafe bedrohte, alle anderen vom „Hexenhammer"[145] angesprochenen Tatbestandsmerkmale jedoch ignorierte. „Weiße (nichtschädigende) Magie" bot im Sinne des Reichsrechts keinen Anlass zur Verhängung der Todesstrafe.[146]

Entgegen der Entwicklung im lutherischen Kursachsen mit der „Kursächsischen Kriminalordnung" von 1572, der die calvinistische Kurpfalz, aber auch das katholische Baden-Baden 1582 und 1588 folgten, verzichtete man in Brandenburg-Ansbach darauf, das Strafrecht der Carolina in dem Sinne zu ergänzen, dass man den transzendenten Aspekt einer Tat unter Strafe stellte.[147] Demnach war lediglich der immanent „erfolgreiche" Scha-

---

[140] Peinlich = Das Recht Leib und Leben betreffend. Im Inquisitionsprozess war die peinliche Befragung die Hauptvernehmung des Angeklagten, ebenfalls die letzte an ihn gerichtete Frage, ob er gestehe; häufig auch die Befragung während der Folter (FUCHS/RAAB 1996, S. 604). Halsgerichtsordnungen hießen die im 15. und 16. Jahrhundert in Deutschland erlassenen Gesetze über das Strafverfahren und Strafrecht (FUCHS/RAAB 1996, S. 315).
[141] StAN, Rep. 103 Ansbacher Generalakten, Nr. 23.
[142] DIETRICH 1958, S. 140–143.
[143] AaO., S. 149f.
[144] StAN, Rep. 130, Ansbacher Druckschriften, Nr. 880.
[145] Malleus Maleficarum, 1487 verfasst von Heinrich Institoris. Grundlegende Abhandlung über das Hexenwesen, die die theoretische Basis für die Hexenverfolgung in Deutschland legte.
[146] BEHRINGER 1988a, S. 48.
[147] AaO., S. 79. Vgl. auch BEHRINGER 1987a, S. 124f. Er spricht von einer „Spiritualisierung" des Hexereiverbrechens im lutherischen Kursachsen und meint damit ausgehend von der „fornicatio spiritualis" (geistige Unzucht) die Verlagerung vom konkreten immanent „nachweisbaren" Delikt des Schadenzaubers zum geistigen Delikt des Glau-

denzauber Gegenstand eines Prozesses, nicht eine „apostatische Gesinnung"[148].

### 2.2.2.2 Polizey-Ordnung

Entsprechend den Reichs-Policeyordnungen von 1530, 1548 und 1577[149] taucht das Delikt der Zauberei in den markgräflichen Policeyordnungen des 16. Jahrhunderts, d. h. in umfassenden Normierungsordnungen, nicht auf.[150] Auch hier unterscheidet sich die Entwicklung in den Markgraftümern von Territorien wie Kurtrier, in deren Kirchen- und Policeyordnung vom 16.8.1589 der Artikel „Aberglaube: Wahrsager; Zauberer" zu finden ist.[151] Dies ist allerdings nicht weiter erstaunlich, da derselbe Punkt ja bereits in der Peinlichen Halsgerichtsordnung behandelt wird und von der Art des Deliktes bzw. der darauf zu verhängenden Strafen auch dahin gehört. Allerdings änderte sich dies im Laufe des 17. Jahrhunderts. Im V. Abschnitt der Polizey-Ordnung, die unter Christian Ernst (1655–1712) publiziert worden ist, heißt es dazu:

„Demnach sich etliche unterwinden, bey unterschiedenen Vorfallenheiten an Krankheiten, vorgehenden Diebstählen, Gespenst-Vertreibung und andern, die Zauberer, Wahrsager und Segen Sprecher zu rathe zu fragen, oder künfftiger Dinge Wissenschaft durch Crystallen-sehen, oder sonsten zu begeren, und zwar ein Unterschied zwischen denjenigen zu halten, welche mit dem Teufel deswegen einen Bund gemacht, und sich dessen Raths erholen, oder die sonsten nur durch unnatürliche und aberglaubische Mittel, ausser gespräche und Gemeinschaft mit dem Teufel, die Leute aufsetzen; als wollen wir es zwar, so viel den ersten Punct betrifft, bey der in Unserer peinlichen Reformation wegen Bestrafung der Zauberey gesetzten Verordnung gelassen, und darüber gehalten haben, wegen des andern aber die beschuldigte und überwiesene Personen, und zwar vornehmlich diejenige, so sich des Crystallen-Sehens, Wahrsagens, Planeten-sehens, Segen-Sprechens, Vertreibung der Krankheit, Wiedererlangung des Verlorenen oder Ersetzung der Schäden durch gedachte ungebührliche Mittel anmassen, dann auch, welche bey denselben Rath suchen, mit gebührender Strafe, nehmlichen befundenen Umständen nach scharfer Gefängnis, Landesverweisung, auch Staupen-Schlag belegen lassen."[152]

Die Polizey-Ordnung aus dem 17. Jahrhundert differenziert streng zwischen zwei verschiedenen Gruppen von Wahrsagern: Die „normalen" Wahrsagerinnen, die sich lediglich abergläubischer Praktiken bedienen, sind

---

bensabfalls, der Apostasie. In der Theologie dagegen heißt „Spiritualisierung" eine Zentrierung auf den Heiligen Geist. Deshalb erscheint es im Rahmen dieser Arbeit geeigneter von Apostasierung bzw. Transzendentalisierung des Hexereiverbrechens zu sprechen.
[148] Vgl. Jerouschek 1992, S. 39.
[149] Härter/Stolleis 1996, DTR Nr. 28, 41, 72.
[150] Vgl. das Register einer Policeyordnung von 1566 (StAN, Rep. 103 Ansbacher Generalakten Nr. 25).
[151] Härter/Stolleis 1996, TRI Nr. 108.
[152] Corpus Constitutionum 1747, S. 574f.

zu trennen von den dämonischen Wahrsagerinnen, bei denen ein Bund mit dem Teufel vorliegt. Während die zweite Gruppe der Bestrafung durch die Carolina unterliegt, ist die Polizey-Ordnung für die „normalen" Zauberer und diejenigen, die sich bei derartigen Personen Rat holen, zuständig. Dieser Differenzierung liegt die Unterscheidung zwischen einem transzendentalen und einem immanent nachweisbaren Delikt zugrunde, auf die oben bereits eingegangen worden ist.

### 2.2.2.3 Ordnungen, Verordnungen und Reskripte

Ordnungen und Reskripte[153], in denen auf Zauberei oder Hexerei eingegangen worden ist, existieren für die Markgraftümer weder aus dem 16., noch aus dem 17. Jahrhundert. Hingegen gibt es Verordnungen, meist in Form von Mandaten, die häufig nur eine Quartseite umfassen.

#### 2.2.2.3.1 Begriffliche Analyse

Die umfangreiche Mandatensammlung der Markgrafen im Nürnberger Staatsarchiv[154] lässt zunächst einmal deutlich werden, wie stark das religiöse Leben der Untertanen von den Regierenden im 16. Jahrhundert in den Blick genommen wurde. Viele der Mandate beziehen sich auf Fluchen, leichtfertiges Schwören, Völlerei, Gotteslästerung, Unzucht, Hurerei und nächtliches Zechen in Wirtshäusern, auf ungebührliches Benehmen während des Gottesdienstes (6. Mai 1578) oder das Nichteinhalten von Sonn- und Feiertagen (25. November 1562). Vor allem fällt die Häufung der Mandate gegen Gotteslästerung auf.[155] Bereits 1495 hat König Maximilian eine „Sazung über die Gotteslästerer zu Worms" aufgerichtet, und die Klage über die Zunahme der Gotteslästerei zieht sich wie ein breites Band durch das 16. und 17. Jahrhundert hindurch. Das Verbindungselement zwischen der Klage über Gotteslästerer auf der einen und Zauberer auf der anderen Seite ist der Gedanke, dass beides auf das Wirken des Teufels zurückgeht und bei beiden Delikten im 16. Jahrhundert von den Zeitgenossen eine Zunahme konstatiert wird.[156] Trotzdem werden die Mandate gegen Gotteslästerung in unserem Zusammenhang nicht berücksichtigt, da Gotteslästerung zwar etwas ist, das man unter anderem auch Zauberern und He-

---
[153] Adam Franciscis „General Instruction" ist kein solches Reskript, es war nicht für untergeordnete Behörden gedacht, sondern richtete sich an den Markgrafen, vgl. Abschnitt 2.2.2.4.2 und Abschnitt 3.5.2.
[154] StAN Rep. 116 III, Tome VII.
[155] Vgl. KLEEFELD 1998, S. 13–15.
[156] Vgl. Kapitel 3.5.6.1. Dass ebenso eine Zunahme der Gotteslästerer konstatiert wurde, beweist der lutherische Theologe Jacob Andreae: „Es hat sich […] ein grausam und erschreckliches und zuvor der Gestalt unerhörtes Laster erhoben: nämlich die Gotteslästerung […]" (zitiert nach KLEEFELD 1998, S. 14).

xen vorwirft, aber auf der anderen Seite keinesfalls jeder, dem Gotteslästerung vorgeworfen wurde, auch gleich als Zauberer oder Hexe galt. Dass man hierin auch im 16. Jahrhundert einen Unterschied machte, belegt die Tatsache, dass es für beide Vergehen unterschiedliche Mandate gab und zum Beispiel auch in der Carolina diesbezüglich differenziert wird. So widmet sich Artikel 106 der Sache, „Wie Gottßschwerer oder gottslesterung gestrafft werden sollen", in Artikel 109 hingegen geht es um „Straff der zauberey". Dabei ist auch von großer Bedeutung, dass nur in Bezug auf Zauberei die Todesstrafe durchgeführt werden soll, nicht aber bei Gotteslästerung.[157] Dies verdeutlicht nochmals, dass man einen klaren qualitativen Unterschied zwischen beidem gemacht hat.

Die Zauberei betreffend wird man ab 1572 fündig. Aus zwei Mandaten und Ausschreiben (= amtliche Rundschreiben) seien an dieser Stelle Auszüge abgedruckt.

(1) Im September 1572 erließ Georg Friedrich mehrere ähnlich lautende Mandate an verschiedene Adressaten:

„so kommen wir auch in gewisser Erfahrung, daß zu den Zauberern, vermeinte Wahrsager genandt, ein großer Zulauff ist. Und bey denselben In fürfallenden Unfall Raths gepflogen wirdt. Welches nun bey dem hellen Liecht des heiligen Evangelii erschrecklich zu hören und keineswegs zu gestatten."

An anderer Stelle heißt es:

„solche Zauberei zu betrohen. Das Ir dieselben zu gefengklicher Verwahrung einziehen, Ihrer Zauberey halben guetlich besprachen und fürter Ire Bekanntnus gein Hofe gelangen lassen. Und darneben Unsern Unterthanen bey ernster Straff verbieten wollet, das sich meniglich bey den Zauberern Rath zu suchen ganzlich enthalten wolle. Wo Ir auch Jemandt von denselben erfaren wurdet, darauf Ir dann vleissige bestallung thun sollet, dieselben bey Wasser und Brot etlichtag mit dem Thurm straffen".[158]

(2) Schreiben an alle „Ambtsleut, Dechant, Castner, Burgermeister und Rhat underhalb des Gebirgs" am 19. September 1590:

„Wann aber nun solches alles sowohl Gottes als der herrschaft gebott entgegen und Zuwider, und darzu ein schwere und solche sünd ist, darumben Gott der Allmechtige Landt und Leuth zu straffen pflegt. So ist auch dieser Puncten halber unser bevelch, Es wollen nicht allein Ihr die Geistlichen sich Ires Straffambts im Predigen ernstlich gebrauchen, die leuth vor diesen und anderen dergleiche hochstrefliche Sünden, Schanden und Lastern Ihrer und der Ihrigen seelenheil und Seeligkeit halben zum besten trewlich verwarnen und davon abmanen, oder do sie sich darob nit besserten, sondern In Ihren Sunden nochmahls [...] verharrten und vortfueren, dieselben unseren Ambtsdienern Jedesmahls so balden anzeigen, sondern auch Ihr unser weltliche diener fur euch selbsten Ambtshalben uff solcher strefliche Personen mit vleis guet achtung geben, uff denen sowol andere Zauberey alls auch die Rockenstuben, Fenster-

---

[157] Carolina, S. 77f.
[158] StAN Rep. Nr. 116 III Tome VII Nr. 33 und 34.

eyen und andere heimbliche Underschlaiff, vermög unserer Halßgerichts- und Pollizeyordnung, mit ernst abgeschafft, die verprecher jedesmahls eingezogen und gestrafft oder auch Ihre verhandlung nach gestalt und gelegenheit der sachen umb weitteren bescheidt hirher inn unsre Hoffratstuben bericht und also hinfuro mit mehrerem vleiß und eyfer ob unsern hinvor außgangenen ordnungen und Mandaten gehalten werde, allß bishero geschehen."[159]

Konnte man bei den Kirchenordnungen von einer „einheitlich uneinheitlichen" Begrifflichkeit sprechen, ist hier „Zauberei" ganz eindeutig der Begriff, der die gemeinte Sache erfasst. Die sprachbildende Kraft der Carolina darf im Bereich der weltlichen Gewalt wohl nicht unterschätzt werden. „Zauberei" ist der durch die Carolina vorgegebene Begriff. Alle anderen Termini werden für den Zeitgenossen zwar inhaltlich mitschwingen, werden aber nicht extra erwähnt. Dass schließlich „Trut" oder „Hexe" als Termini nicht auftauchen, lässt den Schluss zu, dass auch hier der kumulative Hexenbegriff nicht eingedrungen ist. Dies war nicht selbstverständlich, das zeigt die weitere Auswertung der Mandate.

### 2.2.2.3.2 Anlass und Aufgabe der Mandate

Die Mandate des Markgrafen Georg Friedrich in der zweiten Hälfte des 16. Jahrhunderts sind nicht willkürliche Befehle der Obrigkeit. Sie gehen bis zu einem gewissen Grad auf das ein, was von den weltlichen Amtleuten oder auch in den Visitationsberichten an Informationen an den Hof gelangte. So lässt sich z. B. vermuten, dass der Markgraf sich in seinem Mandat vom September 1572, in dem er explizit darauf Bezug nimmt, dass ihm von einem vermehrten Zulaufen zu Wahrsagern berichtet worden ist, auf Visitationsberichte bezieht. Denn genau derartige Informationen sind diesen Protokollen aus den gleichen Jahren zu entnehmen.[160] Müssen Prinzipientexte wie die Kirchenordnung von 1533 oder auch die Peinliche Halsgerichtsordnung als Aktion der Markgrafen verstanden werden, stellen die Mandate des markgräflichen Hofes häufig eine Reaktion auf die an den Hof herangetragenen Beschwerden dar.

Auf der anderen Seite werden auch die Grenzen des selbstständigen Handelns der lokalen Beamten immer wieder deutlich aufgezeigt. Amtleute, Räte, Bürgermeister, Castner, Vögte und auch Pfarrer sollten vor Ort ein Auge darauf haben, ob sich in ihrer Gemeinde eine diesbezüglich „strefliche person" befindet. Ist dies der Fall, ist sie zuerst zu ermahnen und zu verwarnen. Wenn das nicht den gewünschten Erfolg bringt, ist sie einzusperren und der Fall nach Ansbach zu melden, von wo Weisungen hinsichtlich des weiteren Verfahrens zurückkommen.

---

[159] StAN Rep. 116 Ausschreiben Nr. 42, Tit. XXVIII.
[160] Vgl. Abschnitt 5.4.2.1.

Mit Hilfe seiner Mandate und Ausschreiben entsprach der Markgraf gerade in der Reaktion auf die Beschwerden der untergebenen weltlichen und auch geistlichen Amtsträger seiner Aufgabe, Zauberei und Ähnliches in seinem Land nicht zuzulassen, damit dieses und seine Bewohner vor dem Zorn Gottes bewahrt blieben. Alle diese Anordnungen erließ der Markgraf in dem Bewusstsein, dass sich der Zorn Gottes über das eigene Land ergießt, wenn man derartige Machenschaften ungestraft lässt, wie z. B. in dem Mandat vom 28. Februar 1590 deutlich wird, wo Georg Friedrich auch darauf aufmerksam macht, dass der

„Allmechtige gütige Gott / auch diese unsere Land und Fürstenthumb mit allerlei zeitlichen und ewigen Strafen und Plagen (wie die zum theil albereit vor augen schweben / und noch ferner zu gewarten sein ) vätterlichen daheimmen suchen möchte."[161]

Das korrespondiert für das Verständnis des Markgrafen mit seinen Aufgaben als weltliche Obrigkeit. Er meint, dafür Sorge tragen zu müssen, dass ein derartiger unbußfertiger Lebenswandel unterbleibt, da er und seine Untertanen sonst den Zorn Gottes zu fürchten hätten. Damit entspricht er aber gerade nicht der Zwei-Reiche-Lehre Luthers, wie unter Punkt 2.1.1 ausführlich dargestellt wurde.

### 2.2.2.3.3 Feststellung einer Zunahme des Zauberwesens

Zum einen wird immer wieder betont, dass das Wesen der Zauberei „zunehme", d. h. weiter um sich greife. Mit dieser Meinung steht Markgraf Georg Friedrich, aus dessen Hand die Mandate gegen Zauberei stammen, nicht alleine da. Aus heutiger Sicht muss man sagen, dass es kaum vorstellbar ist, dass gerade zu dieser Zeit erheblich mehr Zauberei getrieben wurde als einige Jahrzehnte oder Jahrhunderte früher. Die lange Tradition der Zauberei und das jahrhundertelange Vorgehen der Kirche gegen magische Praktiken belegen dies. Es ist vielmehr anzunehmen, dass es von Seiten der christlichen Obrigkeit Phasen gab, in denen mehr darauf geachtet wurde, z. B. das 16. Jahrhundert. Schließlich kam es in der zweiten Hälfte des 16. Jahrhunderts auch noch zu einer enormen Zunahme der Hexenprozesse, was bei den Zeitgenossen wohl wieder den Eindruck erweckt haben mag, dass das Zauberwesen sich weiter ausbreitet. Schließlich, auch das darf nicht übersehen werden, kann die ständige „Predigt" des Unterlassens von zauberischen Praktiken genau zum Gegenteil geführt haben, denn: Was verboten ist, reizt nicht nur im 20. Jahrhundert besonders.

Zudem ist diese Vermutung einer Zunahme des Hexenwesens im Kontext einer Endzeitstimmung zu sehen, die sich bereits bei Luther (vgl. Ab-

---
[161] StAN Rep. 116 Nr. 16, Tit. IX.

schnitt 2.1.1) zeigt, aber auch in den Mandaten des Markgrafen. So schreibt er in dem Mandat vom 28. Februar 1590:

„und dann wir als die von Gott geordnete Weltliche Obrigkeit / sie Unsere liebe getrewe Unterthanen / Zugethanen und Verwandten / auß Väterlicher trewer Sorgfeltigkeit / neben den täglichen Predigten Göttliches Worts / vor irem Ewigen Verderben zu verwarnen / und hergegen ihrer aller Seelen Heyl und Seligkeit zu befürdern / Uns tragenden Ampts halben / in allweg schuldig erkennen / auch solches zu thun für uns selbsten geneigt sein: So wollen wir solchen allen nach / hiemit ernstlich mandiret und geordnet haben / Ist auch also unser gnedigster endtlicher Will / Meinung und Bevelch, daß ir unsere Amptleut und Diener / in krafft dieses unseres vernewerten Mandats / meniglich zu einem Gottseligen, busfertigen leben und Wandel trewlich vermahnet / und daneben mit ernst verwarnet / sich hinfüro vor angeregter erschröcklicher grewlicher Gotteslesterung / so wol allerley öffentlichen sünden / Schanden und Laster / wie sich jetziger Zeit vor dem End der Welt / laider fast bey dem mehrer teil ereigen und einreissen will / mit allem fleiß zu hüten / und derselben gesetzlich zu enthalten."[162]

### 2.2.2.3.4 Zuspitzung um 1590

Obwohl der Markgraf mit allen ihm zur Verfügung stehenden Mitteln – Kirchenordnungen, Halsgerichtsordnung, Polizeiordnung – nicht nur die Voraussetzungen dafür geschaffen hat, sondern in seinen aktuellen Mandaten und Ausschreiben immer wieder betonte, dass ihm daran gelegen war, zauberische Praktiken unter seinen Untertanen nicht zu dulden, zeitigte dies – glaubt man z. B. den Visitationsberichten – keinen Erfolg. So kommt es ab 1590 zu einer Verschärfung der Terminologie und der Maßnahmen gegen Personen, die sich der Zauberei bedienen. Deutlich wird dies an einem Schreiben des Markgrafen an die Hofräte vom 4. August 1592, das zwar nicht überliefert ist, dessen Inhalt aber aus der Antwort hervorgeht. Darin wird der Inhalt des markgräflichen Schreibens folgendermaßen wiedergegeben:

„den 4. dieß monats Augusti datirten schreiben, und bevelch, haben wir freundtlich und underthenigst verstanden, welchergestalt E. Gl. und Frl. Dht. genzlich bedacht, Inn dero Landen, die Jenigen hochschedtlichen Personen, so mit der Zauberei und teüfflischen Trutenwerkh behafftet, soviel müglichen, ohn ansehen der Person, außzurotten."[163]

Bezüglich der Wortwahl ist auffällig, dass hier das einzige Mal nachweislich von „teufflischem Truttenwerkh" die Rede ist. In welcher Qualität dieses Wort hier verwendet wird, macht die angedrohte Strafe deutlich: Diese Menschen sollen „ausgerottet" werden. Nicht mehr von Ermahnung, Verwarnung und einem Strafmaß entsprechend dem Vergehen ist hier die

---
[162] StAN Rep. 116 Nr. 16, Tit. IX.
[163] Ansbachische Monatsschrift 1794, S. 534.

Rede, sondern von einer gänzlichen Ausrottung der beschuldigten Personen. Die Schärfe, die in dieser sprachlichen Wendung liegt, ist sicherlich auch darauf zurückzuführen, dass hier eine Quelle vorliegt, die für einen kleinen Kreis von „Mitarbeitern" gedacht ist und einen konkreten Anlass hat.

### 2.2.2.4 Die Frage nach einer eigenen Gesetzgebung gegen Hexerei in den Markgraftümern im Kontext einer Zuspitzung der Problematik um 1591

Levacks vergleichende Untersuchung „Hexenjagd. Die Geschichte der Hexenverfolgung in Europa" macht deutlich, dass der Anstieg der Hexenprozesse am Ende des 16. Jahrhunderts ein gesamteuropäisches Phänomen ist. Als auslösende Momente dafür führt er unter anderem an „eine fortschreitende Inflation, den Übergang zu einer kommerzialisierten Landwirtschaft, mehrere Hungersnöte, die in den 1590er Jahren am schlimmsten wüteten, zahlreiche Einbrüche im Handel [...], regionale Unruhen, Bürgerkriege, Religionskriege und sogar nationale Revolutionen".[164] Deshalb verwundert es nicht, dass die Periode von 1580 bis 1650 einen Höhepunkt in der Verfolgung von Zauberei und Hexerei in Europa darstellt. Deshalb ist die Verschärfung der Situation in den Markgraftümern in den 1590er Jahren in einen größeren Kontext zu stellen.

#### 2.2.2.4.1 Die Situation im Herzogtum Bayern[165]

Im Herzogtum Bayern gab es 1590 eine Gruppe von besonders *eifrigen* Verfolgungsbefürwortern, die sogenannten „Zelanten"[166], obwohl es zunächst zu einer Eindämmung der Prozesse gekommen war. Die Diskussion um eine strengere Verfolgung führte zur Einleitung eines Gesetzgebungsverfahrens. Herzog Wilhelm V. forderte am 2. April 1590 in einem „Dekret der Hexerey halber" eine Beratschlagung der geheimen Räte und Hofräte, wie in dieser Sache zu verfahren sei. Bereits aus der zweiten Aprilwoche stammt deren Gutachten „Guet bedunckhen, wie dem hochschödlichen Hexenlaster zu begegnen und dasselb auszureiten" sei. Man beabsichtigte darin, eine eigene katholische Stellungnahme in Abgrenzung zu Weyer und Brenz zu verfassen. Dazu sollten geeignete Juristen und Theologen ihre Ratschläge abgeben. Nachdem das Gutachten Ende April vorlag, verfasste man auf dieser Grundlage sehr schnell eine Instruktion für die Richter vor allem auf dem Land, die „gemeine general Instruction. Wie sich alle und jeder Pfle-

---

[164] Levack 1995, S. 179f.
[165] Zu diesem Abschnitt vgl. BEHRINGER 1988a, S. 121–148.
[166] Zum Begriff s. BEHRINGER 1988, S. 121f.

ger, Richter und Beamte [...] mit den Unholden und Hexenwerckhs verleumbden Personen in Erkennung, Einziehung und Besprachung [...] zu verhalten haben." Die Hexenprozessinstruktion vom Mai 1590 hatte nach Behringer Vorbildcharakter über die konfessionellen Grenzen hinaus. So erließ die Reichsstadt Kaufbeuren ein „Dekret Von wegen Beschrayung Hexenwerckhs", im Dezember 1591 folgte die „Kurtrierische Hexenprozeßordnung".

### 2.2.2.4.2 Die Situation in Ansbach und Kulmbach/Bayreuth

Behringer behauptet ferner, dass es ausgehend vom bayerischen Vorbild auch in den Markgraftümern Ansbach und Kulmbach/Bayreuth ein derartiges Gesetzgebungswerk gegeben habe. Dafür sprechen folgende Punkte:

Auch dort fand sich eine Gruppe um den Markgrafen, die hinsichtlich der Hexenprozesse eine Gesetzgebungslücke erkannte. Der Markgraf sah sich insofern aufgefordert – sicherlich spielte hier auch das bayerische Vorbild eine sehr große Rolle –, legislativ aktiv zu werden. Deshalb forderte er am 2. August 1591 seine Hofräte auf, zusammenzutreten, um zu beratschlagen, „wie und uf weß weg, gegen den beschuldigten, und überwiesenen zauberischen Personen zu uerfahren, und was vermög Göttlicher und weltlicher Recht für straff vorzuenemmen sein möchte".[167] Vom 9. August stammt die Antwort des Hofrates, der zunächst einmal klar für die Verfolgung und Bestrafung der Zauberer und Hexen plädiert, allerdings dafür keine neuen Gesetze für notwendig erachtete. Ganz im Gegenteil werden diejenigen Kräfte um den Markgrafen, die dafür eintreten, als „ruhmsüchtig" bezeichnet.[168]

Dennoch erhält wenig später einer aus diesem Kreis, der Abt des Klosters Heilsbronn Adam Francisci, den Auftrag, sein „bedencken" in dieser Sache schriftlich niederzulegen. Diese Schrift erhält den Titel „General Instruction von den Truten". Die Parallelen zu Bayern liegen auf der Hand, vor allem da man nicht unerhebliche inhaltliche Vergleichspunkte in Sachen der Prozessführung erkennen kann.[169] Dennoch sprechen wesentliche Punkte dagegen, dass diese „General Instruction" den Charakter eines Gesetzgebungswerkes hat. Zum einen nimmt die theologische Diskussion darin mehr als die Hälfte des Umfangs ein und auf die Prozessführung selbst wird erst im dritten von vier Punkten eingegangen. Dies ist in der bayerischen Vorlage ganz anders, hier wird von Anfang an auf das Verfahren bei einem

---

[167] Ansbachische Monatsschrift 1794, S. 534.
[168] AaO., S. 538. Die Formulierung „ruhmsüchtig" lässt vermuten, dass sich diese Gruppe durch eine ähnliche Haltung wie die bayerischen „Zelanten" bzw. „Eiferer" auszeichnete, vgl. BEHRINGER 1988a, S. 121–123.
[169] Vgl. Abschnitt 3.5.6.7.

Prozess Wert gelegt.[170] Zum anderen, und dies ist m.E. der wesentliche Punkt, schreibt Francisci selbst Folgendes:

„Sondern sie können mit gutem ge- | wißen nach erforderung der Umbstände so nicht in gemeinen | Rechten und in der Peinlichen Halßgerichts Ordnung begriffen | neue Verordtnung thuen, und dem Herrn Fiscal auch ander welt- | lichen Richtern beßondere Instruction geben, welcher gestalt uber | der gemeinen Recht und der Peinlichen Halßgerichts Ordnung | disposition Rechtmeßig Geistlicher weiß nicht allein die War- | hait zuerkundigen :/ sondern auch mit den gefangenen sie sindt | schuldig od[er] unschuldig von anfang biß zum ende zur procedirn und | zuverfahren seye wie dergleichen Instruction, ohnlengst von der | hohen Obrigkeit in Bayern, und von einem E. Rat zue Nördt- | lingen mit großem bedacht gestelt, und den Richtern ubergeben | worden ist."[171]

Ganz eindeutig grenzt sich Francisci hier davon ab, mit seiner Schrift schon das Pendant zur bayerischen „General Instruction" verfasst zu haben. Jedoch kann man auch nicht sagen, dass Franciscis Schrift als rein theologisches Gutachten anzusehen ist, denn was sollten dann die dafür wiederum zu weitläufigen Erörterungen über die Frage der Prozessführung? Alles in allem kann man Folgendes schließen:

Dem Markgrafen war 1591 daran gelegen, ein Gesetzgebungsverfahren entsprechend dem bayerischen Vorbild einzuleiten. Seine Hofräte sahen dazu keine Veranlassung gegeben. Franciscis Schrift aber stellt nicht eine gesetzgebende Instruktion dar, vielmehr könnte man sie als „Meta-Instruktion" für den Markgrafen bezeichnen, auf deren Grundlage man nun ein Gesetzgebungswerk für die Praxis hätte verfassen können.[172] Ein solches ist uns aber für den Raum Ansbach und Kulmbach/Bayreuth nicht überliefert, auch findet sich in den Prozessaufzeichnungen aus den folgenden Jahren kein Hinweis darauf. Offensichtlich konnte sich die Gruppe derer, die für eine spezielle Hexengesetzgebung eintraten, in den Markgraftümern nicht durchsetzen.

## 2.3 Zusammenfassung

Versucht man das Wirken der Markgrafen im 16. Jahrhundert in Bezug auf Zauber- und Hexerei zusammenzufassen, muss Folgendes herausgestellt werden:

---

[170] Die bayerische „General Instruction" vgl. BEHRINGER 1988a, S. 110–120.
[171] FRANCISCI 1591, fol. 11a, s. Anhang 2.
[172] Endgültige Sicherheit über den privaten oder öffentlichen Charakter der Schrift Franciscis ist jedoch ohne die Kenntnis der Überlieferungsgeschichte der Schrift Franciscis nicht zu erlangen. Leider ist die „General Instruction von den Truten" aber nur in *einer* Abschrift des späten 16. Jahrhunderts erhalten. (Vgl. Abschnitt 3.5.2.)

(1) Luthers Zwei-Reiche-Lehre wird in den Markgraftümern zwar rezipiert, setzt sich aber nicht durch. Es entwickelt sich ein landesherrliches Kirchenregiment, das Luthers Gedanken zum Verhältnis von weltlicher Obrigkeit und kirchlichem Arm nur in Ansätzen aufnimmt.

(2) Sowohl für den Bereich der weltlichen Obrigkeit als auch für den der kirchlichen Leitung finden sich in den grundlegenden Gesetzen und Verordnungen Bestimmungen und Handlungsanweisungen, wie mit Zauberei bzw. Hexerei umzugehen ist.

(3) Dabei ist eine funktionale Differenzierung zwischen geistlichem und weltlichem Regiment insofern zu konstatieren, als die Aufgabe der Geistlichkeit in der prophylaktischen, edukativen Predigt und Unterweisung und gegebenenfalls in der Ermahnung des Kirchenvolkes oder einzelner Menschen besteht, die ein von der gängigen Theologie abweichendes Verhalten oder Denken zeigen. Der weltlichen Obrigkeit hingegen obliegt das eigentliche Strafen und Richten derjenigen, die von dieser Predigt des Evangeliums durch die Kirche unerreicht bleiben bzw. eine Besserung, d. h. ein Sich-fügen in das Idealbild des lutherischen christlichen Bürgers, vermissen ließen. Trotz aller Aufgabenverteilung darf aber das grundsätzliche Kooperieren beider Bereiche auf der Basis einer gemeinsamen christlichen Grundüberzeugung nicht außer Acht gelassen werden.

(4) Aufgrund des Vorbildcharakters der den kirchlichen Bereich ordnenden Kirchenordnung von 1533 gehen deren prinzipielle Aussagen und Bestimmungen zur Zauberei in viele weitere protestantische Kirchenordnungen in Deutschland ein.

(5) Die weltliche Rechtssprechung entsprach hinsichtlich dem Zaubereidelikt im 16. Jahrhundert inhaltlich durchgängig dem Reichsrecht, der Carolina. Man hielt grundsätzlich an dem Konzept des Schadensrealismus fest: „Die Zauberei war damit als gegen Leib oder Leben sowie Sachwerte gerichtetes Delikt ausgestaltet."[173] Das Eindringen eines Gesinnungsstrafrechtes[174], gemäß dem bereits der Wille, jemandem zu schaden, ausgelöst durch den Pakt mit dem Teufel, strafbar ist (Kursächsische Konstitution von 1572), ist quellenmäßig nicht zu belegen.

(6) Die um 1590 aufkommende Diskussion um eine Gesetzgebung eigens für das Hexereiverbrechen findet im Umkreis der markgräflichen Regierung nicht die notwendige Fürsprache.

Aus den eben festgehaltenen Untersuchungsergebnissen ergeben sich folgende weiterführenden Fragen:

– Stimmt das Zaubereikonzept der Rechtssprechung mit den den kirchlichen Bereich betreffenden theologischen Auseinandersetzungen überein? Anders gefragt: Wird der schadensrealistische Ansatz der weltlichen

---

[173] Jerouschek 1992, S. 33.
[174] AaO., S. 35.

Rechtssprechung von den Theologen geteilt oder findet hier eine Verschiebung zugunsten einer „Transzendentalisierung bzw. Apostasierung"[175] des Zauber- und Hexereiverbrechens statt? Davon ausgehend ist gegebenenfalls zu untersuchen, inwiefern sich die Existenz zweier unterschiedlicher Konzepte auswirkte.
– In der Analyse der konkreten Zauber- und Hexenprozesse in den Markgraftümern ist zu überprüfen, in welchem Umfang die durch die Gesetzestexte für den weltlichen wie den kirchlichen Bereich vorgegebenen Handlungsanweisungen und -konzepte umgesetzt und berücksichtigt wurden.
– Findet sich eine Zuspitzung der Problematik hinsichtlich der Verfolgung von Personen, denen Zauberei bzw. Hexerei vorgeworfen wird, auch in der theologischen Diskussion und vor allem in der Praxis?

---

[175] S. o. Anm. 147, S. 56.

## 3. Die Auseinandersetzung protestantischer Theologie mit der Zauberei- und Hexenthematik in den Markgraftümern Ansbach und Kulmbach/Bayreuth

### 3.1 Der Sitz im Leben der theologischen Auseinandersetzung

Zunächst einmal muss festgestellt werden, an welchen Orten eine theologische Auseinandersetzung mit der Zauberei- und Hexereithematik im 16. Jahrhundert üblicherweise stattfinden konnte: An der Universität, innerhalb politischer Regierungszentren und im Zusammenhang mit Lehre und Predigt. Erinnert sei an dieser Stelle an Luthers Lehre von den *drei Ständen*, die betont, dass sich christliches Leben in drei Dimensionen vollzieht, der Individualethik, der Hausstandsethik und der politischen Ethik.[1] Während Lehre und Predigt stärker in den Bereich der Individualethik und der Hausstandsethik gehören, findet am Hof des Markgrafen die Auseinandersetzung mit diesem Thema im Kontext politischen Handelns statt. Die Universität wiederum versucht ihre Absolventen darauf vorzubereiten, in allen drei Bereichen diskurs- und vermittlungsfähig zu sein.

(1) Die Universität

In allen drei höheren Fakultäten der frühneuzeitlichen Universitäten, der juristischen, der medizinischen und der theologischen Fakultät, wurde im 16. Jahrhundert das Zauberei- und Hexereiwesen diskutiert. Sehr gut untersucht ist die Rechtsauskunfttätigkeit (Spruchpraxis) der Juristenfakultäten einzelner Universitäten.[2] So z.B. die Spruchpraxis der Tübinger Juristenfakultät[3] durch Lorenz, ferner neuerdings die Spruchpraxis der Universitäten Rostock und Greifswald durch Möller.[4]

---

[1] Vgl. Abschnitt 2.1.1.
[2] Die „Peinliche Gerichtsordnung Kaiser Karls V." von 1530 empfahl den Laienrichtern, sich im Zweifelsfalle Rat bei gebildeten Ratsverständigen zu suchen. „Auf dem Gebiet des Strafprozesses bildete die Carolina im Rahmen des Instituts der Aktenversendung das Fundament für die umfassende Rechtsauskunfttätigkeit der deutschen Juristenfakultäten und mit Juristen besetzten Schöppenstühlen aus, die noch im gleichen Jahrhundert, gestützt auf die begleitende Gesetzgebung der einzelnen Territorien, zunehmend einen verbindlichen Charakter für die anfragenden Gerichte erlangte." (LORENZ 1995a, S. 245f.).
[3] Vgl. LORENZ 1995a. GEIPEL 1965. HEGLER 1899.
[4] MOELLER 1999. LORENZ 1982.

Wenig erforscht ist die Diskussion an den medizinischen Fakultäten. Lediglich Johann Weyer (1515–1588), Schüler des berühmten Henricus Cornelius Agrippa von Nettesheim (1486–1535), mit seinem Werk „De praestigiis daemonum" findet in der Literatur immer wieder Berücksichtigung.[5]

Ansatzweise hat Midelfort die Stellung der theologischen Fakultät der Tübinger Universität beleuchtet und dabei herausgefunden, dass bereits vor der Reformation die „Episcopi"-Tradition[6] mit Martin Plantsch stark vertreten war und durch den Reformator Johannes Brenz auch für das 16. Jahrhundert ihre Gültigkeit behielt. Ähnliche Untersuchungen für andere theologische Fakultäten fehlen bisher. Jedoch konnte es nicht nur in den einzelnen Fakultäten, sondern auch interdisziplinär zu einer Diskussion der Zauberei- und Hexereithematik kommen. Erstmals untersucht hat dies Kauertz für die Universität Helmstedt.[7]

Dieser institutionalisierte Ort theologischer Auseinandersetzung ist in den Markgraftümern Ansbach und Kulmbach/Bayreuth nicht gegeben. Zum Studium verließ man das eigene Territorium. Eine stichprobenartige[8] Durchsicht der Immatrikulationsorte der fränkischen Pfarrer im Bayreuth-Kulmbachischen und Ansbachischen Pfarrerbuch für die Geburtsjahrgänge zwischen 1500 und 1580 erbrachte folgendes Ergebnis:

*Bayreuth – Kulmbach:*

| | |
|---|---|
| 59 | Wittenberg |
| 18 | Leipzig |
| 5 | Jena |

*Ansbach:*

| | |
|---|---|
| 89 | Wittenberg |
| 30 | Leipzig |
| 18 | Jena |
| 12 | Tübingen |
| 5 | Ingolstadt |
| 3 | Heidelberg |
| 2 | Altdorf |
| 1 | Basel |
| 1 | Würzburg |

Tabelle 2: Studienorte markgräflicher Pfarrer im 16. Jahrhundert

---

[5] MIDELFORT 1972, S. 53–64.
[6] Vgl. Abschnitt 3.2 (3) „Frage nach der Realität der Zauberei".
[7] KAUERTZ 2001.
[8] In der alphabetischen Auflistung aller Pfarrer bei SIMON 1930 und 1957 wurden die Buchstaben A, B, C, und M durchgesehen.

Von großer Wichtigkeit für die weitere Untersuchung der Prägung der protestantischen Pfarrerschaft in den beiden Markgraftümern nicht nur hinsichtlich des Zaubereithemas wäre demnach vor allem eine intensive Erforschung der Universität Wittenberg, gefolgt von Leipzig und eventuell Jena im 16. Jahrhundert.[9] Dabei müsste den Fragen nachgegangen werden, ob es eine Diskussion um die Hexereiproblematik an einzelnen Fakultäten oder interdisziplinär gegeben hat und in welcher Weise diese gegebenenfalls geführt wurde. Davon ausgehend könnte man sodann Rückschlüsse auf die Pfarrer vornehmen, die in dieser Zeit an einer entsprechenden Universität studiert haben. Die Analyse dieser Fragen würde jedoch den Rahmen dieser Arbeit sprengen.

(2) Die Regierung des Markgrafen

Wie in Punkt zwei der vorliegenden Arbeit bereits ausführlich beschrieben worden ist, berührt die Zauberei- und Hexereithematik beides, die weltliche Obrigkeit und die kirchliche Leitung. Insofern sind alle Quellen, in denen es um die damit verbundenen Aufgaben beider Arme geht, auch daraufhin zu überprüfen, ob sie zugleich Ort inhaltlicher theologischer Auseinandersetzung mit dem Thema sind.

In diesem Kontext ist für unser Gebiet die Wichtigkeit der Kirchenordnung von 1533 herauszustellen, nicht nur aufgrund ihrer Vorbildfunktion für andere Gebiete, sondern natürlich auch als die „Reformation" für das eigene Land. Stand die Kirchenordnung von 1533 als eine von der weltlichen Obrigkeit erlassene Verordnung im Zentrum der Untersuchung in Abschnitt 2.2.1.2,[10] interessiert im zweiten Gliederungspunkt die inhaltliche Behandlung des Zaubereithemas darin und in den angeschlossenen Katechismuspredigten. Eine derartig intensive theologische Auseinandersetzung findet sich ansonsten in keiner Kirchenordnung in den Markgraftümern im 16. Jahrhundert.

Neben den Kirchenordnungen, die von grundlegendem, prinzipiellem Charakter waren, kam es am markgräflichen Hof in Zusammenhang mit der Zunahme der Prozesse in den 90er Jahren auch zu einer aktuellen Auseinandersetzung speziell mit diesem Thema.[11] Eine fundierte inhaltliche theologische Auseinandersetzung mit dem Hexenthema findet sich in die-

---

[9] In diesem Zusammenhang müsste auch bedacht werden, dass die Universität Jena in der zweiten Hälfte des 16. Jahrhunderts als Zentrum der Gnesiolutheraner galt, die sich in gewollter Distanz zu Wittenberg dem Erbe Luthers gegen Aufweichung und Verfremdung in besonderem Maße verpflichtet sah (KELLER 1984).

[10] An der Kirchenordnung von 1533 kann man sehr gut erkennen, dass sich Luthers Idee der konsequenten Unterscheidung zweier Reiche (Staat – Kirche) eben nicht durchgesetzt hatte. Denn die Kirchenordnung wurde von und für Theologen verfasst, erlassen jedoch hat sie der Markgraf! Sie ist folglich Ausdruck einer engen Kooperation zwischen weltlicher Obrigkeit und kirchlicher Leitung.

[11] Vgl. hierzu Punkt 2.2.2.4.2 und 3.5.2.

sem Zusammenhang in Adam Franciscis „General Instruction von den Truten", die 1591 entstanden ist. Da Francisci sowohl auf den Markgrafen Georg Friedrich nicht ohne Einfluss gewesen sein dürfte – schließlich bittet dieser ihn ja um seine Meinung in dieser Frage – als auch mit seiner Stellung als Titularabt in der Heilsbronner Fürstenschule für die nachwachsende intellektuelle Generation von Bedeutung gewesen war, stellt die Analyse und Einordnung seiner Schrift einen zentralen Punkt dieser Arbeit dar.

(3) Pult und Kanzel

„Pult und Kanzel" spiegeln die alltägliche, lokal-regionale Auseinandersetzung mit dem Zauberei- und Hexenthema in Unterricht und Predigt wider, leider ist sie am stärksten durch das „Netz der Zeit" gefallen. Nur noch zu einem ganz geringen Teil lässt sich nachvollziehen, in welcher Weise hier argumentiert wurde.

a) Katechismen

Der Begriff „Katechismus" wird definiert als Unterweisung und Belehrung der Gemeinde und ist somit sowohl auf die Buchform als auch auf den Katechismusstoff als solchen bezogen. In Brandenburg-Ansbach und -Kulmbach/Bayreuth[12] war diesbezüglich zunächst der Althamersche Katechismus von herausragender Bedeutung: „Das ist Unterricht zum Christlichen Glauben [...] in frag weyß und antwort gestellt." von 1528, der erste Landeskatechismus überhaupt.[13] Ab 1533 waren die „Kinderpredigten"[14], die der Kirchenordnung von 1533 angehängt worden waren und die Handschrift Osianders trugen, wichtig für die Unterweisung des Kirchenvolks, daneben auch Luthers „Kleiner Katechismus". Welcher Katechismus letztlich in der ersten Hälfte des 16. Jahrhunderts der am meisten verbreitete war, lässt sich mit letzter Sicherheit nicht sagen.[15] Von wesentlicher Bedeutung für die zweite Hälfte des 16. Jahrhunderts war jedoch auf jeden Fall der Kargsche Katechismus,[16] dessen endgültige Fassung 1564 in Druck ging.[17]

Die Katechismen dienten der religiösen Weiterbildung des Volkes. Sie gehören zu den wirkungsvollsten „Produkten" der Reformation.[18] Das zeigen auch die in den Markgraftümern ab 1556 existierenden theoreti-

---

[12] Zur Geschichte des Katechismus in den Markgraftümern vgl. SCHORNBAUM 1934, S. 149–152.
[13] Über ihn vgl. u.a. SIMON 1957, S. 5.
[14] Vgl. Abschnitt 2.2.1.1, Anm. 92.
[15] WEISS 1991, S. 143f.
[16] Georg Karg wurde 1512 in Heroldingen geboren und verstarb in Ansbach 1576. Ab 1552 war er in Ansbach als Pfarrer und Generalsuperintendent tätig (SIMON 1957, S. 230).
[17] Kolde zufolge war der Kargsche Katechismus der „wohl für Franken wichtigste Katechismus" (KOLDE 1905, S. 195).
[18] Vgl. HAUSTEIN 1990, S. 106.

schen Vorgaben zur Benutzung des Katechismus und der Katechismuspredigten:

„So waren von Sonntag zu Sonntag abwechselnd zwei Vorgehensweisen geplant. Die eine gliederte sich in

i) Vorlesen einer der Katechismuspredigten Osianders,
ii) Vorsprechen der sechs Katechismusstücke,
iii) Rezitierung der Auslegung Luthers durch die Schulkinder
iv) Wiederholung des Predigtinhaltes durch gezieltes Abfragen und gemeinsames Memorieren der auf die Predigt bezogenen Katechismusauslegung.

Die andere Abfolge bestand aus

i) Vorsprechen der sechs Katechismusstücke,
ii) Rezitierung von zwei Teilen der Auslegung Luthers durch die Schulkinder
iii) Unterrichtung eines Teils aus dem dritten Abschnitt des Kargschen Katechismus.

Zum anderen sollte der Katechismus die Unterrichtsgrundlage für die Sechswochenkinderlehre darstellen. Dabei sollten die Kinder, die sich auf den ersten Abendmahlsgang vorbereiteten, zwischen Ostern und Pfingsten täglich oder zumindest von Feiertag zu Feiertag den Katechismus lernen."[19]

b) Predigtliteratur

Deutlich aktuelle Bezüge enthalten wohl diejenigen Predigten, die sich einzig und allein mit dem Thema der Zauberei und Hexerei beschäftigten. Aus einer Reihe von Beispielen seien Johann Geilers (1445–1510) Predigten über das Zauber- und Hexenwesen genannt, die er 1508 in Straßburg hielt.[20] Ebenso die acht Hexenpredigten David Meders, die der Untersuchung Munzerts zufolge in den Jahren 1592–1595 entstanden sein müssen, jedoch erstmals 1605 veröffentlicht wurden. Ihren konkreten geschichtlichen Bezug findet Meders Predigtreihe in den Hexenverfolgungen der Grafschaft Hohenlohe im ausgehenden 16. Jahrhundert, wo er zeitgleich wirkte.[21] Wie die „General Instruction" Franciscis sind auch diese Predigten aus einem konkreten Anlass heraus entstanden. Man äußert sich zum Thema, weil es aktuell war und man sich als „Fachmann" für Glauben und damit natürlich auch für Aberglauben verstand bzw. verstanden wurde.[22]

Ob Meders Predigten in den angrenzenden Markgraftümern zur Kenntnis genommen wurden, ist nicht eindeutig nachzuweisen. Jedoch ist auf je-

---

[19] WEISS 1991, S. 165.
[20] LORENZ 1994b, S. 88.
[21] MUNZERT 1996, S. 37–41.
[22] Der Aktualitätsbezug der Mederschen Predigten ist auf jeden Fall gewährleistet durch die vielen konkreten Hohenlohischen Beispiele, die er anführt aus der Zeit um 1592. Dass ebenso 1604, im Jahr der Drucklegung der Mederschen Hexenpredigten ein aktueller Anlass gegeben war, hat Munzert in ihrer Arbeit überzeugend nachgewiesen (MUNZERT 1996, S. 40).

den Fall anzunehmen, dass es in beiden Gebieten zeitgleich zu einer Häufung von Hexenprozessen und damit auch zu einer Auseinandersetzung mit diesem Thema in allen Kreisen der Bevölkerung gekommen sein dürfte. Nicht von ungefähr befasst sich Adam Francisci nur wenig vorher – 1591 – mit derselben Materie. Wenn es später um eine Einordnung Franciscis im Hinblick auf die Behandlung des Hexenwesens geht, können die Predigten Meders auf jeden Fall herangezogen werden. Immerhin hat Meder selbst zwischen 1573 und 1577 im markgräflichen Land als Pfarrer gearbeitet, 1573 wurde er Stadtkaplan in Ansbach, 1574 Pfarrer in Leutershausen. Es ist nicht unwahrscheinlich, dass der eine oder andere Ansbacher Pfarrer das Werk des ehemaligen Kollegen zur Kenntnis genommen hat.

Hexenpredigten in der Art Meders sind aus dem Raum Ansbach und Bayreuth/Kulmbach nicht bekannt bzw. nicht erhalten.

Bilanziert man an dieser Stelle, so bleibt – zumindest für die erhaltenen Quellen – festzustellen, dass die Hexereithematik kein weit verbreiteter Gegenstand in der Theologie des 16. Jahrhunderts gewesen ist.[23] Neben vereinzelten Abhandlungen aus aktuellem Anlass ist dieses Thema vorzugsweise der katechetischen Literatur vorbehalten.

## 3.2 Fragen zur Einordnung theologischer Texte in das Spektrum verschiedener Haltungen gegenüber Zauberei und Hexerei

Folgende Fragen erweisen sich als hilfreich, möchte man theologische Texte in das weite Spektrum von Haltungen einordnen, die hinsichtlich des Zauberei- und Hexenthemas im 16. Jh. verbreitet waren:

(1) Die Frage der permissio dei: Welche Wirkmöglichkeiten hat der Teufel?

Da es hier um die Allmacht Gottes geht, gehört diese Frage in den Bereich der *Theologie*, der Lehre von Gott.

Der Teufel ist aus der theologischen Landschaft des 16. Jahrhunderts nicht wegzudenken. Wichtig für die Beurteilung des einzelnen Theologen ist deshalb, welche Stellung er dem Teufel innerhalb der Schöpfung Gottes zumisst, welche Macht ihm also insgesamt zugesprochen wird. Hier werden dann auch konfessionelle Unterschiede sichtbar.

Basis der Auseinandersetzung für viele Theologen des 16. Jahrhunderts bildete in diesem Punkt noch immer Augustin.[24] Er entwickelte seine Dä-

---

[23] Dieses Ergebnis deckt sich mit der Untersuchung von Kauertz 2001, S. 80f. u. S. 238f. Auch in der interdisziplinären Auseinandersetzung an der Universität Helmstedt spielte demnach die Theologie eine nur marginale Rolle.
[24] Am folgenreichsten war Augustins Lehre des Dämonenpaktes, die protestantischerwie katholischerseits im 16. Jahrhundert gleichermaßen akzeptiert war. Die wichtigsten Aussagen zur Lehre von der Möglichkeit eines Dämonenpaktes finden sich in Augustins

monenlehre in Auseinandersetzung mit der antiken heidnischen Umwelt, wobei er, gegründet auf das Alte Testament, davon ausging, dass alle antiken Götter mit Dämonen gleichzusetzen sind. Diese sind ursprünglich wie alles andere von Gott als gute Engel geschaffen worden, doch aufgrund der Freiheit ihres Willens lehnten sie sich gegen Gott auf. Zur Strafe wurden sie von Gott aus dem Himmel in den Luftraum verbannt, wo sie die Menschen zum Bösen versuchen.[25] Sie bilden zusammen mit dem Teufel, ihrem Oberhaupt, ein Reich des Widergöttlichen. Aber sie können ihr unheilbringendes Wirken nur mit Gottes Erlaubnis entfalten, nicht aus sich selbst heraus.[26] In „De Trinitate" behandelt Augustinus diesen Aspekt unter anderem in Zusammenhang mit der Schriftstelle über das Werk der Zauberer am ägyptischen Hof in Exodus 8. Die ägyptischen Zauberer sind hier zwar in der Lage, ihre Stäbe gleich wie Mose und Aaron in Schlangen zu verwandeln, nicht aber Mücken hervorzubringen. Augustinus legt in seiner Auslegung Wert darauf, dass die Zauberer nicht die Macht der creatio ex nihilo haben, denn sie verwenden einen für die Menschen unsichtbaren Samen für die Hervorbringung von Schlangen, die Dämonen vermögen also nur bereits Geschaffenes weiter zu entwickeln. Prinzipiell werden ihre Wirkmöglichkeiten aber vor allem dadurch eingegrenzt, dass sie nur soviel bewirken können, wie Gott ihnen gestattet. Aufgrund der fehlenden Erlaubnis Gottes, so Augustinus, können sie deshalb auch die Mücken nicht hervorbringen.[27] Die Ausführungen von Augustinus haben insofern sehr nachhaltig gewirkt, als sie in das zweite Buch der Sentenzen des Petrus Lombardus (ca. 1100–1160) aufgenommen wurden und von da aus zentraler Bestandteil mittelalterlicher Engel- und Dämonenlehre wurden.[28]

So kommt z. B. auch Luther an entsprechenden Stellen darauf zurück. Bereits in „Decem Praecepta" 1516 argumentiert er dementsprechend, wenn er schreibt: Die Zweifler sollen „wissen / das die bösen geist wol solchs vermögen / so / es inen got nachläßt. Das nun genugsamliche bewert mag / werden vß der heiligen schrifft".[29] Luther zitiert nun im Folgenden

---

Werk „De doctrina christiana". Dort schreibt er: „Superstitiosum est, quicquid institutum est ab hominibus ad facienda et colenda idola pertinens vel ad consultationes et pacta quaedam significationum cum daemonibus placita atque foederata." (De doctrina christiana, II,30). Abergläubische Handlungen waren demnach für Augustin eine Art Kommunikationsmittel zwischen Dämon und Mensch und bewirkten zusammen mit dem Willen des Ausübenden den Abschluss eines stillschweigenden Dämonenpaktes (BEHRINGER 1987b, S. 19). Vgl. auch GÖTZ 1991, S. 70–84.

[25] Augustin geht davon aus, dass Dämonen einen luftartigen Leib haben und deshalb in fremde Körper eindringen können. Sie vermögen mit großer Geschwindigkeit zu fliegen, haben Sinnesempfindungen, Affekte und Leidenschaften, besitzen eine große Intelligenz und sind sehr kunstfertige und geschickte Wesen (HARMENING 1988, S. 181).

[26] Zum Vorhergehenden vgl. aaO., S. 62–70.

[27] Zum Vorhergehenden vgl. HAUSTEIN 1990, S. 74f.

[28] PETRUS LOMBARDUS, Liber II. Dist. VII. Cap. VI.

[29] WA 1, 408.6f.

das Beispiel Hiob, wo es seiner Meinung nach ganz deutlich wird, dass Gott das Teufelswerk nicht nur zulässt, sondern sogar anordnet. „Christianos / oportet nosse haec mala per daemones et Magas suas quidem inferri, sed / tamen a deo sic ordinari".[30] Für ihn ist und bleibt Gott der Aktive.[31] Denn schließlich „sprach Job nit / der herr hat / es geben vnd der tüfel hat es genummen / sonder Der herr / der es hat geben der hat es genummen."[32]

Hexen- und Teufelswerk sind folglich nach Luther Teil der Schöpfungsordnung Gottes. Die Betonung liegt darauf, dass sie nur ein Teil der Schöpfung Gottes sind. Luther macht den Teufel groß, damit Christus als noch größer erkannt werden kann.[33] „Und das bedeutet schließlich, daß fester Glaube, verbunden allerdings mit Leidensbereitschaft, den Hexen besser trotzen kann als Hexenprozesse."[34] Daher ist es falsch zu sagen, der Reformator hätte sich 1525 dem Teufelsglauben der katholischen Kirche angeschlossen und diesen noch erweitert.[35] Sicherlich hat Luther im Vergleich mit der Tradition die Macht des Teufels noch stärker betont.[36] Oberman hat Luthers Selbstverständnis von seiner Teufelsvorstellung her überzeugend interpretiert, wenn er z. B. schreibt: „Als Gott schon längst zur unsicheren Hypothese verblaßt und der Teufel als mittelalterlicher Restbestand im Lebensgefühl zurückgelassen war, da wusste man noch von dem Schlag Luthers ins Gesicht des humanistischen Fortschritts: Für Luther ist der Mensch *nicht* jener Esel, der in ‚selbstverschuldeter Unmündigkeit' sich zwischen zwei Heuhaufen nicht zu entscheiden weiß – diesem Esel könnte durch Aufklärung geholfen werden. Nein, die Situation des Menschen hängt nicht an dem Maß seiner Aufklärung, sondern an seinem vorgegebenen Geschick als „Reittier", entweder von Gott oder vom Teufel geritten, selbst aber ohne Wahl, ohne Entscheidungsfreiheit, ohne Möglichkeit zur Selbstbestimmung."[37] Luther geht soweit, den Teufel als den „Gott dieser Welt" zu bezeichnen: „Mundus et Deus eius verbum Dei veri ferre non potest nec vult, Deus verus tacere nec vult nec potest; quid iam illis duobus Diis bellantibus nisi tumultus fieret in toto mundo?"[38] Trotz der zum Teil dualistisch klingenden Äußerungen wahrt Luther stets die Gottheit Gottes: der Teufel ist letztlich nur Diener Gottes und seine Macht ist durch Christus bereits gebrochen und kommt am jüngsten Tag an ihr Ende.

---

[30] WA 1, 408, 36–38.
[31] Auch Luther ist hier stark eingebunden in die Tradition der Auslegung dieser Stelle (vgl. HAUSTEIN 1990, S. 52–55).
[32] WA 1, 409,1f. Hiob 1,21.
[33] HAUSTEIN 1990, S. 107.
[34] Ebenda.
[35] DUESTERBERG 1981, S. 65.
[36] LOHSE 1995, S. 270.
[37] OBERMAN 1986, S. 234.
[38] WA 18, 626, 22–24.

Gerade auf der Grundlage seines Teufelsbildes konnte Luther zu Vermeidung von Hysterie und Panik bei Hexenprozessen aufrufen, folgert Haustein.[39] Dieser Aussage ist insofern zuzustimmen, als Luther nicht vom Teufel geredet hat, um anderen Angst zu machen. Er spricht das Thema dort an, wo die Angst bereits um sich gegriffen hat. „Und dann redet er vom Glauben an den Sieg Christi über den Teufel."[40] Dem gegenüber behalten Äußerungen Luthers ihr Gewicht, die den Christen, der zwischen der Wut des Teufels und dem Zorn Gottes steht, dazu aufrufen, die Schöpfung in der verbleibenden Zeit des Kampfes zwischen Gott und Teufel zu schützen.[41] „Ja, er kans wol, ehr wil es aber nit allein thun, er wil, das wir mit yhm wircken, unnd thut uns die ehre, das er mit uns und durch uns sein werck wil wircken."[42] Das bedeutet aktiven Kampf gegen den Teufel, und im Hinblick auf unser Thema heißt dies: aktiver Kampf gegen Zauberer und Hexen.

Dass die mit diesem Punkt verbundene Problematik eines Dualismus – das gute Reich Gottes kämpft gegen das böse Reich des Teufels – auch den Zeitgenossen durchaus bewusst war, zeigt z. B. eine Bemerkung von Johannes Brenz. Dieser weist darauf hin, dass es nicht richtig ist, das Gute Gott anzurechnen, das Böse hingegen dem Teufel, da dies gegen das erste Gebot verstoße, dass es nur einen Gott gibt, und damit dem Denken der Marcioniten gleiche.[43] Er führt uns damit zum nächsten Punkt, zu der Frage: Wie ist es begreiflich, dass Gott im Bösen selbst wirksam wird?

(2) Die Frage der Vereinbarkeit des im gegenwärtigen Weltzustand begegnenden Übels mit der Gerechtigkeit und Vollkommenheit Gottes: Warum lässt Gott zu, dass der Teufel Böses anrichtet?[44]

Die *theologische* Frage nach der „Rechtfertigung Gottes" wird von den Kirchenvätern in immer gleicher Weise beantwortet: Die Welt ist das Werk des vollkommenen Gottes, der damit niemals Urheber des Bösen sein kann. Das Böse geht aber auch nicht auf einen Gegengott (= Teufel) zurück, sondern hat seinen Sinn als Erziehungs- und Strafmittel. Das Böse ist somit Folge des bösen menschlichen Willens. So ordnete es z. B. Augustin in den Plan der göttlichen Heilsökonomie ein, ihm folgten auch die Vertreter der Scholastik. Zu einer Umkehrung der Frage nach der Herkunft des Leids kam es bei Luther. Nicht Gott muss sich vor dem Menschen rechtfertigen, sondern der Mensch vor Gott. Nur der Glaubende erkennt, dass das Böse zum göttlichen Heilsplan dazugehört. Volle Erkenntnis der Gerechtigkeit Gottes

---

[39] HAUSTEIN 1990, S. 108.
[40] KNUTH 1993, S. 15.
[41] OBERMAN 1986, S. 85.
[42] WA 6. 227, 29–31.
[43] BRENZ Vom Hagel und Ungewitter, fol. 486.
[44] Zum Folgenden vgl. SCHREY 1962, Sp. 741f.

kann es aber erst in der Zukunft des neuen Gottesreichs geben. Bei Luther führte dies zur Vorstellung des „deus absconditus", nach dessen „Warum" wir nicht fragen können. Derselbe, der sich uns in seinem Wort als Gott der Liebe und des Lebens offenbart, „ist in der Tiefe, in der er sich nicht offenbaren wollte und der wir nicht nachfragen sollen, auch der verborgene Gott".[45]

Martin Barth hat in seiner Untersuchung über die Stellung des Teufels in der Theologie Martin Luthers hervorgehoben, dass bei Luther das Handeln des *Deus absconditus* von dem des Satans für den Menschen nicht mehr zu unterscheiden ist.[46] Er geht soweit festzustellen, dass an dieser Stelle eine Verwechselbarkeit Gottes mit dem Teufel gegeben ist. Der Mensch, der dies nach der Vernunft und dem Gesetz beurteilen bzw. begreifen will, scheitert an dieser Stelle, denn Gott redet „quasi contrario verbo suo et praecepto".[47] Gott hat sich unter dem scheinbaren Widerspruch des Kreuzes offenbart. „Wäre nicht Gott der, der sogar in den Gottlosen und im Satan als der Allmächtige der letztlich Wirkende ist, so wäre er nicht als Gott ernst genommen, so wäre er ein lächerlicher Gott. Jesus Christus, der Gekreuzigte, gibt uns Gott als den Allmächtigen in der Ohnmacht zu glauben und macht uns so überhaupt erst Gott zu Gott, denn Glaube und Gott gehören zusammen."[48] Nur derjenige, der an Jesus Christus glaubt, nur der lebendige Glaube „erkennt Gott als Gott und den Teufel als Teufel und damit die Übermacht Gottes über den Teufel".[49] In Jesus Christus darf sich der Mensch der Güte Gottes gewiss sein gegen alle Erfahrung. Deshalb ruft Luther zu einem unerschütterlichen Glauben an den deus revelatus auf und verbietet jegliche Spekulation über den deus absconditus. Derjenige, der auf Christus schaut und wahrhaft an ihn glaubt, hat den deus revelatus im Blick und nicht den deus absconditus.[50] In einprägsamer Weise wird die „seelsorgerliche Pointe" der Lehre Luthers von Gott in seinem Lied „Nun freut euch lieben Christen g'mein" deutlich, wenn er nach der Beschreibung des Menschen, der unter dem Gesetz lebt (Vers 2 und 3), schreibt:

„Er sprach zu mir: „Halt dich an mich, es soll dir jetzt gelingen, Ich geb mich selber ganz für dich, da will ich für dich ringen; Denn ich bin dein, und du bist mein, und wo ich bleib, da sollst du sein, uns soll der Feind nicht scheiden. / Vergießen wird er mir mein Blut, dazu mein Leben rauben, Das leid ich alles dir zugut, das halt mit festem Glauben. Den Tod verschlingt das Leben mein, mein Unschuld trägt die Sünde sein, da bist du selig worden."[51]

---

[45] JOEST 1989, S. 182.
[46] BARTH 1967, S. 201.
[47] WA, 24,387,1; 478,13.
[48] KNUTH 1993, S. 18.
[49] BARTH 1967, S. 203.
[50] AaO., S. 204.
[51] Zitiert nach BECKER 2001, S. 112.

Wer im Glauben erkannt hat, dass das Böse in Christus nicht gesiegt hat, der muss nicht verzweifeln, sondern fasst Hoffnung.[52]

Die Umkehrung der Leidfrage durch Luther wirkt sich bis in den Bereich der Soteriologie hinein aus. Protestantisch gesehen darf die Frage nach der Zulassung des Leids nie bei einer Gewichtung der Macht Gottes gegenüber der Satans stehen bleiben, sondern muss immer zur Frage des rechten Glaubens der Menschen weitergeführt werden. Nicht eine spekulative metaphysische Fragestellung und deren Beantwortung – Wie groß ist die Macht des Teufels im Vergleich zu der Gottes? – wie noch in der Scholastik steht im Zentrum der Überlegungen. Nicht Gott, sondern der Mensch muss sich rechtfertigen.

In Zusammenhang der Einordnung von Adam Franciscis „General Instruction von den Truten" wird überprüft werden, wieweit Luthers diesbezügliche Gedanken aufgenommen wurden.[53]

(3) Die Frage nach der Realität der Zauberei: Gibt es Menschen, die Böses, d. h. auch Zauberei oder Hexenwerk, bewirken können?

Im Mittelpunkt dieser Frage steht der Mensch, sie gehört somit in den Bereich der *Anthropologie*.

Nicht erst seit Beginn des 16. Jahrhunderts steht ein Problem im Zentrum der gesamten Diskussion um Zauberei und Hexerei: Finden die Zauber- und Hexenwerke in der Realität statt oder sind es Vorspiegelungen des Teufels und damit nur Lug und Betrug? Midelfort hat in seiner Untersuchung „Witch Hunting in Southwestern Germany. 1562–1684" eine Traditionslinie herausgearbeitet, deren Anfangspunkt er im sog. Canon Episcopi sehen will.[54] Der im 10. Jahrhundert in der Rechtssammlung des Regino von Prüm auftauchende kirchenrechtliche Text, der dann auch ins Corpus Iuris Canonici (Decretum Gratiani) aufgenommen wurde, was ihm dauernde Autorität verlieh, weist die Priester darauf hin, in ihren Gemeinden darauf zu achten, dass die Behauptung einiger Frauen, mit Diana oder Herodias und anderen Frauen durch die Luft zu fliegen, Eingebungen des Teufels seien.[55] Die Annahme eines real stattfindenden Flugs wird also verboten. Darauf berufen sich immer wieder Theologen und auch Juristen, die sich vom 15. bis ins 17. Jahrhundert skeptisch gegenüber Flugvorstellungen, aber auch gegenüber anderen Hexenwerken wie z. B. Wettermachen oder Verwandlungsvorstellungen[56] aussprechen.[57] So Ulrich Molitoris, Johann

---

[52] Vgl. zur Auslegung des Liedes „Nun freut euch lieben Christen g'mein" KNUTH 1993, S. 20–23.

[53] Vgl. die Abschnitte 3.5.6 und 3.5.7.

[54] Vgl. zum Folgenden MIDELFORT 1972, S. 23–29.

[55] CIC Bd. 1 Decretum Gratiani: decreti secunda pars, causa XXVI., quaest. V, canon 12, Sp. 1030–1031.

[56] Die corporum mutatio in bestias, die Verwandlung von Menschen in Tiere, ist eine weit verbreitete Vorstellung. So z. B. erkannte der römische Volksglauben in der strix, der

Fichard, Andreas Alciatus, Samuel de Cassinis, der Rostocker Jurist Georg Gödelmann. „Indeed the tradition of the canon Episcopi remained vital down to the eighteenth century and became the core of what we shall call the Württemberg preaching tradition."[58]

Dieser Canon-Episcopi-Tradition steht die Linie des „Malleus Maleficarum" gegenüber, der alle Hexenwerke sowie Flug und Verwandlung für real hält.

Zwischen diesen beiden Polen gibt es eine Bandbreite von Meinungen darüber, welches Hexenverbrechen real stattfinden kann und welches nicht. Zuweilen ist sich ein und derselbe Verfasser selbst nicht ganz sicher. So stellt Haustein in seiner Untersuchung der Stellung Luthers fest: „Bezüglich eines realiter stattfindenden Flugs ist LUTHER von einer unterschiedenen Haltung geprägt, er hält ihn möglicherweise nicht für gänzlich ausgeschlossen, die Skepsis aber überwiegt."[59] David Meder betont ausdrücklich, dass die Luftfahrt „leibhaftig", d. h. real geschehe, daneben komme es aber auch vor, dass der Teufel den Menschen die Sinne verblende, so dass sie in Wirklichkeit träumen, wenn sie zu fliegen glauben.[60] Er hält es zudem für ausgeschlossen, dass Hexen sich verwandeln können. Er begründet seine Ablehnung in der 5. Predigt folgendermaßen:

„Jedoch ist aus der heiligen Schrifft [...] klar erwiesen / daß weder dem Teuffel / noch den Hexen müglich sey / eine warhaffte Creatur / die zuuor nichts gewesen / zuschaffen / noch auch ein Göttliches geschöpffe / gantz vnd gar zu nichte zu machen / [...] viel weniger aber ein wesen der Göttlichen Geschöpfe in das ander zuerwandeln / sondern solches alles ist ein werck der Göttlichen Allmechtigkeit / welchs man ja dem Teuffel nicht zu schreiben kan und sol."[61]

Dann aber ordnet er die Verwandlung in der Auslegung zu 2. Kön 21,6 entgegen seinen theoretischen Überlegungen in die Reihe der Hexendelikte ein.[62] Insofern kann man, wenn man einen Text hinsichtlich seiner Meinung zur Realität der Zauber- und Hexenwerke überprüft, durchaus feststellen, wie stark hier jemand die eine oder andere Traditionslinie aufnimmt und sich ihr verpflichtet fühlt.

Wenn man davon ausgeht, dass all diese Dinge nur Blendwerke des Teufels sind, müsste man eigentlich zu einer anderen Art der Bestrafung gelangen. Schließlich kann man die Opfer nicht für etwas strafen, z. B. den Flug

---

Nachteule, einen hässlichen, gierigen Vogel, der Säuglinge aus der Wiege raubte (JILG 1991, S. 46–48).

[57] Jerouschek führt hierfür den Terminus „Schadensfiktionalisten" ein, für die gegnerische Position den Begriff „Schadensrealisten" (JEROUSCHEK 1992, S. 29).

[58] MIDELFORT 1972, S. 25.

[59] HAUSTEIN 1990, S. 61.

[60] MUNZERT 1996, S. 70.

[61] Meder Hexenpredigten, fol. 77b-80b.

[62] AaO., S. 105.

durch die Luft, was gar nicht stattgefunden hat, sondern nur vom Teufel dem Opfer vorgetäuscht worden ist. Diese Argumentation begegnet z.B. bei Weyer in seinem Briefwechsel mit Brenz. Ganz deutlich weist er Brenz darauf hin, dass man die „Unholden" nicht für etwas bestrafen kann, was sie gar nicht aus sich heraus tun können, ja, wie Brenz selbst sagt, was sie nur aufgrund einer Einbildung vermeinen, tun zu können.[63] Diese zeitgenössische Diskussion lässt eine Frage nochmals deutlicher hervortreten:

(4) Die Frage nach der Willensfreiheit des Menschen: Kann der Mensch aus sich heraus Böses tun oder wird er vom Teufel dazu gezwungen?

Bereits Munzert hat in ihrer Untersuchung zu Meders Hexenpredigten festgestellt, dass diese *anthropologische* Frage bisher in der Erforschung des Hexenglaubens kaum beachtet wurde.[64] Schwerhoff hat für den „Hexenhammer" festgehalten, dass dieser sehr wohl die menschliche Willensfreiheit hinsichtlich des Zustandekommens des Teufelspaktes betont. Der Paktschluss sei ein freiwilliges Geschäft, das auf Gegenseitigkeit beruhe, der Teufel könne die Hexe dazu nicht zwingen.[65] Ebenso hält auch Meder daran fest, dass der Teufel ohne die Einwilligung des Menschen nichts ausrichten kann: „Denn so lange ein Mensch bey dem heiligen Christlichen Glauben verharret / so lange kan der Teuffel mit vnd durch ihn nicht thun vnd aus richten / was er wil / Aber wenn er abfellet / so ist er ihme ein außerwehlter vnd bequemer werckzeug."[66]

An dieser Stelle muss hinsichtlich des Begriffs der „Willensfreiheit" eine Unterscheidung eingeführt werden. In den bisherigen Beispielen ging es um die Willensfreiheit des Menschen, in einen Pakt mit dem Teufel einzuwilligen. Davon zu unterscheiden ist der freie Wille des Menschen im Zusammenhang der Rechtfertigungsdiskussion. Am Beispiel Luthers sei dieser Unterschied verdeutlicht.[67] Dem Menschen mangelt es nach Luther am freien Willen hinsichtlich der Erlösung oder der ewigen Seligkeit aufgrund seiner Geschöpflichkeit.[68] Dabei ist zu bedenken, dass es bei Luther nicht um die Entscheidungsfreiheit des Menschen in äußeren, weltlichen Angelegenheiten geht, vielmehr um die Freiheit des Willens Gott gegenüber im *status corruptionis*. Um die Alleinwirksamkeit Gottes im Rechtfertigungsgeschehen aufrecht zu erhalten – ein zentrales Anliegen der Reformation – muss Luther die Willensfreiheit des Menschen in Bezug auf den Empfang

---

[63] Weyer De praestigiis daemonum, fol. 492f.
[64] MUNZERT 1996, S. 65.
[65] SCHWERHOFF 1986, S. 57.
[66] MEDER Hexenpredigten, fol. 25b.
[67] Zeit seines Lebens hat Luther gegen die Ansicht eines freien Willens des Menschen polemisiert; vgl. die Heidelberger Disputation (These 13, WA 1,354,5f.), „Assertio omnium articulorum" (WA 7,94–151) oder die Auseinandersetzung mit Erasmus von Rotterdam in „De servo arbitrio" (WA 18, 600–787).
[68] LOHSE 1995, S. 185.

der Rechtfertigungsgnade bestreiten.[69] Dabei bestreitet Luther aber nicht, dass der Mensch die passive Fähigkeit hat, die göttliche Gnade anzunehmen:

„Jedoch wenn wir das als Kraft des freien Willens bezeichnen sollen, wodurch der Mensch befähigt wird, vom Geist Gottes ergriffen und mit seiner Gnade erfüllt zu werden, als der zum ewigen Leben oder Tod erschaffen ist, so wäre das richtig gesagt. Diese Kraft nämlich, das heißt Fähigkeit, [oder was die Sophisten dispositivam qualitatem oder passivam aptitudinem nennen, Ergänzung aus dem Original durch Verf.] bekennen auch wir."[70]

Luthers Ansicht blieb nicht unumstritten, vertrat doch z. B. Erasmus die Anschauung, dass der Mensch frei sei, sich aktiv für oder gegen die Gnade zu entscheiden.[71] Die römisch-katholische Position wurde endgültig im Tridentinum dogmatisiert, wo festgehalten wird, dass der freie Wille auch nach dem Sündenfall noch vorhanden und hinsichtlich Zurüstung und Empfang der rechtfertigenden Gnade entscheidend sei.[72] Mit der Frage nach der Willensfreiheit des Menschen dahingehend, seine Rechtfertigung zu wollen, trifft man somit auf einen in der ersten Hälfte des 16. Jahrhunderts sehr kontrovers diskutierten Punkt.[73]

Ganz anders ist es um die Diskussion des freien Willens bezüglich der Einwilligung des Menschen in das Böse bestellt. Auch für Luther gilt wie für Meder oder den „Hexenhammer", dass er Zauberer und Hexen nicht aus der Verantwortung entlassen will. Holl hat dies folgendermaßen zusammengefasst: „Für ihn [=Luther] blieb das Böse als Willenshandlung eine Wirklichkeit, ein Widerspruch des menschlichen Eigenwollens gegen Gott. Aber wie war ein derartiger Widerspruch in der von Gott geschaffenen und von ihm allmächtig durchwalteten Welt überhaupt denkbar? [...] Der Gedanke ist ihm geläufig, daß Gott selbst unter Umständen einen Menschen in schwere Sünde fallen läßt, um ihn damit zu retten, d. h. um ihm dadurch die Augen über sich zu öffnen und so seine Umkehr zu bewirken."[74] Damit bleibt die eigenmächtige Einwilligung des Menschen in das Böse ein religiöses, der rechtfertigenden Gnade, auf die der Mensch keinen Einfluss

---

[69] Vgl. MILDENBERGER 1987, S. 128; LOHSE 1995, S. 272f.; KNUTH 1993, S. 16.
[70] Luther De servo arbitrio, WA 18, 636, 16–20 („si vim liberi arbitrii eam diceremus, qua homo aptus est rapi spiritu et imbui gratia Dei, ut qui sit creatus ad vitam vel mortem aeternam, recte diceretur; hanc enim vim, hoc est, aptitudinem, seu ut Sophistae loquuntur dispositivam qualitatem et passivam aptitudinem et nos confitemur." Deutsche Übersetzung: ALAND 1961, S. 197).
[71] LOHSE, 1995, S. 178f.
[72] DS 1554 und 1555.
[73] Es wäre interessant zu sehen, ob sich das Zugeständnis der Willensfreiheit bei Erasmus bezüglich der Rechtfertigung des Menschen auch auf die Haltung zu Zauberei und Magie auswirkt. Nach Wissen der Verfasserin ist jedoch die Haltung Erasmus von Rotterdams zu Zauberei und Magie noch nicht untersucht worden, so dass dieser Frage hier nicht weiter nachgegangen werden kann.
[74] HOLL 1923, S. 47.

nehmen kann, „vorgelagertes" Vergehen. So wie der Satan eine Doppelrolle spielt als Erfüllungsgehilfe Gottes auf der einen und als eigenständiger Schädiger auf der anderen Seite, so wird diese doppelte Perspektive auch für die Hexe durchgehalten: sie ist zugleich Erfüllungsgehilfe Gottes und Sünderin demselben Gott gegenüber. Dass diese doppelte Herleitung der Sünde keine Eigenheit der Hexenlehre ist, sondern eine Lösungsmöglichkeit für ein Strukturproblem einer monotheistischen Religion darstellt, hat Schwerhoff zurecht festgestellt.[75]

(5) Die Frage nach den Gegenmitteln: Wie kann man dem Zauberglauben/Hexenglauben vorbeugen bzw. sich schützen?

Diese Frage führt theologisch gesehen zur Frage der *Soteriologie* als der Lehre von der Zueignung des Heils durch Gottes erlösendes Handeln. Die katholische Gnadenlehre unterscheidet zwei Stufen: Eine Wirkung Gottes im Menschen ist die Gnade, die den Menschen seinerseits dazu befähigt, (gute) Werke hervorzubringen. Empfangen kann man diese Gnade im Sakrament. „Der Ersatz der Wirksamkeit Gottes im Menschen durch die Wirkung führt zur entscheidenden Gewichtung der diese Wirkung Gottes verwaltenden und vermittelnden Kirche und des Sakramentes, durch das die Wirkung Gottes in das Innere des Menschen kommt."[76] Die reformatorische Position setzt dem entgegen, dass *Wort* und Sakrament den Heiligen Geist vermitteln, der den Glauben an das Evangelium wirkt. Während das tridentinische Dekret Wert darauf legt, dass Gottes eingegossene Gnade im Menschen eine erfahrbare Veränderung bewirkt, wird nach reformatorischem Denken die Unanschaulichkeit des göttlichen Handelns bewusst festgehalten. Um die Wirksamkeit Gottes zu betonen, spricht man in Anlehnung an eine Begriffsbildung Kants davon, dass Gottes rechtfertigendes Urteil ein synthetisches Urteil sei, das dem Menschen die bei ihm nicht vorhandene Gerechtigkeit hinzubringt (Der Mensch ist simul iustus et peccator). Rechtfertigung ist die Zusage der Gerechtigkeit, die nur Christus zueigen ist, Christus nimmt die Sünde des Menschen auf sich und gibt seine eigene Reinheit. Träger der Heilsvermittlung ist das *Wort* des gepredigten Evangeliums. Der Glaubende kann und darf sich nicht auf die eigene Erfahrung verlassen, sondern Gewissheit der Gerechtigkeit kann er nur im Hören des Wortes, das ihm Christi Gerechtigkeit zuspricht, erfahren.[77]

Für die Frage nach der Bekämpfung von Zauberei und Hexenglauben ist zu fragen, ob und wie sich ein derart unterschiedliches Verständnis der Gerechtsprechung des Sünders auswirkt. Aufschlussreich ist in diesem Zusammenhang eine Stelle im Galaterkommentar Luthers von 1535, in der es heißt:

---

[75] SCHWERHOFF 1986, S. 59.
[76] MILDENBERGER 1987, S. 164.
[77] JOEST 1990, S. 440f.

„Venefizium. / Vom Venefizium habe ich schon gesprochen über Kapitel 3. Dieses Laster gab es zu unserer Zeit häufig, bevor das Evangelium offenbart wurde. Als ich ein Kind war, gab es viele Hexen (me puero multae erant Veneficae), die Vieh und Menschen, vorzugsweise Kinder, beschworen. So fügten sie auch den Saaten Schaden zu mit Unwettern und Hagelschauern, die sie mit ihren Zaubereien hervorriefen. Nun, da das Evangelium offenbart worden ist, hört man dergleichen nicht mehr (nunc Evangelio revelato ista tanta non audiuntur), denn das Evangelium treibt den Teufel mit seinen Vorspiegelungen von seinem Platz."[78]

Dieser Gedanke – das Evangelium als Schutzschild vor Zauberei – ist auch bei Luther nur singulär,[79] er beweist aber, welche Macht dem richtig verstandenen Evangelium als Heilsvermittler nach zeitgenössischem Verständnis hätte zugemessen werden können.

Damit berühren sich an dieser Stelle ein zentrales Anliegen lutherischer Worttheologie und die Zaubereiproblematik.[80] Haustein hat in seinem bereits zitierten Werk auf diesen Zusammenhang aufmerksam gemacht. Die Zauberer „fragen nicht nach der Rechtfertigung, die ihnen widerfährt, sondern setzen Eigenwillen gegen Gehorsam, Ungeduld gegen Leidensbereitschaft. Sie sind willentlich nicht bereit, Gottes Handeln, auch wenn es verborgenen Zielen folgt, anzuerkennen".[81] Das ist die eigentliche Schuld der Zauberer und derer, die sich auf zauberische Mittel verlassen. Fasst man den Aspekt der Bestrafung wieder in den Blick, ist zu fragen, ob man von diesem Argument her überhaupt noch eine Strafe seitens des weltlichen Arms bejahen kann.

Dennoch, kein führender protestantischer Theologe des 16. Jahrhunderts, der Einfluss in den Markgraftümern hatte, trat angesichts der eben dargestellten Lehre gegen die Todesstrafe für Hexen ein. Auch Brenz, der sehr weit geht, indem er zugibt, dass Hexen und Zauberer aus sich heraus nichts tun können, ja, dass sie nur vom Teufel verblendet werden, plädiert für die Todesstrafe.[82] Ebenso tritt Luther bezogen auf das weltliche Regi-

---

[78] WA 40 II, 112. 29–113. 13 („Veneficium. De Veneficio dixi supra Cap. 3. Frequens fuit vitium his nostris temporibus ante revelatum Euangelium. Me puero multae erant Veneficae, quae pecora et homines, praecipue pueros, incantabant. Item nocebant segetibus per tempestates et grandines, quas suis Veneficiis excitabant. Nunc Euangelio revelato ista non audiuntur, quia Euangelium exturbat diabolum e sede cum suis illusionibus etc." Deutsche Übersetzung vgl. HAUSTEIN 1990, S. 88).

[79] HAUSTEIN 1990, S. 89.

[80] Mit einem einzigen Beleg bei Luther lässt sich sicherlich nicht ein genereller Zusammenhang zwischen lutherischer Worttheologie und der Zaubereiproblematik konstruieren. Dennoch ist dieser Gedanke in der zitierten Stelle so klar dargelegt, dass es interessant wäre zu sehen, ob diese bei Luther nur singulär vorkommende Argumentation bei anderen (theologischen) Autoren auch auftaucht. Eine praktische Umsetzung dieses Gedankens findet sich in dem Ratschlag von vier Nürnberger Theologen von 1536, die als Schutz vor Zauberei gut ausgebildete Prediger auch auf dem Land fordern, die das Evangelium verkünden (vgl. S. 96 der vorliegenden Arbeit).

[81] AaO., S. 116.

[82] Vgl. Abschnitt 2.1.4.3.

ment dafür ein, Zauberei mit dem Tode zu bestrafen.[83] Nur von Osiander könnte man sich vorstellen, dass er die Todesstrafe ablehnte, ein quellenmäßiger Beleg dafür fehlt jedoch.[84]

An diesem Punkt bleibt ein weiteres Mal festzustellen, dass eine konsequente Durchsetzung der Zwei-Reiche-Lehre Luthers eben nicht erfolgt ist: Der religiöse Fehltritt soll mit dem weltlichen Schwert geahndet werden.[85]

Was bewegt die Theologen dazu, ein Verbrechen wider Gott (2. Gebot!) mit dem Tode bestrafen zu wollen und das weltliche Schwert dabei anzurufen?

(6) Frage der Sanktionen: Wie geht man mit den Menschen um, die selbst Zauberei/Hexerei treiben oder die sich bei Zauberern/Hexen Rat holen?

Zunächst ist noch einmal auf Folgendes hinzuweisen: Geht man davon aus, dass Zauberer und Hexen fähig sind, Schaden unter den Menschen anzurichten, ist die Frage einer Bestrafung durch den weltlichen Arm klar mit Ja zu beantworten, strittig bleibt dann lediglich noch das Strafmaß. Ist dies nicht der Fall, bleibt nach der Argumentation zu fragen. Von Theologen wird in diesem Fall mit steter Regelmäßigkeit eine Stelle aus Exodus 22 herangezogen, so z. B. bei Brenz, der im Folgenden die gestellte Frage aufgreift:

„Die Zauberin under euch sollt ihr nicht leben lassen. Wann nuhn in den Wercken der Natur keine Zauberin seyn mag / stehet auch ohne das in ihrem Gewalt nicht / Hagel und anders zu machen / warumb werden sie denn dem Keyserlichen Rechten und Gesetz nach / unnd besonders auß Moist befelch unnd Gesetz / welches seinen ursprung von dem heiligen Geist hat / gestraffet? Hier ist nun dieses dagegen wol zubetrachten / daß die Unholden unnd Zauberer nach Keyserlichem Rechten und Mandat / und nach Moisi befelch / nicht derhalben / als solten sie auß eigenem vermögen und willen Hagel und Ungewitter zu wegen bringen oder machen können: sondern dieweil sie sich dem Teuffel zu eigen ergeben / und in deß Sathans Geist verloffen / daß sie auch anders nichts / denn was ihr Hauptherr der Teuffel begehret / nemlich deß Menschen verderbnuß unnd undergang / suchen und mit allem fleiß darnach trachten / auch nicht anders / denn wie das böse / welches doch allein der Teuffel / auß verhengnuß unnd zulaß Gottes / ins Werck setzet / vollnbracht haben / vermeinen: gestraffet werden. […] sondern umb solches ihres schendtlichen / ärgerlichen / unnd bösen Teufflischen lebens unnd wandels willen / werden sie von der Obrigkeit gestraffet."[86]

---

[83] Vgl. Abschnitt 2.1.4.1.
[84] Vgl. Abschnitt 2.1.4.2.
[85] Bereits unter Punkt 2.1.1 ist darauf hingewiesen worden, dass nicht einmal Luther selbst eine konsequente Unterscheidung zwischen Kirche und Staat immer durchgehalten hat (LOHSE 1995, S. 338).
[86] WEYER De Praestigiis Daemonum, fol. 488.

Schließt man jetzt den Bogen hin zum System des landesherrlichen Kirchenregiments, der Voraussetzung aller Argumentation in diesem Bereich, sieht es die Obrigkeit als ihre Aufgabe an, dem geistlichen Regiment Hilfestellung zu geben, indem sie durch Erhaltung einer Christlichen Ordnung dessen Dienst an den Seelen unterstützt und erleichtert. Weltliche Obrigkeit ist nicht in einen Bereich der Eigengesetzlichkeit entlassen, sondern die „Erhaltungsordnung in der Welt ist engstens verbunden mit Gottes Offenbarung der lex divina in der lex Christi".[87] Geht man von der Gesinnung des einzelnen Menschen aus und sieht man die Gesinnung allein bereits als strafwürdig an, kann man vom Selbstverständnis eines landesherrlichen Kirchenregiments her ein hartes Eingreifen des Staates rechtfertigen.

Zu einer anderen Bewertung gelangt im bereits zitierten Briefwechsel Johannes Weyer. Er tritt dafür ein, dass nur derjenige bestraft werden kann, der die Tat wirklich aus eigener Kraft begehen kann. Da dies beim Hexenwerk nicht der Fall ist, sondern die Aussagen der Betroffenen lediglich auf einer Verblendung durch den Teufel beruhen, ruft er zu einem milderen Vorgehen gegen Hexen und Zauberer auf:

„Nun wiste ich aber kein bessere und sichere form oder weise / die Unholden zu straffen und zu züchtigen / fürzuschreiben / denn das sie von eim getrewen unnd frommen Lehrer Göttliches worts recht möchten underwiesen werden / dem Teuffel und seinem anregen und wercken zuwiderstreben und abzusagen / unn das sie widerumb (doch soll es frey gestellet seyn) offentlich zur Gemeinschafft / wenn sie busse theten / auffgenommen werden: da sie aber irer missethaten halben daß sie deß Teuffels eingeben nit gentzlich widerstrebt / grössere straff solten verwirckt und verdient haben / wie etliche vermeinen wolten / so möchten sie ein zeitlang ins elend verwiesen / oder mit geld nach erforderung und gelegenheit der laster und deß ubertretens / gestraffet werden / darmit irs Lebens verschonet würde."[88]

---

[87] HECKEL 1966, Sp. 1757.
[88] WEYER De Praestigiis Daemonum, fol. 495.

## 3.3 Die theologische Auseinandersetzung mit dem Thema in der Katechismusliteratur

### 3.3.1 Das Thema in den Kinderpredigten von 1533[89]

#### 3.3.1.1 Inhaltliche Wiedergabe

Die Katechismuspredigten, die zwischen dem 5.10.1531 und dem 9.1.1532 erstmals gehalten wurden, werden in der Forschung der alleinigen Verfasserschaft Osianders zugeschrieben.[90] Die Grundlage dafür stellten die „Hauptstücke des Katechismus" vom Herbst 1531 dar.[91] Die Predigten haben immer denselben Aufbau: Am Anfang steht der Katechismustext, dann folgt dessen ausführliche Erläuterung, schließlich münden sie am Ende in Luthers Erklärung der Hauptstücke im Kleinen Katechismus ein. Beabsichtigt ist zum einen, dem einfachen Volk[92] eine Hilfe zu geben, die christliche Lehre in einer verbindlichen und gleichbleibenden, d.h. einprägsamen Form kennenzulernen (didaktisch-lehrhafte Absicht), zum anderen, den Pfarrern die Arbeit zu erleichtern, indem ihnen ein Vorbild für Katechismuspredigten gegeben wird.[93]

Ausführlicher auf das Thema der Zauberei zu sprechen kommt Osiander, nachdem er es im Kontext des *ersten Gebots* nur ganz allgemein gestreift hat – lediglich als negatives Beispiel führt er das Wahrsagen mit Hilfe der Gestirne als Aberglaube an –, vor allem in seiner Erläuterung zum *zweiten Gebot*. Osiander nennt fünf Arten, den Namen Gottes zu missbrauchen: erstens durch Verehrung eines falschen Gottes, zweitens durch falsches Schwören, drittens durch Fluchen, viertens durch leichtfertiges Reden von Gott und schließlich durch das Treiben von Zauberei mit Gottes Namen. In den Mittelpunkt seiner knappen Ausführungen stellt er die These, dass Zauberei „eitel betrug und lügen" sei. Vier Imperative werden aneinandergereiht, um vor dem Umgang mit Zauberei zu warnen. „Darumb hüt euch darvor, glaubt nicht daran, lernets nicht und förchtet euch nichts davor!"[94] Daran anschließend weist er darauf hin, dass Zauberei zu „feindschafft,

---

[89] Die Katechismus- bzw. Kinderpredigten (vgl. Anm. 92 in Abschnitt 2.2.1.1) sind abgedruckt in: OSIANDER GA, Bd. 5, S. 196–334. Vgl. aber auch SEHLING 1961, S. 206–279.
[90] OSIANDER GA Bd. 5, S. 183.
[91] Vgl. aaO., S. 334–340.
[92] Bereits der in der Überschrift auftauchende Begriff „Kinderpredigten" (vgl. Anm. 92 in Abschnitt 2.2.1.1) lässt vermuten, dass man bei der Zielgruppe nicht nur an die Erwachsenen, sondern auch im besonderen an die Kinder dachte, die in die christliche Lehre eingewiesen werden sollten.
[93] AaO., S. 184.
[94] OSIANDER GA, Bd. 5, S. 210.

zorn, neid, haß, affterred und alles ubel"[95] führt. Unter dem Hinweis auf Gottes Strafe warnt Osiander am Ende der Predigt über das 2. Gebot noch einmal vor dem Missbrauch des göttlichen Namens, namentlich auch der Zauberei.[96]

Schließlich kommt er in der Auslegung des Vaterunser wieder auf das Thema zurück. Innerhalb der Auslegung der Bitte „geheiligt werde dein name" erfolgt eine Wiederholung der Aufzählung vom 2. Gebot.[97] Eine interessante Argumentation kann man jedoch in der Predigt über die Bitte „Sonder erloss uns vom ubel" verfolgen. Osiander legt hier einen Teufelskreis dar, der mit der Sünde, mangelndem Gottvertrauen und Nichteinhaltung der Gebote Gottes beginnt. Daraus resultieren vielerlei Übel, die wiederum böse Begierde, Ungehorsam, Aufruhr, Totschlag etc. nach sich ziehen. Das böse Gewissen, die Furcht und gleichzeitige Traurigkeit führen zu Schwachheit und Müdigkeit des Menschen und schließlich zu Krankheit oder Tod. Die Krankheit ist der Ort, wo ein derart schwacher Mensch den Verführungen des Satans erliegt und sich der Zauberei und Abgötterei zuwendet. Diese wiederum sind der Anfang von weiteren Übeln.[98]

### 3.3.1.2 Einordnende Interpretation

Vergleicht man den Lehrteil der Kirchenordnung[99] mit den Kinderpredigten, so fällt inhaltlich sofort auf, dass hier jegliche Diskussion um einen strittigen Punkt vermieden wird, auch fehlen lange Herleitungen und Beweisführungen aus der Heiligen Schrift. Sprachlich dominieren einfache Satzreihen, Ausrufesätze häufen sich. Schließlich verwendet der Autor Beispiele aus dem Lebensbereich der ZuhörerInnen, so dass diese gut zu folgen vermögen.

All dies unterstützt die didaktisch-lehrhafte Absicht der Predigten; nicht um theologische Diskussion, sondern um praktische Ratschläge und Unterweisung geht es hierbei.

Zusammenfassend lässt sich festhalten: Entsprechend seiner lehrhaften Intention will er vor Zauberei *warnen*; vier Imperative hintereinander haben dies zum Inhalt. Dabei argumentiert er in drei Richtungen:

– Zauberei nützt nichts, weil sie lediglich auf „Lug und Trug" basiert
  = vernünftige Argumentation; Appell an die Vernunft der Menschen
– Mit Zauberei zieht man sich die Strafe Gottes zu
  = theologische Argumentation

---

[95] Ebenda.
[96] AaO., S. 212.
[97] AaO., S. 285–288.
[98] AaO., S. 306–310.

– Durch Zauberei kommt es zu Streit und Uneinigkeiten und weiteren Übeln unter den Menschen
= gesellschaftlich-soziale Argumentation
= anthropologische Argumentation

Auffällig ist, dass nicht zuerst theologisch argumentiert, sondern erst einmal an die Vernunft der Menschen appelliert wird.[100] Nur „einfeltige" Leute kann man damit „nerren" und „äffen".[101]

Ferner muss herausgestellt werden, dass sich Osiander hier gar nicht auf die Diskussion einlässt, ob Zauberei wirklich Schaden erzeugen kann. Im Mittelpunkt steht die Ansicht, Zauberei sei zunächst einmal nur Betrug. Dass das in dieser zugespitzten Form sicherlich auch der didaktischen Intention zuzuschreiben ist, bleibt zu vermuten. Deutlich wird, dass es Osiander im Zusammenhang der Zauberei nicht in erster Linie darum geht, den Menschen das Strafgericht Gottes vor Augen zu führen. Im Mittelpunkt steht das Wohlbefinden des Menschen hier und jetzt. Darum auch das ausführliche Eingehen auf den Kreislauf von Zuwiderhandlung gegen die Gebote Gottes bis hin zu Krankheit und Tod und dann erst auf Zauberei und auch auf den Aspekt der zwischenmenschlichen Schwierigkeiten, die durch Zauberei entstehen. Dass dies nicht nur eine theoretische Überlegung war, sondern dass dafür durchaus Anhaltspunkte im täglichen Leben zu finden waren, zeigen zahlreiche Aufzeichnungen über Hexenprozesse aus dem 16. Jahrhundert. So z.B. auch der Nürnberger Prozess von 1536 um die Person der Adelheit Schneiderin. In dem für diesen Prozess geschriebenen Gutachten wiesen die vier Theologen Dr. Pömer, Thomas Venatorius, Dr. Linck und Magister Veit Dietrich darauf hin, dass die zusätzliche Beschuldigung der Els Schneiderin und der Katharina Maylin nur ein Werk des Teufels sei, der hier zusätzlich Unfrieden stiften will, deshalb sei es richtig, dass man sie wieder frei gelassen habe.[102] Deutlich tritt zu Tage, dass man der Ansicht war, dass das Werk des Teufels in diesem Fall darin bestand, sozialen Unfrieden anzurichten, und natürlich auch in dem Versuch, zwei weitere Frauen in ihr Unglück zu führen. Solche Erfahrungen aus dem täglichen Leben stehen im Hintergrund der Aussage Osianders in den Kinderpredigten.

---

[99] Vgl. Abschnitt 3.4.

[100] Eine deutlichere Akzentuierung erfährt der Gedanke der Strafe Gottes bei Osiander etwa 10 Jahre später im Kontext der Türkengefahr. Sprachlich hervorgehoben durch eine rhetorische Frage beendet OSIANDER hier seine Ausführungen zur Zauberei mit folgendem Satz: „Solthe Gott hie nicht straffen, solt er nicht sein zorn ausgiessen, das wir sein hailig wort nicht alain nicht annemen, sunder auch zuo solcher greulichn , teuffischen zauberey gebrauchen?" (OSIANDER GA, Bd. 7, S. 363). In diesem Zusammenhang findet sich auch der Hinweis darauf, dass die weltliche Obrigkeit in dieser Sache nicht genug straft.

[101] OSIANDER GA, Bd. 5, S. 210.

[102] StAN, Nbg. Rtschlgb. Nr. 9 fol. 112b.

Eines aber bleibt festzuhalten: Man vertrat die Auffassung, dass Zauberei, verstanden als böse Gesinnung des Menschen, der sich auf den Teufel stützt und nicht auf Gott, wie andere böse Taten den Zorn Gottes heraufführt. Dieser lässt dann dem Teufel zu, erneut Unglücke und Katastrophen zu stiften. Es lag auf der Hand, dass es bei diesem Denken darauf ankam, den Verursacher des bösen Geschehens, den Zauberer oder die Zauberin, den Hexer oder die Hexe zu strafen, um den Zorn Gottes zu vermeiden.

### 3.3.1.3 Die Katechismuspredigten zwischen Fortführung der Tradition und eigenständiger Interpretation

Haustein hat in seiner Untersuchung der katechetischen Literatur Luthers festgestellt, dass die Behandlung des Zaubereithemas bei Luther im Laufe der Jahre aus dem 1. Gebot herausgenommen wurde, wohin es die Tradition des Mittelalters gestellt hatte, und in den Zusammenhang des 2. Gebots eingeordnet wurde.[103] Insofern kann man sagen, dass Osiander hier den von Luther aufgezeigten Weg weiterverfolgt hat, indem er ausführlicher im 2. Gebot darauf zu sprechen kommt. Ebenso an Luther angelehnt dürfte auch der enge Zusammenhang zwischen den Ausführungen über Zauberei in der Predigt „Geheiligt werde dein Name" und der Predigt über das 1. und 2. Gebot sein.[104] Die Dreierkette „schweren, fluchen, zeubern" (WA 30/ I,198.36) ist wohl aus dem Großen Katechismus übernommen worden.[105] Auf Osiander selbst zurückzugehen scheinen die Ausführungen in der Predigt „Und erlöse uns von dem Übel", in der er den bereits weiter oben herausgestellten Kreislauf beschreibt. Ebenso ist es charakteristisch für die Katechismuspredigten sowie die Kirchenordnung und damit insgesamt für Osiander, dass er an keiner Stelle detaillierte Beispiele für Zauberei anführt. Im Gegensatz zu Luther, bei dem ausgehend von „Decem praecepta" 1516 Zauberei ein großes Bedeutungsspektrum haben konnte, das er auch mit zahlreichen Beispielen immer wieder belegt,[106] bleibt Osiander hier beim Allgemeinen stehen. Fast, so möchte man meinen, wollte er in seinen Predigten nicht Raum dafür geben, seiner Meinung nach falsche Praktiken erst noch publik zu machen.

Schließlich muss auf eine Gemeinsamkeit hingewiesen werden. Haustein schreibt zur Katechismusliteratur Luthers Folgendes: „Bei aller deutlich erkennbaren Zustimmung zu Fragen der Zauberei muß aber auch auf eine wesentliche Forderung LUTHERS aufmerksam gemacht werden, die zwar

---

[103] HAUSTEIN 1990, S. 102.
[104] AaO., S. 103.
[105] Eine andere Reihenfolge hingegen findet sich in den Osiandrischen Predigten über die 10 Gebote aus dem Jahre 1542: Zauberei, Schwören, Fluchen. Die Zauberei tritt also nach vorne (OSIANDER GA, Bd. 7, S. 360).
[106] HAUSTEIN 1990, S. 105.

an seiner prinzipiellen Haltung nichts ändert, aber bezüglich des Problems eines Hexenwahnes wichtig ist: gegen das erste Gebot verstößt auch, ‚wer sein ungluck und widerwertigkeit / dem teuffel oder bosen menschen zwschreibt, und nit mit liebe und lob als / bosz und gut von got alleine auffnympt und ym wider heym tregt mit / dancksagen und williger gelasenheit.' (WA 1, 252. 9–12)."[107] Genau in dieselbe Richtung zielt Osiander, wenn er am Ende der Predigt „Sonder erlöss uns vom ubel" sagt:

„Darumb sollen wir, meine liebe kindlein, fürsichtig und gedultig sein. Fürsichtig in dem, das wir der sund, die uns noch anhangt, nicht folgen. Gedultig aber in dem, das wir die andern übel und alles creutz, das uns Gott aufflegt, willig tragen und Gott den herrn ernstlich und emsigklich anruffen, das er uns nicht darinnen verderben wöll lassen, sondern gnedigklich darvon erlösen."[108]

Haustein weist mit Recht darauf hin, dass genau darin der Ansatzpunkt für die spätere zumeist pietistische Kritik am Hexenglauben lag, indem Leidensbereitschaft statt Vergeltungssucht gefordert wurde – oder, wie Osiander es ausdrückt: Geduld und Vertrauen in Gott gegen eigenmächtiges Handeln.

### 3.3.2  Der Althamersche[109] und der Kargsche Katechismus[110]

Die Thematik der Zauberei wird in Althamers Katechismus von 1528 weder der Sache nach noch begrifflich erwähnt.

Karg kommt in seinem Katechismus von 1564 im Rahmen des zweiten Gebots[111] ein einziges Mal kurz auf Zauberei zu sprechen: „Wie verstehst du das ander Gebot? Wir sollen GOtt den HErrn vber alle ding fürchten vnd lieben, Daß wir mit seinem Namen nit Abgötterey treiben noch schweren, fluchen, spotten, zaubern, liegen oder triegen, Sondern denselben – bitten, bekennen, loben vnd dancken."[112]

Bis in die Formulierung hinein entspricht dies dem lutherischen Vorbild.[113] Wie bei Luther und in den Katechismuspredigten ist die Zaubereiproblematik auch hier nicht in den Ausführungen zum ersten, sondern zum

---

[107] Ebenda.
[108] OSIANDER GA, Bd. 5, S. 309. Noch deutlicher auf diesen Zusammenhang kommt Osiander in der Kirchenordnung selbst zu sprechen unter der Überschrift „Kreuz und leiden" (vgl. Abschnitt 3.4).
[109] Abgedruckt in: KOLDE 1895, S. 81–109.
[110] Abgedruckt in: REU 1904, S. 578–597.
[111] Vgl. die Ausführungen zu den „Kinderpredigten" Osianders, S. 84 u. 87.
[112] KARG Katechismus, S. 582.
[113] Weiss weist in seiner Arbeit über Georg Karg mit Nachdruck darauf hin, dass Kargs vornehmliches Interesse darin bestand, Luthers Enchiridion zu erklären (WEISS 1991, S. 154).

zweiten Gebot zu finden. Karg verzichtet jedoch darauf, in der ausführlicheren Erklärung des zweiten Gebots auf Zauberei einzugehen.[114]

Hält man sich nochmals vor Augen, dass die Katechismuspredigten Osianders zusammen mit Luthers Enchiridion und dem Kargschen Katechismus das Zentrum der religiösen Unterweisung des evangelischen Kirchenvolks lutherischer Prägung darstellten,[115] bleibt festzuhalten:

Vor allem im Kontext des zweiten Gebots wurde eine deutliche Warnung vor Zauberei ausgesprochen, die theologisch, aber auch rational und gesellschaftlich-sozial begründet wurde. Dabei standen im Mittelpunkt der Ausführungen die anthropologischen Fragen. Entsprechend der oben aufgezeigten protestantischen Position ist der Dreh- und Angelpunkt der rechte Glaube an und das rechte Vertrauen auf Gott.

In diesem für die kirchliche Unterweisung bestimmten Schriftstück bleiben Fragen des weltlichen Strafgerichts etc. außer Acht.

## 3.4 Theologische Auseinandersetzung mit der Zaubereithematik in der Kirchenordnung von 1533

### 3.4.1 Inhaltliche Wiedergabe[116]

Ausführlicher auf die Zaubereiproblematik zu sprechen kommt Osiander zunächst im Abschnitt „Vom kreutz und leyden" unter dem Aspekt der Herkunft des Leids. Osiander führt aus, dass das Leid entgegen der v. a. beim „paursvolck" geäußerten Ansicht nicht durch Hexen und Zauberer veranlasst würde, sondern durch Satan, der gegen die „rayne leer" und das „gut leben" sei. Deshalb warnt er auch ausdrücklich davor, sich bei den Zauberern Rat zu holen. Er stellt deutlich heraus, dass deren Handlungen nur auf „Lug und Trug" basieren und der Grund dafür seien, dass oft unschuldige Menschen verdächtigt würden. Dadurch fielen viele in Abgötterei und das wiederum habe den Zorn Gottes zur Folge. In fünf Punkten geht er schließlich genauer darauf ein, wobei er immer mit einer These beginnt, die er dann mit Schriftzitaten belegt. Erstens, so Osiander, könne der Satan nur dann einem Menschen Schaden zufügen, wenn es Gott zulasse, denn der Teufel sei nur ein Werkzeug Gottes. Gott wiederum, so These zwei, tue alles zum Besten der Menschen und nicht zu ihrem Schaden. Wie ein Vater seinen Sohn züchtigt, so verfahre Gott mit den Menschen. Damit kommt er zu These drei, die besagt, dass das Leid die Schule sei, in der man Gottes Willen erkenne. Im Leiden sehe man sich selbst und seine Sünden wie in einem

---

[114] Karg Katechismus, S. 587.
[115] Vgl. Abschnitt 3.1, S. 71f.
[116] Abgedruckt in: Osiander GA, Bd. 5, S. 64–177. Vgl. aber auch Sehling 1961, S. 140–206.

Spiegel und damit würde man offen für die Güte Gottes. Osiander unterscheidet dreierlei Arten von Leid: Das Leid, das man wegen Gottes Wort und Gerechtigkeit erduldet, Leid, das Gott selbst einem auferlegt, wie z. B. Krankheit, und drittens das Leid, das von Menschen angerichtet wird. In den Thesen vier und fünf führt er abschließend aus, dass das Leid notwendig sei, damit man Gottes Barmherzigkeit bedenke und nicht vergesse. Wie man am Beispiel Christi erkennen könne, sei das Leid vor Gottes Augen ein „herrlich Ding". Hier kommt Osiander auf die Taufe zu sprechen: Die Christen sind mit Christus in seinen Tod getauft, damit der alte Adam stirbt.

Eine abschließende Zusammenfassung gibt die drei Mittel Gottes gegen die drei Arten des Leids an, die Osiander kennt: Gegen den Satan helfe Gottes Wort, gegen böse Menschen die weltliche Obrigkeit, gegen Krankheit natürliche Arzneien, gegen alles zusammen aber ein gutes christliches Gebet. Damit ist er beim nächsten Punkt angelangt „Vom christlichen Gebet". Auf Zauberei kommt er hier unter Punkt zwei, in dem es um den Missbrauch des Gebets geht. Eine Form, das Gebet zu missbrauchen, sei das abergläubische Beten: Das Gebet ist dabei nicht auf Gott bezogen, sondern auf einen bösen und falschen Sinn.

### 3.4.2   Einordnende Interpretation

Bereits in Abschnitt 1.7.2 wurde die der vorliegenden Arbeit zugrundeliegende begriffliche Unterscheidung zwischen Zauberei und Hexerei vorgenommen, auf die hier zurückgekommen werden muss. Hexerei im Sinne des kumulativen Hexenbegriffs taucht in der Kirchenordnung von 1533 genauso wie in den angehängten Katechismuspredigten nicht auf. Lediglich in der begrifflichen Wahl lässt sich die Vorstellung eines Teufelspaktes hinter den Termini „teufelsbeschwerer" und „böse leut"[117] vermuten – einer zeitgenössischen Erklärung zufolge diejenigen, die ihr Leben in den Dienst des Bösen, d. h. des Teufels, gestellt haben, „weil sie sich dem bösen / dem Teufel zu eigen ergeben haben / auch ein boßhafftiges herz und gemüt tragen / und eitel böse thaten unnd werck stifften und thun".[118] Inhaltlich wird darauf nicht eingegangen. Selbst der Schadenzauber kommt nicht in der klassischen Ausprägung in Sicht. Denn die eben erwähnten „bösen Menschen" können nicht aus sich heraus Leid zufügen, sondern nur, weil der Teufel es durch sie wirkt. Begriffe, die typische Hexenmalefizien zum Inhalt haben, wie z. B. Lamia (fügen schwangeren Frauen und Kindern Schäden zu), Saga a praesagiendo (Erntevernichtung), Venefica (Giftmischerin) usw. fehlen ganz und gar. Nicht einmal terminologisch kommen Teufelsbuhlschaft, Hexenflug und Hexensabbat in den Blick.

---

[117] SEHLING 1961, S. 160.
[118] MEDER Hexenpredigten, fol. 24a.

Das Fehlen des kumulativen Hexenbegriffs erstaunt an dieser Stelle nicht. Die Kirchenordnung von 1533 ist ein Ort grundsätzlicher Bemerkungen zu Lehre und Wesen der „neuen" Kirche. Dass darin ganz allgemein das Zaubereithema als ein in dieser Zeit vor allem auch im gemeinen Volk -"aberglaub regiert sunderlich bei dem einfeltigen paursvolk" – aktuelles und gängiges Thema aufgenommen wird, ist nachvollziehbar. Weniger einsichtig erschiene eine grundlegende Auseinandersetzung mit der Hexereiproblematik. Dazu bedarf es eines aktuellen Anlasses oder einer speziellen persönlichen Leidenschaft eines Theologen.

Gerade wegen des grundsätzlichen Charakters der Kirchenordnung von 1533 ist es trotz des Fehlens einer Auseinandersetzung mit der Hexereiproblematik interessant, welche prinzipiellen Positionen bezüglich Zauberei bezogen werden.

Wie kaum anders zu erwarten, wird der permissio-Gedanke aufgenommen und in folgendem Zitat, das auf Hiob – klassischer Topos in der Hexenliteratur – Bezug nimmt, auf den Punkt gebracht: „das er [der Satan] nicht ein harbrait schaden tun kann, es werde im dann in sunderheit von Gott verhengt und zugelassen".[119] Der Verfasser der brandenburg-nürngischen Kirchenordnung beweist mit der Wahl seiner Schriftbelege, dass er die einschlägige Literatur zum Thema kennt. Von der Allmacht Gottes wird folglich nichts weggenommen, und ähnlich wie bei Luther in „Decem Praecepta"[120] wird die aktive Beteiligung Gottes unterstrichen, indem dieser Abschnitt mit den Worten endet: „Darumb sollen sie die leut aufs fleißigst dahin weisen, das alles, das uns begegne, es sei gut oder bös (ausgenummen die sünde), das kumme alles aus Gottes rate und verhengnus und, ob es gleich durch den Teufel oder böse menschen ausgerichtet wird, so ist der bös mensch im selben fall Gottes werkzeug, gleich wie der henker des richters werkzeug und diener ist."[121]

Ganz im Sinne der Tradition wird im Folgenden die These aufgestellt und ausgeführt, dass Gott dem Satan zulässt, Leid zu bewirken, weil es zu unserem Guten geschieht und es die Schule ist, die uns Gottes Willen erkennen lässt.[122] „Dann Got schickt in [= ihnen] solche unglück darumb zu, das sie sich im leiden als in einem spiegel ersehen."[123] Dabei erkennt der Mensch sein sündhaftes Wesen und seinen lauen Glauben und wird dadurch zur Buße und zu aufrichtigerem Glauben getrieben. Entsprechend der Theologie Osianders wird der Gedanke, dass Gott den Glauben durch Kreuz und Trübsal des Fleisches auf die Probe stellt und gerade so seinen Kindern Liebe erzeigt, erst verständlich vor dem Hintergrund der allmähli-

---
[119] SEHLING 1961, S. 160.
[120] Vgl. HAUSTEIN 1990, S. 53.
[121] SEHLING 1961, S. 161.
[122] SEHLING 1961, S. 161f.
[123] SEHLING 1961, S. 162.

chen effektiven Rechtfertigung: Was der Mensch an Fleisch stirbt, das legt er an Geist zu. Deshalb tut dem alten Adam das Kreuz not.[124]

Erst durch die Rechtfertigung des Sünders kann also das Werk Gottes von dem des Teufels unterschieden werden. Diese Rechtfertigung, die Zusage der Gerechtigkeit, geschieht nach Luther durch das Wort des gepredigten Evangeliums. Entsprechend der reformatorischen Soteriologie argumentiert die Kirchenordnung, wenn abschließend unter dem Punkt „kreuz und leid" darauf insistiert wird, dass gegen das Böse des Satans nur das Wort Gottes hilft.[125]

Damit schließt sich der Kreis und wir sind bei den Menschen angelangt, die sich nicht an das Wort Gottes und den dadurch bewirkten Glauben halten, sondern anderswo Trost und Hilfe suchen, bei dem Teufel oder den Teufelskünstlern, somit bei den Zauberern. Zauberer sind zunächst einmal noch nicht diejenigen, die Schaden anrichten, sondern einfach jene, die sich gegen das Wort Gottes sperren, sich damit nicht dem Machtbereich Gottes, sondern dem des Teufels ausliefern. Genauso aber wie der wahre Glaube an Gott ein wohlgefälliges, gutes Leben nach Gottes Geboten zur Folge haben muss, so hat das Leben fernab von Gott als Konsequenz, dass man darauf bedacht ist, anderen und letztlich auch sich selbst Schaden zuzufügen.

Ohne dass in der Kirchenordnung ausführlicher darauf eingegangen würde, wird immer wieder die Meinung vertreten, dass kein Mensch aus sich heraus Böses tun kann, sondern dass der Teufel unter der Voraussetzung der Zulassung Gottes bewirkt, dass ein Mensch Schaden anrichtet. Im Abschnitt „Vom christlichen gebete" werden diese Machenschaften des Teufels als die „haimlichen gefarn" bezeichnet, denen der Mensch in jedem Augenblick ausgesetzt ist. Als Beispiele für diese verborgenen Anschläge des Teufels werden Blutvergießen, öffentliche Ärgernisse, Unwetter, Kriege, Ketzerei, Abgötterei, falsche Vorspiegelungen usw. genannt, aber auch, dass „er einem ein böse, teuflische kunst eingeben [würde], dardurch die menschen am leib und gemüt geschedigt würden, als durch mancherlei zauberei beschicht".[126]

In der Behandlung der Katechismuspredigten wurde aufgrund ihrer didaktischen Ausrichtung genauer darauf eingegangen, welche Menschen besonders anfällig dafür sind, in zauberische Praktiken verwickelt zu werden.[127]

Wenden wir uns noch einmal den Antworten Martin Luthers auf diese Frage zu.

---

[124] BACHMANN 1994, S. 201.
[125] SEHLING 1961, S. 165.
[126] SEHLING 1961, S. 166.
[127] Vgl. Punkt 3.3.1.2.

„Das heißt Gott verehren und das erste Gebot erfüllen, dessen Nutzen erst in Anfechtungen durchsichtig wird, weil die Verheißung unsichtbar ist, ich werde lange hingehalten, aber dennoch wird die Sache ins Gegenteil verkehrt. Der Teufel arbeitet nach einer anderen und entgegengesetzten Regel. Er pflegt nämlich sofort (statim) bei seinen Priestern und Propheten zu sein, wenn sie wollen, und verzögert nicht, was sie erbitten. So werden oftmals von den Zauberern Unwetter und Gewitter herbeigerufen, auf welche Weise er die Menschen verwirrt und fängt, daß sie lieber ihm dienten."[128]

Zauberer und Hexen unterwerfen sich nicht dem Willen Gottes, sie missbrauchen sein Wort und kommen der Gehorsamsforderung nicht nach. Sie fragen nicht nach der Rechtfertigung, sondern setzen den eigenen Willen gegen die Rechtfertigung, Ungeduld gegen Leidensbereitschaft. Durch ihr eigenmächtiges Handeln geben sie dem Teufel Raum, der gerne ihren Wünschen nachkommt.

Wie bei Luther[129] geht es auch in der Kirchenordnung um den Missbrauch des Wortes Gottes: „Bei diesem mißbrauch sollen sie anzeigen, wie große sünd soliche aberglauben, ketzerei, abgötterei und verfelschung des worts Gottes seien."[130]

Wie das obige Zitat zeigt, ist es nach Luther sehr wohl möglich, dass die Zauberer und Hexen Böses bewirken können, allerdings benötigen sie zur Ausführung den Teufel. Dass es Zauberei gibt, ist nach Luther durch die Heilige Schrift bewiesen, so z. B. durch die Zauberer in Ägypten.[131] In der Kirchenordnung von 1533 hingegen wird immer wieder betont, dass Zauberei nur Lug und Trug ist. „Daraus folgt dann auch, das sie warsager, zauber, barillenseher, teufelsbeschwerer und andere solche gotlose leut rats fragen und nit allein fragen, sunder iren lügen auch glauben."[132] Noch deutlicher als in der Kirchenordnung wird diese Einstellung in den zusammen mit der Kirchenordnung veröffentlichten Katechismuspredigten, insbesondere den Ausführungen zum 2. Gebot. „Dann das solt ihr, kindlein, für gewiß halten, daß es nichts mit der zauberei ist, sonder ist eitel betrug und lügen, von bösen buben erdacht, die ainfeltigen leut zu narren und zu äffen, wie das vil leut mit irem schaden erfarn haben."[133]

---

[128] WA 43,369.36–42. („Hoc est colere Deum et implere primum praeceptum, cuius usus in tentationibus demum perspicitur, quando invisibilis est promissio, ego in longum differor, et tandem res in contrarium ponitur. Diabolus operatur alia et contraria regula. Statim enim solet praesto esse suis sacerdotibus et prophetis, quando volunt, nec differt id, quod petunt. Sic subito saepe a veneficis tempestates et tonitrua concitantur, Qua ratione dementat ac capit homines, ut libenter ipsi serviant". Deutsche Übersetzung zitiert nach HAUSTEIN 1990, S. 117).
[129] Vgl. HAUSTEIN 1990, S. 115–118.
[130] SEHLING 1961, S. 168.
[131] HAUSTEIN 1990, S. 153.
[132] SEHLING 1961, S. 160.
[133] SEHLING 1961, S. 213.

Die ständige (vernünftige) Abwertung der Zauberei ist ein deutlicher Beweis für die Verfasserschaft Osianders, der nie müde wird, dies zu betonen. So z. B. findet sich in den Sieben Predigten über Daniel 1–2 aus den Jahren 1542/43 in der 7. Predigt folgender Satz: „Nun sihet man, das ir [der Zauberer] furgeben erlogen ist, nemblich das sy die gotter konnen an gewise ort zeubern und heymliche ding von inen erforschen, wolches hie inen groblichen thuet felen."[134]

Vom gerechtfertigten Menschen her argumentiert die Kirchenordnung bezüglich des Schutzes vor Zauberei durch das gepredigte Wort und beständiges Gebet. Dabei geht es nicht darum, sich vor Unglücksfällen überhaupt zu schützen, sondern darum, woher man die Leidensfähigkeit nimmt, in solchen Situationen geduldig auszuharren und nicht nach schnellen eigenen Lösungen zu suchen. Die Kirchenordnung betont, dass es wichtig ist, dass das Volk das Evangelium gepredigt bekommt: „Auf das nun soliche greuel [gemeint ist die Hinwendung des einfachen Volkes zu Zauberei etc.] ausgereutet und das christenlich volk zu warer gedult gezogen werde, sollen sie vom kreuz und leiden ungeferlich auf diese weise lernen."[135] Im Folgenden wird dann ausgeführt, was oben bereits zusammengefasst worden ist. Nur durch das Wort geschieht Rechtfertigung und nur der gerechtfertigte Mensch kann das Werk Gottes vom Werk des Teufels unterscheiden. Folglich biete einzig und allein die Konzentration auf das Wort Gottes Schutz vor Zauberglauben. Weil es den Reformatoren so wichtig war, beschlossen sie den Punkt vom „kreuz und leiden" auch in diesem Sinne.

„Darumb ist es nicht not, hilf und rat bei dem Teufel oder teufelskünstnern oder sunst in ander unchristlich wege zu suchen, sunder mögen und sollen uns der obgemelten hilf nach Gottes wort gebrauchen mit gutem gewissen und, wes sie uns nicht aushelfen, sollen wir mit gedult leiden."[136]

Eine praktische Umsetzung dieser Gedanken fordert ein Ratschlag von vier Nürnberger Theologen von 1536. Sie wurden vom Rat aufgefordert, zu einem aktuellen Hexenprozess Stellung zu beziehen.[137] Nachdem sie prinzipiell klar gestellt haben, dass der Teufel nur dann wirksam sein kann, wenn Gott es zulässt (permissio dei), wenden sie sich der Frage der Gegenmittel zu und fahren fort: „Solle man dem Reich des Teufels begegenen so muß es allein durch den finger gottes, unnd also durch sein gottliches wort geschehen."[138] Deshalb fordern sie den Rat auf, dafür Sorge zu tragen, dass auf dem Land ordentliche Pfarrer zu finden sind, die angemessen bezahlt werden, damit sie dort bleiben und das Evangelium verkünden.

---

[134] OSIANDER GA, Bd. 7, S. 553.
[135] SEHLING 1961, S. 160.
[136] AaO., S. 165.
[137] Zur ausführlichen Darstellung des Falls vgl. KUNSTMANN 1970, S. 54–72.
[138] StAN. Nbg. Rtschlgb. Nr. 9, fol. 113a.

In der Kirchenordnung von 1533 liegt das Schwergewicht auf der Verkündigung des Wortes Gottes verbunden mit der Mahnung zu anhaltendem Gebet als Gegenmittel gegen Zauberei.

Nur ganz am Rande begegnet die Frage, wie man gegen Menschen, die offensichtlich Zauberei treiben und damit eventuell Schaden zufügen, vorgeht. Schließlich geht man ja davon aus, dass Zauberei nur „eitel betrug und lügen" sei. So wie gegen den Satan nur das Wort Gottes hilft, so ist gegen die Aktivitäten böser Menschen das Schwert der weltlichen Obrigkeit gegeben. Gehört die Abwehr des Satans in den Bereich der Kirche und der Verkündigung des Wortes Gottes, so ist es Sache der Obrigkeit, offensichtliche Verbrechen nach den weltlichen Gesetzen zu bestrafen und die Kirche in ihrem Auftrag, das Evangelium rein zu verkünden, zu unterstützen. Die Unterscheidung der Aufgaben zwischen weltlicher Obrigkeit und kirchlicher Leitung unter dem Vorzeichen einer gemeinsamen Grundüberzeugung wie sie die Zwei-Reiche-Lehre und die Rede von den *drei Ständen* fordert, hat sich inhaltlich in der Kirchenordnung von 1533 durchgesetzt.[139] Schorn-Schütte hat in ihrer Untersuchung „Die Drei-Stände-Lehre im reformatorischen Umbruch" darauf hingewiesen, dass „sich in den frühen Kirchenordnungen [...] Spuren des Deutungsmusters funktionaler Dreiteilung finden, mit dessen Hilfe das Verhältnis zwischen weltlicher Obrigkeit, Geistlichkeit und Gemeinde"[140] bestimmt wurde. In der Kirchenordnung geht es deshalb nicht darum, in der Frage des Schutzes vor Zauberei seitens der Kirche mit der weltlichen Obrigkeit zusammenzuarbeiten. Denn, weil man der Meinung ist, dass Zauberei „eitel betrug und lügen" sei und man damit in der Realität deshalb gar keinen Schaden anrichten könne, ist es alleinige Aufgabe der Kirche, den falschen Glauben an Zauberei zu bekämpfen.

Aber auch Osiander hält diese konsequente Scheidung zwischen weltlicher Obrigkeit und kirchlicher Leitung nicht durch. Das wird z. B. deutlich in seinem „Unterricht wider den Türken" von 1542 oder auch in den Predigten über die 10 Gebote aus demselben Jahr.[141] Vor dem Hintergrund der aktuellen Türkengefahr erkennt Osiander darin eine Strafe Gottes für die Sündhaftigkeit und Widersetzlichkeit der Bevölkerung, die nur durch Buße und ein Leben nach Gottes Gebot abgewendet werden kann. Ganz betont stellt er hier die Aufgabe der Obrigkeit in den Mittelpunkt, entsprechende Verbrechen zu ahnden:

„Darum sundigen nicht allain die, die do zauberey treiben und mit dem werck uben, sunder auch alle mitainander, die darzuo helfen oder rath und hulf darbey suochen.

---

[139] Vgl. Abschnitt 2.1.1.
[140] SCHORN-SCHÜTTE 1998, S. 450.
[141] Vgl. OSIANDER GA, Bd. 7, S. 343ff. und S. 469–485.

Nu sicht man, das es mehr leut thund dan wenigck, und geschicht grosser schad baiden dem leib und der seelen, wiewohl es kain oberkait strafft, wie man thun solt."[142]

Man war sich dessen bewusst, dass die Predigt des Wortes Gottes einen mehr prophylaktischen Charakter hatte, hingegen die Strafe durch die Obrigkeit für eine Besserung/Läuterung im Nachhinein sorgt. Damit steht die Kooperation zwischen weltlicher Obrigkeit und Kirche wieder im Vordergrund.[143]

So schreiben auch die vier Nürnberger Theologen in ihrem bereits zitierten Gutachten:

„Es sey deß erst wie die Cantzel meldet ein weg das Profermatif der ander weg das emendatif. Dann die leut sein durch das wort zu profermieren, so aber das wort bei denen nit verfahrt, so sein sie durch die straff zu emendiren."[144]

Vergleicht man an dieser Stelle nochmals mit der Sichtweise Luthers[145], so ist in dem Punkt der Gegenmittel weitgehende Übereinstimmung festzustellen: Glaube im Bereich der Kirche, Schwert im weltlichen Bereich; hinzu kommt der Hinweis auf die natürlichen Heilmittel![146]

## 3.5 Die Auseinandersetzung mit der Hexereithematik in Adam Franciscis „General Instruction von den Truten" 1591

Weil Adam Francisci zwar für die Markgraftümer, insbesondere das Markgraftum Ansbach, im letzten Drittel des 16. Jahrhunderts von großer Bedeutung war[147] – noch heute ist in Ansbach ein Haus nach ihm benannt –, jedoch außerhalb dieses Territoriums wenig bekannt ist, wird eine ausführlichere Biographie der Auseinandersetzung mit seiner „General Instruction" vorangestellt.

---

[142] AaO., S. 363.

[143] Bei aller Skepsis Osianders gegenüber Zauberei, die in der Kirchenordnung von 1533 noch im Vordergrund steht, denkt Osiander doch ähnlich wie Luther, wenngleich er moderater formuliert. Somit ist der Unterschied zwischen der Haltung Osianders und der Luthers, den Haustein deutlich machen will, von den Quellen her nur in Ansätzen nachvollziehbar (vgl. HAUSTEIN 1990, S. 153).

[144] StAN. Nbg. Rtschlgb. Nr. 9 fol. 114b/115a.

[145] Vgl. HAUSTEIN 1990, S. 127.

[146] Nebenbei sei angemerkt, dass in der Kirchenordnung empfohlen wird, sich bei Krankheit auf die „natürlichen ärznei" zu verlassen. Es war folglich bestimmt nicht irgendein Wissen über die Wirkkraft von Kräutern, das Frauen zu Opfern von Zauberei- oder Hexenprozessen machte, wie heute häufig behauptet wird.

[147] Vgl. die Worte auf seinem Grabstein, S. 100.

## 3.5.1 Zum Verfasser[148]

Adam Francisci wurde am 19.7.1540[149] als Sohn eines Wagners in Jägerndorf in Schlesien geboren. Der Markgraf von Ansbach und Kulmbach/Bayreuth, zu dessen Besitz Jägerndorf gehörte, wurde bei einem Besuch auf den „talentvollen, strebsamen, aber armen Wagnerssohn"[150] Francisci aufmerksam. Dieser war, nachdem er die Schule in Goldberg besucht hatte, nach Wittenberg gegangen, um dort Melanchthon zu hören. Seine Immatrikulation datiert auf den 28.9.1559. Die finanzielle Unterstützung des Markgrafen Georg Friedrich ermöglichte ihm die Fortsetzung und Vollendung seiner theologischen Studien in Wittenberg nach vier Jahren. 1564 legte er seine Magisterprüfung ab. Daraufhin lehrte er selbst einige Zeit lang in Wittenberg, zu seinen Aufgaben gehörte es auch, die in Wittenberg studierenden ehemaligen Schüler der Ansbacher Schule zu beaufsichtigen. Ab 1568 war er Adjunkt der Philosophischen Fakultät in Wittenberg. Schließlich bot ihm der Markgraf 1572 eine Pfarrstelle als Gehilfe des Generalsuperintendenten Georg Karg in Ansbach an. 1574 heiratete er dort Margaretha Schuhmann. Nach Kargs Tod 1577 wurde Francisci als dessen Nachfolger berufen. Während seiner Amtszeit begann man, in dem ehemaligen Zisterzienserkloster in Heilsbronn eine erweiterte Lehranstalt, die man „Fürstenschule" nannte, einzurichten. Die Leitung wurde einem lutherischen Geistlichen übertragen, der die Bezeichnung „Titularabt" trug. Zumeist waren es lutherische Pfarrer aus Ansbach, die ihrem Amt wegen Alter oder Krankheit nicht mehr nachgehen konnten und nun vom Markgrafen ein Ruhegehalt erhielten, um den Lebensabend mit ihren Familien in Heilsbronn zu verbringen. Der erste dieser Titularäbte war Konrad Limmer. Er wurde allerdings 1589 aus diesem Amt entlassen. Der Grund hierfür war, dass er sich für die Beibehaltung eines Lehrbuchs von Melanchthon in der Fürstenschule einsetzte, das angeblich einige calvinistische, nicht streng lutherische Lehrsätze enthielt. Nachfolger wurde 1590 Adam Francisci, den Vogtherr als „strammen Vertreter des rechtgläubigen Luthertums"[151] bezeichnet. Zur endgültigen Verbannung des Melanchthonschen Werkes verfasste er selbst die „Margaritha Theologica", die in der Fürstenschule als Lehrwerk eingeführt wurde. Nach eigener Aussage verfasste er in Heilsbronn 1591 die „General Instruction von den Truten" im Auftrag des Markgrafen Georg Friedrich. Zwei Jahre später starb er am 4.10.1593 und wurde in der Klosterkirche begraben. Auf seinem Grabstein standen die Worte:

---

[148] Vgl. zum Folgenden: Muck 1880 (III), S. 7f. und Simon 1957, S. 128.
[149] Datierung des Geburtsdatums bei Simon 1957, S. 128 auf den 12.7.1540.
[150] Muck 1880 (III), S. 7.
[151] Vogtherr 1927, S. 36.

„Cui decus ingenii triplicisque scientia linguae
Et purae studium religionis erat
Eloquio et claris cui par virtutibus alter
Vix fuit, hic tumulum praesul Adamus habet."[152]

### 3.5.2 Literarische Analyse der Quelle

Adam Franciscis „General Instruction" ist ein „Prinzipientext", in dem Grundsätzliches zum Thema „Hexenwerk" zur Sprache kommt. Vorausgegangen war ein Schreiben des Markgrafen an den Hofrat, in dem er seine Absicht mitteilte, dass er „die Jenigen hochschedtlichen Personen, so mit Zauberej und teufflischem Trutenwerkh behafftet", ohne Ansehen der Person in seinem Land ausrotten will,[153] und in dem er deshalb seine Hofräte nach dem richtigen Verfahren und der angemessen Strafe für diese Personen befragte. Das Antwortschreiben ist uns erhalten.[154] Die Hofräte, die genauso wie der Markgraf selbst sehr daran interessiert waren, Zauberei und Hexerei nicht zu dulden und ungestraft zu lassen, damit sich nicht der Zorn Gottes über Land und Leute ergieße, wiesen den Markgrafen darin darauf hin, dass die „Halsgerichtsordnung"[155] bisher bei derartigen Fällen angewandt wurde und dass sie auch ausreiche, man brauche demnach keine neuen Instruktionen. Man solle darauf bedacht sein, einen ordentlichen, rechtmäßigen Prozess zu führen, damit man sich nicht selbst strafbar mache. In diesem Zusammenhang machten sie ihren weltlichen Herrn darauf aufmerksam, dass ihnen zu Ohren gekommen sei, dass man bei aktuellen Prozessen in Ansbach einen „papistischen" Nachrichter geholt habe, der selbst Zauberei treibe. Dies könne sich für den Ruf der Markgraftümer bei anderen evangelischen Ständen nachteilig erweisen. Deshalb forderte man, diesbezüglich auf einen dem Recht entsprechenden Prozess zu achten. Tatsächlich scheint es zu stimmen, dass der Scharfrichter in Ansbach gewechselt hatte: War bis 1589 Meister Friedrich am Werk, wirkte bereits ab 1. August 1589 der oettingische Nachrichter Hans Erhard, der aber erst ab November 1591 tatsächlich als Nachfolger Meister Friedrichs nachweisbar ist.[156]

Die Aufgabe der Pfarrer sah man darin, nachdrücklich auf das Gesetz hinzuweisen, das Evangelium zu predigen und zu wahrer Buße und Reue anzuleiten, um die Seelen vom Teufel zu erretten.

---

[152] Zitiert nach: MUCK 1880 (III), S. 8. „Hier hat Abt Adam sein Grab. Es ehrte ihn sein Talent, er kannte die drei Sprachen, sein Eifer galt der reinen Religion, an Redegabe und glänzenden Tugenden kam ihm ein zweiter kaum gleich." (Für die Übersetzung danke ich Dr. Hubert Zölch, Amberg).
[153] Zitiert nach: Ansbachische Monatsschrift 1794, S. 534.
[154] Vollständig abgedruckt in: Ansbachische Monatsschrift 1794, S. 534–548; teilweise abgedruckt in: BEHRINGER 1988b, S. 347–349.
[155] Vgl. Abschnitt 2.2.2.1.
[156] HECKEL 1933, S. 164.

Francisci weist in seinem Text am Anfang auf die Beratschlagung der geistlichen und weltlichen Räte hin, insbesondere darauf, dass er seine Meinung zu diesem Thema ausführlich mündlich kund getan hat. Offensichtlich forderte der Markgraf aber von Francisci eine schriftliche Erläuterung zu diesem Thema, die dieser mit seiner „General Instruction von den Truten" gibt.[157]

Dem prinzipiellen Charakter entsprechend ist die „General Instruction" konstruktiv entwickelnden Inhalts, nur an wenigen Stellen grenzt sie sich in polemischer Weise von gegnerischen Meinungen ab.[158] Ein Charakteristikum der Ausführungen ist, dass Francisci nur das ihm Wichtigste genauer beleuchtet. Einige Male weist er darauf hin, dass eine Frage, die sich im Zusammenhang stellt, an anderer Stelle ausführlicher diskutiert wird, ohne die Diskussion wiederzugeben oder Stellung zu beziehen. Es ist also trotz des prinzipiellen Anliegens keine umfassende Abhandlung zum Thema. Zur Frage des privaten oder öffentlichen Charakters der Schrift vgl. oben Abschnitt 2.2.2.4.2.

### 3.5.3  Gliederung der Quelle

Aufgrund des doch recht erheblichen Umfangs dieser wichtigen Quelle wird den Ausführungen eine Gliederung vorangestellt, die den Gedankengang der Argumentation wiedergibt. Dabei sind die Hauptabschnitte 2–5 vom Autor selbst als solche gekennzeichnet. Die weitere Gliederung ist durch die Verfasserin vorgenommen worden.

---

[157] Franciscis Schrift findet sich als Abschrift des späten 16. Jahrhunderts im Bamberger Staatsarchiv (Rep. 26c, Nr. 44; neu verzeichnet 1903). Die Datierung der Abschrift erfolgte durch Herrn Dr. Wünschel vom Staatsarchiv Bamberg. Eine Abschrift des späten 17. Jahrhunderts, die Merzbacher in seiner Untersuchung vorzuliegen scheint (MERZBACHER 1970, S. 53, Anm. 81) konnte im Staatsarchiv Bamberg nicht nachgewiesen werden. Da die Abhandlung für die vorliegende Arbeit von zentraler Bedeutung ist, wird eine Transkription derselben im Anhang abgedruckt. Die Zitation richtet sich nach dieser Transkription. Fol. 1 und 11 von Franciscis Schrift sind auch abgedruckt in: BEHRINGER 1988b, S. 223f.

[158] So z.B. gleich am Anfang in der Frage, ob es Hexerei überhaupt gibt (vgl. Abschnitt 3.5.6.3), oder wenn Francisci auf das „wüeten unnd toben der Papisten vielfeltige unndt | beharrliche Abgötterey" abzielt oder aber, gegen die eigene Konfession gerichtet, vor „Evangelische[r] fleischliche[r] sicher- | heit" warnen will (fol. 5b).

1. *Einleitung* (fol. 1a – fol. 2a)
1.1 Anrede an den Fürsten
1.2 Herstellung einer Verbindung zwischen dem zunehmenden Hexenwesen und Ereignissen der Endzeit
1.3 Ermahnung des Fürsten, mit aller Härte gegen Hexen vorzugehen

2. *Über das Hexenwesen* (fol. 2a – fol. 5b)
2.1 Darstellung gegnerischer Meinungen
2.2 Widerlegung der gegnerischen Meinungen mit der Feststellung, dass es Hexen in Wirklichkeit gibt
2.3 Beweis der Feststellung mit Hilfe der Heiligen Schrift
2.4 Beschreibung der Vergehen der Hexen im Bunde mit dem Teufel
2.4.1 gegen Gott und
2.4.2 gegen die Mitmenschen;
2.5 Daraus resultierende Verdammung der Hexen als Werkzeuge des Teufels;
2.6 Aufruf zur Buße und Umkehr zu Christus, der das Reich des Teufels zerstören wird

3. *Das schlimmste Verbrechen des Hexenwesens* (fol. 5b – fol. 8a)
3.1 Darlegung einer falschen Meinung, die davon ausgeht, dass Hexen v. a. wegen des Schadenzaubers zum Tode verurteilt werden
3.2 Richtigstellung: Verstoß gegen das erste Gebot und Abfall von Gott als das eigentliche todeswürdige Verbrechen
3.3 Absicherung dieser Aussage mit Hilfe der Heiligen Schrift
3.4 Darstellung der Macht des Teufels mit Beispielen aus der Heiligen Schrift und nochmalige Betonung des Paktes der Hexen mit dem Teufel als eigentlich verdammungswürdiges Verbrechen
3.5 Darstellung der Notwendigkeit der ‚permissio Dei' als Voraussetzung für das Treiben Satans und daraus resultierender Trost für die Gläubigen

4. *Über den Prozeß* (fol. 8b – fol. 11a)
4.1 Einleitende Worte über die Notwendigkeit eines rechtmäßigen Ablaufs des Prozesses
4.2 Aufgaben der Geistlichen bei einem Prozess
4.2.1 Belehrung und Ermahnung der Gemeindeglieder in ihren Predigten;
4.2.2 Erteilung der Absolution in der Beichte und Wahrung des Beichtgeheimnisses;
4.2.3 Ratschläge für die seelsorgerliche Begleitung der Verhafteten;
4.3 Über den sonstigen Ablauf des Prozesses
4.3.1 Bedingungen für die Gefangennahme einer Person;
4.3.2 Richtlinien für den Ablauf der Befragung der verhafteten Person;
4.3.3 Hinweis auf die kaiserlichen Rechte und auf ähnliche Gutachten aus Bayern und Nördlingen;

5. *Das Strafmaß für Hexenverbrechen* (fol. 11b – fol. 13a)
5.1 Begründung der Todesstrafe aus Ex 18,22 und anderen Bibelstellen
5.2 Ermahnung der Obrigkeit, ihre Schwertgewalt gegen Hexen auszuüben, und Absicherung dieser Ermahnung mit dem Hinweis, dass dies alle Könige und Kaiser in der bisherigen Geschichte so gemacht haben

5.3   Aufzählung verschiedener Arten von Strafen
5.4   Nochmalige Betonung der Pflicht der Obrigkeit, das Hexenverbrechen nicht ungestraft zu lassen, um Gottes Zorn nicht auf sich und das ganze Land zu ziehen
6.    *Schluss* (fol. 13b)

## 3.5.4   Begriffliche Analyse

Ist für die Kirchenordnungen unter Punkt 2.2.1.1 von der „einheitlichen Uneinheitlichkeit" der Terminologie gesprochen worden, kann man bei Francisci doch von einer durchgehend gleichbleibenden Begrifflichkeit sprechen. Meint er Personen, benutzt er fast durchgängig die Viererreihe „Truten, Hexen, Unholden und Zauberer" (13x), spricht er von der Sache als solcher, verwendet er meistens die Begriffe „Trutnerey"[159] (13x), „Zauberey" (9x) oder die Komposita[160] „Trutenwerk" (6x), „Hexenwerk" (7x), einmal jeweils auch „Hexengeschmeiß" und „Trutengeschmeiß". Schwer zu entscheiden bleibt, ob einer dieser Begriffe von Francisci als Oberbegriff verwendet wird oder ob sie alle synonym nebeneinander gestellt werden. Sicherlich ist festzuhalten, dass „Truten"- und „Hexenwerk" bzw. -"wesen" als Oberbegriff für das kumulative Delikt der Hexenprozesse gilt. Der kumulative Charakter war auch Francisci bewusst, wenn er schreibt: „Wann man nun nach beeden vorgehenden Stücken gewiße Nachrich- | tung hat, waß von Trutnerey und Hexenwerck zuehalten, und *welches* | in demselben dz [= das] fürnembßte und allerstrefflichste Stück sey." (fol. 8b / Hervorhebung durch d. Verf.)

Bei beiden Begriffen, die wie in obigem Beispiel immer wieder auch als Hendiadyoin gebraucht werden, hat Francisci das Problem, dass er sie nicht wie z. B. „Zauberei" aus der Heiligen Schrift herleiten kann. Für „Zauberei" gibt es etliche Belegstellen im Alten wie im Neuen Testament, die in der entsprechenden Hexenliteratur auch immer wieder angeführt werden. Francisci zitiert Genesis 1,21, Exodus 7 und 8 und Apostelgeschichte 8 (fol. 3a/b). Das Nichtvorkommen der Termini „Hexe" und „Trute" erklärt er damit, dass beide Bezeichnungen die in seiner Zeit, nicht aber in biblischer Zeit, gängigen Begriffe seien:

„Deut:[eronomium] | 19 [= Deut. 18, V. 10f.]. Erzehlet Gott selbst novem species nacheinander, Namblich | die Jenigen, die Ihre Kinder dem Teüfel zugefallen, durchs feuer | gehen laßen, die Weißager, Tagwehler, Vögelgaffer, Zauberer, | beschwehrer,

---

[159] Bei der häufigen Verwendung der Begriffe „Trutnerey" und „Zauberey" ist zu beachten, dass Wortbildungen auf ‚-erei eine deutlich pejorative Konnotation haben (FLEISCHER/BARZ 1992, S. 149).

[160] „Werk" wird in diesem Zusammenhang als zweites Glied einer Substantivkomposition gewertet, nicht als Suffix wie z. B. in „Laubwerk" (FLEISCHER/BARZ 1992, S. 177), weil deutlich das Schaffen, die Tat, die Handlung im Vordergrund steht. Hexenwerk meint das Werk, das Schaffen und Tun der Hexen.

Wahrsager, Zeichendeüter, unnd die von den toden ver- | borgene ding fragen unnd erforschen, darunter freylich Truten | unnd hexen, wie zue unßer Zait genennet werden auch er- | griffen sein" (fol. 2b).

Folglich tritt bei Francisci der von alters her bekannte Begriff „Zauberei" als dritter abstrakter Oberbegriff neben „Truten- und Hexenwerk" oder „Trutnerei" und „Hexerei". Schließlich ist dies ja auch der Terminus, der in der Kirchenordnung von 1533 für derartige Machenschaften gebraucht wird und der in der „Peinlichen Gerichtsordnung Kaiser Karls V." 1532 in Artikel 109 diesen Bereich umreißt.

Wenn Francisci von den Personen spricht, die dem Hexenwesen zuzurechnen sind, ist neben den drei Begriffen „Trut", „Hexe", „Zauberer", wie oben bereits erwähnt, die Bezeichnung „Unhold" zu finden. Schließlich bleibt festzustellen, dass nur dann weitere Begriffe für entsprechende Personen verwendet werden, wenn es um einen biblischen Zusammenhang, also quasi um eine Übersetzung geht wie bei obigem Zitat.

Auffällig ist das Fehlen sämtlicher lateinischer Begriffe wie z. B. lamia, venefica, malefica. Francisci hat kein Interesse daran, innerhalb seiner grundsätzlichen Erläuterungen eine genaue Unterscheidung der Personen vorzunehmen bezüglich der verübten Schäden an Mensch und Vieh. Ihm geht es um das Grundsätzliche.[161] Dem prinzipiellen Charakter seiner Abhandlung entspricht die immer geschlechtsneutrale Verwendung eines Begriffes. Ähnliches konnte für die Kirchenordnung von 1533 festgestellt werden.[162] Können wir bei anderen Texten aus derselben Zeit, die auch eine ganz andere Zielsetzung haben, feststellen, dass häufig schon durch die verwendeten Begriffe Frauen als die häufigeren Opfer der Prozesse galten,[163] macht Francisci zunächst einmal keinen Unterschied zwischen Frauen und

---

[161] Welche Fülle von Bezeichnungen es darüberhinaus für Hexen gab, lässt David Meders 2. seiner 8 Hexenpredigten erkennen. Er beschränkt sich nicht nur darauf, die Begriffe zu nennen, sondern erklärt auch ihre Herkunft und ihre Bedeutung. So verweist jede Bezeichnung auf eine typische Eigenschaft, Fähigkeit oder Handlung der Hexen (vgl. MUNZERT 1996, S. 58). Deutlich wird in Meders Ausführungen zur Terminologie, dass „Hexe" zum einen als Oberbegriff verwendet wird, zum anderen aber auch als eigenständige Bezeichnung neben anderen. Da David Meder eine Zeitlang im Ansbacher Raum gewirkt hat, mithin seine Erfahrungen in Bezug auf Hexerei auch aus diesem geographischen Umfeld stammen, sollen die bei ihm verwendeten Begriffe an dieser Stelle abgedruckt werden, weil sie insgesamt einen Hinweis darauf geben, welche Vorstellungen mit dem Begriff „Hexe" verbunden sein konnten. Es sind dies: Lamia, Strix, Saga a praesagiendo, Venefica, Malefica, Hexe, Unholde, Zeuberische, Drachen- und Teufelsbuhler, Gabelreuter, Milchdieb, Drute, Böse Leute und Weiber, hebr. chober, hebr. Mechasschcheph, hebr. onen, hebr. Lilith. In der Arbeit von Munzert wird in ausgezeichneter Weise die Bedeutung des jeweiligen Begriffs zum einen und das nach Meder Gemeinsame mit den Hexen in einer Tabelle zusammengestellt. Dass bei Francisci das Wort „Trut" bzw. „Trutnerey" fast an erste Stelle tritt, liegt an der in Franken häufigen Verwendung dieser Bezeichnung (vgl. MUNZERT 1996, S. 59).

[162] Vgl. Abschnitt 3.4.2.

[163] Vgl. z. B. David Meder, MUNZERT 1996, S. 80f.

Männern: „Solche Gottlose [...] leüth sind [...] Mann und weibs Personen" (fol. 5a). Hexen können für ihn also beiderlei Geschlechts sein. Doch wenig später trifft man auch in dieser Schrift auf die Vorstellung, dass Frauen eher zugänglich sind für die Machenschaften des Teufels als Männer, wenn er schreibt: „unnd redet Gott sonderlich von weibsper- | sonen nicht allein darumb, dz [= dass] sie der böße feindt, alß schwache | gebrechliche Werckzeüg mit seinen arglistigen geschwindten anschläg[en] | und schrecklichen arglisten hinterschleücht und v[er]führet" (fol. 11b). Die im Nebensatz zusammengefasste und komprimierte Feststellung macht deutlich, dass offenbar kein Diskussionsbedarf vorlag. Insofern erscheint mir ein Hinweis Schwerhoffs wichtig, der festhält: „Die oft überraschende Sparsamkeit, mit der die anderen konventionellen Hexentraktate [gemeint ist im Gegensatz zum „Malleus Maleficarum"] ihren misogynen Standpunkt entfalten, ist kein Indiz für diesbezügliche Zweifel, sondern bloß für die Selbstverständlichkeit, mit der sie ‚viehische Begierlichkeit' und Schlimmeres als unabänderliches Charakteristikum der Frauen annehmen."[164]

### 3.5.5  Der kumulative Hexenbegriff

Franciscis Schrift liegt die klassische Ausprägung des kumulativen Hexenbegriffs zugrunde, wie er sich während der Jahrzehnte um 1400 aus früher bereits bekannten Vorstellungen herausgebildet hatte.[165] Er machte die Hexenprozesse zu etwas prinzipiell anderem als die Zaubereiprozesse der Antike und des Mittelalters. Zum Sammelverbrechen der Hexerei gehörte demnach der theologisch notwendige Pakt der Hexen mit dem Teufel, dann die immer wieder mit Bezug auf Thomas von Aquin angeführte geschlechtliche Vermischung der Hexen mit den Dämonen (Teufelsbuhlschaft), der Flug durch die Luft (Nachtfahrt, Unholdenflug) zur großen Hexenversammlung (Hexentanz, Hexensabbat) und schließlich der Schadenzauber.[166] Zu diesem Kumulativdelikt konnten weitere ergänzende Vorstellungen dazukommen, z.B. die Fähigkeit der Hexe zur Tierverwandlung, die Wettermacherei oder die Verursachung von Monstergeburten („Wechselbälge").[167] Keinesfalls waren alle diese Elemente des kumulativen Hexenbegriffs gleichermaßen anerkannt. Interessant zu sehen ist, welche Elemente Francisci hervorhebt. Der Hexenflug, der, wie unter Punkt 3.2.(3) bereits herausgestellt wurde, immer wieder diskutiert wurde, wird als Vorstellung von Francisci unhinterfragt in der Wendung „wie sie [die Hexen] bey tag unnd Nacht außfahren" (fol. 6a) übernommen, ansonsten aber weder pro-

---

[164] SCHWERHOFF 1986, S. 77/78.
[165] BEHRINGER 1998, S. 35.
[166] Schormann hält nur 4 Elemente für konstitutiv, der Hexenflug fehlt in seiner Definition, vgl. SCHORMANN 1986, S. 23.
[167] Vgl. BEHRINGER 1987b, S. 24.

blematisiert noch weiter ausgeführt. Ebenso verhält es sich mit dem Hexensabbat. Auch hier weist Francisci nur einmal in Fortführung der gerade angeführten Stelle darauf hin, dass die Hexen ausfahren um „Ihre von hellischen | Sathan angestelte Convivien unnd Däntz besuchen" (fol. 6a). Schließlich wird auch die Teufelsbuhlschaft nur ein einziges Mal im Zuge einer Aufzählung der bösen Taten der Hexen erwähnt (fol. 5a). Die fehlende Hinterfragung bzw. Problematisierung der einzelnen Elemente hinsichtlich ihrer Realität, die Franciscis Schrift charakterisiert, bestätigt die These Schormanns, dass der „Hexenhammer" während der Zeit seines Nichterscheinens zwischen 1520 und 1574 zwar nicht gedruckt, sehr wohl aber gelesen wurde. Die darin enthaltene Hexenlehre ist zumindest auf der Seite der Verfolgungsbefürworter in der zweiten Hälfte des 16. Jahrhunderts mehr akzeptiert, als sie es in den Jahren nach dem Erscheinen 1487 gewesen ist.[168]

Sicherlich könnte man Francisci zugute halten wollen, dass es nicht in seinem Interesse lag, einen ausführlichen Hexentraktat zu schreiben, in dem er auf alle damit verbundenen Diskussionspunkte eingeht. Dagegen spricht aber, dass er an anderer Stelle sehr wohl gegnerische Meinungen anführt und widerlegt. Die einzelnen Bestandteile des kumulativen Hexenbegriffs hingegen werden bei ihm so selbstverständlich angeführt, dass er hier anscheinend überhaupt keinen Grund zur Problematisierung gesehen hat. Damit steht er der Traditionslinie des „Malleus Maleficarum" viel näher als z.B. David Meder, der sich zumindest mit dem Streit zwischen Schadensrealisten und Schadensfiktionalisten auseinandersetzt und nicht einfach eine Sichtweise unhinterfragt übernimmt.[169] Ferner lässt er auch die gegenüber diesem Punkte schon herausgestellte Skepsis von Luther, Brenz und Osiander unberücksichtigt.

Wenn es Francisci darum geht, das eigentliche und innere Wesen der Hexerei und damit auch der Hexen zu umschreiben, steht der Teufelspakt an erster Stelle, gefolgt vom Schadenzauber. Bei der Darstellung des Teufelspaktes kann man erkennen, dass Francisci die Unterscheidung des Thomas von Aquin in einen heimlichen oder ausdrücklichen Teufelspakt kennt, wenn er über die Hexen schreibt: die „mit dem bößen feind heimblichen v[er]standt, oder auß- | trückliche V[er]bündnuß haben" (fol. 2 b), ohne näher darauf einzugehen.[170]

---

[168] SCHORMANN 1991, S. 109.
[169] MUNZERT 1996, S. 66–70.
[170] Der Aberglaube basiert für Thomas von Aquin wie für Augustinus auf einer Verbindung des Menschen mit dem Teufel und beinhaltet den unerlaubten Versuch, sich mit Hilfe der Dämonen (Dämonenpakt) unzugängliches Wissen oder Macht zu verschaffen. Dabei weitet er die augustinische Vorstellung aus und unterscheidet „pacta expressa" und „pacta tacita" (ausdrückliche bzw. stillschweigende Dämonenpakte). Danach beruht jede noch so kleine abergläubische Handlung auf einem solchen Paktschluss, auch ohne das

Der Reihenfolge nach zählt Francisci folgende Vergehen gegen die ersten drei Gebote, d. h. gegen Gott, auf (fol. 4a-4b):
(1) Die Hexen sind von Gott abgefallen.
(2) Die Hexen nehmen den Teufel als ihren Gott an und verrichten somit Teufelsdienst.
(3) Sie missbrauchen den heiligen Namen Gottes.

Bereits bei Luther findet sich der Hinweis, dass die Hexen für ihre Handlungen nicht magische oder heidnische Formeln und Zeichen gebrauchen, sondern göttliche Worte und Namen.

„Darümb ist es ein grosser unterscheid zwischen dem, der im Glauben solche Wort spricht und einem andern, der zeuberey damit treibt. Ein jeder Zeuberer gibt heiligkeit für, saget: du must drey oder fünff Pater noster sprechen, die namen: Jhesus, Maria; Lucas, Joannes, jtem ‚Verbum caro factum est' etc. füren, on diese Wort können sie keine Zeuberey ausrichten. Ja, sagen sie, sinds doch gute Wort in der heiligen Schrifft gegründet. Des dancke dir der Teufel auff den kopff, sie sind nicht dazu geordent, das du jr misbrauchen solt, sondern das du dran gleubest und in und durch den Glauben erlangest, was du wilt oder begerest, das du aber des Glaubens nicht achtest und treibest, Zeuberey und dein Affenspiel damit, das heisst schendlich der Wort misbraucht und damit gezaubert."[171]

(4) Die Hexen lästern Gott, indem sie die christliche Religion und ihre eigene Taufe verleugnen und das heilige Sakrament missbrauchen.

Nachdem er das Verbrechen der Hexen gegen Gott erläutert hat (fol. 4a), fährt er mit einer Aufzählung der Schäden fort, welche die Hexen den Menschen antun können. Um einen Überblick zu gewinnen, welche Arten des Schadenzaubers Francisci kennt, werden hier die einschlägigen Textstellen (fol. 4b-5a + 6a) zusammengefasst und systematisiert. Dies geschieht auch deshalb, weil ein solcher Katalog Aufschluss gibt über die im Untersuchungsgebiet verbreiteten Vorstellungen.

(1) Die Hexen verführen andere Menschen dazu, sich von Gott abzuwenden.
(2) Sie stiften Streit zwischen den Menschen, v. a. auch in den Familien.
(3) Sie lehnen sich gegen die Obrigkeit auf und stacheln andere dazu an.
(4) Sie gehen mit Praktiken des Segnens um.

Es gab sehr viele verschieden Formen des Segnens und Beschwörens, z. B. den Vieh- und Ackersegen, Feuer- und Wasserbeschwörungen, die zum Schaden, wie auch zum Nutzen anderer ausgesprochen wurden.[172]

---

Wissen des Täters (= pactum tacitum). (Vgl. THOMAS VON AQUIN, S. th. II/II quaestiones 95/96) Dadurch ist der Aberglaube zu einer „unheimlichen Bedrohung" (BEHRINGER 1987b, S. 19) geworden. Nach Meinung Riezlers ist Thomas von Aquin deshalb auch derjenige, der am meisten zur Durchsetzung des „Hexenwahns" beigetragen hat (RIEZLER 1896, S. 41).
[171] WA 46, 629. 8–18.
[172] HAUSTEIN 1990, S. 46 und Abschnitt 5.4.2.1 der vorliegenden Arbeit.

(5) Sie verüben Morde.

Francisci erwähnt den Kindermord und den Giftmord. Die Angst davor, dass besonders Kinder zu Opfern von Hexen werden, war im Glauben der Zeit tief verwurzelt. Schon im „Malleus Maleficarum" tauchte die Frage auf: „Über die Art, wie die Hexenhebammen noch größere Schädigungen antun, indem sie die Kinder entweder töten oder sie dem Dämon weihen."[173]

(6) Sie schädigen die Mitmenschen durch Krankheiten.

Erwähnt wird das „Erblinden" und das „Erlahmen", zwei Krankheiten, die häufig in Verbindung gebracht werden mit dem Tun der Hexen. Dabei ist bei der Erblindung nicht nur die Augenkrankheit, sondern auch – im übertragenen Sinn – das teuflische Blendwerk gemeint. Das Stichwort des „Erlahmens" meint den sprichwörtlich gewordenen Hexenschuss. Dahinter steckt die Vorstellung, dass der Teufel fähig ist, den Opfern kleine Geschosse wie Haare oder Borsten durch die Poren in die Glieder zu schießen.[174]

(7) Sie verursachen Unzucht und Ehebruch.

(8) Sie stehlen das Hab und Gut anderer Leute.

Wichtig im ländlichen Kontext ist vor allem der Milchdiebstahl.

(9) Sie schädigen das Vieh anderer Leute.

(10) Durch Wetterzauber schädigen sie die Ernte und führen damit Teuerungen und Hungersnöte herbei.[175]

Zusammenfassend kann man sagen, dass Francisci sehr wohl den kumulativen Hexenbegriff und die dazugehörigen Bestandteile kennt. Jedoch rückt er die Komponente des Teufelsbundes ganz stark in die Mitte, gefolgt vom Schadenzauber, hingegen spielen die Vorstellung der Teufelsbuhlschaft, des Hexenflugs und des Hexensabbats eine nur untergeordnete Rolle.

Hier steht Francisci nicht alleine. Eine ähnliche Definition des Hexenwesens konnte trotz sonstiger Unterschiede bei David Meder herausgearbeitet werden. Als typische Eigenschaften der Hexen führt Meder fünf Charakteristika an: „der vorsatz dem Teuffel zu dienen", „der gentzliche abfall" von Gott, der Teufelsbund selbst, schließlich das Maleficum und zuletzt die „Liebe zur Finsternis".[176]

---

[173] INSTITORIS Malleus Maleficarum II, quaestio 13, S. 137. („Super modum quo obstetrices malefice maiora damna inferunt dum infantes aut interimur aut demoenibus execrando offerunt." Deutsche Übersetzung zitiert nach SCHMIDT 1906, S. 135).

[174] HAUSTEIN 1990, S. 51.

[175] In diesem Punkt unterscheidet sich Francisci deutlich von David Meder, der in Anlehnung an Johannes Brenz die Fähigkeit, das Wetter zu beeinflussen, lediglich Gott zuspricht, nicht aber dem Teufel oder Hexen (BRENZ Ein Predig von dem Hagel und Ungewitter, fol. 487f.).

[176] MUNZERT 1996, S. 63.

## 3.5.6 Einordnende Interpretation / Theologische Analyse

### 3.5.6.1 Die Frage der „permissio dei"

Im Vergleich zur Behandlung dieses Themenkomplexes in der Kirchenordnung von 1533 oder den Kinderpredigten wird ein wichtiger Unterschied gleich zu Beginn deutlich: Während dort der Schwerpunkt auf der Darstellung der Einschränkung der teuflischen Gewalt durch den Allerhöchsten liegt, betont Francisci an vielen Stellen die Macht des Teufels, Böses zu verrichten, aber nur an einer Stelle macht er deutlich, dass dieser trotz allem nur soweit gehen kann, wie Gott es ihm erlaubt. Durch diese Umdrehung in der Gewichtung entsteht zumindest passagenweise der Eindruck eines Dualismus zwischen Gott und Teufel. So wird bereits im Eingangsteil das Bild eines geradezu kosmischen Kampfes zwischen beiden gemalt, in dem der Teufel versucht Gott selbst vom Thron zu stoßen. Aber auch die folgende Stelle lässt einen fast allmächtigen Teufel durchscheinen:

Es „sindt nichts anders | denn geschäffte und werck des Teüfels, welche endweder er | selbst durch Sie alß sein werckzeügen auff Ihr besonder | {4} gebeth unnd anruffen wirckt unnd v[er]richt, oder sie würcken | unnd v[er]richten dieselben fürsezlicher muthwillig[er] weiß, durch hulff | und Vorschub des leidigen Teüfels" (fol. 3b/4a).

Osiander hat in der Kirchenordnung von 1533 die Metapher des „Werkzeug seins" noch auf Gott und den Teufel angewendet: „das alles, das uns begegne [...] das kumme alles aus Gottes rate und verhengnus und, ob es gleich durch den Teufel oder böse menschen ausgerichtet wird, so ist doch der Teufel oder der bös mensch im selben fall Gottes werkzeug, wie der henker des richters werkzeug und diener ist".[177]

Das Treiben des Teufels, des Gegenspielers Gottes, offenbart sich laut Francisci im geistlichen Bereich durch Ketzerei, Abgötterei und falsche Lehre, im weltlichen Bereich durch Krieg, Aufruhr, Mord und Blutvergießen und im privaten Bereich durch Zank, Uneinigkeit, Hexerei und Zauberei.

Der Teufel kann alle diese Dinge selbst tun. Die unglaublich große Macht des Teufels belegt Francisci wieder mit der Heiligen Schrift, wo der Satan als „Fürst dieser Welt" (Jh. 14/16), als „starker gewappneter Held" (Lk. 11,21) oder als „Herr der Welt" (Eph. 6) bezeichnet wird. Sicherlich ist auch bei Francisci diese Macht nicht unbegrenzt, sondern es bedarf zur Ausführung der Taten durch den Teufel der Erlaubnis Gottes:

„Damit aber der Teüffel nicht | seines gefallens zumere, noch sich berühme, alß hab er sein gewalt und | macht von ihm selbst her, So helt Gott den Zepter in seiner Handt | und leget dem Teüfel, wie einem zornigen und brüllenden löwen, Zaumb | und gebieß ins maul, dz [= dass] er nicht weiter greischen kan, denn Ihme | Gott v[er]hengt

---

[177] SEHLING 1961, S. 161.

und zuegelaßen hatt, Ja Gott umbschrenckt seine | macht und gewalt mit gewißer maß, wieweit sich dieselbe erstrecken | soll, unnd helt Ihn und seine Werckzeüg im Zwang daß sie nicht ihre | Tyranney und Bubenstückh allerdings wie sie wollen an Menschen und | Vieh uben unnd vollbringen können." (fol. 8a)

Der Tradition folgend nimmt Francisci im Anschluss daran die Hiobgeschichte auf, in der sich die Macht des Satans, aber zugleich auch die Beschränktheit der Macht durch Gott zeige. Der Teufel kann mit seinen Werken nur so weit gehen, wie Gott es ihm zulässt. Rein theologisch gesehen kann man Francisci keine Irrlehre im Sinne eines Dualismus vorwerfen, Gott steht auch bei ihm ganz klar über dem Teufel. In der Art der Darstellung seiner Gedanken erkennt man aber zumindest eine im Vergleich zu Osiander, Brenz oder auch Luther sehr viel stärkere Akzentuierung der teuflischen Gewalt im Gegensatz zur göttlichen Macht. Diejenigen Aspekte lutherischer Theologie, die zu einer Überwindung des Hexenglaubens hätten beitragen können, sind von Francisci nicht beachtet worden.[178] Vermutlich ist es auch das klare eschatologische Panorama, das ihn zu einer derartigen „Verhältnisbestimmung" zwischen Gott und Teufel treibt.

Sachlich wird das Gutachten eröffnet mit einem Schriftzitat aus Offb. 12,12, das den Kontext seiner Erläuterungen markiert. Das Endzeitbild, das den Lesern hier vor Augen geführt wird, ist keinesfalls eine singuläre Erscheinung, sondern taucht in zahlreichen Hexenabhandlungen jener Zeit auf. So heißt es in einem Gutachten, das im Auftrag des lutherischen Pfalzgrafen Philipp Ludwig von Neuburg geschrieben wurde:

„Jn dieser letzten trübseligen Zeit, da es leider gar gemein worden, haist mans Unholderey, Hexenwerckh."[179]

In katholischen Gutachten oder bei den reichsstädtischen lutherischen Theologen Nürnbergs trifft man daneben auch auf die Vorstellung einer aktuell zunehmenden Gefahr durch das Hexenwesen.[180] Dabei ist der Topos einer Zunahme des Hexenwesens keinesfalls neuartig. Schon in den Hexentraktaten des 15. Jahrhunderts ging man von einer schnellen Ausweitung der neuen „Hexensekte" aus, und bereits dort wird dieses Moment in Verbindung gebracht mit endzeitlichem Denken.[181] Schließlich trifft man auf das gleiche Phänomen auch in Luthers Abhandlungen über das Hexenwesen.[182]

---

[178] Vgl. zu Luther Abschnitt 2.1.4.1 und 3.2.(1): Sicherlich wird die teuflische Macht auch bei Luther stark akzentuiert. Aber ausdrücklich betont er den Sieg Christi über den Teufel dort, wo es um die Verfolgung von Hexen und damit um eine mögliche Panik und Hysterie der Menschen geht.
[179] Zitiert nach: BEHRINGER 1987a, S. 122.
[180] AaO., S. 123/124.
[181] BEHRINGER 1987b, S. 25.
[182] HAUSTEIN 1990, S. 25.

Francisci hebt den eschatologischen Aspekt besonders hervor, um die Dringlichkeit des Handelns deutlich zu machen. Etwas später spricht er nochmals explizit aus, „daß der iüngste tag nahend fur der Thür ißt" (fol. 1a).

Offenbar war diese Endzeitstimmung überhaupt in den führenden Kreisen Ansbachs und Kulmbach/Bayreuths um 1590 weit verbreitet. Heinrich Lang berichtet in seiner „Neuen Geschichte des Fürstenthums Baireuth" von der Mutter des Fürsten:

„Die fürstliche Mutter hoffe das Beste von der Zurückkunfte ihres Sohnes, die sie dringend betrieb, und zum Beweggrund die erschrecklichen Zeichen gebrauchte, die man 1581, zu Neuses und Ramersforst am Himmel gesehen, welche zuverlaßig bewiesen, daß der jüngste Tag nächstens erscheine; welches der von Seisheim in seinem beigelegten Schreiben mit dem Beisatz bestärkte: es scheine, Gott wolle dem Faß ‚den Boden ausstoßen'. Der Fürst anwortete: es sei leider nicht anders zu vermuthen, als Gott werde der Welt in Balden den Garaus machen."[183]

Lang berichtet ferner, dass das Konsistorium die Annahme des Gregorianischen Kalenders 1589 deshalb ablehnte, „weil die bangen Rechtgläubigen zitternd den jüngsten Tag erwarteten".[184]

Aufgrund der deutlich eschatologischen Weltsicht kann man Francisci einerseits in die Tradition des späten Mittelalters und des früheren 16. Jahrhunderts einordnen, die ebenso durch eine ausgeprägte Naherwartung gekennzeichnet war. So lebte und handelte z. B. auch Luther aus der Erwartung der Endzeit heraus: „Luther sieht in seiner Prophetie vielmehr die dunklen Wolken von Gottes Gericht über eine Welt aufziehen, die sich ihrem Ende zuneigt, die auf tausend Weisen in sich verkettet und versklavt ist."[185]

Auf der anderen Seite stimmt er aber auch mit dem Denken seiner gesellschaftlichen Umwelt überein und ist damit ein weiteres Beispiel für die Mentalität der Gesellschaft des ausgehenden 16. Jahrhunderts, wie sie Behringer dargestellt hat. Demzufolge sei ein allgemeiner Mentalitätswandel festzustellen, der „stellenweise einem Kulturbruch gleich kommt. [...] Grob gesprochen handelt es sich dabei um eine Abwendung von einer mehr weltoffenen, lebenszugewandten, genußfreudigen und diesseitsorientierten „Renaissance"-Mentalität mit Berührungspunkten zu einer weit verbreiteten volkstümlichen Festfreudigkeit und um eine Zuflucht zu dogmatischen, konfessionell-religiösen, asketischen und jenseitsorientierten Denk- und Verhaltensweisen, die in einer als prekär empfundenen Situation

---
[183] LANG 1811, S. 39/40.
[184] AaO., S. 378.
[185] OBERMAN 1986, S. 232. Zur Mentalität des ausgehenden Mittelalters und der frühen Neuzeit vgl. HAMM, Das Gewicht von Religion, Glaube, Frömmigkeit und Theologie innerhalb der Verdichtungsvorgänge des ausgehenden Mittelalters und der frühen Neuzeit, 1992.

Halt zu geben versprachen."[186] Festmachen lässt sich ein solcher Mentalitätswandel zum Beispiel an den scharfen Predigten und Exorzismen des jesuitischen Ordensprovinzials für Oberdeutschland, Petrus Canisius. Festmachen lässt er sich aber auch an individuellen Bekehrungserlebnissen, wie sie z. B. für die bayerischen Herzöge Albrecht V. und Wilhelm V. in den 1570ern überliefert sind.[187] Oft sei ein solcher Wandel erst die Voraussetzung dafür gewesen, dass die Oberschicht dem Verlangen der Bevölkerung nach Verfolgungen zustimmte, soweit Behringers Erklärungsversuch.

### 3.5.6.2 Die Frage nach der Rechtfertigung Gottes

Francisci behandelt diese Frage nur marginal und hält sie offensichtlich für wenig wichtig, wenn er schreibt: „unnd [sie] disputiern hin unnd wieder, [...] warumb Gott so | graußsambe thaten verhengt, da er derselben wohl hindern unnd | wehren köndt" (fol. 6a). Das Wichtigste an der Sache sei, dass die Hexen sich gegen das 1. Gebot[188] vergingen, daran gebe es nichts zu diskutieren. Trotzdem kommt er an einer Stelle auf diese theologisch gesehen wichtige Frage zu sprechen:

„Unnd Gott v[er]henget dieselben nach seinem heimblichen un- | erforschlichem rath unnd willen, und last beedes dem | Teüfel unnd seinen Werckzeügen, sovil macht unnd | Gewalt zue umb unßerer vielfeltigen großen Sündte | willen, dz [= dass] er Unß von fleischlicher sicherheit abziehe zur | Buß beruffe, unnd wahrer erkentnus seines lieben Sohnes Jesu Christi | bringe, zum gebet erwecke, Inn gehorsamb seiner gebott erhalte | und wied[er] den Teüfel außrüste, mit den Geistlichen waffen welche von | St. Paulo zue Ephesern beschrieben" (fol. 8a).

Sehr verkürzt gibt Francisci damit die traditionelle, seit der Zeit der Kirchenväter so gegebene Antwort auf die Frage nach der Herkunft des Leids in der Welt wieder, die das Böse in den Plan der göttlichen Heilsökonomie einordnet. In knapper Form legt Francisci den Zusammenhang dar, der in der Kirchenordnung von 1533 unter dem Stichwort „Vom Kreuz und Leiden" aufgezeigt worden ist.[189] Letztlich will Gott das Heil des Menschen. Dazu lässt er den Teufel gewähren, denn das bietet die Möglichkeit, den Menschen für seine Sünden zu strafen. Andererseits ist die Zulassung des Bösen eine erzieherische, pädagogische Maßnahme Gottes, den Menschen zu rechter Buße zu rufen, zu rechter Erkenntnis des Werkes Jesu Christi sowie zu richtigem Gebet und Gehorsam gegenüber den Geboten Gottes.

---

[186] BEHRINGER 1987a, S. 112.
[187] BEHRINGER 1988a, S. 80/81.
[188] Es ist auffällig, dass Francisci das Delikt der Hexerei vornehmlich unter das 1. Gebot einordnet, ist doch seit Luther eine Verschiebung der Behandlung des Hexerei- und Zaubereithemas hin zum 2. Gebot zu beobachten. Auch in der Kirchenordnung setzt sich Osiander hauptsächlich innerhalb des zweiten Gebots damit auseinander (vgl. Punkt 3.4).
[189] Vgl. Abschnitt 3.4.

Diese auf den ersten Blick theologisch „exakte" Antwort Franciscis gerät in ein anderes Licht, wenn man dabei das von Francisci in seiner Schrift entworfene Gottesbild mitbedenkt, auf das an dieser Stelle genauer eingegangen werden soll. Gott erscheint zweimal als der Schöpfer der Menschen, von dem sich die Hexen jedoch abwenden. Wie ein roter Faden zieht sich sodann das Bild von Gott als Gesetzgeber durch Franciscis Schrift: Gott ist derjenige, der den Menschen sein Gesetz, die 10 Gebote, gegeben hat.

„auff diß stückh siehet Gott der Herr in | seinem Gesez da er Ernstlich gebeütt im 2. buch Moysis am | 20. [= V. 2f.] unnd 34. Capitel [V. 14]. Ich bin der Herr dein Gott du solt | nicht andere Götter neben mir haben Du solt keine Götter | neben mir machen und anbetten, denn Ich der herr dein Gott | bin ein eivrig Gott" (fol. 6b).

Beinahe beschwörend wirkt es, wenn Francisci die Wendung „Ich bin der Herr dein Gott" sieben Zeilen später nochmals wiederholt. Da es im Falle des Hexenwerks um die Abwendung von diesem Gott geht, steht folglich zweitens der rächende, zornige Gott im Vordergrund der Ausführungen, wie die folgenden Beispiele zeigen:

„Im 3. buch am 19. [= V. 26?] und 20. Capitel [= V. 4f; V. 27] | wer seines Sahmens dahin gibt, daß er dem Moloch /: daß ist | dem leidigen Sathan [/:?] psal[m] 106.1. [V. 37] 107.10 [V. ?] :/ auff geopffert | unnd v[er]brandt werde, der soll des Todes sterben dz [= das] Volckh im | Land soll ihn steinigen, unnd Ich will mein Angilz [= Antlitz] wieder solchen | Menschen sezen, und will Ihn aus seinem Volckh außrotten, | darumb daß er meinen Heiligen Nahmen endheiliget hat" (fol. 6b).

Auch die Aufgabe der Prediger sei es,

„die greülichen abscheülichen | {9} Sünden, so diese Leuth wied[er] alle geboth Gottes begehen, Inn ihren | Predigten oft unnd wiel endtecken, unnd in gemeinstraffen, die | schrecklichen straffen, welche Gott auff diese sünden verordnet | und ergehen laß, den leuthen zue gemüth führen" (fol. 9a).

In der Betreuung der gefangenen Personen sollen sie diese „mit | Gottes gewaltigem und grimmigen Zorn schröckhen und mit zeitlichen | {9'} unnd ewigen straffen" abschrecken (fol. 9a). Erst wenn die Gefangenen nach Gottes „gnadt und Barmherzigkeit seüfzen", soll ihnen das Evangelium von der Rechtfertigung in Christus gepredigt werden, sollten sie sich aber nicht zu Gott bekehren, „so | müßen Sie die Kirchendiener dem rechten Gericht Gottes be[fehlen?]" (fol. 10a). Ja selbst der Obrigkeit wird mit dem Zorn Gottes gedroht, wenn sie einen „unrechtmeßigen process" führt (fol. 8b).

Dieses eben skizzierte Gottesbild lässt die von Francisci auf die Frage der Gerechtigkeit Gottes gegebene klassische Antwort in einem anderen Licht erscheinen, denn nicht das Vertrauen in einen gnädigen Gott steht bei ihm im Vordergrund, sondern die Furcht vor dem zürnenden und rächenden Gott.

Im Vergleich dazu seien nochmals Meders Hexenpredigten herangezogen. Wie ein roter Faden zieht sich durch diese der Gedanke der Allmacht Gottes, der allein die Fähigkeit hat, Kreaturen zu erschaffen bzw. zu verändern. Dieser Gott erweist sich immer wieder als der gnädige Gott, der den Menschen beschützen will vor den Machenschaften des Teufels.[190] Bei allem muss bedacht werden, so Meder, dass es Gottes Wille ist, den Menschen vor dem Teufel und seinen Gehilfen, den Hexen, zu schützen. In der Auslegung des Psalms 91 schreibt er:

„daß vns vnser gnediger vnnd allmechtiger Gott / vnd hertz-allerliebster Heyland Jesus Christus / der starcke Herr Zebaoth / an allem was wir sind vnnd besitzen / auch zu aller zeit / des Morgens / Mittages vnd des nachts: Deßgleichen an allen orten / wir wenden vns zur rechten oder lincken hand / vnd wandeln vnd handeln / nach erforderung vnsers beruffs / daheimen oder draussen / vnnd denn wider alles / was vom teuffel selbsten / vnnd ferner von seinem verfluchten anhange mag vorgenommen werden / in glücklichem guten zustande behüten / beschützen vnd erhalten wolle vnd könne. Welchs fürwar ein sehr grosser Trost ist / allen frommen Christlichen hertzen."[191]

Und trotzdem sind auch die Gläubigen nicht sicher vor den Anschlägen des Teufels. In Zusammenhang mit dem Gedanken der permissio dei teilt Meder die Menschen an dieser Stelle in mehrere Gruppen auf. Den sündigen Menschen trifft das böse Werk des Teufels sozusagen als zugelassene[192] Strafe Gottes. Dabei, so Meder, unterscheidet Gott sehr wohl die frommen, rechtgläubigen Christen von den sündigen Menschen. Die Frommen übergibt er dem Teufel nie ganz, sondern behält sie „in seiner allmechtigen hand vnd gewalt / wie seinen Augapffel".[193] Aber auch den Sündern entzieht Gott seine Gnade nicht endgültig, denn sogar „dieser Leute bekehrung vnnd seligkeit (ist) Gott nicht vnmüglich".[194]

Sowohl den allmächtigen als auch den gnädigen Gott sucht man in Franciscis Werk beinahe vergeblich, beide Aspekte tauchen nur ein einziges Mal auf im Zusammenhang der Frage nach der permissio dei:

„Ja Gott umbschrenckt seine [= des Satans] | macht und gewalt mit gewißer maß, wieweit sich dieselbe erstrecken | soll, unnd helt Ihn und seine Werckzeüg im Zwang daß sie nicht ihre | Tyranney und Bubenstückh allerdings wie sie wollen an Menschen und | Vieh uben unnd vollbringen können. Welches dann unßer höchster | drost ist, davon Matthei am 10. [V. 30] geschrieben stehet. Daß alle härlein | uff unßerm haupt

---

[190] MUNZERT 1996, S. 50–53.
[191] Meder Hexenpredigten, fol. 101b.
[192] Meder will hier betont wissen, dass „Zulassung" nicht mit „Beauftragung" verwechselt werden darf. Keinesfalls darf Gott als Verursacher der Sünde gesehen werden. Als calvinistische Irrlehre erklärt Meder eine Meinung, die behauptet, dass Gott in seinem ewigen Ratschluss einige nicht zur ewigen Seligkeit verordnet, sondern zur ewigen Verdammnis verworfen habe (vgl. MUNZERT 1996, S. 52).
[193] MEDER Hexenpredigten, fol. 87a–88a.
[194] AaO., fol. 58b.

gezehlet sein unnd hellt keins ohne den willen unßers | himlischen Vatters herob" (fol. 8a).

In der Reduzierung des Providenz- und Allmachtsgedankens ähnelt Franciscis Schrift dem Gottesbild des „Hexenhammers", über den Schwerhoff schreibt: „Der Providenz- und Allmachtsgedanke taucht nur an einigen Stellen auf, wo es die theologische Tradition unbedingt erforderlich macht, ohne jedoch auf den Geist des Werkes einen entscheidenden Einfluß gewinnen zu können."[195] Es sind also nicht die grundsätzlichen theologischen Aussagen Franciscis, die kritisch zu bewerten wären, sondern vor allem, wie dies bereits beim „Permissio-dei"-Gedanken deutlich geworden ist, die Gewichtung, die sie bei ihm erfahren.

Ein Gottesbild wie das von Francisci ist jedenfalls der Anknüpfungspunkt für Hexenverfolgungskritiker des frühen 17. Jahrhunderts wie Friedrich Spee, der sagt:

„Es muß gezeigt werden, wie unser Gott nicht ist, wie die Götzen der Heiden, die von ihrem Zorn nicht lassen können. Dass er ein für alle Male von unbegreiflicher Liebe zum Menschengeschlecht erfüllt ist, dies zu tief ist, als daß er nun noch das Versprechen seiner Zuneigung widerrufen könnte. Daß Gott in der Heiligen Schrift einen ewigen Bund unwiderruflich bei sich selbst beschworen hat. Wenn unsere Sünden gleich rot wären wie Scharlach, so sollten sie doch weiß werden wie Schnee."[196]

Spees Sprache, Spees Rede von Gott kennt ganz neuartige Töne und es kann durchaus behauptet werden, dass Dreh- und Angelpunkt seines Kampfes gegen die Hexenprozesse sein Gottesbild ist. Sehr deutlich wird Spees ganz andere Art von Gott zu reden in Feldmanns Biographie über Friedrich Spee, aus der trotz ihres journalistischen Stils hier aus dem Kapitel „Gott hat das Herz einer Mutter" zitiert werden soll:

„Vor Angst halb wahnsinnige Menschen fühlen sich von Dämonen verfolgt, wenn die ausgezehrte Kuh keine Milch mehr geben will, laufen sie zum Richter und zeigen die vor Gram wunderlich gewordene Soldatenwitwe aus dem Nachbarhaus als Hexe an. Müde, verbitterte Priester verkünden von der Kanzel herunter das Strafgericht eines zornigen Gottes und schärfen ihren Zuhörern ein, die Kriegsgeißel sei noch gar nichts gegen das ewige Höllenfeuer. Da meldet sich mitten in all der schwarzen Verzweiflung plötzlich eine ganz andere Stimme zu Wort. Sie erzählt von einem Gott, der unbändig in die Menschen verliebt ist, der seinen Geschöpfen immer wieder zu vergeben bereit ist, ihnen nachgeht und niemanden fallen läßt. Ja, je größer und mehr der Sünden sind', behauptet dieser bezaubernde Priester aus Köln, ,desto fähiger und bedürftiger

---

[195] SCHWERHOFF 1986, S. 59.
[196] SPEE Cautio Criminalis, S. 191: „Non esse Deum nostrum qui Dii sunt gentium, qui iras ponere non possit: captum semel incredibili humani generis amore longius progressum, quam ut revocare amoris sui pacta nunc liceat: Exstare in Divinis libris pacti aeterni juramentum ejus irrevocabile per seipsum: Quia si fuerint peccata nostra sicut Coccinu, quasi nivem tamen dealbanda fore." (Deutsche Übersetzung zitiert nach RITTER 1967, S. 138).

ist der Mensch der Erbarmnis.' Diesem Gott, der so bedingungslos und unvernünftig liebt, darf der Mensch mit einem grenzenlosen Vertrauen gegenübertreten, ohne zu rechnen und zu verzweifeln."[197]

Kehren wir noch einmal zurück an das Ende des 16. Jahrhunderts. Wie verhängnisvoll sich eine verkürzte und damit auch verzeichnete Darstellung des Zusammenhangs zwischen der Sünde der Menschen und dem Zorn Gottes auf der einen und der Gnade Gottes auf der anderen Seite auswirken kann, beweisen viele juristische und politisch-verwaltungstechnische Schriften des 16. Jahrhunderts zu diesem Thema, wie z. B. das bayerische „Decret der hexerey halber" vom 2.4.1590:

„Nachdem durch verhängniß Gottes von unseren Sünden wegen das abscheulich und erschreckhenlich Laster der Zauberey und Hexenwerckhs von Tag zu Tag weiter einreißen [...] Also ist der durchleuchtigest hochgeboren unser gnedigster Fürst und herr in betrachtung seiner F(ürstlich) G(naden) landfürstlichen Amts zu Rettung der Ehren Gottes, aller seiner lieben Heiligen und der hochwürdigsten Sacramenten [...] endtlich bedacht, [...] all dasjenige, was zu Ausreuttung desselben gehört und ein weltliche Obrigkeit dabey fürzunemen schuldig, zeitig und wohl berathschlagung und folgends in das werckh nach bestem vermögen richten zu lassen."[198]

Liest man dieses Zitat einmal vollkommen isoliert, so stößt man sofort auf einen „gedanklichen Knoten". Wegen der Sünde der Menschen kommt es zu immer mehr Hexenwerk unter den Menschen, was wiederum selbst die größte Sünde ist. Die Hexerei hat also sozusagen eine Doppelfunktion inne. Gott bestraft die Menschen auf der einen Seite wegen ihrer großen Sünde mit den von den Hexen verübten Taten um die Sünder zur Umkehr zu bewegen. Auf der anderen Seite aber ist die Hexerei selbst die größte Sünde, die es gibt. Dennoch ist es keine „intellektuelle Verwirrung"[199], die in dem eben skizzierten Gedankengang zum Ausdruck kommt, sondern letztlich eine in der monotheistischen Denktradition vorgegebene Spannung zwischen der Vollkommenheit Gottes und der Willensfreiheit des Menschen hinsichtlich des Bösen.[200]

Ein derartiges Gottesbild kann nur durch eine „Fixierung" auf den gnädigen, offenbaren Gott aufgefangen werden, wie ihn z. B. Martin Luther rückblickend auf die reformatorische Entdeckung in der Vorrede zum ersten Band der Wittenberger Ausgabe seiner lateinischen Schriften 1545 beschrieb:

„Denn ich haßte diese Vokabel ‚Gerechtigkeit Gottes', die ich durch die übliche Verwendung bei allen Lehrern gelehrt war philosophisch zu verstehen von der sogenannten formalen oder aktiven Gerechtigkeit, mittels derer Gott gerecht ist und die Sünder

---

[197] FELDMANN 1993, S. 107f.
[198] Zitiert nach: BEHRINGER 1988a, S. 89/90.
[199] LEA 1957, S. 264f.
[200] SCHWERHOFF 1986, S. 59; vgl. auch Abschnitt 3.2, besonders S. 81f.

und Ungerechten straft. [...] Bis ich, dank Gottes Erbarmen, unablässig Tag und Nacht darüber nachdenkend, auf den Zusammenhang der Worte aufmerksam wurde, nämlich: ‚Gottes Gerechtigkeit wird darin offenbart, wie geschrieben steht: Der Gerechte lebt aus Glauben.' Da begann ich die Gerechtigkeit Gottes zu verstehen als die, durch die als durch Gottes Geschenk der Gerechte lebt, nämlich aus Glauben, und daß dies der Sinn sei: Durch das Evangelium werde Gottes Gerechtigkeit offenbart, nämlich die passive, durch die uns der barmherzige Gott gerecht macht durch den Glauben [...] Da zeigte mir sofort die ganze Schrift ein anderes Gesicht."[201]

In Franciscis Schrift fehlt genau dieses „andere Gesicht", das Luther im Folgenden mit den Worten umschrieb: „z. B. Werk Gottes, das heißt: was Gott in uns wirkt; Kraft Gottes, durch die er uns kräftig macht, Weisheit Gottes, durch die er uns weise macht, Stärke Gottes, Heil Gottes, Herrlichkeit Gottes."[202]

Ausgehend von diesem Gottesbild war Luther trotz aller grundsätzlichen Befürwortung von Prozessen als Pflicht einer christlichen Obrigkeit ein Gegner von Hexenangst und -panik auf der Seite der Bevölkerung. Seine Antwort auf eine derartige Angst war, die Widerstandskraft der Gläubigen zu stärken angesichts eines gnädigen Gottes.[203]

Leider ist dieser Aspekt in der Rezeption Luthers durch Francisci in der Hexenproblematik vollkommen unter den Tisch gefallen, es bleibt eine fast panische Warnung vor Zauberei und Hexerei angesichts des Zorns Gottes.

### 3.5.6.3 Die Frage nach der Realität der Zauberei

Gleich zu Beginn seiner Ausführungen über das Hexenwesen führt Francisci drei gegnerische Meinungen an.

(1) Man glaubt nicht an dämonische Wesen und insofern auch nicht an Hexen.
(2) Man hält das Hexenwesen für ein „new unnd unerhört ding", das „zuvorn nicht in der welt gewest, noch und[er] | (3.) den leuthen in schwange gangen ist" (fol. 2a).
(3) Man erkennt in den Taten und dem Wesen der Hexen nur eine Verblendung des Teufels, infolgedessen man eine Strafe dafür auch ablehnt.

---

[201] WA 54; 185, 17–20; 186, 3–10. „Oderam enim vocabulum istud ‚Iustitia Dei', quod usu et consuetudine omnium doctorum doctus eram philosophice intelligere de iustitia (ut vocant) formali seu activa, qua Deus est iustus, et peccatores iniustosque punit. [...] Donec miserente Deo meditabundus dies et noctes connexionem verborum attenderem, nempe: Iustitia Dei revelatur in illo, sicut scriptum est: Iustus ex fide vivit, ibi iustitiam Dei coepi intelligere eam, qua iustus dono Dei vivit, nempo ex fide, et esse hanc sententiam, revelari per euangelium iustitiam Dei, scilicet passivam, qua nos Deus misericors iustificat per fidem, sicut scriptum est: Iustus ex fide vivit.[...] Ibi continuo alia mihi facies totius scripturae apparuit." (Übersetzung zitiert nach BORNKAMM/EBELING 1983, Bd. 1, S. 23).
[202] WA 54, 186,11–13 („ut opus Dei, id est, quod operatur in nobis Deus, virtus Dei, qua nos potentes facit, sapientia Dei, qua nos sapientes facit, fortitudo Dei, salus Dei, gloria Dei).
[203] HAUSTEIN 1990, S. 181f.

Francisci gibt damit wichtige Meinungen seiner Zeit wieder. Die zweite der oben angeführten Ansichten findet sich z. B. in dem bereits erwähnten Gutachten für den Pfalzgrafen Philipp Ludwig von Neuburg, wo argumentiert wird, dass die Hexerei weder in der Bibel noch in der antiken Literatur oder in irgendwelchen Gesetzessammlungen aufgetaucht sei, sondern immer nur das weit weniger schlimme Delikt der Zauberei. Man begreift „Hexerei" als ein neuartiges, aber auch endzeitliches Sammelverbrechen, denn „wann man die Hexerey nenne, so begreift man damit allerley laster so wider alle gebott Gottes können erdacht werden, dann dieselben allzumahl in ipso celere confluieren und zusammenfließen".[204]

Mit der dritten Meinung scheint Francisci eindeutig Stellung zu beziehen gegen Johannes Weyer, weist er doch mit dem Begriff „Melancholische Imagination" auf den Kernbegriff von Weyers Argumentation gegen Hexenverfolgungen hin.

Johannes Weyer war Leibarzt des Herzogs von Jülich-Kleve-Berg. Er reagierte mit seinem 1563 gedruckten Werk „De praestigiis daemonum" auf die ersten Massenverfolgungen um 1560. Darin erklärt er alle Elemente, die zur Vorstellung vom Hexenwesen gehören, zu Vorspiegelungen des Teufels, sogar den Teufelspakt:

„Dann was den Bundt anlangt / so ist derselbe / […] warlich ein falscher betrieglicher / un desshalb untüchtiger krafftloser Bundt / welchen der teuffel auss seiner arglistigkeit durch viel unnd mancherley betrug unnd verblendung / dess arbeitsseligen Menschen anbittelt. Als wenn er ihm nemlich im schlaff oder sonst / ein phantasma […] lest für kommen."[205]

Infolgedessen lehnt Weyer die Realität des Hexenwesens ab. Charakteristisch für seine Argumentation ist, dass die Hexe von der Mittäterin zum bloßen, hilflosen Opfer des Teufels wird. Als Arzt weiß er um das Phänomen der Besessenheit und der Melancholie und erkennt darin das Einlasstor, „darinnen sich denn die bösen Geister / als einer ihnen gantz anmütigen Herberge / gern verkriechen".[206] Die Unzurechnungsfähigkeit der Hexen ist für Weyer Zeichen ihrer Unschuld und konsequenterweise der Ausgangspunkt für die Bekämpfung von Hexenprozessen.[207] Weyer vertrat nicht als einziger diese Ansicht. „Die Argumente hatten sozusagen in der Luft gelegen, und erst der Neubeginn der Hexenverfolgung hatte ihre Zusammenfassung notwendig gemacht."[208]

Keinen anderen als Johannes Brenz hatte sich Weyer ausgesucht, um in einem Briefwechsel seine Ansicht zur Hexenverfolgung zu diskutieren.

---

[204] Zitiert nach: BEHRINGER 1997, S. 123.
[205] WEYER De Praestigiis Daemonum, fol. 149.
[206] AaO., fol. 373.
[207] Vgl. zum Vorhergehenden: SCHWERHOFF 1986, S. 72–77.
[208] BEHRINGER 1988b, S. 135.

Diesen Briefwechsel veröffentlichte er 1565 in seinem Werk „De praestigiis daemonum".[209]

Johannes Brenz hatte bereits 1539 in einer Predigt seiner Meinung Ausdruck verliehen, dass das Wettermachen der Hexen etc. nur Gaukeleien des Teufels seien. In der veröffentlichten Korrespondenz Brenz – Weyer wird zunächst die Predigt des Johannes Brenz wiedergegeben. In einem ersten Brief an Brenz stimmt Weyer diesem insoweit zu, dass weder der Teufel noch die Hexen fähig seien, von sich aus Wetter zu machen, allein Gott habe diese Befähigung, woraus man schließen könne, dass die Taten der Hexen nicht wirklich stattfänden, sondern nur vom Teufel vorgetäuscht würden. Allerdings widerspricht Weyer Brenz insofern, als dieser dennoch die Todesstrafe fordert. Ohne dass Brenz seine Forderung der Todesstrafe aufgibt, will er doch seine Position keinesfalls als Gegensatz zu Weyers Position sehen.[210] Er geht darüber hinaus sehr weit in der Zustimmung zu Weyer, wenn er jenen auffordert, sich auch weiterhin vor der Obrigkeit für die Frauen einzusetzen, die „mehr auß unverstandt und Irrthumb / denn auß muthwilliger und fürsetzlicher boßheit" gesündigt haben.[211]

Ob Francisci die Meinung von Brenz gekannt hat, kann hier aufgrund fehlender Hinweise im Text nicht mit letzter Sicherheit gesagt werden. Jedenfalls setzt er sich am Anfang seiner Schrift klar von diesen liberaleren Meinungen ab. Damit gibt er zu erkennen, dass seine eigene Position auf der Seite der Verfolgungsbefürworter anzusiedeln ist, für die der Glaube an die Wirklichkeit der Hexentaten unabdingbar ist, was im weiteren Verlauf seiner „General Instuction" dargelegt wird.

Als Legitimation für seine Argumentation,[212] dass es Hexen in der Realität gibt, beruft sich Francisci nicht auf führende theologische und juristische Autoritäten, sondern „nur" auf die Heilige Schrift. Er geht davon aus, dass das Vorkommen von Zauberern und Hexen im Wort Gottes ausreichender Beweis dafür ist, „kein gedicht oder Fabelwerk, sondern gewiß warhafftig | dieng sei" (fol. 2b). Er zitiert im Folgenden nun zwei Schriftstellen der „klassischen" Hexenliteratur, Ex 22 (Vers 17) und Dt 18 (Vers 10). Die Beispiele, die Francisci verwendet, zeigen, dass er die einschlägigen Hexentraktate studiert sowie die zeitgenössische Diskussion darüber verfolgt

---

[209] Der Briefwechsel wird hier zitiert nach dem Abdruck in: WEYER De praestigiis daemonum von 1586. Vgl. auch einen ausschnittsweisen Abdruck der Korrespondenz in: BEHRINGER 1988b, S. 334–337.

[210] Brenz berichtet Weyer, dass die 1564 im Druck erschienene Predigt „Von dem Hagel" bereits 1539 entstanden ist und dass er keinesfalls die treibende Kraft dafür war, dass sie neu aufgelegt wird. Er fährt fort: „Dises hab ich darumm erzelt / damit ewre gunsten und holdseligkeit / als solte ich meine predigt / ewrem schreiben / dessen titul ist / De praestigiis daemonum, mit gantzem fleiß zu gegen und zuwider gestellet haben / nit vermeinen möchte." (WEYER De praestigiis daemonum, fol. 497).

[211] AaO., fol. 498f.

[212] Vgl. zum Folgenden: FRANCISCI 1ã91, fol. 2b-3b.

hat, bevor er das Gutachten im Auftrag des Fürsten verfasst hat. Vielleicht wurde er während seines Studiums in Wittenberg auch mit einer speziellen reformatorischen Meinung bekannt. In Bezug auf Dt. 18,10 scheint dies sogar belegbar zu sein. Ein Vergleich zwischen der Auslegung der Deuteronomiumsstelle bei Luther und bei Francisci verdeutlicht dies. Fündig wird man diesbezüglich bei Luther im Deuteronomiumkommentar von 1525 „Deuteronomion Mosi cum annotationibus"[213] und in der „Kirchenpostille"[214]. Die Auflistung von verbotenen Zauberei- und Wahrsagepraktiken im Prophetengesetz des Deuteronomiums, zu dem die Stelle Dt. 18,10 gehört, stellt das biblische Beispiel für ein breites Spektrum magischer Praktiken dar. In Luthers Auslegung wird dies auf die Erfahrung mit superstitiösen Erscheinungen in der Gegenwart übertragen. Am deutlichsten erscheint in der „Kirchenpostille" der Versuch, die Liste des AT mit dem gegenwärtig erfahrbaren Aberglauben in Einklang zu bringen.[215] Der gleiche Analogieschluss findet sich auch bei Francisci, wenn er schreibt: „darunter freylich Druten und hexen, wie zu unserer zeit gennenet werden, auch begriffen sein" (fol. 2b). Auffällig ist zudem die terminologische Übereinstimmung zwischen unserem Text und einer lutherischen deutschen Übersetzung des oben angeführten Deuteronomiumkommentars von 1525.[216] Bis hinein in die Terminologie nimmt Francisci hier Luthers Gedankengang auf. In seiner weiteren Argumentation führt Francisci zahlreiche Stellen an, die als Beispiele für verschiedene Zeiten und verschiedene geographische Räume zeigen sollen, dass es Hexerei schon immer gegeben hat (fol. 2b-3a).[217]

Aus dem Alten Testament:

(1) Gen 12: Mose wird von Gott deshalb in das Land Canaan geführt, weil die Zauberei in Chaldäa überhand genommen hat. Um diese Auslegung Franciscis nachvollziehen zu können, muss man Folgendes wissen: Bereits bei den Griechen war der Begriff „Chaldäer" ein Synonym für Ma-

---

[213] WA 14,674.21 – 675.2.6–8.
[214] WA 10I/1,590.7 – 591.13.
[215] HAUSTEIN 1990, S. 93/94.
[216] Formulierungen Luthers für die entsprechenden hebräischen Termini: Kossamim = weissager; Meonenim = Tageweler; Menacheschim = auff Vogelgeschrey achten; Mechaschephim = Zauberer und Hexen; Hoberim = Beschwerer; Oboth = Warsager; Iedeoni = durchs Los und Zauber auslegen. Franciscis Terminologie: Waißager, Tagwehler, Vogelgaffer, Zauberer, beschwerer, Wahrsager, Zeichendeüter (fol. 2b). Luthers Übersetzung des Deuteronomiumkommentars von 1525 ist zudem in Wittenberg 1568 in der Wittenberger Ausgabe, Bd. VIII, 195bf. erschienen, also genau zu der Zeit, als Francisci in Wittenberg weilte.
[217] Dabei thematisiert Francisci an keiner Stelle die Problematik, ob sich diese Exempel einfach auf das frühneuzeitliche Verbrechen der Hexerei übertragen lassen wie das Meder in seinen Predigten z. B. ausführlich tut (vgl. MUNZERT 1996, S. 84–102).

gier, Brahmanen, Druiden und Zauberer. Dieses Attribut ist den Chaldäern auch bis in die frühe Neuzeit hinein erhalten geblieben.[218]

(2) Zoroasther (= Zarathustra) hat die Zauberei zu Abrahams Zeiten in das Land der Perser gebracht.[219]

(3) Das Vorkommen von Zauberei in Ägypten (Gen 21/ Ex 7;8).

(4) Auch in Kanaan war Zauberei gang und gäbe, wovor Gott sein Volk mit seinen Geboten (Ex 22/ Lev 19;20 / Dt 18) bewahren will.

(5) Zauberei auch zu König Sauls Zeiten (l.Sam 28).[220]

Aus dem Neuen Testament:

(1) Simon der Magier in Samarien (Act. 8).
(2) Die Zauberer Elimas und Barjesus in Cypern (Act. 13).
(3) Die Magd mit dem Wahrsagegeist in Philippi (Act. 16).
(4) Verbrennung zauberischer Bücher in Ephesus (Act. 19).
(5) Paulus zeigt mit seiner Erwähnung der Zauberei, dass diese auch unter den Christen betrieben wurde (Gal. 5).

Es ist bereits betont worden, dass sich Francisci in seiner Beweisführung nur auf die Heilige Schrift beruft. Dies ist in vergleichbaren Gutachten nicht der Fall. In einem bayerischen Gutachten vom 6. April 1590, das Francisci – wie später noch nachgewiesen werden wird – gekannt hat, findet sich der Anfang genauso gegliedert wie in dem Heilsbronner Gutachten.[221] Zunächst wird die gegnerische Meinung angeführt (die Namen Weyer und Brenz werden hier explizit genannt), dann wird darauf hingewiesen, dass sowohl die tägliche Erfahrung (vgl. Franciscis fol. 2b) als auch das göttliche und weltliche Recht lehren, dass es Hexen gibt. Denn, so fährt der Gutachter fort:

„es wäre ja ein Ungereimbts und Unglaublich ding, daß die Geist- und Weltliche Recht, Gesatz und Gesatzmacher mit dem schmählichsten und scharpfisten Straffen, die man den Menschen von wegen Ires Verbrechens antuen kann, was solches belegen und straffen sollen, daß mit der That und re in vera nit geschehen könnte".[222]

---

[218] BAUMSTARK 1899, Sp. 2057.
[219] Die spätere Vorstellung der zarathustrischen Gemeinde verlegte das Auftreten ihres Religionsstifters in den Westen (Medien und Perserreich), obwohl dies in den uns erhaltenen Quellen nicht belegt ist. (EILERS 1962, Sp. 1877). Wie Francisci die Verbindung zwischen Zarathustra und den Schriften der Genesis herstellt, ist nicht mehr nachvollziehbar.
[220] Offenbar kennt Francisci nicht die Meinung Luthers zu dieser Stelle, der sich der Auslegung anschloss, dass die Hexe von Endor Samuel nicht wirklich, sondern nur als Gespenst erschienen sei (HAUSTEIN 1990, S. 159).
[221] Vgl. Abschnitt 3.5.3.
[222] Zitiert nach: BEHRINGER 1988a, S. 92.

Zur weiteren Argumentation werden im Bayerischen Gutachten nun aber theologische Autoritäten des Mittelalters angerufen. Dies spielt für Francisci keine Rolle, das Wort Gottes ist ihm Autorität genug. In diesem Punkt ist möglicherweise ein lutherischer Einfluss zu erkennen, denn Nikolaus Paulus stellte in seiner Untersuchung als Charakteristikum für Luther fest, „daß Luther bei der Begründung seiner Ansicht von dem Hexenwesen und der Macht des Teufels sich nicht etwa auf mittelalterliche Theologen beruft, sondern auf persönliche Erfahrungen und auf die Heilige Schrift".[223] Damit reiht sich Francisci in die Reihe protestantischer Schriftsteller ein, die die Bibel zur alleinigen Richtschnur auch in Sachen Hexerei machen, wie z. B. David Meder. Dieser schreibt in seiner 5. Hexenpredigt:

„Die erste Regel ist diese: Das man vnter allen meinungen von diesem handel [= Hexerei] / die jenige für die warhafftigste vnnd gewisseste halten solle / welche mit der heiligen Schrifft vnd ihren Exempeln vberein stimmt / oder doch am nechsten mit derselben zutrifft / die andern aber sollen wir alle für irrig vnnd vngereumt halten."[224]

Im lutherischen Sinne ist für ihn damit wie für Francisci die Bibel die Autorität schlechthin. Munzert hat in ihrer Untersuchung der Predigten deutlich gemacht, dass das Selbstverständnis Meders, im Sinne der lutherischen Schrifttradition zu arbeiten, aus heutiger Sicht noch nicht heißen muss, dass die Art, wie er mit der heiligen Schrift umgeht, als typisch protestantische Schriftauslegung bezeichnet werden kann. Im Gegenteil: Meders Bibelauslegung zeigt, dass sie wie die vieler anderer „von Anfang an von einem bereits feststehenden Vorverständnis geprägt ist".[225] Damit deutet er die Bibel nicht getreu dem Grundsatz „scriptura sui ipsius interpres", sondern umgekehrt gemäß seiner Vorstellung von der Welt. Gleiches gilt auch für Francisci.

HAUSTEIN weist in seiner Untersuchung der Stellung Luthers zum Zauber- und Hexenglauben darauf hin, dass die Ausschließlichkeit der Schrift bei der Begründung des Hexenbildes und des Rechtsverständnisses den Weg zur Kritik geebnet habe. Bereits „bei LUTHER waren textkritische Bemerkungen zu den biblischen Dicta auszumachen. Die Erkenntnis der an Humanismus und Reformation geschulten Kritiker (Weyer u.a.), daß weder AT noch NT die vermeintlichen Hexen der Neuzeit kannten, erschütterte die Argumentation der Befürworter erheblich."[226]

Sicherlich hat Haustein bezüglich weniger Ausnahmen wie z.B. Johannes Weyer recht. Mit Blick auf Francisci ist aber festzuhalten, dass es eben gerade nicht die textkritischen Stellen Luthers waren, die rezipiert wurden,

---

[223] PAULUS 1910, S. 24.
[224] MEDER Hexenpredigten, fol. 66b.
[225] MUNZERT 1996, S. 99.
[226] HAUSTEIN 1990, S. 182.

sondern diejenigen, in denen der Reformator eine Analogie zwischen den biblischen Schriften und dem 16. Jahrhundert sah im Sinne einer Unterstützung der Hexenverfolgung.

### 3.5.6.4 Die Frage nach der Willensfreiheit

An mehreren Punkten wurde nun bereits aufgezeigt, dass Francisci durchaus in die Traditionslinie des „Malleus Maleficarum" gestellt werden kann. Dies bestätigt sich ein weiteres Mal, wenn man die Frage nach der menschlichen Willensfreiheit hinsichtlich einer Einwilligung in das Böse aufwirft. Für Francisci steht unbestritten fest, dass die Hexen „freywillig | ungezwungen unnd ungetrungen ihre heimbliche und öffentliche ver- | bündtnus gemacht haben" (fol. 4a). Die Selbstverständlichkeit, mit der Francisci dies behauptet, macht deutlich, wie wenig er von Meinungen wie der Weyers hält. Nicht einmal der Diskussion für würdig erachtet er dessen Ansicht, dass die als Hexen Angeklagten eigentlich unschuldig sind, weil sie nicht selbstverschuldet in den Verdacht der Hexerei geraten sind, sondern weil sie krank sind.[227] Damit macht er aber auch alle die Angeklagten mundtot, die in den Verhören immer wieder behaupten, dass sie vom Teufel dazu gezwungen worden sind, in den Pakt mit ihm einzuwilligen. Dies wird z. B. in zahlreichen Bamberger Hexenprozessen überliefert.[228]

### 3.5.6.5 Die Frage nach den Gegenmitteln

Auf die Frage eines Schutzes des gläubigen Christen vor Zauberei und Hexerei geht Francisci nicht ein. Man könnte meinen, dass dies in einem „Informationsschreiben" prinzipiellen Charakters an den Markgrafen nichts zu suchen habe. Jedoch wirkt sich das Fehlen dieses Aspekts ziemlich verhängnisvoll aus.

Ein Blick zurück zu Osianders Kirchenordnung von 1533 weist als Gegenmittel gegen den Satan das Wort Gottes aus, als Schutz vor bösen Menschen die weltliche Obrigkeit, als Gegenmittel gegen Krankheiten natürliche Arzneien und insgesamt das Festhalten am guten christlichen Gebet.[229] Die Nürnberger Theologen, die 1536 einen Ratschlag in Zusammenhang mit einem aktuellen Hexenfall schreiben mussten, wiesen die weltlichen Herrn darauf hin, dass der beste Schutz gegen das Reich des Teufels darin bestehe, die Predigt des Evangeliums überall geschehen zu lassen. Dazu

---

[227] Vgl. Abschnitt 3.5.6.3.
[228] RENCZES 1992, S. 73 und 93. In den Prozessprotokollen der Markgraftümer finden wir derartige Aussagen nicht. Zwar ist öfters davon die Rede, dass der Teufel mehrere Male gekommen ist, bis die Angeklagte eingewilligt hat, die Einwilligung selbst geschah aber freiwillig (vgl. z. B. Prozess Nr. 90).
[229] Vgl. Abschnitt 3.4.

müsse man an allen Orten geschickte Prediger einsetzen, die dieser Aufgabe nachkommen.[230]

Noch deutlicher bringt es Johannes Brenz in seiner Predigt „Von dem Hagel" 1539 auf den Punkt, wenn er schreibt:

„Wann dann beder theil / die Armen und auch die Reichen / ein unmessiges und rüdes freches leben führen / unnd sich der Gaben Gottes / als deß Weins unnd der Frucht mißbrauchen / so wirdt GOtt der Herr zu verderbung Weins und Korns / Hagel und Ungewitter uber uns zuschicken / gnugsam verursacht / derwegen man nicht also bald / die Unholden zuuerbrennen / begeren und außschreien / denn mit solchem geschrey wir uns selber zum fewer verdammen. Da aber iemandts / die Unholden hinzurichten unnd zuuerbrennen / zum härtisten darauff dringen und anhalten wolte / lieber sag mir / wo wolt man doch Feuwers genugsam bekomen? oder wer würde doch als denn sicher seyn? es würde warlich wed' Obrigkeit noch Underthan / weder Herr noch Knecht / sich schützen / beschirmen / oder solchem Unglück oder unfall entrinnen / oder sicher bleiben mögen. Wer nun deß Donners und Hagles schaden und ungemach / zuuorkossten und solches abzuwenden begert / derselbige lehrne seine sünde darauß erkennen / thu ware buße / und bekehre sich von hertz zu dem Herrn."[231]

Kehren wir zurück zu Francisci. Was bleibt, wenn er die Frage der Gegenmittel vollkommen außer Acht lässt? Im Mittelpunkt steht dann die Rede vom weltlichen Strafgericht und, wie oben bereits gezeigt, die Predigt vom Gott des Gesetzes, die dem Sünder vorgehalten werden soll. Jeglicher Trost bleibt damit außer Acht, der einzelne wird mit der Angst davor, von Zauberei geschädigt zu werden bzw. ihr selbst zu verfallen, und damit auch vor dem weltlichen Gericht und dem göttlichen Gesetz verurteilt zu werden, allein gelassen. Ein weiteres Mal haben wir eine Akzentverschiebung zwischen der Kirchenordnung und den Katechismuspredigten Osianders, die sich deutlich an Luther anlehnten, auf der einen Seite und Francisci am Ende desselben Jahrhunderts auf der anderen Seite.

*Exkurs:* *Die Transzendentalisierung/Apostasierung des Hexereiverbrechens*[232]

Behringer hat in seiner Untersuchung zur Hexenverfolgung in Bayern festgestellt, dass am Ende des 16. Jahrhunderts über die Konfessionsgrenzen hinweg eine Tendenz bestand, den Schadenzauber als eigentlichen Verurteilungsgrund in den Hintergrund treten zu lassen und dafür den ketzerischen Bund mit dem Teufel und den damit verbundenen Abfall von Gott in den Vordergrund zu stellen.[233] Haustein hat zudem nachgewiesen, dass bei

---

[230] Nbg. Rtschlgb. Nr. 9, fol. 113a/113b.
[231] BRENZ Eine Predig vom Hagel und Ungewitter, fol. 491.
[232] Zur Terminologie vgl. Abschnitt 2.2.2.1, S. 56, Anm. 147.
[233] BEHRINGER 1997, S. 124.

Luther bereits ab den 20er Jahren eben jene Transzendentalisierung des Hexereidelikts vorliegt. Ganz konsequent kann man verfolgen, wie Luther als Kriterium für Aberglauben nur noch eines gelten lässt: „Gottes Wille, wie er sich in der Heiligen Schrift offenbart, ein Kriterium, das reformatorischer kaum sein kann. [...] Nun gilt, dass bewusstes Handeln gegen Gottes Willen Zauberei ist."[234] Luther war nicht der erste und nicht der einzige, der eine derartige Kriminalisierung jeglicher Art von Magie, eben auch weißer Magie, vornahm. Im protestantischen Bereich findet sich dieselbe Denkart z. B. bei Brenz. Die unter Punkt 3.5.6.5 zitierte Stelle aus seiner Predigt macht dies deutlich: Genau genommen ist jeder „würdig", als Hexe verbrannt zu werden, der ein „unmessiges und rüdes freches Leben führt". Der Schadenzauber bleibt auch hier in der Argumentation außen vor, es geht vielmehr im Zusammenhang des ersten Gebots um das Zuwiderhandeln gegen Gottes Willen. Der Schadenzauber muss bei Brenz schon allein deshalb weniger Beachtung finden, weil er ja deutlich auf die Seite der Schadensfiktionalisten gehört, die die tatsächliche Wirkmacht der Hexen in vielen Bereichen bestreiten.[235] Man stellt fest, dass sich diese Transzendentalisierung bzw. Apostasierung des Hexenglaubens erst in der 2. Hälfte des 16. Jahrhunderts in der Rechtsprechung niedergeschlagen hat. Ausgehend von zwei Traditionslinien, wovon die erste auf das Römische Recht zurückgehend in der Magie eine reale Bedrohung sah, die zu bestrafen sei (Schadensrealismus), hingegen die zweite in Rückgriff auf das Kanonische Recht eine deutlich reservierte Grundhaltung einnahm, was die Realität der Magie anging (Schadensfiktionalismus), setzte sich auf Reichsebene mit der Peinlichen Gerichtsordnung Kaiser Karls V. zunächst die Richtung des Schadensrealismus durch. Die Anhänger der anderen Richtung hatten sich nun damit auseinanderzusetzen, wie die in der Carolina vorgegebene Strafe motiviert werden könnte, wenn die Realität von Zauberei überhaupt nach ihrem Verständnis angezweifelt wurde. An diesem Punkt war es die oben skizzierte Transzendentalisierung des Aberglaubens, die einen Ausgleich schaffen konnte. Indem man sich von Gott abwendet, wendet man sich vom Guten überhaupt ab und dem Bösen zu. Man ist gewillt, die Machenschaften des Teufels zu unterstützen. Strafrechtlich relevant wird unter diesem Gesichtspunkt allein die Absicht, Schaden zu stiften: „Gesinnungsstrafrecht par excellence."[236] In der Gesetzgebung hat sich dieser Ansatz erstmals in den sogenannten Kursächsischen Konstitutionen von 1572 durchgesetzt. Deutlich wird dies in dem der Konstitution vorangestellten Prolog:

---

[234] HAUSTEIN 1990, S. 175.
[235] Zur Unterscheidung zwischen Schadensrealisten und Schadensfiktionalisten vgl. JEROUSCHEK 1992, S. 29–35.
[236] Vgl. JEROUSCHEK 1992, S. 35.

„So iemands in Vergessung seines Christlichen Glaubens mit dem Teuffel ein Verbündniß aufrichtet, umgehet oder zu schaffen hat, daß dieselbige Person, ob sie gleich mit Zauberey niemands Schaden zufügt, mit dem Feuer vom Leben zum Tode gerichtet und gestrafft werden soll. Da aber außerhalb solcher Verbündnissen jemand mit Zauberey Schaden thut, derselbe sey groß oder geringe, so soll der Zauberer, Manns- oder Weibs-Person, mit dem Schwert gestrafft werden."[237]

Dass diese Transzendentalisierung des Aberglaubens ein Grund für die Zunahme der potentiellen Opfer von Zauberei- und Hexenprozessen war, weil nun nicht mehr unbedingt ein Schadensfall für die Anklage nötig war, liegt auf der Hand und ist in der einschlägigen Literatur immer wieder betont worden.[238]

### 3.5.6.6 Die Frage nach der Bestrafung der Zauberei

Obwohl Francisci dem Lager der Schadensrealisten zuzuordnen ist und von daher kein Problem damit gehabt haben dürfte, den angerichteten Schaden als Grund der Verurteilung entsprechend der Carolina anzugeben, ist er doch ein weiteres Beispiel für die Apostasierung des Hexereiverbrechens. Das eigentliche Delikt der Hexen liege im Verstoß gegen das erste Gebot und nicht im Schadenszauber:

„Dargegen aber ist zuwißen, dz [= dass] in | der Trütnerey dz [= das] fürnambste Stückh, darauff allermeist | achtung zuegeben, nicht stehe in äußerlichen Umbstanden, | noch in der sünden wied[er] die ander Taffel der Heiligen Zehen | Gebott Gottes, sonderlich aber wieder dz [= das] erste gebott | derselben, begangen werd[en], alß dz [= dass] Sie muthwilliger weiß | auß v[er]führung unnd v[er]hezung des leidigen Teüfelß, von Gott | ihrem Schöpffer, unnd von der ganzen heil.[igen] Treyfaltigkeit | abfallen" (fol. 6a).

Zur Begründung führt er auch hier wieder einige Zitate aus der Heiligen Schrift an: Ex 20/34, Lev 19/20, Dt 13. Demnach ist der Abfall von Gott die schlimmste Sünde, auf die Gott selbst den Tod gesetzt hat. Deshalb sind die Hexen allein wegen dieses Vergehens zum Tode zu verurteilen, auch wenn sie keinen anderen geschädigt haben, umso mehr natürlich, wenn ein Schadenzauber dazu kommt. Nicht mehr der materielle Straftatbestand wird geahndet wie in der Carolina, sondern der Akt der Übereinkunft mit dem Teufel. An diesem Punkt fällt natürlich der Unterschied zwischen weißer und schwarzer Magie weg, denn für beide ist der Pakt mit dem Teufel konstitutiv.

Die Festsetzung des Strafmaßes gründet auf dem „nahezu als ‚klassisch' anzusprechenden ‚Rechtssatz' des Hexenstrafrechts"[239] aus Ex 22,17: „Eine Zauberin sollst du nicht am Leben lassen." Bei allen Hexentraktaten steht

---

[237] Zitiert nach JEROUSCHEK 1992, S. 39.
[238] Vgl. HAUSTEIN 1990, S. 175; BEHRINGER 1997, S. 124/125.
[239] MERZBACHER 1970, S. 58.

diese Stelle im Zentrum der Argumentation gegen Hexen.[240] Dabei sei nochmals auf die Schärfe der Predigt Luthers hingewiesen, die er in der Auslegung zu dieser Stelle gehalten hat,[241] aber auch darauf, dass selbst Brenz, der eine wesentlich liberalere Einstellung dazu hatte, um diesen alttestamentlichen Vers nicht herumkam, auch wenn seine Argumentation mehr als dürftig ausfiel. Ex 22,17 hat für Francisci absolute Geltung[242] und muss auch dann zur Anwendung kommen, wenn im Prozess selbst keine Schuld nachgewiesen werden konnte, was bei Hexenprozessen immer heißt, dass kein Geständnis erfolgte und kein Schadenzauber festgestellt werden konnte. Hier zeigt sich am deutlichsten, wohin die transzendentalisierte Deutung des Hexereiverbrechens geführt hat. Ursache der Verurteilung war nicht mehr ein materieller Straftatbestand, sondern nur noch die Vermutung über ein Bündnis der Angeklagten mit dem Teufel.

Franciscis Argumentation hinsichtlich der harten Bestrafung der Hexen geht in zwei Richtungen (fol. 11b-12a):

Erstens will er mit einigen Schriftzitaten beweisen, dass Gott selbst die Zauberer gestraft habe. Z. B. werden die ägyptischen Zauberer von schwarzen Blattern befallen (Ex 9,11), Bileam der Zauberer wird in der Schlacht gegen die Midianiter getötet (Num 31,8) und ein Zauberer wird durch Erblindung gestraft (Act 13,11). Wie bei dem Nachweis der Realität des Schadenzaubers geht Francisci hier von der beispielhaften Bedeutung dessen aus, was Menschen in der Bibel tun, sagen und erfahren.

Zweitens habe Gott selbst der weltlichen Obrigkeit befohlen, „alß seine Statthalterin" gegen die Hexen vorzugehen (fol. 12a). Als Beweis dafür führt er gesetzesähnliche Texte an aus Dt 13(9f) und Dt 19 (gemeint sind wahrscheinlich Vers 13 und 31). Daneben sind ihm hier, wie in Teil 1, geschichtliche Ereignisse Mittel zur Legitimation. So weist er darauf hin, dass dieser Befehl Gottes schon von den jüdischen Königen David, Josaphat und Josias beachtet wurde. Francisci hat hier keine genaue Bibelstelle im Sinn, sonst hätte er sie angeführt, wie er das sonst auch gemacht hat. Vielmehr denkt er ganz allgemein an die im deuteronomistischen Geschichtswerk als vorbildlich geschilderten Könige, die sich in ihrer Verantwortlichkeit für die Erhaltung des Gesetzes bewährt haben.[243] Mit dem Hinweis, dass sich auch die „alten löblichen Kaißer" (fol. 12b) nach diesem Grundsatz gerichtet haben, rundet Francisci seinen Ausflug in die Geschichte ab, ohne hierfür Beispiele anzuführen. Auf jeden Fall verschweigt er (oder weiß er nicht),

---

[240] Seltsam mutet es an, wenn sich eine moderne Übersetzung die Sichtweise und Interpretation einer Bibelstelle durch die Hexenverfolger zu eigen macht und Exodus 22, 17 folgendermaßen übersetzt: „Eine *Hexe* sollst du nicht am Leben lassen" (Einheitsübersetzung 1980, Hervorhebung durch Verf.).
[241] WA 16, 551.18 – 552.23.
[242] FRANCISCI 1ã91, fol. 11b.
[243] BACH 1959, Sp. 1705/1706.

dass das Gesetz keinesfalls zu allen Zeiten solch harte Strafen für Zauberei kannte. So wurden im kirchlichen Bereich magische Praktiken lange Zeit nur mit relativ geringen Strafen belegt, Kirchenbußen, über deren Art und Weise wir durch erhaltene „Bußbücher" gut informiert sind.[244] Der Verweis auf die Rechtsprechung, der an dieser Stelle auffällt, weil Francisci sonst die Schrift als Legitimationsgrundlage ausreicht, kann hier eventuell auch dazu dienen, die Ahndung von Zauberei naturrechtlich zu begründen und damit ihre Gültigkeit für alle Menschen, nicht nur für Christen, zu behaupten.[245] Trotz aller Zusammenarbeit zwischen weltlicher Obrigkeit und Kirche, die Francisci fordert, geht er davon aus, dass beide Bereiche unterschiedliche Aufgaben haben und davon ausgehend auch verschiedene „Mittel", diese zu erfüllen. So ist es auch logisch, dass sich Francisci im Zusammenhang der Aufgabe der weltlichen Obrigkeit ausschließlich auf die (weltliche) Rechtsprechung beruft.

Expressis verbis wird von Francisci hier auf die von Gott verliehene Schwertgewalt der Obrigkeit hingewiesen (vgl. Röm 13). Sie hat als Gottes Werkzeug die Aufgabe, den äußerlichen Gehorsam der justitia civilis zu erzwingen. Ihr Bemühen darum und der entsprechende Gehorsam der Untertanen werden von Gott mit der Wahrung von Frieden und Gerechtigkeit belohnt. Wird diese Aufgabe von der Obrigkeit nicht ernst genommen, erstreckt sich, nach Auffassung der damaligen Zeit, Gottes Zorn über Land und Leute. Letztlich muss man in diesem Denken auch den Grund dafür sehen, dass Hexenverfolgungen oft nicht nur Anliegen der Obrigkeit waren, sondern auch v. a. von der agrarisch orientierten Bevölkerung gewünscht wurden. Diese verstand Unwetter, Schaden am Vieh und an den Feldfrüchten als Strafe Gottes dafür, dass Hexen usw. ihr Unwesen ungestört treiben können. Deshalb forderte sie von der Obrigkeit, gegen vermeintliche Hexen vorzugehen, um Gottes Zorn abzuwenden.

Behringer hat in seinen Untersuchungen auf den Zusammenhang von Agrarkrisen und Hexenprozessen aufmerksam gemacht.[246] Er weist am Beispiel Süddeutschlands nach, dass sich die großen Hexenverfolgungen zeitlich mit den Jahren der Teuerung durch Missernten und Unwetter decken. Über die erste große Hexenverfolgung auf deutschem Boden (1562–1564) schreibt er: „Zweifellos war es der Wetterzauber der Hexen, der 1562–1564 in den Mittelpunkt der Auseinandersetzungen trat. Die Hexen sollten verantwortlich sein für die furchtbaren und ungewöhnlichen Unwetter, die die Ernten vernichteten, Teuerungen, Hunger und Krankheiten bei Mensch und Vieh verursachten. Die Bevölkerung forderte die Obrig-

---

[244] BEHRINGER 1988a, S. 30f.
[245] Vergleichbares hat Haustein herausgearbeitet für die Predigt LUTHERS über Ex 22,19 (WA 16,551.18–552.23); HAUSTEIN 1990, S. 125.
[246] Vgl. BEHRINGER 1988a, S. 62–76.

keit zu scharfem Vorgehen auf und an manchen Orten gab die Obrigkeit dieser Forderung nach."[247]

Es ist also – zumindest im 16. Jahrhundert – keinesfalls so, dass die Verfolgung von Hexerei nur von der kirchlichen Leitung und der weltlichen Obrigkeit betrieben wurde und gegen eine bestimmte Gruppe ihrer Bevölkerung gerichtet war. Vielmehr wollten viele Menschen des „einfachen" Volks selbst einen Zusammenhang zwischen dem Tun der Hexen und Unwettern, Missernten und Teuerungen erkennen. In der „Erweytterten Unholden Zeyttung" von 1590 kann man lesen:

„Dieweil dann zu unsern zeiten alle Zaubereyen und Teuffelsgespänst dermaßen über hand nemen, das schier alle Städt, Märckt und Dörffer im gantzen Teutschland, will von andern völckern und nationen nicht reden, desselben unzifers und Teuffels dienern voll seindt, welche nicht allein die liebe frucht auff dem Feldt, die uns der Herr durch seinen segen wachsen lasset, mit ungewöhnlichen Donnern, Blitz, Schawr, Hagel, Sturmwinden, Reiffen, Wassersnöthen, Meüsen, Gewürm und was andere sachen mehr sein [...] in den grundt zu verderben understehen, Sondern auch dem Menschen sein Nahrung durch verderbung des viechs, als khü, Kelber, Pferdt, Schaff und dergleichen zunemen und abzuspannen, nach allem ihrem vermögen trachten, ja nicht das Vieh und Frücht der Erden allein, sondern auch ihrer nechsten und etwan gesipten Blutsfreundt [...] nicht verschonen, sondern mit großer anzahl hinrichten [...]: Die alten leuth zu erkrummen, zu erlamen. inn schmertzliche kranckheiten und endtlichen inn den Todt zubringen, allen Fleiß anwenden, dadurch dann allerley jammer und noth under den Menschen erwachsen thut. Weil dann diesem also, thut ein Obrigkeit löblich wol und nach Gottes befelch, da sie solche Teuffels Kinder, die Gott und dem Menschen zuwider und deren abgesagte Feind sein, von der Erden wegraumen, durch fewer und schwert auß dem mittel nemen."[248]

Francisci ist damit ganz im Denken seiner Zeit verwurzelt, wenn er die Aufgabe der Obrigkeit aufweist und zeigt, was passiert, wenn sie dieser Pflicht nicht nachkommt (fol. 13b). Deshalb steht am Ende wie am Anfang der Schrift die Empfehlung für den Fürsten, mit aller Strenge und Härte gegen Hexen vorzugehen, um ein warnendes Beispiel für alle Untertanen zu statuieren. Deutlich ist an dieser Stelle herauszustellen, dass Francisci damit gerade nicht der Zwei-Reiche-Lehre Luthers entspricht, die hier zu unterscheiden weiß zwischen weltlichem und geistlichem Bereich. Vielmehr ist sein Denken im Kontext eines landesherrlichen Kirchenregiments zu bewerten und zu verstehen, wie es weiter oben bereits dargestellt wurde.[249]

Dabei ist für Francisci nicht jedes Hexerei- bzw. Zaubereiverbrechen gleich zu ahnden. Nach § 109 der Carolina, den Francisci hier mit aller Wahrscheinlichkeit meint, wenn er auf das kaiserliche Recht verweist (fol.

---

[247] BEHRINGER 1988a, S. 62.
[248] Zitiert nach BEHRINGER 1988a, S. 70.
[249] Vgl. die Abschnitte 2.1.1 und 2.1.2 der vorliegenden Arbeit.

12b), wurde die Todesstrafe im Falle von Zauberei durch das Feuer vollzogen.[250] Beim Feuertod kettete man die Opfer an Pfähle, die einen aufgeschichteten Holzstoß überragten oder auch an freistehende Säulen, an denen Pechkränze und Strohbüschel befestigt waren. Um den Eintritt des Todes zu beschleunigen, wurde den betreffenden Personen oft ein Säckchen mit Schwefelpulver um den Hals gehängt. Häufig wurde das Verbrennen bei lebendigem Leibe dadurch abgemildert, dass die Personen vorher stranguliert wurden. Die Menschen der damaligen Zeit empfanden die Hinrichtung mit dem Schwert vor der Verbrennung als große Milde.[251] In weniger schweren Fällen gab es auch mildere Strafen, die ebenso bei Francisci aufgeführt werden, z. B. den Staupenschlag (auch „Staupbesen" genannt), bei dem der oder die Verurteilte mit einer aus Birkenreisern gebündelten Rute öffentlich körperlich gezüchtigt wurde.[252] Ferner gab es nach Angabe Franciscis zumindest theoretisch die ‚ewige' Gefängnisstrafe, ‚ewige' und zeitliche Landes- oder Stadtverweisung, öffentliche Bußleistungen oder die Konfiszierung von Hab und Gut der Verurteilten.[253] Wichtig war auf jeden Fall, dass keiner ungestraft blieb und die Strafe als Abschreckungsmittel öffentlich vollzogen wurde.[254]

Fraglich bleibt, ob Francisci mit diesen Angaben den in den Markgraftümern üblichen Brauch wiedergibt oder ob seine Ausführungen aufzeigen, was in anderen Landen Theorie und Praxis war. Aus der Auflistung der im Untersuchungsterritorium geführten Prozesse[255] lassen sich folgende Strafen belegen:

– Hinrichtung durch Verbrennung (belegt z. B. bei Margaretha Kurrin 1587)
– Staupenschlag (belegt z. B. bei Bonifacius Brecht 1592)
– Landesverweisung (belegt z. B. bei Hans Schmidt 1578 oder bei Barbara Fleißmännin 1591)

Es konnte auch vorkommen, dass man mehrere Strafen miteinander kombinierte, so z. B. bei Bonifacius Brecht, der zuerst mit Ruten ausgehauen und dann des Landes verwiesen wurde.

---

[250] MERZBACHER 1970, S. 171/172.
[251] AaO., S. 173.
[252] AaO., S. 160/161.
[253] In der Regel wurde ohnehin das Vermögen der Hingerichteten, zumindest ein Teil davon, eingezogen (aaO., S. 178–180).
[254] AaO., S. 173.
[255] Vgl. das Verzeichnis der Hexen- und Zaubereiprozesse, S. 150–197.

## 3.5.6.7. Hinweise Franciscis für die Prozessführung

### 3.5.6.7.1 Die Aufgabe der Pfarrer

Die Aufgaben der Pfarrer bezüglich eines Hexenprozesses lagen nach Francisci in drei Bereichen (fol. 8b – 10a):

(1) Belehrung und Ermahnung der Gemeindeglieder

Sitz im Leben für die Belehrung und Ermahnung ist die Predigt bzw. der Katechismusunterricht. Die Geistlichen sollen in ihrer Predigt, falls ihnen in ihrer Gemeinde etwas aufgefallen ist, darauf hinweisen, dass Hexerei gegen das Gesetz Gottes verstößt, und zur Abschreckung die Strafen aufzeigen, die auf dieses Verbrechen stehen.

(2) Unterrichtung der weltlichen Obrigkeit und der kirchlichen Leitung

Bei Francisci wird diese Pflicht der Unterrichtung nicht ausdrücklich erwähnt. Jedoch geht auch er grundsätzlich davon aus, weil er eine Einschränkung vornimmt: Das Beichtgeheimnis soll dabei gewahrt bleiben. Damit bestätigt unser Gutachten die Meinung Merzbachers, dass es in den Markgraftümern und in den angrenzenden Bistümern keinesfalls gang und gäbe war, dass die Beichtväter verpflichtet waren, genaue Auskunft zu geben über die Beichte verdächtiger Personen.[256] Dennoch kann davon ausgegangen werden, dass das Beichtgeheimnis hin und wieder missachtet wurde, sonst hätte Francisci diesen Punkt wohl nicht eigens hervorgehoben.

(3) Seelsorgerliche Begleitung der Angeklagten während eines Prozesses

In Art. 102 der Carolina wurde vorgeschrieben, dass dem Verurteilten ein oder zwei Geistliche zu seiner Betreuung beigegeben werden müssen, die ihn zur Reue anhalten sollen. Auch war nach Art. 79 der Carolina dem Angeklagten rechtzeitig seine Verurteilung bekannt zu geben, um ihm Beichte und Empfang der Kommunion zu ermöglichen.[257] In allen Hexentraktaten, vom „Hexenhammer" angefangen, taucht ein entsprechender Passus auf, der den Verurteilten den Beistand von Geistlichen sichert. Francisci erörtert die Aufgabe der Geistlichen folgendermaßen: Sie sollen den Angeklagten dazu anhalten, den Richtern die Wahrheit zu sagen. Außerdem sollen die Pfarrer „mit Gottes wortt unnd mit andechtigem eyferigem gebeth" dem Teufel wehren, der nach Ansicht der Zeit natürlich auch im Gefängnis gegenwärtig ist. Schließlich sollen sie auf eine Bekehrung des Abgefallenen zu Gott hinwirken (natürlich auch unter Androhung der ausstehenden Strafen). Wenn sich der Angeklagte reuig zeigt, ist ihm das Evangelium von der Vergebung der Sünden um Christi willen als Trost zu predigen. Ferner sol-

---
[256] MERZBACHER 1970, S. 113.
[257] AaO., S. 167.

len die Geistlichen mit ihren Gemeinden während des Fortgangs des Prozesses bzw. der Vollstreckung des Urteils beten, damit sie im Glauben bewahrt bleiben. Francisci fügt hinzu, dass die Geistlichen mit Gottes Wort und Gebet oft mehr ausrichten als die Scharfrichter mit ihren Foltermethoden.

### 3.5.6.7.2 Gebet statt Magie

Zum Vergleich sei hier die bayerische Generalinstruktion herangezogen, die Francisci aller Wahrscheinlichkeit nach gekannt hat. Auf den ersten Blick scheinen sich die Aufgaben der Geistlichen nicht zu unterscheiden. Ein Unterschied fällt jedoch ins Auge, der Francisci als lutherischen Pfarrer auszuweisen scheint: Die Betonung des Gebets in Verbindung mit dem Wort Gottes zur Abwehr des Teufels. Um dies zu verdeutlichen, sei zunächst eine Stelle aus der bayerischen Generalinstruktion angeführt.

„Wie dann auch all dieweil solche zauberische Personen gefanglich verhafft, geistliche sachen, als Weichwasser, Cruzifix, geistliche bilder, Agnus Dei und dergleichen gegenwertig sein solten, damit des teufels gewalt verhindert werde."[258]

Auch in anderem Zusammenhang ist die Ablehnung solcher Riten von Beginn an ein zentrales Anliegen der Reformatoren, vor allem im Zusammenhang mit Geburt und Taufe eines Kindes wurde eine derartige Praxis als „päpstische Machenschaft" verworfen.[259] Der Gebrauch von Sakramentalien als Gegenzauber bzw. zur Abwehr des Teufels ist für Luther gleichbedeutend mit Zauberei. Für den Katholizismus hingegen waren dies legitime Mittel gegen den Teufel und die Hexen.[260] Dagegen findet sich bei vielen Aussagen Luthers nur das Gebet als Schutz vor dem Teufel, so z. B. in der Predigt vom 15. August 1529 oder auch in der zwei Wochen später gehaltenen Predigt vom 12. September: „De fascinatoribus supra vos admonui, ut contra illos oretis, quia illae / in nobis non desistunt."[261] Francisci hat in diesem Punkte eine lutherische Linie gegen das katholische bayerische Dekret vertreten.

### 3.5.6.7.3 Kritik am Nachrichter

Die Kritik an der Verwendung derartiger Riten überträgt Francisci auch auf die von vielen Scharfrichtern geübten Gepflogenheiten (fol. 10b). Den Hintergrund dafür bildete ein aktueller „Missstand" im Land. In dem wenige Wochen vor Franciscis Schrift entstandenen Schreiben des Hofrats an

---

[258] Zitiert nach BEHRINGER 1988a, S. 117.
[259] Vgl. Kapitel 2.2.1.3.
[260] HAUSTEIN 1990, S. 122.
[261] WA 29, 557.32–33.

den Markgrafen, in dem von einer Unterredung der anwesenden Herren über die zukünftig zu verfolgende Linie in der Frage der Hexenverfolgung berichtet wurde, geht es um dasselbe Problem. Ganz dezidiert wird hier angeprangert, dass bei aktuellen Prozessen ein „papistischer" Nachrichter geholt worden sei, der bei seiner Arbeit selbst mit Zauberei umgehe:

„daß ein frembder Nachrichter hieher erfordert, der nicht allein einer widerwertigen, Als der Papistischen Religion, und wie die gemeine sag gehet, Ein Teuffels, oder Truttenbanner, Sonder auch albereit, wider etliche gefangene, mit eingebung geweiheten Salz und geweiheten Waßer, auch sonderbaren zugerichten eßen, und was dergleichen unordentliche, Verpottene mittel, mit den gesuchten Trutten Zeichen, und sonsten mehr sein u. selbsten Zauberey gebraucht haben soll [...] Wann aber solcher weg, die rechten ordentliche mittel nicht, dadurch die wahrheit an den tag zu bringen, oder darauf Im urteylen zu fußen, noch anderstwo bey den Evangelischen Stenden erhört ist, daß man dergleichen Abgöttischen hencker, und Papistische Ceremonien geduldet, und verstattet, unnd also gleichsamb ein Teüffel den andern vertreiben, oder Zauberei, wider Zauberei geprauchen soll, welches dann, gewißens halben daß man solche sachen dardurch gleichsamb gut heißt, andere damit Ergert".[262]

Auch hier wird von einem Nachrichter berichtet, der z. B. geweihtes Salz oder Weihwasser bei seinen Verhören benutzt, eben genau jene Dinge, die im evangelischen Bereich äußerst kritisch betrachtet wurden, da bereits Luther derartige Praktiken abgelehnt hat. Darüberhinaus hat man Angst davor, dass der (evangelische) Ruf der Markgraftümer durch einen solchen Nachrichter geschädigt wird.

Wenn Francisci davon spricht, dass den Hexen ein „wohlbedachter rechtmeßiger Proceß" gemacht werden soll, plädiert er damit nicht nur allgemein für die Einhaltung der Rechtsvorschriften[263], sondern denkt auch ganz speziell an die Nachrichter, deren Arbeit er äußerst kritisch beurteilt (fol. 10b).

Auch in der katholischen bayerischen „General Instruction" ist in diesem Zusammenhang die Rede von unzulässigen abergläubischen Methoden.[264] Gemeint sind im Gegensatz zu Francisci wahrscheinlich die damals gängigen „Hexenproben", die trotz vielfacher Verbote immer wieder zur Anwendung kamen, so z. B. die Probe mit dem glühenden Eisen, das die Angeklagte drei Schritte weit tragen musste.[265]

---

[262] Ansbachische Monatsschrift 1794, S. 541f.
[263] Merzbacher hat in seiner Untersuchung darauf hingewiesen, dass „zweifellos [...] unzählige Verfahren statt[gefunden haben], die jeder Rechtsanwendung spotteten und bei denen sich die Richter über gesetzliche Formvorschriften nach Willkür hinwegsetzten" (MERZBACHER 1970, S. 123).
[264] BEHRINGER 1988a, S. 114.
[265] MERZBACHER 1970, S. 152.

### 3.5.6.7.4 Vorbilder in der Prozessführung

Der Schwerpunkt in Franciscis Ausführungen liegt in der Darstellung der theologischen Seite, die Hinweise für den politischen Prozess hingegen benennen nur einige wichtige Punkte. Francisci ist sich der Fragmentarität seiner Ausführungen durchaus bewusst. Seine Schrift ist in der Anlage ein „Prinzipientext" konstruktiv entwickelnden Inhalts, der jedoch aus einem konkreten Anlass heraus entstanden ist. Bereits unter Punkt 2.2.2.4 ist darauf hingewiesen worden, dass es 1591 neben anderen Aspekten auch um die Frage einer eigenen Hexengesetzgebung entsprechend dem bayerischen Vorbild ging. Die Hofräte hatten sich in ihrem Schreiben an den Markgrafen gegen eine spezielle Gesetzgebung für Hexenprozesse ausgesprochen, indem sie betonten, dass die Carolina alle notwendigen Hinweise dafür biete.[266] Francisci jedoch, der in seiner „General Instruction" die grundlegenden Vorschriften der Carolina anführt,[267] ermutigt den Markgrafen durchaus, über die bereits bestehenden generellen Vorschriften hinaus eine genaue Verordnung zu erstellen, die vor allem die Praxis der Prozessführung beinhaltet. Francisci gehört somit der Gruppe am markgräflichen Hof an, die eine Gesetzgebungslücke in Bezug auf die Hexenverfolgung erkennen will. Dabei verweist er auf zwei Vorbilder: „wie dergleichen Instruction, ohnlengst von der | hohen Obrigkeit in Beyern, und von einem E. Rat zue Nördt- | lingen mit großem bedacht gestelt, und den Richtern ubergeben | worden ist" (fol. 11a).

Mit der „Instruction der hohen Obrigkeit in Beyern" meint Francisci die schon öfters zitierte „General Instruction, Wie sich Alle und Jede Pfleger, Richter und Beambte des Rentamts mit den Unholden und Hexen werckhs verleimbten Personen In Erkennung, Einziehung und Besprachung, dann auch sonsten in ainem und anderem, zu verhalten haben"[268], die zwischen Mai und Juni 1590 entstanden ist. Man wird mit großer Wahrscheinlichkeit davon ausgehen können, dass Francisci die Instruktion in schriftlicher Form vorlag. Das beweist der Hinweis auf die Instruktion in der Schrift Franciscis selbst an der genannten Stelle. Außerdem zeigt sich in der gleichen Namensgebung „General Instruktion" das Anliegen Franciscis, mit seiner Schrift Ähnliches für das Markgrafenland zu schaffen. Damit ist zwar noch nicht bewiesen, dass es ihm in schriftlicher Form vorlag, evident wird dies aber daran, dass Francisci v. a. in dem Abschnitt „uber den

---

[266] Ansbachische Monatsschrift 1794, S. 538.
[267] Hier betonte Francisci in Anlehnung an das Bayerische Vorbild vor allem die Beachtung des Art. 66 der Carolina, in dem es um die Verfasstheit der Zeugen ging: „Genugsame zeugen seindt die, die vnbeleumdet, vnd sunst mit keyner rechtmessigen vrsach zuuerwerffen sein" (Carolina, S. 61). Auch hier nimmt Francisci einen aktuellen Diskussionspunkt auf, vgl. den Prozess gegen Caecilie von Pappenheim Nr. 83.
[268] Abgedruckt in: BEHRINGER 1988a, S. 110–120.

politischen Proceß" oft fast wörtlich aus der bayerischen Instruktion zitiert. Als ein Beispiel dafür seien zwei Zitate aus den beiden Schriften angeführt.

Bayerische Generalinstruktion:
„Jtem so bei einer Person gifft, Hostien, Krotten, Menschliche Glieder, bildtnußen vom Wax, die mit Nadeln und glufen durchstochen, gefunden werden."[269]

Heilsbronner Generalinstruktion:
„oder [bey ihnen gifft?] | Kröten, Ostien, Menschliche glieder, wachsene durchstochene bilder, | Charakteres und Zeichen", (fol. 10a-10b).

Als weiteres Argument ist anzuführen, dass der Handschrift Franciscis die bayerische Generalinstruktion von 1590 in einer Abschrift beigeheftet ist, die ungefähr aus der gleichen Zeit stammt.[270] In der Praxis wird man sich, als im eigenen Gebiet gehäuft Hexenprozesse vorkamen, erkundigt haben, wie die Sache in den Nachbarterritorien verhandelt wird. Dabei ist zu betonen, dass der katholische Flächenstaat Bayern, dem in der Region eine Vormachtstellung zukam, auf die benachbarten Herrscher nicht nur in dieser Sache besonders großen Einfluss ausübte.[271]

Nicht ganz so einfach verhält es sich mit dem zweiten Hinweis auf den „Rat zu Nördlingen". Auch in der protestantischen freien Reichsstadt kam es 1588/89 zu Hexenverfolgungen.[272] Infolgedessen erteilte der Rat der Stadt Nördlingen dem Stadtschreiber Paul Majer den Auftrag, eine Instruktion[273] zu erstellen, „worin die Hexerei als nur im nächtlichen Dunkel mögliches Verbrechen hingestellt wurde, das darum nur durch eine ‚heilsame Tortur' ans Licht gebracht werden könnte"[274] und gegen das mit aller Strenge vorzugehen sei. Wahrscheinlich hat Francisci dieses Gutachten mit seinem Hinweis im Auge. Ob Francisci diese Schrift vorlag oder ob er sie nur vom Hörensagen kannte, und inwiefern sie Einfluss genommen hat auf seine Ausführungen, kann nicht beurteilt werden, weil die Quelle nicht erhalten ist.[275]

---

[269] Zitiert nach: AaO., S. 110–120.
[270] Die Datierung erfolgte durch Dr. Wünschel vom Staatsarchiv Bamberg, dem ich an dieser Stelle herzlich danke.
[271] BEHRINGER 1987a, S. 148/ Anm. 100.
[272] SOLDAN/HEPPE/BAUER 1912 (1), S. 500/501.
[273] Es dürfte sich um jene Instruktion handeln, die Weng in seiner Untersuchung über die Hexenprozesse der ehemaligen Reichsstadt Nördlingen nennt: „Wie sich eine christliche Obrigkeit gegen so viele Unholdinnen zu verhalten habe, gegen die man starken Verdacht, wenn gleich keinen Beweis habe." (WENG o. J., S. 14).
[274] Zitiert nach SOLDAN/HEPPE/BAUER 1912 (1): S. 500/501.
[275] So die Angabe des Archivleiters des Stadtarchivs Nördlingen.

## 3.5.7 Franciscis Auseinandersetzung mit den Quellen

### 3.5.7.1 Juristische Quellen

Wie bereits ausgeführt worden ist, hat Francisci als Vorlage für seine „General Instruction" vermutlich die bayerische Instruction von 1590 sowie eine nicht erhaltene Nördlinger Verordnung aus derselben Zeit benutzt. Während er in den Fragen des genauen Prozessverlaufs durchaus mit der bayerischen Vorlage gleichzieht, kann man dagegen in der Ablehnung jeglicher Art von Magie eine gegensätzliche konfessionelle Prägung erkennen. Die „General Instruction" ist insofern ein Beispiel für die Konfessionalisierung der Diskussion[276] um 1590.

Ferner ist bei der Analyse von Franciscis Schrift an mehreren Stellen deutlich geworden, dass er die Carolina bzw. die Revidierte Peinliche Halsgerichtsordnung für Brandenburg Ansbach und Kulmbach/Bayreuth von 1582 gekannt und vor allem in den Hinweisen für die Prozessführung zur Unterstützung seiner Argumentation benutzt hat. Jedoch bleibt zu betonen, dass Francisci sich eindeutig gegen das weltliche Recht stellt, wenn er das eigentliche Verbrechen der Hexen im Bund mit dem Teufel sehen will und nicht im Schadenzauber, der einzig Gegenstand der Verurteilung nach der Carolina sein kann. Francisci ist an diesem Punkt ein weiteres Beispiel für die Transzendentalisierung bzw. Apostasierung des Hexereiverbrechens im Verlaufe des 16. Jahrhunderts.

Darüber hinaus hat sich Francisci an den Verordnungen für den kirchlichen Bereich orientiert, wenn er die Aufgabe der Pfarrer beschreibt. Wie es dann endgültig in der Konsistorialordnung von 1594 festgehalten werden wird, obliegt dem Zuständigkeitsbereich der Pfarrer die Unterweisung und wenn nötig Ermahnung des Kirchenvolks oder einzelner Menschen, die ein von der Norm abweichendes Verhalten zeigen. In der Konsistorialordnung wird der Aufgabenbereich der Pfarrer mit den Worten „Gradus admonitionum" umschrieben. Wenn diese Ermahnung durch den Pfarrer nicht ausreicht, ist der weltliche Arm um Hilfe anzurufen, dem dann das weltliche Gesetz zur Verfügung steht, um gegen eine sündige Person vorzugehen. Hiermit ist Francisci in der Betonung der Kooperation von weltlicher Obrigkeit und kirchlicher Leitung stark im Denken eines landesherrlichen Kirchenregiments verwurzelt. Hingegen lehnt die Zwei-Reiche-Lehre Luthers eine solche Zusammenarbeit als Vermischung des weltlichen und des geistlichen Bereichs grundsätzlich ab.

---

[276] Vgl. BEHRINGER 1988b, S. 347.

## 3.5.7.2 Theologische Quellen

Es muss davon ausgegangen werden, dass Francisci sowohl die „Klassiker" der Theologie als auch der Hexentraktate gekannt hat. Da er jedoch die Quellen, auf die er sich bezieht, nicht explizit angibt, können lediglich Traditionslinien herausgearbeitet werden, die er zur Kenntnis genommen haben muss:

(1) In vielen Punkten hat Francisci die Gedanken des „Malleus Maleficarum" aufgenommen. Dafür sprechen die unkritische Übernahme des kumulativen Hexenbegriffs, Ähnlichkeiten mit dem für den „Hexenhammer" als signifikant erkannten Gottesbild oder auch die konsequente Forderung der Todesstrafe.

In diesen Bereich gehört auch die Übernahme der Teufelspaktlehre des Thomas von Aquin. So taucht in Franciscis Ausführungen die auf Thomas von Aquin zurückgehende Unterscheidung zwischen einem heimlichen und einem ausdrücklichen Teufelspakt auf (fol. 2b).[277]

Die katholische Dämonologie hatte sich in den hundert Jahren seit Erscheinen des „Hexenhammer" kaum weiter entwickelt. Erst mit dem „Tractatus de confessionibus maleficorum et sagarum" des Trierer Weihbischofs Peter Binsfeld von 1589 trat eine dezidiert katholische Verfolgungspartei wieder auf den Plan.[278]

Einiges spricht dafür, dass Francisci das Werk Binsfelds gekannt hat. So tauchen bereits in der Vorrede Gedankengänge auf, die in der gleichen Weise bei Francisci vorkommen. Z.B. grenzt sich auch Binsfeld sofort gegen Weyer und Brenz ab und erklärt dagegen, dass es Zauberei, wie schon die kaiserlichen Rechte bezeugten, immer gegeben habe.[279] Insgesamt kann es deshalb als möglich erachtet werden, dass Francisci im Zuge der Auseinandersetzung mit seinem Thema auch Binsfelds aktuelle Schrift gekannt hat. Sieht man einmal von typisch evangelischen Aspekten in Franciscis „General Instruction" ab, die unten aufgezeigt werden, verbindet ihn mit dem Verfolgungsbefürworter Binsfeld sehr viel mehr als z.B. mit Johannes Brenz.

(2) Die zeitgenössische Auseinandersetzung mit Johannes Weyer und Johannes Brenz

Sicherlich waren Francisci die von Weyer aufgestellten Thesen und dessen Argumentation geläufig, und er hat sich, wo immer es ging, in seiner Schrift deutlich davon abgegrenzt. Wie stark Weyer und Brenz trotz aller bereits herausgearbeiteten Unterschiede von den Zeitgenossen als Vertreter einer Meinung angesehen wurden, beweist das Regierungsgutachten gegen

---
[277] Vgl. Abschnitt 3.5.5.
[278] Vgl. dazu BEHRINGER 1988b, S. 180.
[279] Ein Auszug der Vorrede ist abgedruckt in: AaO., S. 205.

Weyer und Brenz aus München 1590. Man wendet sich mit aller Entschiedenheit gegen die von beiden geübte Skepsis bezüglich der Fähigkeit des Teufels und der Hexen, einen Schaden überhaupt anrichten zu können. In demselben Gutachten wird dies als die Sichtweise „der merer teil der Kötzer" dargestellt[280] – Francisci jedoch setzt sich als lutherischer Theologe ausdrücklich davon ab. Es ist die einzige gegnerische Meinung, auf die Francisci überhaupt genauer eingeht. Von daher liegt es auf der Hand, dass ihm viel daran gelegen war, sich nicht in diese „evangelische Ecke" gestellt zu sehen.

(3) Franciscis Auseinandersetzung mit der lutherischen Theologie

Francisci hat sich als streng lutherischer (!) Titularabt verstanden, schließlich wurde er als solcher in dieses Amt gesetzt.[281] Insofern liegt es auf der Hand, dass auch seine „General Instruction" unter diesem konfessionellen Aspekt gelesen wird. Francisci steht damit paradigmatisch für eine protestantische Sichtweise der Hexenthematik, die nicht nur im Gegensatz zur katholischen Position gesehen werden soll, sondern gerade auch im Unterschied zu anderen evangelischen Meinungen wie z. B. der des Johannes Brenz.

Franciscis Hauptquelle ist die Bibel, Theologen der Alten Kirche und des Mittelalters werden nicht zitiert. Er erweist sich damit als typisch protestantischer Theologe, dem die Autorität der Bibel mehr gilt als theologische Autoritäten.[282] Schließlich muss ausgehend von seinem Selbstverständnis geklärt werden, inwiefern die verstreuten Ausführungen des Wittenberger Reformators in der Hexenfrage von Francisci rezipiert worden sind. Hätte Francisci Luther als Autorität in der Problematik der Hexenfrage eingeschätzt, hätte er dies mit Sicherheit auch deutlich hervorgehoben. Das ist aber nicht der Fall. Insofern kann man nicht von einer ganz bewusst vollzogenen, speziellen Aufnahme von Luthers Vorstellungen und Äußerungen in der Hexenfrage sprechen, sondern höchstens von einer allgemeinen, d. h. Francisci sieht sich mit seinem Gutachten auf der Grundlage reformatorischer, lutherischer Theologie stehen. Wenn es ihm möglich ist, zieht er infolgedessen auch Luthers Schriften als „Standardwerke" heran, wie dies unter Abschnitt 3.5.6.3 (S. 120) für Deuteronomium 18,10 gezeigt wurde. Am eindeutigsten stimmt Francisci mit Luther in dem Punkt überein, dass Zauberei und Hexerei Delikte sind, in denen sich der Mensch gegen Gott stellt. Nicht irgendein kirchliches Gesetz wird dabei in Frage gestellt, sondern der Wille Gottes, manifestiert in den 10 Geboten. Die Konsequenz daraus war bei Luther wie bei Francisci die Kriminalisierung jeglicher Form des Aber-

---

[280] Zitiert nach BEHRINGER 1988b, S. 212.
[281] Vgl. Punkt 3.5.1.
[282] Es ist unter Punkt 3.5.6.3 bereits betont worden, dass Franciscis Umgang mit der Heiligen Schrift aus heutiger Sicht deshalb nicht bereits als typisch protestantische Schriftauslegung bezeichnet werden kann.

glaubens und daraus abgeleitet eine grundsätzliche Befürwortung der Hexenprozesse.[283]

Aus heutiger Sicht muss eines angemerkt werden: Francisci hat aufgrund eines kritisch zu beurteilenden Gottes- wie Menschenbildes alle Ansätze Luthers, die gegen eine panische Angst vor den Umtrieben des Teufels und damit gegen eine Hexenhysterie sprechen, außer Acht gelassen. Damit hat er alle die Hexenprozesse infragestellenden Punkte der lutherischen Sichtweise, bewusst oder unbewusst, ignoriert.

In der Summe dieser Ausführungen lässt sich also sagen, dass sich Francisci in die Reihe der absoluten Verfolgungsbefürworter einreihen lässt. Er ist ein Beispiel für die Wiederaufnahme und Fortführung des Gedankenguts des „Hexenhammers", gelesen unter protestantischen Vorzeichen.

## 3.6. Zusammenfassung

Ein Eindringen des kumulativen Hexenbegriffs in die Gattung Kirchenordnung ist im 16. Jahrhundert für die Markgraftümer nicht festzustellen. Grundlegende Überlegungen und Bestimmungen finden sich aber zum Wesen der Zauberei und zum Umgang damit in der Kirchenordnung von 1533 und den daran angehängten Katechismus- bzw. Kinderpredigten.

(1) Vor dem Gebrauch von Zauberei wird ausdrücklich gewarnt. Dies wird rational, gesellschaftlich-sozial, aber auch theologisch begründet.

(2) In Anlehnung an Luther setzt sich ein enger Aberglaubensbegriff durch: Derjenige, der sein Vertrauen z. B. in Not und Krankheit nicht auf Gott setzt, sondern eigenmächtig handelt, begeht Zauberei, der verstößt gegen das erste und vor allem das zweite Gebot. (Transzendentalisierung/ Apostasierung).

(3) Prinzipiell muss sowohl die Kirche als auch die weltliche Obrigkeit gegen Zauberei vorgehen, damit sich der Zorn Gottes nicht über Land und Leute ergießt.

(4) In allererster Linie fordert man jedoch als Schutz gegen Zauberei die ordentliche Verkündigung des Wortes Gottes und rechten Glauben mit „anhaltendem" Gebet bei den Gläubigen, Leidensbereitschaft statt Vergeltungssucht.

Eine Zuspitzung in der theologischen Diskussion und gleichzeitig ein Eindringen des kumulativen Hexenbegriffs findet sich in Adam Franciscis „General Instruction von den Truten" von 1591.

(1) Francisci ist konsequenter Befürworter der Verfolgung von Hexerei und Zauberei. Es zeigt sich eine Wiederaufnahme und Fortführung des Ge-

---
[283] Vgl. HAUSTEIN 1990, S. 174–177.

dankengutes des „Malleus Maleficarum", wenngleich in seiner Abhandlung protestantisches Profil zu erkennen ist.

(2) Ebenso konnte im Gegensatz zum weltlichen Recht der Carolina, in der lediglich der Schadenzauber Gegenstand einer Klage werden konnte, eine Transzendentalisierung bzw. Apostasierung des Hexereiverbrechens herausgearbeitet werden.

(3) Eine Rezeption der in der Kirchenordnung und den Katechismuspredigten von 1533 angelegten Gedanken, die zu einer Überwindung bzw. Kritik des Hexenglaubens hätten beitragen können, findet sich nicht.

# 4. Praxis der Hexenprozesse in den Markgraftümern im 16. Jahrhundert

## 4.1 Vorbemerkungen zum Verzeichnis der Hexen- und Zaubereiprozesse in den Markgraftümern Ansbach und Kulmbach/Bayreuth im 16. Jahrhundert

### 4.1.1 Quellenbasis des Verzeichnisses der Zauber- und Hexenprozesse

Alle Ausführungen über Hexenverfolgung im Raum der Markgraftümer Ansbach und Kulmbach/Bayreuth geschehen unter der Voraussetzung einer lückenhaften Quellenbasis. Grundlage des Verzeichnisses bilden die in den Staatsarchiven in Bamberg, Nürnberg und Würzburg liegenden Hexenprozessakten, ergänzt durch Prozessakten aus den Stadtarchiven Crailsheim, Wunsiedel und Bayreuth und durch die Reichskammergerichtsakten.[1] Die einzelnen Prozessakten gewähren als „Sammlung" verschiedenster Quellengattungen (Verhörprotokolle, Briefwechsel zwischen lokalem Gericht und Oberbehörde u. a.) den unmittelbarsten Einblick in die Prozesse. Trotz stereotyper Fragen und Antworten werden die Angeklagten als Individuen greifbar, mitunter erhält man einen Einblick in komplexe (dörfliche) Vorgeschichten und Kontexte eines Prozesses.[2]

Die in den Prozessakten enthaltenen Quellen sind von äußerst unterschiedlichem Umfang. Neben beinahe lückenlosen und genauen Aufzeichnungen wie z. B. im Falle der im Bayreuthischen beheimateten Katharina Höfer (Nr. 20) steht die überwiegende Zahl von Prozessen, die nur bruchstückhaft und unvollständig dokumentiert sind. Zum Teil wissen wir von einem Prozess nur deshalb, weil die Henkersgeldrechnung erhalten ist, während Aufzeichnungen über den Prozess selbst gänzlich fehlen (vgl. Nr. 8 und Nr. 9). Das Studium der vor 1945 erschienenen Sekundärliteratur zeigte, dass den Verfassern damals offensichtlich weitere Hexenprozessakten zur Verfügung standen, die nicht mehr erhalten oder auffindbar sind. So wurde

---

[1] Die grundlegende Arbeit zur Erforschung der Hexenprozesspraxis des Reichskammergerichtes hat Oestmann vorgelegt (OESTMANN 1997). Die für die Markgraftümer entscheidenden Akten befinden sich im Hauptstaatsarchiv München unter der Signatur RKG Nr. 1079/1084/6069/6099.

[2] Vgl. BEHRINGER 1997, S. 32.

diese Sekundärliteratur hinsichtlich der Erfassung weiterer Hexenprozesse ausgewertet (vgl. Nr. 10 und 11). Vereinzelt konnten Hinweise auf Prozesse in zeitgenössischen Chroniken gefunden werden, wie z. B. im Falle der Agneß Brendl (Nr. 13) oder der Margaretha Schmied (Nr. 19). Schließlich stellen die Klosterverwaltungsakten von Heilsbronn einen nicht zu unterschätzenden Fundus dar, der Querverbindungen zwischen den Prozessen auch an verschiedenen Orten ermöglichte.[3] Zusätzlich konnte das im Staatsarchiv Nürnberg aufbewahrte Orderbuch des Ansbachischen Scharfrichters/Nachrichters[4] aus den Jahren 1575–1603 ausgewertet werden. Es enthält in chronologischer Reihenfolge viele während dieser Zeit an den Scharfrichter erteilten Aufträge, zum Teil mit Angaben über das zu richtende Delikt. Jedoch bietet auch diese Quelle keine vollständige Erfassung aller Fälle, in denen der Henker tätig geworden ist.[5]

### 4.1.2  Ablauf eines Hexenprozesses in den Markgraftümern

Im Verzeichnis der einzelnen Fälle sind unter dem Stichwort „Prozessverlauf" stets nur die quellenmäßig für den jeweiligen Prozess belegten Stationen verzeichnet. Um diese innerhalb des Gesamtablaufs eines Hexenprozesses einordnen zu können, soll im Folgenden der „normale" Ablauf dargestellt werden. Als Beispiel dient der Prozess gegen Margaretha Dasing in Crailsheim 1594 (Nr. 88), weil dieser aufgrund der überlieferten Quellen sehr gut zu rekonstruieren ist. Wenn nötig, werden Informationen aus anderen Prozessen hinzugefügt.

Das erste Schreiben, das uns über den Prozess von Margaretha Dasing überliefert ist, datiert vom 24. August 1594 und ist unterzeichnet vom Vogt von Crailsheim, Simon Eysen. Dem Vogt oblag in Crailsheim wie auch in anderen Städten die Ausübung der hohen Gerichtsbarkeit und damit auch die Führung der weiteren Ermittlungen.[6] Er berichtete an den Hof nach Ansbach,[7] dass Margaretha Dasing aufgrund einer allseitigen „Beschreiung" der Hexerei auf Befehl des Markgrafen gefangen genommen wurde. Anscheinend ging dieser Verhaftung die Klage eines Bürgers über einen von

---

[3] An dieser Stelle sei Traudl Kleefeld ganz herzlich gedankt, die durch unermüdliches Studium der Heilsbronner Klosterverwaltungsakten viele Hinweise und Querverbindungen ausfindig gemacht hat, die für die vorliegende Arbeit genutzt werden konnten.

[4] Zur Erklärung des Begriffs Nachrichter/Scharfrichter vgl. Abschnitt 4.1.3.

[5] Ein Auszug aus dem Orderbuch findet sich in: MEYER 1893, S. 302–305.

[6] JEROUSCHEK 1992, S. 56. Innerhalb des Gebietes des Klosters Heilsbronn oblag dem Verwalter mit dem Richter und dem „Abt" (= Titel des Leiters der Fürstenschule) das Recht der Leitung der Untersuchungen und der Berichterstattung nach Ansbach (= Klostergericht).

[7] Die Prozesse sind keine Willkürakte örtlicher Stadtregenten, sondern werden von Anfang bis Ende von der Zentralgewalt geleitet, die lokalen Beamten sind lediglich ausführendes Organ, der Markgraf ist der Gerichtsherr.

Margaretha verübten Schadenzauber an seiner Tochter, Ursula Reu von Altenmünster, voraus, die den aktuellen Anlass zur Festnahme der seit längerem „in bösem Leumund" stehenden Frau bildete. Mit dem Befehl zur Verhaftung[8] der Margaretha ist offensichtlich vom Geheimen Rat in Ansbach[9] zusätzlich der Auftrag erteilt worden, sie hinsichtlich bestimmter „Fragstücke", die mit übersandt wurden, zunächst gütlich, d. h. ohne Folter, und dann mit Bedrohung durch den Nachrichter zu verhören und weitere Nachforschungen über die Angeklagte anzustellen. Eine derartige Liste von „Fragstücken" ist uns z. B. überliefert im Zusammenhang des Prozesses gegen Eva Petzolt (Nr. 101). Die Fragenkataloge sollten Objektivität und Unparteilichkeit demonstrieren, sie wiesen Gelehrsamkeit und Systematik auf.[10] Simon Eysen berichtete von diesem gütlichen und peinlichen Verhör[11], dass Margaretha „wiederum" – es handelte sich also mindestens um das zweite Verhör – der Anklage durch Ursula Reu widersprach. Was sie weiter gestanden oder nicht gestanden hat, wissen wir nicht, da die Niederschrift darüber nicht erhalten ist. Zudem sind die die Angeklagte belastenden Aussagen von zwei weiteren Zeugen, Hans Thumbler von Maulach und Endres Kuen, dem städtischen Feldknecht, beigefügt sowie eine genauere Erklärung des Vaters der Ursula Reu, dass die Krankheit der Tochter erst dann besser geworden sei, als die Margaretha gefangen genommen worden war. Als Amtspersonen zugegen waren bei diesem Verhör der Vogt, Simon Eysen, der ältere und der jüngere Bürgermeister, Hans Kuppelich und Caspar Ziegler, wahrscheinlich zwei Vertreter des Rats sowie der Stadtschreiber, Johan Frobenius. Das Protokollieren war konstitutiv für den geheimen Prozess, da das Protokoll an die übergeordnete Behörde weitergeleitet werden konnte, die die Angeklagte nicht kannte.[12] Der Castner, Wolf Froschen, war zusätzlich zu den anderen offensichtlich erst bei dem dritten Verhör dabei, dessen Niederschrift vom 12. November 1594 uns überliefert ist.[13] Das von Simon Eysen nach Ansbach verschickte Verhörprotokoll hat-

---

[8] Meist wurde nach einem entsprechenden Bericht der Amtmänner aus der jeweiligen Stadt nach Ansbach die Gefangennahme von dort befohlen. So z. B. auch bei Sixen Utzens Hausfrau und deren Mutter, wo das Schreiben folgendermaßen lautet: „so ist unser maynung, Ir wöllet Sixen Utzen Hausfraw, deßleichen Ir Mutter, da dies trutenwerk offentlich beschwört ist, on verzug gefengklich gen Crailsheim bringen" (HUMMEL 1918, S. 156).
[9] Im oberen Markgraftum sind die entsprechenden Handlungsanweisungen vom Hauptmann auf dem Gebirg unterschrieben, der der oberste Vertreter des Ansbacher Hofes in diesem Bezirk war.
[10] van DÜLMEN 1985, S. 28.
[11] Zu Erklärung der Begriffe „gütliches und peinliches Verhör" vgl. Abschnitt 4.1.3.
[12] AaO., S. 24.
[13] Die Besetzung bei einem Verhör konnte sich geringfügig ändern, es waren aber immer entsprechende städtische Führungskräfte anwesend. So auch eine Notiz bei dem Prozess gegen Dorothea Landtman 1551: „Dorothea Landtmenin, Peter freulein genant, ist in gegenwart Steffan Schirmers, amtschreibers, Wenzl neuschuh, statvogts, Fridrich Stauden

te offensichtlich zweierlei zur Folge: zum einen die Gefangennahme und das Verhör der Eva Bröllochß, die von Margaretha als Mittäterin besagt[14] worden war, was aus dem 4. Verhörprotokoll der Eva vom 23.11.1594 hervorgeht; zum anderen wurde der Befehl erteilt, Maragaretha ein weiteres Mal zu vernehmen. Der Aufstellung der Unkosten, die der Scharfrichter Meister Hannsen Matthias aus Ansbach während seines Aufenthaltes in Crailsheim verursacht hat, ist zu entnehmen, dass Margaretha Dasing und Eva Bröllochß um den 2. November durch den Nachrichter unter Anwendung von Folter verhört und dabei auch am gesamten Körper beschoren wurden. Dies diente dazu, den Körper der Frauen auf besondere Teufelszeichen hin zu untersuchen.[15] Es war üblich, dass man während eines Prozesses auch das Haus der Angeklagten hinsichtlich verschiedener „Zauber-Werkzeuge" oder einer für den Hexenflug geeigneten Gabel durchsuchte. Derartiges ist z.B. belegt für Eva Bröllochß in der Aufstellung der Kosten ihres Prozesses.[16] Ein weiteres gütliches Verhör hat am 12. November 1594 stattgefunden, in dem Margaretha ihre unter Folter gemachte Aussage mit dem Zusatz „Die große / Furcht hab sie / dahin bracht / das sie hat / bekennen / mußen" bestätigt. Für das vierte und letzte gütliche Verhör am 23. November sind der Hofrat Wolff Achatius von Schaumburg von Ansbach und Rochius Ezel (Fiskal)[17] angereist. Dem Verhörprotokoll können wir entnehmen, dass Margaretha ihre vorige Aussage, die ihr nochmals vorgelesen wurde, bestätigte und damit ein weiteres Mal zugab, dass sie mit dem Teufel in einem Verhältnis stand. Sie war des Teufelspaktes geständig, besiegelt durch Teufelszeichen, Teufelsbuhlschaft, Hexenflug und Hexentanz, stritt jedoch den Schadenzauber weiterhin ab. Aufgrund dieses Geständnisses wurde in Ansbach vermutlich entschieden, Margaretha einen „endlichen Rechtstag"[18] zu machen, der auf den 4. Dezember 1594 festgesetzt und wofür der Nachrichter ein weiteres Mal nach Crailsheim geschickt wurde.

---

und Herman Mannen, beden des rats, in der guet unnd mit bedrohung des nachrichters uff des herrn hauptmann gestelte fragstuckh besprochen worden." (StadtA Bayreuth 23673).

[14] Zur Erklärung des Begriffs „Besagung" vgl. Abschnitt 4.1.3.

[15] Ein besonderes Augenmerk wurde vom Gericht auf das Hexenmal der Beklagten gerichtet, ein Zeichen, das der Teufel seinem Anhang bei Vertragsabschluss aufzudrücken pflege. „Dieses Mal, das sich, laut dem Hexenhammer, oft an den geheimsten Körperstellen verbarg, gab sich bei der Nadelprobe zu erkennen: stach der Scharfrichter mit einer Nadel in das Mal und zeigte der Beklagte keinen Schmerz, dann galt dies als ein Indiz für die Schuld des Betroffenen" (LORENZ 1994c, S. 76).

[16] StA Crailsheim, Nr. 257, fol. 105.

[17] Der Fiskal hatte anfänglich hauptsächlich fiskalische Tätigkeiten für seinen Landesherrn, so u.a. die Eintreibung der Prozessstrafen, vorzunehmen, später dehnte sich aber sein Amt auf die Teilnahme am Kriminalverfahren aus. In den Hexenprozessen übernahm er im Rahmen des Inquisitionsverfahrens die Rolle des öffentlichen Anklägers am „endlichen Rechtstag" (MERZBACHER 1970, S. 100f.).

[18] Zu Erklärung des Begriffs „Endlicher Rechtstag" vgl. 4.1.3.

Insgesamt ist die Urteilsfindung selbst als Akt der obrigkeitlichen Gerichtsgewalt unter Ausschluss der Öffentlichkeit zu unterscheiden von der Verurteilung, die öffentlich verkündet und im Beisein einer oft großen Menschenmasse vollzogen wurde.

Versucht man anhand dieses Prozesses den Ablauf zusammenzufassen, so kommt man zu folgendem Ergebnis:

(1) Aktueller Anlass für eine Anklage
a) Vorausgehendes Unglück als aktueller Anlass für eine Anklage der betreffenden Person vor den zuständigen (städtischen) Beamten, häufig verbunden mit bereits vorhandener diesbezüglicher übler Nachrede;
b) Besagung durch eine andere angeklagte Person;

(2) Auf Befehl des Ansbacher Hofes, der schriftlich davon unterrichtet worden ist, Gefangennahme der angeklagten oder besagten Person und erste Vernehmung durch den Vogt als Leiter der Ermittlungen, den Castner, den Bürgermeister, Vertreter des Rats und den Stadtschreiber;

(3) Berichterstattung an den Hof nach Ansbach mit der Bitte um Befehl bezüglich des weiteren Vorgehens;

(4) Mehrmalige gütliche und peinliche Befragungen zum Teil mit dem Nachrichter, der dafür von Ansbach geschickt wurde. Dabei jedesmal Berichterstattung nach Ansbach und Bitte um Befehl wegen des weiteren Vorgehens. Konfrontation der Zeugen mit der Angeklagten;

(5) Urteil im Namen des Markgrafen;

(6) Vollzug des Urteils durch die Beamten vor Ort, eventuell mit Hilfe des Nachrichters und eines öffentlichen Anklägers;

## 4.1.3 Legende zum Verzeichnis der Hexen- und Zaubereiprozesse in den Markgraftümern Ansbach und Kulmbach/Bayreuth im 16. Jahrhundert

Die Erfassung der Hexen- und Zaubereiprozesse in den Markgraftümern Ansbach und Kulmbach/Bayreuth im 16. Jahrhundert erfolgt chronologisch. Jeder Prozess ist einem festen Fragenraster unterworfen worden, was die Vergleichbarkeit innerhalb der Untersuchungsregion, aber auch mit Prozessen in anderen Territorien gewährleistet. Wenn eine Frage mangels Quellen nicht beantwortet werden konnte, wird dies im Verzeichnis mit k. A. (= keine Angaben) vermerkt. Am Beispiel der Prozesse von 1551 in Arzberg (Nr. 8 und 9) kann dies verdeutlicht werden. Da lediglich die Henkersgeldrechnung überliefert ist, wissen wir nichts über den Prozessverlauf selbst. Die Prozessprotokolle sind nicht erhalten, deshalb können weder zu einem möglichen vorausgehenden Unglück, noch zum Prozessverlauf, zum kumulativen Hexenbegriff oder zu eventuellen Besagungen Angaben gemacht werden, was im Verzeichnis mit k. A. vermerkt wird. Wird aus den für einen Fall zur Verfügung stehenden Quellen hingegen deutlich, dass eine im Raster enthaltene Frage oder eine Antwort auf dieselbe dort nicht auftaucht, wird dies mit n. b. (= nicht belegt) verdeutlicht. Zur Erklärung dient hierbei der Fall Nr. 7. In den überlieferten Prozessprotokollen ist in den Aussagen der Dorothea Landtman lediglich vom Schadenzauber die Rede. Nach Teufelspakt, Teufelsbuhlschaft, Hexenflug oder Hexensabbat wird nicht gefragt und deshalb natürlich auch nicht geantwortet. Eine entsprechende Vorstellung ist für diesen Fall folglich nicht belegt (n. b.).

Das Fragenschema bezieht sich zunächst auf die äußeren Merkmale, Jahr und Ort des Prozesses sowie Angaben zur angeklagten Person; das Alter der Personen wird, soweit bekannt, in Klammern angefügt. Dabei wird beim Zunamen von Frauen auf das in zeitgenössischen Belegen regelmäßig angehängte „-in" (z. B. Anna Taler*in*, Nr. 79) verzichtet, wenn das Geschlecht bereits durch den Vornamen deutlich wird. Wenn dieser fehlt oder aus der weiblichen Form des Familiennamens die „Grundform" nicht sicher erschließbar ist, wird die urkundliche Schreibweise wiedergegeben.

Hinsichtlich des Prozesses selbst wurde versucht, den Grund der Festnahme zu eruieren, den Prozessverlauf zu rekonstruieren und schließlich den Ausgang festzuhalten. In vielen Fällen wurde festgestellt, dass der Festnahme ein Ereignis vorausging, das zumindest von einem Teil der Bevölkerung einer Ortschaft als Unglück oder Katastrophe bewertet worden war. Diesem Sachverhalt wurde mit der Rubrik „Vorausgehendes Unglück" Rechnung getragen.

Ein weiterer Fragenkomplex bezieht sich auf die Vorstellungen des kumulativen Hexenbegriffs, deren Vorkommen bzw. Entwicklung in den Markgraftümern damit untersucht werden kann.

Abschließend werden die der Darstellung zugrunde liegenden Belege angegeben. Dabei wurden neben den Primärbelegen, die zeitgenössische Aufzeichnungen über die Prozesse enthalten, auch Sekundärbelege angegeben, wenn diese sich auf Primärquellen beziehen, die nicht mehr erhalten bzw. auffindbar sind. Abkürzungen und Kurztitel können über das Literaturverzeichnis aufgeschlüsselt werden. In Anlehnung an Behringers Vorgehen in der seinem Werk „Hexenverfolgung in Bayern" angehängten chronologischen Prozessliste[19] dient die Spalte „Belege" vor allem dazu, einem interessierten Leser die Möglichkeit zu bieten, das entsprechende Quellenmaterial[20] aufzufinden. Es wurde darauf verzichtet, in jeder Rubrik auf die entsprechende Fundstelle in den Quellen bzw. der Sekundärliteratur zu verweisen, weil dies die Übersichtlichkeit des Prozessverzeichnisses wesentlich beeinträchtigt hätte. Außerdem umfassen die Quellen ohnehin meist nur wenige Seiten.

---

[19] BEHRINGER 1997, S. 431–476.
[20] Zur Problematik der Quellen vgl. BEHRINGER 1997, S. 32–36, 431.

Als letzter fester Fragenbestandteil wurde untersucht, ob der entsprechende Fall in der von Heinrich Himmler initiierten Hexenkarthotek verzeichnet ist. Die hinter der Belegangabe in Klammern gesetzte Zahl gibt an, wie oft der Prozess einer Person in der Himmler-Kartei auftaucht.[21]
Darüber hinaus war geplant, in einer eigenen Rubrik abzufragen, ob es über einen Hexenprozess Nachrichten, Hinweise oder Informationen in zeitgenössischen Quellen des kirchlichen Bereichs gibt und damit ein direktes Zusammenwirken des geistlichen und des weltlichen Bereichs für einen Fall belegt werden kann. Dies scheiterte jedoch daran, dass die Visitationsprotokolle für das Untersuchungsgebiet im 16. Jahrhundert nur sehr bruchstückhaft überliefert sind. Jedoch scheint es der Verfasserin nicht unwesentlich zu erwähnen, dass in den erhaltenen Visitationsprotokollen nicht ein einziges Mal ein Name auftauchte, der dann in Zusammenhang mit einem Prozess wieder anzutreffen gewesen wäre. Aussagekräftig ist dies vor allem für Crailsheim, wo sowohl die Prozessaufzeichnungen als auch die Visitationsprotokolle für die 90er Jahre erhalten sind. Trotz inhaltlicher Gemeinsamkeiten zwischen den Prozessen auf der weltlichen Seite und dem, was von seiten der Pfarrer oder Visitatoren als falsches Verhalten der Gläubigen gebrandmarkt wurde, ist zumindest für Crailsheim festzuhalten, dass es zu keiner direkten Zusammenarbeit zwischen kirchlicher Leitung und weltlicher Obrigkeit in dem Sinne gekommen ist, dass die in den Visitationsprotokollen auftauchenden Personen die Angeklagten der nächsten Prozesse gewesen wären. Ausnahmen von dieser Regel wurden im Verzeichnis der Fälle in der Spalte „Bemerkung" festgehalten (vgl. Nr. 20, Nr. 22 und Nr. 37), die Informationen enthält, die nicht in das Frageschema passten und dennoch als erwähnenswert erachtet wurden.

Zitate aus den Quellen wurden im Verzeichnis der Prozesse durchgängig mit Anführungszeichen „..." hervorgehoben. Die wichtigsten Begriffe, die als Fachtermini in den zeitgenössischen Quellen immer wieder auftauchen, werden nachfolgend kurz erläutert:[22]

*Besagung:* Frühneuhochdeutsch „besagen" meint „beschuldigen".[23] Unter Besagung wird die in einem Verhör seitens der oder des Angeklagten gemachte Beschuldigung einer anderen Person wegen Hexerei verstanden.
*Beschreiung:* Frühneuhochdeutsch „beschrien sein" heißt „berühmt sein".[24] Wenn von jemandem ausgesagt wird, dass er der Hexerei „beschrien ist", so meint dies, dass er bekannt dafür ist, Hexerei zu treiben.
*Endlicher Rechtstag:* Tag der öffentlichen Hinrichtung.
*Fragstücke:* Die von der übergeordneten Behörde an die lokalen Beamten übersandten Fragen, die der oder die Angeklagte im Verhör zu beantworten hatte. Fragen und Ant-

---

[21] Vgl. hierzu Abschnitt 4.5 der vorliegenden Arbeit.
[22] Vgl. aber auch Abschnitt 4.1.2.
[23] Vgl. GÖTZE 1971, S. 28.
[24] AaO., S. 29.

worten wurden von einem Protokollanten während des Verhörs schriftlich fixiert und danach an die Oberbehörde zurückgesandt.
*Gütliches Verhör:* Verhör ohne Androhung oder Vollzug der Folter.
*Nachrichter/Scharfrichter:* Der Nachrichter war zuständig für den Vollzug der Folter und der Hinrichtung.[25]
*Peinliches Verhör:* Verhör unter Androhung oder Vollzug der Folter.
*Urfehde:* Der dem Richter vom Haftentlassenen oder Freigesprochenen geleistete Eid, sich nicht zu rächen.[26]

## 4.2 Verzeichnis der Hexen- und Zaubereiprozesse in den Markgraftümern Ansbach und Bayreuth im 16. Jahrhundert

### 1

Jahr: *1505*
Ort: *Schwabach*
Person: *Barbara Schwab*, Frau des Taglöhners Hans Schwab, eine Tochter
Grund der Festnahme: „öffentliches Ärgernis"
Vorausgehendes Unglück: Pest von Herbst 1504 bis Winter 1505
Prozessverlauf: Anfang September Verhaftung, gütliches und peinliches Verhör am 4. September., Geständnis, Bestätigung des Geständnisses, Todesurteil
Ausgang: Hinrichtung durch Verbrennung bei lebendigem Leib am 24. September 1505
Kumulativer Hexenbegriff:
  Schadenzauber: an Vieh und Mensch durch „Blutkraut" (Kenntnis des Zaubers von ihrer Mutter)
  Teufelspakt: beschrieben als Heirat mit dem „Buhlteufel"
  Teufelsbuhlschaft: mehrmals belegt
  Hexenflug: n. b.
  Hexensabbat: weitere Hexen (s. Besagungen) bei der „Hochzeit" anwesend
Besagungen: „Els schertzerin; Barbara ir dochter; des pauern Swiger; die alt pudnerin; Barbara im siechkobl; Barbara payrin zum Camerstein und die kreuselmenin zu Puchenbach."
Belege: StAN Rep. D 12/2 Nr. 313,fol. 57b-60a
Heckel 1933, S. 127–140; 133–166
Himmler-Kartei: BArchAStF/M, FSg. 2/1–F, Film 37, Nr. 2527, Bl. 1,2,9,17. (4)
Bemerkung: Der damalige Schwabacher Kaplan Johann Pürkel ist Kenner des „Hexenhammers" und des „Formicarius".[27] Vermutlich hielt er Predigten über Hexerei, jedoch existieren keine Belege über Maßnahmen gegen die vor dem weltlichen Gericht angeklagten Frauen im Rahmen der Kirchenzucht

---

[25] Vgl. DWB VII, Sp. 103–104.
[26] HABERKERN/WALLACH 1995, S. 632.
[27] Johannes Nider (ca. 1380–1438) aus Isny im Allgäu, der 1425 in Wien zum Dr. der Theologie promoviert wurde und während des Konzils reformorientierter Prior des Baseler Dominikanerklosters sowie Generalvikar der oberdeutschen Ordensprovinz war, charakterisierte um 1435 in seinem Werk „Formicarius" das Hexenwesen als neues Laster, das um ca. 1375 aufgetaucht sei. (BEHRINGER 1994, S. 93).

## 2

Jahr: *1505*
Ort: *Schwabach*
Person: *Elisabeth Schwab,* ledig
Grund der Festnahme: Prozess gegen ihre Mutter (Nr. 1), eventuell Besagung durch ihre Mutter
Vorausgehendes Unglück: Pest von Herbst 1504 bis Winter 1505
Prozessverlauf: Verhaftung Anfang September nach ihrer Mutter, Verhör, Geständnis
Ausgang: Aufhebung des Todesurteils des Rats durch den markgräflichen Hof, Markgräfin Sophia wünscht den Besuch des Kindes
Kumulativer Hexenbegriff:
    Schadenzauber: gegen diverse Personen mit Hilfe von Kräutern; (Kenntnis des Zaubers von ihrer Mutter)
    Teufelspakt: beschrieben als Heirat mit dem „Buhlteufel" wie im Fall der Mutter
    Teufelsbuhlschaft: mehrmals belegt
    Hexenflug: beschrieben als Ritt auf einem schwarzen Pferd, keine ausdrückliche Flugvorstellung
    Hexensabbat: weitere Hexen (s. Besagungen) bei der „Hochzeit" anwesend
Besagungen: bestätigt die Aussage der Mutter
Belege: StAN Rep. D 12/2 Nr. 313, fol. 59a/59b
    Heckel 1933, S. 127–140; 133–166
Himmler-Kartei: BArchAStF/M, FSg. 2/1–F, Film 37, Nr. 2527, Bl. 18. (1)
Bemerkung: vgl. Barbara Schwab (Nr. 1)

## 3

Jahr: *1505*
Ort: *Schwabach*
Person: *Anna Bayer von Kammerstein*
Grund der Festnahme: Besagung durch Barbara Schwab (nach Heckel ist die von Barbara Schwab besagte Barbara = die payrin zum Camerstein)
Vorausgehendes Unglück: Pest von Herbst 1504 bis Winter 1505
Prozessverlauf: Festnahme nach der Besagung durch Barbara Schwab am 4. September, keine genaueren Angaben über Verhör
Ausgang: Entlassung auf Urfehde am 9. September
Kumulativer Hexenbegriff: k. A.
Besagungen: k. A.
Belege: StAN Rep. D 12/2 Nr. 313, fol. 60a
    Heckel 1933, S. 127–140; 133–166
Himmler-Kartei: BArchAStF/M, FSg. 2/1–F, Film 37, Nr. 2527, Bl. 10. (1)
Bemerkung: vgl. Barbara Schwab (Nr. 1)

## 4

Jahr: *1505*
Ort: *Schwabach*
Person: *Anna Wagner,* Schwiegermutter des Hans Bauer

Grund der Festnahme: Besagung durch Barbara Schwab
Vorausgehendes Unglück: Pest von Herbst 1504 bis Winter 1505
Prozessverlauf: Festnahme nach der Besagung durch Barbara Schwab am
    4. September, keine genaueren Angaben über Verhör
Ausgang: Entlassung auf Urfehde am 9. September
Kumulativer Hexenbegriff: k. A.
Besagungen: k. A.
Belege: StAN Rep. D 12/2 Nr. 313, fol. 60a
    Heckel 1933, S. 127–140; 133–166
Himmler-Kartei: BArchAStF/M, FSg. 2/1–F, Film 37, Nr. 2527, Bl. 20. (1)
Bemerkung: vgl. Barbara Schwab (Nr.1)

## 5

Jahr: *1524*
Ort: *Feuchtwangen*
Person: „etliche Weybspersonen"
Grund der Festnahme: Beschuldigung der Frauen als „Truten" durch den Vikar
    Steffen Ostermayer
Vorausgehendes Unglück: k. A.
Prozessverlauf: Verhaftung der Frauen und des Vikars
Ausgang: Freilassung nach ergebnisloser Untersuchung (Leistung einer Urfehde
    durch den Vikar); Verhängung einer Entschädigungszahlung des Pfarrers
    gegenüber den Frauen für erlittene Beleidigung und Schmach
Kumulativer Hexenbegriff: k. A.
Besagungen: k. A.
Beleg: Hörber/Bruckner 1970, S. 393f.
Himmler-Kartei: –

## 6

Jahr: *1535*
Ort: *Schwabach*
Person: *Magretlein Müller* (16), Hanns Müllers Tochter aus Obermainbach, ledig
Grund der Festnahme: Selbstbezichtigung
Vorausgehendes Unglück: k. A.
Prozessverlauf: Verhör am 23. August 1535
Ausgang: Prangerstehen (wurde ihr auf Bitten anderer „ehrbarer" Frauen erlassen),
    Landesverweisung
Kumulativer Hexenbegriff:
    Schadenzauber: an Vieh und Mensch; Betrug
    Teufelspakt: n. b.
    Teufelsbuhlschaft: n. b.
    Hexenflug: n. b.
    Hexensabbat: n. b.
Besagungen: belegt ohne Namensnennung
Beleg: Heckel 1933, S. 133–166
Himmler-Kartei: BArchAStF/M, FSg. 2/1–F, Film 37, Nr. 2527, Bl. 15. (1)

## 7

Jahr: *1551*
Ort: *Bayreuth*
Person: *Dorothea Landtman, genannt „Meister Peterin"*
Grund der Festnahme: k. A.
Vorausgehendes Unglück: k. A.
Prozessverlauf: gütliches und peinliches Verhör am Montag (= 6. Juli) nach
 Erscheinung Mariens (= 2. Juli) und peinliches Verhör am Dienstag (= 21. Juli)
 nach Divisionis apostolorum (= 15. Juli)
Ausgang: k.A.
Kumulativer Hexenbegriff:
 Schadenzauber: Liebeszauber mit Milch, Schadenzauber an Mensch und Vieh
  (Lehrmeisterin: „Hannsen Leupoldts Hausfrau")
 Teufelspakt: n. b.
 Teufelsbuhlschaft: n. b.
 Hexenflug: n. b.
 Hexensabbat: n. b.
Besagungen: n. b.
Beleg: StadtABayreuth 23673
Himmler-Kartei: –
 Bemerkung: Offensichtliche Schmähung des Pfarrers Martin Türnauer durch
 die Angeklagte; Frage der Verhörenden, warum sie die Predigt des Pfarrers
 verachtet und das Sakrament nicht empfangen habe. Aber der Pfarrer selbst ist
 beim Verhör nicht dabei

## 8

Jahr: *1551*
Ort: *Arzberg*
Person: ein „Weib"
Grund der Festnahme: „Zauberei"
Vorausgehendes Unglück: k. A.
Prozessverlauf: k. A.
Ausgang: Hinrichtung durch Schwert und Feuer
Kumulativer Hexenbegriff: k. A.
Besagungen: k. A.
Beleg: StdA Wun R 316
Himmler-Kartei: –

## 9

Jahr: *1551*
Ort: *Arzberg*
Peson: eine „Person"
Grund der Festnahme: „Zauberei"
Vorausgehendes Unglück: k. A.
Prozessverlauf: k. A.

Ausgang: Hinrichtung durch Verbrennung
Kumulativer Hexenbegriff: k. A.
Besagungen: k. A..
Beleg: StdA Wun R 316
Himmler-Kartei: –

## 10

Jahr: *1552*
Ort: *Crailsheim*
Person: *Sixen Utzens Hausfrau*
Grund der Festnahme: Anklage wegen „Kindsmord", öffentliche „Beschreiung der Trutnerei"
Vorausgehendes Unglück: („Kindsmord"?)
Prozessverlauf: vermutlich Verhaftung in eine gesonderte „Putlstuben"[28] wegen ihrer Schwangerschaft, Verhör mit Scharfrichter (lediglich der „Haftbefehl" vom Montag (= 16. Mai) nach Bonifacii (= 14. Mai) ist überliefert)
Ausgang: vermutlich Todesurteil (Verbrennung auf dem sog. „Hexenbuckl" in Crailsheim)
Kumulativer Hexenbegriff: k. A.
Besagungen: k. A.
Beleg: Hummel 1918, S. 156f.
Himmler-Kartei: BArchAStF/M, FSg. 2/1–F, Film 10, Nr. 507, Bl. 9. (1)
Bemerkung: Der Prozess gegen Frau Utz scheint aufgrund der Formulierung des Haftbefehls eher dem Bereich Kindsmordprozess anzugehören; er wurde aber in diesen Katalog aufgrund seines Vorkommens in der Himmler-Kartei aufgenommen. Gleiches gilt für den Fall Nr. 11

## 11

Jahr: *1552*
Ort: *Crailsheim*
Person: *Mutter von Sixen Utzens Hausfrau*
Grund der Festnahme: Anklage wegen Beihilfe zum „Kindsmord", öffentliche „Beschreiung der Truterei"
Vorausgehendes Unglück: („Kindsmord"?)
Prozessverlauf: vermutlich Verhaftung und Verhör mit Scharfrichter (lediglich der „Haftbefehl" vom Montag nach Bonifacii ist überliefert)
Ausgang: k. A.
Kumulativer Hexenbegriff:
  Schadenzauber: Frage nach Wetterzauber, Milchdiebstahl und anderem Schadenzauber an Menschen taucht auf
  Teufelspakt: n. b.

---

[28] Möglicherweise ist die „Büttelstube" gemeint (DWB II, Sp. 581).

Teufelsbuhlschaft: Frage nach Häufigkeit der „Lustheiten" mit dem Teufel
Hexenflug: n. b.
Hexensabbat: Frage nach Mithelfern
Besagungen: k. A.
Beleg: Hummel 1918, S. 156f.
Himmler-Kartei: BArchAStF/M, FSg. 2/1–F, Film 10, Nr. 507, Bl. 10. (1)

## 12

Jahr: *1552*
Ort: *Heilsbronn / Müncherlbach*
Person: *Hans Pommern Eheweib*
Grund der Festnahme: Anklage wegen „Kindsmord" und Zauberei
Vorausgehendes Unglück: („Kindsmord"?)
Prozessverlauf: k. A.
Ausgang: k. A.
Kumulativer Hexenbegriff: k. A.
Besagungen: k. A.
Beleg: StAN Rep. 400 III, KIVA Heilsbronn, Jahrbuch 1552, 17. Juli
Himmler-Kartei: –

## 13

Jahr: *1560*
Ort: *Bayreuth*
Person: *Agneß Brendl*
Grund der Festnahme: „Zauberei"
Vorausgehendes Unglück: k. A.
Prozessverlauf: k. A.
Ausgang: Hinrichtung durch Verbrennung wegen „Zauberei" am 1. Februar
Kumulativer Hexenbegriff: k. A.
Besagungen: k. A.
Beleg: Hellers Chronik ca. 1600, S. 216
Himmler-Kartei: –

## 14

Jahr: *1560*
Ort: *Heilsbronn / Weißenbronn*
Person: *Appolonia Prechtel*, Frau des Schmieds Hans Prechtel
Grund der Festnahme: allgemein als „Unholdin" verrufen, sie hat allgemein einen
    schlechten Ruf, vermutlich Anklage des Hans Link
Vorausgehendes Unglück: Tod eines Jungen von Hans Link, Krankheit des zweiten
    Sohnes
Prozessverlauf: Verhaftung ca. Oktober 1560, Verhör unter Androhung des
    Nachrichters, kein Geständnis
Ausgang: Freilassung
Kumulativer Hexenbegriff:

Schadenzauber: Sie soll dem Jungen des Hans Link eine Krankheit angezaubert
   haben
Teufelspakt: k. A.
Teufelsbuhlschaft: k. A.
Hexenflug: k. A.
Hexensabbat: k. A.
Besagungen: k. A.
Belege: StAN Rep. 400 III, KlVA Heilsbronn, Jahrbuch 1560 StAN Rep. 400 I,
   KlVA Heilsbronn Tome 432, fol. 372–375 (vgl. auch Darstellung des Prozesses
   in: Kleefeld 1998, S. 33/34)
Himmler-Kartei: –

## 15

Jahr: *1560*
Ort: *Heilsbronn / Weißenbronn*
Person: *Tochter von Appolonia Prechtel* (Nr. 14), ledig
Grund der Festnahme: k. A.
Vorausgehendes Unglück: vgl. Appolonia Prechtel (Nr. 14)
Prozessverlauf: k. A.
Ausgang: Freilassung
Kumulativer Hexenbegriff: k. A.
Besagungen: k. A.
Belege: vgl. Appolonia Prechtel (Nr. 14)
Himmler-Kartei: –

## 16

Jahr: *1560*
Ort: *Heilsbronn / Weißenbronn:*
Person: *Hans Prechtel*, Ehemann von Appolonia Prechtel (Nr. 14)
Grund der Festnahme: „Truterei", „Zauberei"
Vorausgehendes Unglück: vgl. Appolonia Prechtel (Nr. 14)
Prozessverlauf: Im Verhör streitet Hans Prechtel die Klage Links ab, auch, dass er
   etwas mit Zauberei zu tun habe. Was seine Frau getan habe, wisse er nicht
Ausgang: Freilassung
Kumulativer Hexenbegriff: k. A.
Besagungen: k. A.
Belege: vgl. Appolonia Prechtel (Nr. 14)
Himmler-Kartei: –

## 17

Jahr: *1562*
Ort: *Arzberg*
Person: *Elisabeth Ailffer*
Grund der Festnahme: Anklage wegen „Zauberei" und Ehebruchs mit Hans
   Thiermann
Vorausgehendes Unglück: k. A.

Prozessverlauf: 21. November 1562 Befehl der Plassenburger Richter zum gütlichen und peinlichen Verhör
Ausgang: Hinrichtung durch Verbrennung
Kumulativer Hexenbegriff: k. A.
Besagungen: k. A.
Beleg: StdA Wun Act IX,74
Himmler-Kartei: –

## 18

Jahr: *1562*
Ort: *Kitzingen*
Person: „ein altes Weib"
Grund der Festnahme: Diebstahl, Verdacht auf Zauberei und „Wettermachen"
Vorausgehendes Unglück: k. A.
Prozessverlauf: Verhör unter Anwendung von Folter; kein Geständnis
Ausgang: Sie starb ein halbes Jahr nach ihrer Festnahme im Gefängnis
Kumulativer Hexenbegriff: k. A.
Besagungen: k. A.
Beleg: Walter 1987, S. 134
Himmler-Kartei: –

## 19

Jahr: *1563*
Ort: *Bayreuth*
Person: *Margaretha Schmied*
Grund der Festnahme: k. A.
Vorausgehendes Unglück: k. A.
Prozessverlauf: k. A.
Ausgang: Hinrichtung durch Verbrennung am Montag nach Quasimodogeniti, 19. April 1563
Kumulativer Hexenbegriff: k. A.
Besagungen: k. A.
Beleg: Hellers Chronik ca. 1600, S. 220
Himmler-Kartei: –
Bemerkung: Dieser Fall wurde aufgrund der Hinrichtungsart, die einen Zauber- bzw. Hexenprozess wahrscheinlich macht, aufgenommen. (vgl. Nr. 13)

## 20

Jahr: *1569*
Ort: *Creußen*
Person: *Katharina Höfer*, Frau des Kirchners zu Birk, Bastian Höfer
Grund der Festnahme: Anzeige durch einen Bürger (Georg Brebeznen zu Creussen)
    Als Wahrsagerin, zu der viele Menschen kommen, ist sie bereits einmal durch den Superintendenten und Pfarrer ermahnt worden
Vorausgehendes Unglück: Verschwinden eines Mannes im Dorf
Prozessverlauf: Verhaftung in der Karwoche 1569, mehrere gütliche und peinliche Verhöre bis Ende Mai

Ausgang: Freilassung verbunden mit befristetem Ausschluss vom Abendmahl und öffentlicher Buße vor der christlichen Gemeinde um den 9. Juni
Kumulativer Hexenbegriff:
    Schadenzauber: Katharina lehnt ab, gegen jemanden einen Schadenzauber verübt zu haben
    Teufelspakt: Im Laufe der Verhöre gibt sie zu, einen Pakt mit dem Teufel geschlossen zu haben, widerruft dann aber
    Teufelsbuhlschaft: Im Laufe der Verhöre gibt sie eine solche zu, widerruft dann aber
    Hexenflug: n. b.
    Hexensabbat: n. b.
Besagungen: n. b.
Beleg: StABamberg Rep. C. Nr. 3235
(vgl. Lory 1903, S. 291–296)
Himmler-Kartei: BArchAStF/M, FSg. 2/1–F, Film 11, Nr. 300, Bl.1 und Film 7, Nr. 510, Bl. 2. (2)
Bemerkung: Katharina ist vor dem Hexenprozess vor dem weltlichen Gericht bereits vom Superintendenten im Beisein der Ortsgeistlichen ermahnt worden und musste ihre Zauberutensilien abgeben (= Maßnahme im Kontext der Kirchenzucht)

## 21

Jahr: *1569*
Ort: *Langenzenn*
Person: „*drey Hexen*", „die 17 Jahre lang ihr Handwerk getrieben"
Grund der Festnahme: k. A.
Vorausgehendes Unglück: k. A.
Prozessverlauf: k. A.
Ausgang: 3 Hinrichtungen am 22. November
Kumulativer Hexenbegriff: k. A.
Besagungen: k. A.
Beleg: Journal von und für Franken 1790, S. 193
Himmler-Kartei: BArchAStF/M, FSg. 2/1–F, Film 24, Nr. 1557, Bl.1. (1)

## 22

Jahr: *1571*
Ort: *Heilsbronn / Merkendorf*
Personen: *Hans Winebrecht / Ulr. Hezner / Hans Kaufmann / H. Rauscher / M. Heumann / L. Schmötzer / L. Stöcklein / Bäcker Unfug / W. Böckleins Frau / H. Lutz / P. Schneider*
Grund der Festnahme: Ratschlagsuche bei der Wahrsagerin von Absberg. Pfarrer Lukas Korneffer bittet den „Abt"[29] um Untersuchung und Bestrafung
Vorausgehendes Unglück: n. b.

---

[29] Der Leiter der Fürstenschule, die im ehemaligen Zisterzienserkloster eingerichtet worden war, trug den Titel „Titularabt".

Prozessverlauf: Verhör der genannten Personen nach vorgängiger Bedrohung mit
 Einsperrung im Turm am 28. Dezember 1571, Berichterstattung nach Ansbach
Ausgang: Dreitägiger Arrest der angeklagten Personen im Turm bei Wasser und
 Brot; Gefangennahme der Wahrsagerin, wenn sie sich im markgräflichen
 Gebiet befindet
Kumulativer Hexenbegriff:
 Schadenzauber: Lediglich weiße, nichtschädigende Magie
 Teufelspakt: L. Stöcklein sagt aus, dass ihm die Wahrsagerin in ihrer
  Kristallkugel den Teufel gezeigt habe
 Teufelsbuhlschaft: n. b.
 Hexenflug: n. b.
 Hexensabbat: n. b.
Besagungen: n. b.
Beleg: Muck 1879 (II), S. 55–57
Himmler-Kartei: –
Bemerkung: Charakteristisch für diesen Fall ist, dass Pfarrer Korneffer treibende
 Kraft für das Anlaufen des Prozesses war und selbst bei den Ermittlungen
 zugegen gewesen zu sein scheint. Vermutlich ging dem weltlichen Prozess eine
 Maßnahme im Rahmen der Kirchenzucht (vgl. Abschnitt 5.4.2.9 dieser
 Arbeit) voraus, dies ist aber quellenmäßig nicht belegt

## 23

Jahr: *1572*
Ort: *Heilsbronn / Merkendorf*
Person: N.N.
Grund der Festnahme: „Zauberei", „Wahrsagerei"
Vorausgehendes Unglück: k. A.
Prozessverlauf: k. A.
Ausgang: k. A.
Kumulativer Hexenbegriff: k. A.
Besagungen: k. A.
Belege: Muck 1880 (III), S. 55
 StAN Rep. 400 III, KlVA Heilsbronn Jahrbuch 1572
Himmler-Kartei: –

## *(24)*

Jahr: *1574*
Ort: *Heilsbronn / Aich*
Person: *Katharina Heller*
Grund der Festnahme: Verdächtigung unschuldiger Personen
Vorausgehendes Unglück: k. A.
Prozessverlauf: Sie verdächtigt vier Personen der Truterei („Hans Hofmockel weib
 und elteste Tochter, und Lienhardt Ahaders hausfrau", die Stümerin und andere
 „weibern und Maiden")
Ausgang: Freilassung gegen Urfehde
Kumulativer Hexenbegriff: k. A.

Besagungen: k. A.
Beleg: StAN Rep. 4000 III, KlVA Heilsbronn Jahrbuch 1574, fol. 23a–25a
Himmler-Kartei: –
Bemerkung: Die Prozesse gegen Katharina Heller und ihre Tochter (Nr. 25) sind keine Zauberei- oder Hexenprozesse, sondern Verleumdungsklagen im Kontext von Zauberei und Hexerei. Sie wurden dennoch in das Verzeichnis der Zauberei- und Hexenprozesse aufgenommen, da es interessant ist zu sehen, dass die staatliche Obrigkeit im Ausnahmefall auch den bzw. die Denunzianten verurteilte.[30] Bei der statistischen Auswertung in den Abschnitten 4.3, 4.4 und 4.8.2.1 werden Nr. 24 und 25 jedoch nicht berücksichtigt.

*(25)*

Jahr: *1574*
Ort: *Heilsbronn / Aich*
Person: *Ursula Heller, Tochter von Katharina Heller* (Nr. 24)
Grund der Festnahme: Verdächtigung unschuldiger Personen
Vorausgehendes Unglück: k. A.
Prozessverlauf: k. A.
Ausgang: k. A.
Kumulativer Hexenbegriff: k. A.
Bsagungen: k. A.
Beleg: StAN Rep. 4000 III, KlVA Heilsbronn Jahrbuch 1574, fol. 23a–25a
Himmler-Kartei: –
Bemerkung: vgl. Nr. 24

*26*

Jahr: *1576*
Ort: *Heilsbronn / Münchzell*
Person: *Dienstmagd des Conrad Haßlacher*
Grund der Festnahme:
Vorausgehendes Unglück: Conrad Haßlacher, Sohn eines angesehenen Bürgers, hat ein Delikt begangen, für das er offensichtlich eine Strafe zahlen muss; diese soll ihm deshalb erlassen werden, weil er durch Zauberei dazu getrieben worden sei
Prozessverlauf: k. A.
Ausgang: k. A.
Kumulativer Hexenbegriff: k. A.
Besagungen: k. A.
Beleg: StAN Rep. 400 I, KlVA Heilsbronn Tome 19, fol. 263
Himmler-Kartei: –

---

[30] Der Fall erinnert an den Prozess gegen Friedrich Stigler 1590 in Nürnberg, dem vorgeworfen wurde, er habe Bürger gegeneinander aufzuwiegeln versucht und ihre Frauen als Hexen bezichtigt (vgl. KUNSTMANN 1970, S. 74–78).

## 27

Jahr: *1578*
Ort: *Heilsbronn / Bürglein*
Person: *Elisabeth Schmidt*, Frau des Hans Schmidt zu Burglein
Grund der Festnahme: Anklage durch den Bader; „Öffentliche Beschreiung der Zauberei"
Vorausgehendes Unglück: Vorwurf, sie habe einen Mann seiner „Mannheit beraubt", Krankheit des Kindes des Baders, Krankheit eines Viehs des Baders
Prozessverlauf: Verhör vor dem Verwalter, Richter und „Abt"[31] von Heilsbronn, Bericht nach Ansbach mit dem Antrag: Familie Schmidt soll das Klostergebiet binnen 6 Wochen, nachdem sie auf Urfehde hin freigelassen worden ist, verlassen, oder es sollen weitere Nachforschungen wegen verübter Zauberei angestellt werden
Ausgang: k. A.
Kumulativer Hexenbegriff: k. A.
Besagungen: k. A.
Beleg: StAN Rep. 400 I, KlVA Heilsbronn Tome 18, fol. 184
Himmler-Kartei: –
Bemerkung: Der Verwalter des Klosters erwähnt, dass dem Ehepaar Schmidt von der Kanzel herab verboten worden ist, den Weinberg (des Klosters?) zu betreten (= Maßnahme im Rahmen der Kirchenzucht)

## 28

Jahr: *1578*
Ort: *Heilsbronn / Bürglein*
Person: *Hans Schmidt*
Grund der Festnahme: Anklage durch den Bader. „Öffentliche Beschreiung der Zauberei"
Bereits vor einem Jahr wurde gegen ihn ein Prozess wegen Diebstahl geführt
Vorausgehendes Unglück: vgl. Elisabeth Schmidt (Nr. 27)
Prozessverlauf: vgl. Elisabeth Schmidt (Nr. 27)
Ausgang: k. A.
Kumulativer Hexenbegriff: k. A.
Besagungen: k. A.
Beleg: StAN Rep. 400 I, KlVA Heilsbronn Tome 18, fol. 184
Himmler-Kartei: –
Bemerkung: vgl. Elisabeth Schmidt (Nr. 27)

---

[31] Siehe oben Anm. 6 in diesem Abschnitt.

## 29

Jahr: *1582*
Ort: *Heilsbronn / Aich*
Person: *Anna Weyerbauer,* Witwe, kein eigener Hausstand
Grund der Festnahme: Anzeige durch den Klosterbäcker Philip Dönlein wegen Schadenzauber der Anna gegen seine Frau und seine Kinder, die verstorben sind
Vorausgehendes Unglück: Krankheiten in der Familie des Philip Dönlein
Prozessverlauf: Voruntersuchungen Mitte Juni, Bericht nach Ansbach mit der Bitte um weitere Befehle, Gefangennahme, gütliches Verhör Ende Juni, 17. Juli peinliches Verhör mit dem „Daumenstock"[32] durch den Nachrichter „Meister Friedrich"
Ausgang: Landesverweisung (?)
Kumulativer Hexenbegriff: k. A.
Besagungen: k. A.
Belege: StAN Rep. 400 I, KlVA Heilsbronn Tome 17, fol. 346a-347a
StAN Rep. 132 Nr. 57 Orderbuch f. Scharfrichter 17. Juli 1582
Himmler-Kartei: –
Bemerkung: Obwohl der „Abt" des Klosters das Schreiben an den Markgrafen unterschrieben hat, der wohl um eine Kirchenzucht wüsste, wird nichts davon erwähnt

## 30

Jahr: *1582*
Ort: *Heilsbronn / Aich*
Person: *Margaretha Mader,* Witwe
Grund der Festnahme: Anzeige durch den Klosterbäcker Philip Dönlein wegen Schadenzauber der Margaretha gegen seine Frau und seine Kinder, die verstorben sind. Der Truterei „beschrieen" seit langen Jahren
Vorausgehendes Unglück: Krankheiten in der Familie des Philip Dönlein
Prozessverlauf: Voruntersuchungen Mitte Juni in Heilsbronn, Bericht nach Ansbach mit der Bitte um weitere Befehle, Gefangennahme, gütliches Verhör Ende Juni
Ausgang: Freilassung (?)
Kumulativer Hexenbegriff: k. A.
Besagungen: k. A.
Beleg: StAN Rep. 400 I, KlVA Heilsbronn Tome 17, fol. 346a-347a
Himmler-Kartei: –
Bemerkung: vgl. Anna Weyerbauer (Nr. 29)

## 31

Jahr: *1582*
Ort: *Heilsbronn / Aich*
Person: *Margaretha Keim,* Witwe

---

[32] Eine der gängigsten Foltermethoden, bekannter als Daumenschraube.

Grund der Festnahme: Anzeige durch den Klosterbäcker Philip Dönlein wegen
    Schadenzauber der Margaretha gegen seine Frau und seine Kinder, die
    verstorben sind. Verwalter und Richter von Heilsbronn beantragen die
    Verhaftung.
Vorausgehendes Unglück: Krankheiten in der Familie des Philip Dönlein
Prozessverlauf: Voruntersuchungen Mitte Juni, Gefangennahme, gütliches Verhör
    Ende Juni
Ausgang: Freilassung (?)
Kumulativer Hexenbegriff: k. A.
Besagungen: k. A.
Beleg: StAN Rep. 400 I, KlVA Heilsbronn Tome 17, fol. 346a-347a
Himmler-Kartei: –
Bemerkung: vgl. Anna Weyerbauer (Nr. 29)

## 32

Jahr: *1582*
Ort: *Heilsbronn / Weißenbronn*
Person: *Lehnerin zu Weisenbronn*
Grund der Festnahme: k. A.
Vorausgehendes Unglück: k. A.
Prozessverlauf: Gefangennahme und Verhör zusammen mit Bonifacius Brecht
    (Nr. 33) und seiner Frau (Nr. 34) durch Verwalter, „Abt" und Richter im Juli,
    halten sie aber für unschuldig und nicht „beschrieen", plädieren für Freilassung
Ausgang: k. A.
Kumulativer Hexenbegriff: k. A.
Besagungen: k. A.
Beleg: StAN Rep. 400 I, KlVA Heilsbronn Tome 20, fol. 301a-303b
Himmler-Kartei: –

## 33

Jahr: *1582*
Ort: *Heilsbronn / Weißenbronn*
Person: *Bonifacius Brecht,* früher Mesner in Weißenbronn (wegen Verdachts auf
    Zauberei aus Arbeitsverhältnis entlassen worden)
Grund der Festnahme: Truterei, Diebstahl von Wein. Die ganze Familie steht seit
    Jahren im Verdacht der Truterei. Er ist bereits einmal verhaftet gewesen und
    peinlich befragt worden wegen der Krankheit des Pfarrers Stillkraut
Vorausgehendes Unglück: Diebstahl. Vor einiger Zeit schwere Krankheit und Tod
    des Pfarrers Stillkraut, nachdem er Brecht entlassen hatte
Prozessverlauf: Gefangennahme in Heilsbronn, dann in Windsbach im Juli,
    Peinliches Verhör im September, Verwalter und Richter berichten nach
    Ansbach und plädieren für Leibes- und Lebensstrafe
Ausgang: In Ansbach scheint man sich für Landesverweisung und eine Leibesstrafe
    („Aushauen mit Ruten") entschieden zu haben
Kumulativer Hexenbegriff:
    Schadenzauber: Vorwurf des Schadenzaubers an Mensch und Vieh

Teufelspakt: n. b.
Teufelsbuhlschaft: n. b.
Hexenflug: n. b.
Hexensabbat: beschrieben als Tanz „unter einem grünen Baum nicht weit von Schwabach entfernt"
Besagungen: Seine Frau, seine Schwester (= Frau des Pottenlentz Nr.61)
Belege: StAN Rep. 400 I, KlVA Heilsbronn Tome 20, fol. 301a-303b
    Muck 1879 (II), S. 58f
    StAN Rep. 132 Nr. 57 Orderbuch f. Scharfrichter, 22.Dezember 1582
Himmler-Kartei: –

## 34

Jahr: *1582*
Ort: *Heilsbronn / Weißenbronn*
Person: *Anna Brecht* (Alter unbekannt), Frau des Bonifacius Brecht (Nr. 33), 5 Kinder
Grund der Festnahme: Truterei, Diebstahl von Wein
Vorausgehendes Unglück: Diebstahl
Prozessverlauf: Gefangennahme zunächst in Heilsbronn im Juli, gütliches Verhör, dann Überstellung nach Windsbach
Ausgang: Flucht aus dem Gefängnis
Kumulativer Hexenbegriff:
    Schadenzauber: Lehrmeister ist ihr Mann
    Teufelspakt: Seine Frau bekennt, dass sie vom Teufel verführt worden ist
    Teufelsbuhlschaft: n. b.
    Hexenflug: n. b.
    Hexensabbat: beschrieben als Tanz „unter einem grünen Baum nicht weit von Schwabach entfernt"
Besagungen: n. b.
Belege: Muck 1879 (II), S. 58f
StAN Rep. 400 I, KlVA Heilsbronn Tome 20, fol. 301a-303b
Himmler-Kartei: –

## 35

Jahr: *1582*
Ort: *Heilsbronn / Weißenbronn*
Person: *Barbara Hörnlein,* Frau des Hans Hörnlein zu Weiterndorf, Witwe
Grund der Festnahme: Beschuldigung durch Conz Hofmockel, sie habe ihn seiner „männlichen Kräfte beraubt". Ihre Eltern waren der Truterei verschrieen.
    (Gegenklage der Barbara wegen Verleumdung)
Vorausgehendes Unglück: n. b.
Prozessverlauf: k. A.
Ausgang: Gerichtlicher Vergleich der beiden Parteien
Kumulativer Hexenbegriff:
    Schadenzauber: Vorwurf, sie habe Hofmockel seiner „Mannheit beraubt"
    Teufelspakt: n. b.
    Teufelsbuhlschaft: n. b.

Hexenflug: n. b.
Hexensabbat: n. b.
Besagungen: k. A.
Belege: StAN Rep. 400 I, KlVA Heilsbronn Tome 21, fol. 124–131, Tome 432
   17. Oktober 1592, fol. 49
Himmler-Kartei: –
Bemerkung: Es ist quellenmäßig belegt, dass Barbara 10 Jahre später in Langenzenn
   wegen Zauberei verbrannt worden ist (vgl. Nr. 76)

## 36

Jahr: *1587*
Ort: *Emskirchen*
Person: *Margaretha Kurr*
Grund der Festnahme: Ehebruch, Zauberei, Truterei
Vorausgehendes Unglück: k. A.
Prozessverlauf: Gefangennahme, zweimaliges peinliches Verhör Ende August und
   Anfang November (Nachrichter = "Meister Friedrich", vgl. Nr. 29)
Ausgang: Hinrichtung durch Verbrennung am 8. Dezember
Kumulativer Hexenbegriff: k. A.
Besagungen: k. A.
Belege: StAN Rep. 132 Nr. 57 Orderbuch f. Scharfrichter, 31. August / 6. November
   / 25. November 1587
   Ansbachische Monatsschrift 1794, S. 537
Himmler-Kartei: BArchAStF/M, FSg. 2/1–F, Film 14, Nr. 704, Bl. 1. und Film 5,
   Nr. 149A, Bl. 5. (1)

## 37

Jahr: *1587*
Ort: *Kulmbach*
Person: *Margaretha Höflein* (26), ledig, gebürtig von Ostheim, Dienstmagd der
   Barbara von Lichtenstein
Grund der Festnahme: Schadenzauber gegen die „Neberschmidin" = Frau des
   Lorenz Gaißler (Nr. 40)
Vorausgehendes Unglück: Diebstahl, Krankheit der „Neberschmidin"
Prozessverlauf: Gefangennahme vor dem 8. Mai, gütliches Verhör am 10. Mai im
   Beisein des Scharfrichters
Ausgang: k. A.
Kumulativer Hexenbegriff:
   Schadenzauber: Margaretha ist angeklagt, die Krankheit der „Neberschmidin"
      = Frau des Lorenz Gaißler (Nr. 40) durch einen Zauber mit einem
      „Totennagel"[33] ausgelöst zu haben.

---

[33] Der Totennagel bzw. Sargnagel galt als mächtiges Zaubermedium für Heil-, Abwehr- und Schadenzauber, vgl. HWDA VII, Sp. 955–957.

Teufelspakt: Zauber wurde verrichtet „in des bösen Feindes Namen"
Teufelsbuhlschaft: n. b.
Hexenflug: n. b.
Hexensabbat: n. b.
Besagungen: Sie gibt an, dass Katharina Hubner und Els Vischer ihr die Zauberei mit dem „Totennagel" erklärt hätten
Beleg: StABamberg Rep. C. Nr. 3236
Himmler-Kartei: BArchAStF/M, FSg. 2/1–F, Film 23, Nr. 1515, Bl. 7. (1)
Bemerkung: Als die „Neberschmidin" = Frau des Lorenz Gaißler (Nr. 40) vor „ein paar Monaten" das Abendmahl und die Absolution begehrt hat, forderte der Diakon Johann Köler die anderen Frauen vor sich und befragte sie im Beisein weiterer „ehrlicher Frauen" und auch des Kirchners; sie leisteten gegenseitige Abbitte und erhielten daraufhin das Abendmahl und die Absolution. Nachdem der Prozess vor dem weltlichen Gericht begonnen hat, wird Diakon Köler mehrere Male um eine Stellungnahme gebeten. Zu Beginn des Schreibens von Diakon Köler vom 13. Juni an den Oberhauptmann „auf dem Gebirg" wird betont, dass man bereits einen Bericht verfasst und nach Ansbach geschickt habe; die Zuständigkeit wird aufgrund der Malefizsache nicht bei der Kirche gesehen

## 38

Jahr: *1587*
Ort: *Kulmbach*
Person: *Katharina Hubner, gen. „Tödtengräberin"*, in 2. Ehe verheiratet mit Hans Hubner (= Stadtwächter), wohnhaft „zur Herberg in Brun"
Grund der Festnahme: Beihilfe zum Schadenzauber gegen die „Neberschmidin" = Frau des Lorenz Gaißler (Nr. 40)
Vorausgehendes Unglück: Diebstahl, Krankheit der „Neberschmidin"
Prozessverlauf: Gefangennahme vor dem 8. Mai, gütliches Verhör am 10. Mai im Beisein des Scharfrichters
Ausgang: k. A.
Kumulativer Hexenbegriff:
    Schadenzauber: Krankheit der „Neberschmidin" = Frau des Lorenz Gaißler (Nr. 40). Sie streitet ab, mit Zauberei umgehen zu können, sie habe nur von dem Brauch mit dem „Totennagel" gehört
    Teufelspakt: Schadenzauber sei zu verrichten „in des bösen Feindes Namen"
    Teufelsbuhlschaft: n. b.
    Hexenflug: n. b.
    Hexensabbat: n. b.
Besagungen: Tochter des Fritz Metzkers auf der Steinernen Brücke zu Nürnberg (Habe einmal einen „Totennagel" von ihrem vorigen Mann geholt)
Beleg: StABamberg Rep. C. Nr. 3236
Himmler-Kartei: BArchAStF/M, FSg. 2/1–F, Film 23, Nr. 1515, Bl. 4. (1)
Bemerkung: vgl. Margaretha Höflein (Nr. 37)

## 39

Jahr: *1587*
Ort: *Kulmbach*
Person: *Els Vischer, genannt „Badtmagd"* (29), ledig, wohnhaft bei ihrer Mutter, Näherin
Grund der Festnahme: Beihilfe zum Schadenzauber gegen die „Neberschmidin" = Frau des Lorenz Gaißler (Nr. 40)
Vorausgehendes Unglück: Diebstahl, Krankheit der „Neberschmidin"
Prozessverlauf: Gefangennahme vor dem 8. Mai, gütliches Verhör mit Bedrohung des Scharfrichters am 10. Mai
Ausgang: k. A.
Kumulativer Hexenbegriff:
    Schadenzauber: Krankheit der „Neberschmidin" = Frau des Lorenz Gaißler (Nr. 40). Sie streitet ab, mit Zauberei umgehen zu können, sie habe nur von dem Brauch mit dem „Totennagel" gehört.
    Teufelspakt: Schadenzauber sei zu verrichten „in des bösen Feindes Namen"
    Teufelsbuhlschaft: n. b.
    Hexentanz: n. b.
    Hexensabbat: n. b.
Besagungen: Sie gibt an, niemanden zu kennen, der mit Zauberei umgehen kann.
Beleg: StABamberg Rep. C. Nr. 3236
Himmler-Kartei: BArchAStF/M, FSg. 2/1-F, Film 23, Nr.1515, Bl. 8 (1)
Bemerkung: vgl. Margaretha Höflein (Nr. 37)

## 40

Jahr: *1587*
Ort: *Kulmbach*
Person: *Lorenz Gaißler* (50), genannt „Neberschmid", in 4. Ehe verheiratet, 14 Kinder
Grund der Festnahme: Klage wegen Zustimmung zur Zauberei
Vorausgehendes Unglück: Diebstahl, Krankheit seiner Frau, verursacht angeblich durch den Zauber mit einem „Totennagel"
Prozessverlauf: Gefangennahme, gütliches Verhör am 15. Mai
Ausgang: k. A.
Kumulativer Hexenbegriff:
    Schadenzauber: Seine Frau, die schwanger war, sei krank geworden, nachdem der Nagel eingeschlagen worden ist; deshalb Beschwerde bei der Obrigkeit wegen Schadenzauber. Er selbst habe der Margaretha Höflein (Nr. 37) erlaubt, den Nagel einzuschlagen, weil er nicht wusste, dass dies „in des bösen Feindes Namen" geschehe
    Teufelspakt: Schadenzauber verrichtet „in des bösen Feindes Namen"
    Teufelsbuhlschaft: n. b.
    Hexentanz: n. b.
    Hexensabbat: n. b.
Besagungen: Er gibt an, niemanden zu kennen, der mit Zauberei umgehen könne
Beleg: StABamberg Rep. C. Nr. 3236
Himmler-Kartei: BArchAStF/M, FSg. 2/1-F, Film 23, Nr. 1515, Bl. 2. (1)

## 41

Jahr: *1587*
Ort: *Kulmbach*
Person: *Hanns Hainolt* (53), in zweiter Ehe verheiratet, 12 Kinder, Totengräber in Kulmbach
Grund der Festnahme: Beihilfe zur Schadenzauberei
Vorausgehender Schaden: Diebstahl, Krankheit der „Neberschmidin"
Prozessverlauf: Gefangennahme, gütliches Verhör am 15. Mai
Ausgang: k. A.
Kumulativer Hexenbegriff:
    Schadenzauber: Beihilfe zum Schadenzauber (Hat Els Vischer (Nr. 39) den „Totennagel" verkauft). Streitet ab, selbst mit Zauberei umzugehen
    Teufelspakt: n. b.
    Teufelsbuhlschaft: n. b.
    Hexenflug: n. b.
    Hexensabbat: n. b.
Besagungen: Er gibt an, niemanden zu kennen, der mit Zauberei umgehen könne
Beleg: StABamberg Rep. C. Nr. 3236
Himmler-Kartei: BArchAStF/M, FSg. 2/1–F, Film 23, Nr.1515, Bl. 3. (1)

## 42

Jahr: *1587*
Ort: *Kulmbach*
Person: *Benedikt Frans*
Grund der Vernehmung: Anklage der Zauberei
Vorausgehendes Unglück: Krankheit (Fieber) einer Frau
Verlauf der Vernehmung: Verhör vor dem Bürgermeister und Rat von Kulmbach und vor den Pfarrern (Konsistorium) am 16. und 23. August
Ausgang: Einstellung der Untersuchungen
Kumulativer Hexenbegriff:
    Schadenzauber: Er streitet ab, jemals mit Zauberei umgegangen zu sein oder jemandem damit geschadet zu haben
    Teufelspakt: n. b.
    Teufelsbuhlschaft: n. b.
    Hexentanz: n. b.
    Hexensabbat: n. b.
Besagungen: k. A.
Beleg: StA Bamberg Rep. C. Nr. 3238
Himmler-Kartei: –

## 43

Jahr: *1589*
Ort: *Neustadt / Aisch*
Person: *Magdalena Megnerin*
Grund der Festnahme: Truterei
Vorausgehendes Unglück: k. A.

Prozessverlauf: Peinliches Verhör (Anweisung von Ansbach, dass ihr die Haare geschoren werden sollen „an allen Orten des Körpers")
Ausgang: k. A.
Kumulativer Hexenbegriff: k. A.
Besagungen: k. A.
Beleg: StAN Rep. 132 Nr. 57 Orderbuch f. Scharfrichter 1. Februar 1589
Himmler-Kartei: –

## 44

Jahr: *1589*
Ort: *Langenzenn*
Person: „Kuhhirtin"
Grund der Festnahme: Truterei
Vorausgehendes Unglück: k. A.
Prozessverlauf: Peinliches Verhör durch den Nachrichter zu Oettingen, Hans Ehrhardt
Ausgang: k. A.
Kumulativer Hexenbegriff: k. A.
Besagungen: k. A.
Beleg: StAN Rep. 132 Nr. 57 Orderbuch f. Scharfrichter 17. Juli / 1. August 1589
Himmler-Kartei: BArchAStF/M, FSg. 2/1–F, Film 24, Nr. 1557, Bl. 2. (1)

## 45

Jahr: *1590*
Ort: *Dachsbach*
Person: „Weibsperson"
Grund der Festnahme: Anklage, dass die Frau einen Bund mit dem Teufel gehabt habe
Vorausgehendes Unglück: k. A.
Prozessverlauf: k. A.
Ausgang: Vor oder während des Prozesses erhängte sich die Frau. Der Nachrichter wird gesandt, um sie abzuschneiden und zu verbrennen
Kumulativer Hexenbegriff: k. A.
Besagungen: k. A.
Beleg: StAN Rep. 132 Nr. 57 Orderbuch f. Scharfrichter 13. April 1590
Himmler-Kartei: –

## 46

Jahr: *1590*
Ort: *Hohentrüdingen*
Person: „Lienhard Ballen Weib"
Grund der Festnahme: Truterei
Vorausgehendes Unglück: k. A.
Prozessverlauf: Peinliches Verhör mit dem Daumenstock[34]
Ausgang: k. A.

---

[34] Vgl. oben Anm. 32.

Kumulativer Hexenbegriff: k. A.
Besagungen: k. A.
Beleg: StAN Rep. 132 Nr. 57 Orderbuch f. Scharfrichter 2. Juli 1590
Himmler-Kartei: –

## 47

Jahr: *1590*
Ort: *Mainbernheim*
Person: N.N.
Grund der Festnahme: k. A.
Vorausgehendes Unglück: k. A.
Prozessverlauf: k. A.
Ausgang: Hinrichtung
Kumulativer Hexenbegriff: k. A.
Besagungen: k. A.
Beleg: Ansbachische Monatsschrift 1794, S. 537
Himmler-Kartei: –

## 48

Jahr: *1590*
Ort: *Ansbach*
Person: N.N.
Grund der Festnahme: Zauberei
Vorausgehendes Unglück: k. A.
Prozessverlauf: k. A.
Ausgang: k. A.
Kumulativer Hexenbegriff: k. A.
Besagungen: k. A.
Beleg: Ansbachische Monatsschrift 1794, S. 540
Himmler-Kartei: –

## 49

Jahr: *1590*
Ort: *Heidenheim*
Person: N.N.
Grund der Festnahme: Truterei
Prozessverlauf: k. A.
Ausgang: Hinrichtung
Kumulativer Hexenbegriff: k. A.
Besagungen: k. A.
Belege: Ansbachische Monatsschrift 1794, S. 537
    StAN Rep. 132 Nr. 57 Orderbuch f. Scharfrichter 12. September 1590
Himmler-Kartei: BArchAStF/M, FSg. 2/1–F, Film 5, Nr. 149 A, Bl.3. (1)

## 50

Jahr: *1591*
Ort: *Kulmbach*
Person: *Barbara Fleißmann,* geb. Försterin (55), Witwe (ihr Ehemann war ein
 Gelehrter und Astronom), 1 Tochter, die verheiratet ist mit Sebaldt Stillkraut in
 Bayersdorf,
Grund der Festnahme: Geldforderung ihres Schwiegersohnes, Vorwurf der Zauberei
Vorausgehender Schaden: k. A.
Prozessverlauf: Gütliches Verhör am 28. Februar 1591
Ausgang: Landesverweisung am 8. Juli
Kumulativer Hexenbegriff:
 Schadenzauber: Frage nach „ihren Künsten" in den Fragstücken (Frage nach
  dem Lehrmeister für Wahrsagerei, Segnerei, Kristallsehen etc.)
 Teufelsbund: n. b.
 Teufelsbuhlschaft: n. b.
 Hexentanz: n. b.
 Hexensabbat: n. b.
Besagungen: Die Frage nach Mithelfern in den Fragstücken bleibt laut
 Verhörprotokoll ohne Antwort
Beleg: StABamberg Rep. C Nr. 3237, neu verzeichnet 1903
Himmler-Kartei: BArchAStF/M, FSg. 2/1–F, Film 23, Nr. 1515, Bl. 1. (1)

## 51

Jahr: *1591*
Ort: *Colmberg*
Person: *Ursula Kurtz*
Grund der Festnahme: Truterei
Vorausgehendes Unglück: k. A.
Prozessverlauf: Peinliches Verhör
Ausgang: Hinrichtung
Kumulativer Hexenbegriff: k. A.
Besagungen: k. A.
Belege: StAN Rep. 132 Nr. 57 Orderbuch f. Scharfrichter 18. März 1591
 Ansbachische Monatsschrift, 1794, S. 537
Himmler-Kartei: –

## 52

Jahr: *1591*
Ort: *Heilsbronn*
Person: *Helena Weigler, gen. „Pfaffen Lena"*
Grund der Festnahme: Sie ist vom Verwalter von Heilsbronn der Hexerei bezichtigt
 worden; Sie habe durch das Aufklauben „kleiner Spänlein" ein
 „ungewöhnliches Wetter" hervorgerufen; in Ansbach sei sie der Zauberei
 bezichtigt worden
Vorausgehendes Unglück: k. A.
Prozessverlauf:

Ausgang: Freilassung auf Urfehde (Fürsprache der Räte)
Kumulativer Hexenbegriff: k. A.
Besagungen: k. A.
Beleg: StAN Rep. 400 I, KlVA Heilsbronn Tome 433, 1. Juli, 11. August 1591
Himmler-Kartei: –

## 53

Jahr: *1591*
Ort: *Gunzenhausen / Heidenheim*
Person: 6 Trutten aus Heidenheim
Grund der Festnahme: k. A.
Vorausgehendes Unglück: k. A.
Prozessverlauf: Peinliches Verhör
Ausgang: k. A.
Kumulativer Hexenbegriff: k. A.
Besagungen: k. A.
Beleg: StAN Rep. 132 Nr. 57 Orderbuch f. Scharfrichter 31. Juli (?) / 24. September 1591
Himmler-Kartei: –

## 54

Jahr: *1591*
Ort: *Heilsbronn /Weißenbronn/ Langenzenn*
Person: *Barbara Kolheimer*
Grund der Festnahme: Truterei (vermutlich Besagung)
Vorausgehendes Unglück: k. A.
Prozessverlauf: Gefangennahme in Heilsbronn, Untersuchungen, mehrere Verhöre, am 11. November Befehl aus Ansbach zur Überstellung nach Langenzenn zum endlichen Rechtstag, Flucht aus dem Gefängnis, neuerliche Gefangennahme, Verhör am 8. Dezember 1591
Ausgang: Hinrichtung (nach dem Scharfrichterbuch am 6. Dezember, widerspricht aber dem Datum des letzten Verhörs)
Kumulativer Hexenbegriff:
    Schadenzauber: k. A.
    Teufelspakt: Taufe durch den Teufel, Verleugnung Gottes
    Teufelsbuhlschaft: k. A.
    Hexenflug: k. A.
    Hexensabbat: k. A.
Besagungen: k. A.
Belege: BayHStA München RKG Nr. 1079, Nr. 6069II
    StAN Rep. 132 Nr. 57 Orderbuch f. Scharfrichter 24./29. November 1591
    StAN Rep. 400 I, KlVA Heilsbronn Tome 15, fol. 131a-131b
Himmler-Kartei: BArchAStF/M, FSg. 2/1–F, Film 5, Nr. 149A, Bl. 4 und Film 24, Nr. 1557, Bl. 3. (2)

## 55

Jahr: *1591*
Ort: *Langenzenn*
Person: *Helena Enzmann*
Grund der Festnahme: Truterei (vermutlich Besagung)
Vorausgehendes Unglück: k. A.
Prozessverlauf: k. A.
Ausgang: Hinrichtung
Kumulativer Hexenbegriff: k. A.
Besagungen: k. A.
Beleg: StAN Rep. 132 Nr. 57 Orderbuch f. Scharfrichter 24./29. November 1591
Himmler-Kartei: BArchAStF/M, FSg. 2/1–F, Film 5, Nr. 149A, Bl. 4 und Film 24, Nr. 1557, Bl. 3. (2)

## 56

Jahr: *1591*
Ort: *Heilsbronn / Langenzenn*
Person: *Apolonia Ammon* (22), Tochter des Pottenlentz (Nr. 59)
Grund der Festnahme: Truterei (vermutlich Besagung)
Vorausgehendes Unglück: k. A.
Prozessverlauf: Gefangennahme, Verhör am 8. Dezember 1591
Ausgang: Hinrichtung
Kumulativer Hexenbegriff:
    Schadenzauber: k. A.
    Teufelspakt: Taufe durch den Teufel
    Teufelsbuhlschaft: k. A.
    Hexenflug: k. A.
    Hexensabbat: k. A.
Besagungen: k. A.
Belege: StAN Rep. 132 Nr. 57 Orderbuch f. Scharfrichter 24./29. November 1591
    BayHStA München RKG Nr. 1079, Nr. 6069 II
Himmler-Kartei: BArchAStF/M, FSg. 2/1–F, Film 5, Nr. 149A, Bl. 4 und Film 24, Nr. 1557, Bl. 3. (2)

## 57

Jahr: *1591*
Ort: *Heilsbronn / Langenzenn*
Person: *Christina Ammon* (18), jüngste Tochter des Pottenlentz (Nr. 59)
Grund der Festnahme: Truterei (vermutlich Besagung)
Vorausgehendes Unglück: k. A.
Prozessverlauf: Gefangennahme, Verhör am 8. Dezember 1591
Ausgang: Hinrichtung (?)
Kumulativer Hexenbegriff:
    Schadenzauber: k. A.
    Teufelspakt: Taufe durch den Teufel, Verleugnung der christlichen Taufe
    Teufelsbuhlschaft: k. A.

Hexenflug: k. A.
Hexensabbat: beschrieben als Tauffeier
Besagungen: Ihre Mutter, ihren Vater, „des Baderhemscheleins Weib, zwei stattliche Weiber"
Belege: StAN Rep. 132 Nr. 57 Orderbuch f. Scharfrichter 24./29. November 1591
BayHStA München RKG Nr. 1079, Nr. 6069II
Himmler-Kartei: BArchAStF/M, FSg. 2/1–F, Film 5, Nr. 149A, Bl. 4 und Film 24, Nr. 1557, Bl. 3. (2)

## 58

Jahr: *1591*
Ort: *Heilsbronn*
Person: *Elisabeth Mair* (70), da sie aus Gödeldorf kommt, ist sie Nürnberger Untertanin, Schwiegermutter des Hanß Mayr aus Gödeldorf, der auf markgräflichen Befehl Elisabeth zur „truttenschau" nach Heilsbronn bringen soll
Grund der Festnahme: Anzeige durch einen Nachrichter
Vorausgehendes Unglück: k. A.
Prozessverlauf: Gefangennahme
Ausgang: Hinrichtung
Kumulativer Hexenbegriff:
  Schadenzauber: k. A.
  Teufelspakt: Taufe durch den Teufel und Teufelszeichen
  Teufelsbuhlschaft: k. A.
  Hexenflug: angedeutet durch den Begriff „ausfahren"
  Hexensabbat: sie gibt an, sie sei bei der Taufe der Tochter des Pottenlentz (dieser hatte drei Töchter, vgl. Nr. 56, 57, 60) gewesen
Besagungen: Pottenlentz (Nr. 59), Töchter des Pottenlentz (Nr. 56, 57 oder 60), Cordula Krößer (Nr. 66)
Belege: StAN Rep. 132 Nr. 57 Orderbuch f. Scharfrichter 24./29. November 1591
BayHStA München RKG Nr. 1079, Nr. 6069II
(vgl. auch Kunstmann 1970, S. 191–193, der Nürnberger Quellen heranzieht)
Himmler-Kartei: BArchAStF/M, FSg. 2/1–F, Film 5, Nr. 149A, Bl. 4 und Film 24, Nr. 1557, Bl. 3. (2)
Bemerkung: Der Nürnberger Rat beschwert sich über den bei diesen Hexenprozessen tätigen Nachrichter und dessen grausame und unrechtmäßige Methoden vor allem auch bei der Folter; der Nachrichter erhalte zum Beispiel auch vollkommen ungerechtfertigt das Pferdegespann des Hanß Mayr

## 59

Jahr: *1591*
Ort: *Heilsbronn / Langenzenn*
Person: *Lorentz Ammon, gen. „Pottenlentz"*, Schwager des Bonifacius Brecht (Nr.33)
Grund der Gefangennahme: k. A. (vermutlich Besagung)
Vorausgehendes Unglück: k. A.
Prozessverlauf: Gefangennahme in Heilsbronn, mindestens zwei Verhöre, am

11. November Befehl aus Ansbach zur Überstellung nach Langenzenn zum endlichen Rechtstag, Verhör am 8. Dezember 1591
Ausgang: wahrscheinlich Hinrichtung im Dezember
Kumulativer Hexenbegriff:
  Schadenzauber: k. A.
  Teufelspakt: erzählt von der Taufe seiner Tochter durch den Teufel „und wer dabei gewesen"
  Teufelsbuhlschaft: k. A.
  Hexenflug: k. A.
  Hexensabbat: beschrieben als Tauffeier
Besagungen: „Der Birger Bauer und dessen Weib von Rohr, die Zahn Margreth zu Weißenbrunn (Nr. 62), des Baderhemscheleins weib, die Cordula Krößer zu Onolzbach (Nr. 66), Weiber von Schwabach"
Belege: StAN Rep. 400 I, KlVA Heilsbronn Tome 15, fol. 131f
  BayHStA München RKG Nr. 1079, Nr. 6069II
Himmler-Kartei: –

## 60

Jahr: *1591*
Ort: *Heilsbronn*
Person: *Margaretha Ammon* (30), Tochter des Pottenlentz (Nr. 59)
Grund der Festnahme: k. A. (vermutlich Besagung)
Vorausgehendes Unglück: k. A.
Prozessverlauf: Gefangennahme, Verhör am 8. Dezember 1591
Ausgang: wahrscheinlich Hinrichtung
Kumulativer Hexenbegriff:
  Schadenzauber: k. A.
  Teufelspakt: Taufe durch den Teufel
  Teufelsbuhlschaft: k. A.
  Hexenflug: k. A.
  Hexensabbat: Beschrieben als Tanz auf einem Platz, zu dem sie ihre Mutter geführt hat
Besagungen: Ihre Mutter (Nr. 61)
Belege: BayHStA München RKG Nr. 1079, Nr. 6069II
  StAN Rep. 132 Nr. 57 Orderbuch f. Scharfrichter 28. Juni 1592
Himmler-Kartei: –

## 61

Jahr: *1591*
Ort: *Heilsbronn*
Person: *Christina Ammon,* Frau des Pottenlentz (Nr. 59), Schwester des Bonifacius Brecht (Nr. 33)
Grund der Festnahme: k. A. (vermutlich Besagung)
Vorausgehendes Unglück: k. A.
Prozessverlauf: Gefangennahme in Heilsbronn, mehrere Verhöre, am 11. November. Befehl aus Ansbach zur Überstellung nach Langenzenn zum endlichen Rechtstag, mindestens zwei Verhöre (8.Dezember 1591)

174   *Praxis der Hexenprozesse in den Markgraftümern im 16. Jahrhundert*

Ausgang: Hinrichtung
Kumulativer Hexenbegriff:
   Schadenzauber: K: A.
   Teufelspakt: Taufe der Tochter durch den Teufel
   Teufelsbuhlschaft: k. A.
   Hexenflug: k. A.
   Hexensabbat: Erzählt von der Taufe ihrer Tochter durch den Teufel und den dabei Anwesenden
Besagungen: „Krößerin (Nr. 66), Baderhemscheleins Weib, die Zahn Margreth" (Nr. 62), ihr Mann (Nr. 59), ihre Töchter (Nr. 56, 57 oder 60)
Belege: BayHStA München RKG Nr. 1079, Nr. 6069II
   StAN Rep. 132 Nr. 57 Orderbuch f. Scharfrichter 4. April 1592
Himmler-Kartei: –

## 62

Jahr: *1591*
Ort: *Heilsbronn*
Person: *Margaretha Mayr, gen. die „Zahn Margreth"*
Grund der Festnahme: k. A. (mehrere Besagungen)
Vorausgehendes Unglück: k. A.
Prozessverlauf: Gefangennahme in Heilsbronn zusammen mit der Familie des Pottenlentz, Verhör am 8. Dezember
Ausgang: Hinrichtung 1592 (eingetragen unter Cadolzburg)
Kumulativer Hexenbegriff:
   Schadenzauber: k. A.
   Teufelsbund: Tauffeier der Christina Ammon
   Teufelsbuhlschaft: k. A.
   Hexenflug: k. A.
   Hexensabbat: erzählt von der Taufe der Christina Ammon (Nr. 61) und den dabei Anwesenden, beschreibt das Aussehen der Cordula Krößer (Nr. 66)
Besagungen: Die Familie des Pottenlentz (Nr. 56, 57, 69, 60, 61), Cordula Krößer (Nr. 66)
Belege: BayHStA München RKG Nr. 1079
   StAN Rep. 132 Nr. 57 Orderbuch f. Scharfrichter 4. April 1592
Himmler-Kartei: –

## 63

Jahr: *1591*
Ort: *Heilsbronn*
Person: *Barbara Hörnler*
Grund der Festnahme: k. A.
Vorausgehendes Unglück: k. A.
Prozessverlauf: Gefangennahme, Verhör am 8. Dezember 1591
Ausgang: k. A.
Kumulativer Hexenbegriff:
   Schadenzauber: k. A.

Teufelspakt: Taufe durch den Teufel, Teufelszeichen
Teufelsbuhlschaft: k. A.
Hexenflug: k. A.
Hexensabbat: k. A.
Besagungen: k. A.
Beleg: BayHStA München RKG Nr. 1079, Nr. 6069II
Himmler-Kartei: –

## 64

Jahr: *1591/1592 (?)*
Ort: *Schwabach*
Person: *Anna Salomon*
Grund der Festnahme: k. A.
Vorausgehendes Unglück: k. A.
Prozessverlauf: Verhör
Ausgang: k. A.
Kumulativer Hexenbegriff:
    Schadenzauber: k. A.
    Teufelspakt: k. A.
    Teufelsbuhlschaft: k. A.
    Hexenflug: k. A.
    Hexensabbat: Treffen „in der Maißenlachen"
Besagungen: Caecilie von Pappenheim (Nr. 83) und ihre Magd (vermutl. Nr. 80)
Beleg: BayHStA München RKG Nr. 1079
Himmler-Kartei: –

## 65

Jahr: *1591/1592 (?)*
Ort: *Schwabach*
Person: *Appolonia Meidner, gen. „die alt Schererin"*
Grund der Festnahme: k. A.
Vorausgehendes Unglück: k. A.
Prozessverlauf: Verhör
Ausgang: k. A.
Kumulativer Hexenbegriff:
    Schadenzauber: k. A.
    Teufelspakt: k. A.
    Teufelsbuhlschaft: macht Aussagen über den „Buhlteufel" der Caecilie von Pappenheim (Nr. 83)
    Hexenflug: Gibt an, mit Caecilie ausgefahren zu sein
    Hexensabbat: Berichtet von einem Gastmahl, bei dem auch die Caecilie von Pappenheim geladen gewesen sei
Besagungen: Caecilie von Pappenheim und eine ihrer Mägde (vermutl. Nr. 80)
Beleg: BayHStA München RKG Nr. 1079
Himmler-Kartei: –

## 66

Jahr: *1591/1594/1607*
Ort: *Ansbach*
Person: *Cordula Krößer (auch Grösser)*, Witwe
Grund der Festnahme: Besagungen
Vorausgehendes Unglück: k. A.
Prozessverlauf: Seit November 1591 unter Hausarrest gestellt, peinliches Verhör, in den folgenden Jahren langwieriger Prozess am RKG
Ausgang: Cordula gewinnt diesen Prozess, bleibt jedoch weiter unter Hausarrest gestellt;
Kumulativer Hexenbegriff: vgl. die Aussagen der sie Besagenden (Nr. 58, 59, 61, 62)
Besagungen: k. A.
Belege: BayHStA München RKG Nr. 1084, Nr. 6099, Aktenstück Q I (vgl.Oestmann 1997, S. 489–497)
Himmler-Kartei: –

## 67

Jahr: *1592*
Ort: *Heilsbronn / Cadolzburg*
Person: *Reißenbeckin*, Schwester der Spindlerin (Nr. 68)
Grund der Festnahme: Truterei (vermutlich Besagung)
Vorausgehendes Unglück: k. A.
Prozessverlauf: Gefangennahme in Heilsbronn, Überstellung nach Cadolzburg im Januar 1592, peinliches Verhör
Ausgang: Hinrichtung
Kumulativer Hexenbegriff: k. A.
Besagungen: k. A.
Belege: StAN Rep. 132 Nr. 57 Orderbuch f. Scharfrichter 5. Februar / 3.April 1592
StAN Rep. 400 I, KlVA Heilsbronn Tome 15, fol. 133a
Himmler-Kartei: BArchAStF/M, FSg. 2/1–F, Film 5, Nr. 149A, Bl. 5. (1)

## 68

Jahr: *1592*
Ort: *Heilsbronn / Cadolzburg*
Person: *Spindlerin*, Schwester der Reißenbeckin (Nr. 67)
Grund der Festnahme: Truterei (vermutlich Besagung)
Vorausgehendes Unglück: k. A.
Prozessverlauf: Gefangennahme in Heilsbronn, Überstellung nach Cadolzburg im Januar 1592, peinliches Verhör
Ausgang: Hinrichtung
Kumulativer Hexenbegriff: k. A.
Besagungen: k. A.
Belege: StAN Rep. 132 Nr. 57 Orderbuch f. Scharfrichter 5. Februar / 3.April 1592
StAN Rep. 400 I, KlVA Heilsbronn Tome 15, fol. 133a
Himmler-Kartei: BArchAStF/M, FSg. 2/1–F, Film 5, Nr. 149A, Bl. 5. (1)

## 69

Jahr: *1592*
Ort: *Cadolzburg:*
Person: „*die alte Schreinerin*"
Grund der Festnahme: „Truterei" (vermutlich Besagung)
Vorausgehendes Unglück: k. A.
Prozessverlauf: Peinliches Verhör
Ausgang: Hinrichtung wahrscheinlich am 13. September
Kumulativer Hexenbegriff: k. A.
Besagungen: k. A.
Beleg: StAN Rep. 132 Nr. 57 Orderbuch f. Scharfrichter 23. August / 7. September 1592
Himmler-Kartei: BArchAStF/M, FSg. 2/1–F, Film 5, Nr. 149A, Bl. 5. (1)

## 70

Jahr: *1592*
Ort: *Cadolzburg*
Person: *Metzgerin*
Grund der Festnahme: „Truterei" (vermutlich Besagung)
Vorausgehendes Unglück: k. A.
Prozessverlauf: Peinliches Verhör
Ausgang: Hinrichtung wahrscheinlich am 13. September
Kumulativer Hexenbegriff: k. A.
Besagungen: k. A.
Beleg: StAN Rep. 132 Nr. 57 Orderbuch f. Scharfrichter 23. August / 7. September 1592
Himmler-Kartei: BArchAStF/M, FSg. 2/1–F, Film 5, Nr. 149A, Bl. 5. (1)

## 71

Jahr: *1592*
Ort: *Cadolzburg*
Person: *Scheffer Gerlin*
Grund der Festnahme: „Truterei" (vermutlich Besagung)
Vorausgehendes Unglück: k. A.
Prozessverlauf: Peinliches Verhör
Ausgang: Hinrichtung wahrscheinlich am 13. September
Kumulativer Hexenbegriff: k. A.
Besagungen: k. A.
Beleg: StAN Rep. 132 Nr. 57 Orderbuch f. Scharfrichter 17. August / 23. August / 7. September 1592
Himmler-Kartei: BArchAStF/M, FSg. 2/1–F, Film 5, Nr. 149A, Bl. 5. (1)

## 72

Jahr: *1592*
Ort: *Cadolzburg*
Person: *Barbara Struelin (Strolerin)*
Grund der Festnahme: „Truterei" (vermutlich Besagung)
Vorausgehendes Unglück: k. A.
Prozessverlauf: Peinliches Verhör
Ausgang: Hinrichtung (zuerst stranguliert, dann verbrannt)
Kumulativer Hexenbegriff: k. A.
Besagungen: k. A.
Beleg: StAN Rep. 132 Nr. 57 Orderbuch f. Scharfrichter 9. November 1591 / 21. Januar 1592
Himmler-Kartei: BArchAStF/M, FSg. 2/1–F, Film 5, Nr. 149A, Bl. 5. (1)

## 73

Jahr: *1592*
Ort: *Cadolzburg*
Person: *Herzogin*
Grund der Festnahme: Hexerei
Vorausgehendes Unglück: k. A.
Prozessverlauf: Peinliches Verhör
Ausgang: k. A.
Kumulativer Hexenbegriff: k. A.
Besagungen: k. A.
Beleg: StAN Rep. 132 Nr. 57 Orderbuch f. Scharfrichter 9. November 1591 / 21. Januar 1592
Himmler-Kartei: –

## 74

Jahr: *1592*
Ort: *Cadolzburg*
Person: *Margaretha Fleischmann,* Fürther Bürgerin
Grund der Festnahme: entfällt, vgl. Prozessverlauf
Vorausgehendes Unglück: k. A.
Prozessverlauf: Bezichtigung der Hexerei, Selbstmord vor der Gefangennahme (wahrscheinlich aus Angst)
Ausgang: Selbstmord vor der Gefangennahme
Kumulativer Hexenbegriff: k. A.
Besagungen: entfällt, vgl. Prozessverlauf
Beleg: Kunstmann 1978, S. 82–85
Himmler-Kartei: –
Bemerkung: Vertuschung des Selbstmordes durch die Familie; der Markgraf ordnete einige Wochen später die Exhumierung der Leiche und die Einziehung ihres Vermögens an für den Fall, dass sie eine Hexe gewesen sei; der Nürnberger Rat schaltete sich ein zugunsten der Familie Fleischmann

## 75

Jahr: *1592*
Ort: *Heilsbronn / Weißenbronn*
Person: *Barbara Hedler*, Frau des Bastian Hedler, Bäcker in Weißenbronn
Grund der Festnahme: Truterei: Sie soll die Hostie beim Abendmahl am Gründonnerstag 1591 wieder aus dem Mund genommen und in den Schleier haben rutschen lassen (Anklage durch Hans Weisel)[35]
Vorausgehendes Unglück: k. A.
Prozessverlauf: Anweisung aus Ansbach zur Verhaftung der Barbara Hedler und zum peinlichen Verhör wegen der Sache und weiterer Truterei am 5. Februar 1592; sie wird wieder aus der Haft entlassen, da sie wegen eines abgenommenen Beines nicht entlaufen kann. Trotz mehrmaligem Verhör und Gegenüberstellung mit dem Zeugen gibt es kein Geständnis
Ausgang: Freilassung, ihr Mann fordert Schadensersatz
Kumulativer Hexenbegriff: k. A.
Besagungen: k. A.
Belege: StAN Rep. 400 I, KlVA Heilsbronn Tome 20, fol. 317a-325b; Tome 32, fol. 248a
Himmler-Kartei: –

## 76

Jahr: *1592*
Ort: *Langenzenn*
Person: *Barbara Hörnlein*, Weitterndorf (vgl. Nr. 35)
Grund der Festnahme: Truterei, Zauberei
Vorausgehendes Unglück: k. A.
Prozessverlauf: k. A.
Ausgang: Hinrichtung
Kumulativer Hexenbegriff: k. A.
Besagungen: k. A.
Beleg: StAN Rep. 400 i, KlVA Heilsbronn Tome 432, 17. Oktober 1592 fol. 49b
Himmler-Kartei: –

## 77

Jahr: *1592*
Ort: *Schwabach*
Person: *Ottilia Kun von Kammerstein*
Grund der Festnahme: vermutlich Besagung
Vorausgehendes Unglück: k. A.
Prozessverlauf: Gefangennahme, mindestens zwei peinliche Verhöre im November 1591 und 3. Januar 1592, eventuell auch am 19. Februar

---

[35] Der profane Gebrauch bzw. Missbrauch der geweihten Hostie war eine bekannte Zauberpraxis, die von der Kirche als Verunehrung des Sakraments entschieden verfolgt wurde (HWDA Bd. 4, Sp. 414–418).

Ausgang: Hinrichtung durch Verbrennung am 1. April
Kumulativer Hexenbegriff: k. A.
Besagungen: k. A.
Belege: Heckel 1933, S. 163–166
   StAN Rep. 132 Nr. 57 Orderbuch f. Scharfrichter 18. März 1592
Himmler-Kartei: BArchAStF/M, FSg. 2/1–F, Film 37, Nr. 2527, Bl. (evtl. 3–6), 7, 8, 12 und Film 5, Nr. 149A, Bl. 5. (5)

## 78

Jahr: *1592*
Ort: *Schwabach*
Person: *Margaretha Kurz*
Grund der Festnahme: Besagung durch die Magd der Marschallin, Regina Lautter von Augsburg (Nr. 80)
Vorausgehendes Unglück: k. A.
Prozessverlauf: Mindestens zwei peinliche Verhöre am 29. März und 12. April
Ausgang: Hinrichtung durch Verbrennung am 23. Juni 1592
Kumulativer Hexenbegriff: k. A.
Besagungen: k. A.
Belege: Heckel 1933, S. 163–166
   StAN Rep. 132 Nr. 57 Orderbuch f. Scharfrichter 18.März / 16. Mai / 19. Juni 1592
   BayHStA München RKG Nr. 1084, Nr. 6099
Himmler-Kartei: BArchAStF/M, FSg. 2/1–F, Film 37, Nr. 2527, Bl. (evtl. 3–6), 7, 8, 13, 21, Film 5, Nr. 149A, Bl. 5. (6)
Bemerkung: Nach Heckel wird Margaretha Kurz auch Margaretha Waiblin genannt.

## 79

Jahr: *1592*
Ort: *Schwabach*
Person: *Anna Taler*
Grund der Festnahme: Besagung durch die Magd der Marschallin (Nr. 80, 83)
Vorausgehendes Unglück: k. A.
Prozessverlauf: Mindestens zwei peinliche Verhöre am 29. März und 12. April
Ausgang: Hinrichtung durch Verbrennung am 23. Juni 1592
Kumulativer Hexenbegriff: k. A.
Besagungen: k. A.
Belege: Heckel 1933, S. 163–166
   StAN Rep. 132 Nr. 57 Orderbuch f. Scharfrichter 18.März / 16. Mai / 19. Juni 1592
   BayHStA München RKG Nr. 1084, Nr. 6099
Himmler-Kartei: BArchAStF/M, FSg. 2/1–F, Film 37, Nr. 2527, Bl. (evtl. 3–6), 7, 8, 11, 19, Film 5, Nr. 149A, Bl. 5. (6)
Bemerkung: Nach Heckel wird Anna Taler auch Anna Bucklerin genannt

## 80

Jahr: *1592*
Ort: *Schwabach*
Person: *Regina* (wahrscheinlich Magd der Caecilie von Pappenheim, Nr. 83)
Grund der Festnahme: Besagung
Vorausgehendes Unglück: k. A.
Prozessverlauf: k. A.
Ausgang: Hinrichtung nach dem 24. Mai
Kumulativer Hexenbegriff:
    Schadenzauber: k. A.
    Teufelsbund: k. A.
    Teufelsbuhlschaft: Redet von ihrem „Buhel", mit dem sie ausgefahren sei, macht Aussage über den „Buhlteufel" der Caecilie (= Nr. 83)
    Hexenflug: Sagt, dass ihre Herrin (= Caecilie, Nr. 83) ausgefahren sei
    Hexensabbat: Beschrieben als Treffen „des Trutenvolks auf einer Wiesen bei Rhüedorf"
Besagungen: Appolonia Meidner (Nr. 65), Caecilia von Pappenheim (Nr. 83), Anna Buckler (Nr. 79), Margaretha Weiblin (Nr. 78)
Belege: Heckel 1933, S. 163–166
    StAN Rep. 132 Nr. 57 Orderbuch f. Scharfrichter 19. Juni 1592
Himmler-Kartei: BArchAStF/M, FSg. 2/1–F, Film 5, Nr. 149A, Bl. 5, (evtl. Film 37, Nr. 2527, Bl. 8). (2)

## 81

Jahr: *1592*
Ort: *Schwabach*
Person: *Linhardin*
Grund der Festnahme: vermutlich Besagung
Vorausgehendes Unglück: k. A.
Prozessverlauf: Peinliches Verhör am 29. Mai und 19. Juni
Ausgang: wahrscheinlich Hinrichtung durch Verbrennung am 23. Juni 1592
Kumulativer Hexenbegriff: k. A.
Besagungen: k. A.
Belege: Heckel 1933, S. 163–166
    StAN Rep. 132 Nr. 57 Orderbuch f. Scharfrichter 29. Mai / 19. Juni 1592
Himmler-Kartei: BArchAStF/M, FSg. 2/1–F, Film 5, Nr. 149A, Bl. 5, Film 37, Nr. 2527, Bl. (evtl. 3–6), 7, 8, 14. (5)

## 82

Jahr: *1592*
Ort: *Schwabach*
Person: *Marg. Schmidt,* Frau des Leonhardt Schmidt
Grund der Festnahme: k. A.
Vorausgehendes Unglück: k. A.
Prozessverlauf: Peinliches Verhör
Ausgang: Freilassung

Kumulativer Hexenbegriff: k. A.
Besagungen: k. A.
Beleg: StAN Nbg. Ratschl.Buch Nr. 44 fol.119b-126b
   (vgl. Kunstmann 1978, S. 195)
Himmler-Kartei: –

## 83

Jahr: *1592/96*
Ort: *Schwabach / Ansbach*
Person: *Caecilie von Pappenheim* (ca. 70),
Grund der Festnahme: vermutlich Besagung
Vorausgehendes Unglück: k. A.
Prozessverlauf: Gefangennahme und gütliches Verhör im Juni, währenddessen Klage ihres Sohnes und Schwiegersohnes am Reichskammergericht (ein Mandatum poenalis befahl die Mitteilung der Indizien); im Sommer 1595 wurde ein Gutachten der Juristenfakultät Ingolstadt eingeholt, das Caecilie zum peinlichen Verhör verurteilte; die Verwandtschaft der Caecilie holte zwei Gutachten in Altdorf und Jena ein, die eine Folterung ablehnten; aufgrund des Ingolstädter Gutachtens erfolgte keine Freilassung der Caecilie; die Familie klagte erneut in Speyer mit einer Nichtigkeitsklage
Ausgang: Ende des Mandatsprozesses im Juni 1596; Caecilie wurde unter Hausarrest gestellt, starb aber kurze Zeit darauf
Kumulativer Hexenbegriff:
Schadenzauber: k. A.
Teufelspakt: k. A.
Teufelsbuhlschaft: Andere Angeklagte machen Aussagen über ihren „Buhlteufel"
Hexenflug: Die Besagenden geben an, dass sie des öfteren „ausgefahren" sei
Hexensabbat: Sie wird besagt durch Hexen in Ellingen, Abensberg und Schwabach (Nr. 80), die sie als ihre „Gespielin" beim Hexensabbat bezeichnen
Besagungen: k. A.
Beleg: Bay HStA München RKG Nr. 1079
   (vgl. Lang 1811, S. 339f.)
   (vgl. Oestmann 1997, S. 489–497, S. 547)
Himmler-Kartei: BArchAStF/M, FSg. 2/1–F, Film37, Nr. 2527, Bl. 16, Film 5, Nr. 149A, Bl. 11. (2)

## 84

Jahr: *1592/1596*
Ort: *Kulmbach*
Person: *Kunigund Rech*
Grund der Festnahme: Diebstahl, Zauberei, Anklage durch Jakob Streitberger
Vorausgehendes Unglück: Diebstahl
Prozessverlauf: Verhaftung wegen Diebstahl, etliche Vernehmungen, gegenseitige Beschuldigung der Zauberei mit Regina Streitberger

Ausgang: k. A.
Kumulativer Hexenbegriff: k. A.
Besagungen: n. b.
Beleg: StA Bamberg C2 Nr. 3238
Himmler-Kartei: –

## 85

Jahr: *1592 / 1596*
Ort: *Kulmbach*
Person: *Regina Streitberger*
Grund der Vernehmung: Zauberei, Diebstahl
Vorausgehendes Unglück: Diebstahl
Prozessverlauf: keine Gefangennahme, etliche Vernehmungen, gegenseitige Beschuldigung der Zauberei mit Kunigund Rech
Ausgang: k. A.
Kumulativer Hexenbegriff: k. A.
Besagungen: n. b.
Beleg: StA Bamberg C2 Nr. 32
Himmler-Kartei: –

## 86

Jahr: *1593*
Ort: *Windsbach*
Person: *Anna Gross* von Hohenberg
Grund der Festnahme: Truterei
Vorausgehendes Unglück: k. A.
Prozessverlauf: k. A.
Ausgang: Hinrichtung durch den Nachrichter, genannt „Meister Heinerlein" („mit einem Päckchen Pulver")
Kumulativer Hexenbegriff: k. A.
Besagungen: k. A.
Belege: StAN Rep. 132 Nr. 57 Orderbuch f. Scharfrichter 19. Juni 1593
StAN Rep. 400 I, KlVA Heilsbronn Tome 19, fol. 340a
Himmler-Kartei: –

## 87

Jahr: *1593*
Ort: *Heilsbronn / Petersaurach*
Person: *Margaretha Buckel*, Tochter des Hans Maier aus Immeldorf (ihre Mutter war bereits als Trut verschrieen), Frau des Steffen Buckel
Grund der Festnahme: Zauberei / Truterei, Anzeige durch Georg Rummel wegen Truterei
Vorausgehendes Unglück: Streit zwischen Rummel bzw. seinen Töchtern und Margaretha, Ursache des Streits unbekannt
Prozessverlauf: Gefangennahme zwei Wochen nach Walpurgis, Verhör durch den

184   *Praxis der Hexenprozesse in den Markgraftümern im 16. Jahrhundert*

    Verwalter in Heilsbronn, Überführung nach Windsbach zum gütlichen und peinlichen Verhör durch den Nachrichter, kein Geständnis
Ausgang: Freispruch; danach Bittschrift von ihr an den Markgrafen um Rehabilitierung
Kumulativer Hexenbegriff:
    Schadenzauber: Vorwurf des Schadenzaubers gegen die Familie des Rummel (Frage nach Lehrmeister)
    Teufelspakt: Suche nach Zeichen des Teufels durch den Nachrichter
    Teufelsbuhlschaft: Frage nach Buhlschaft mit dem Teufel
    Hexenflug: n. b.
    Hexensabbat: n. b.
Besagungen: k. A.
Belege: StAN Rep. 400 I, KlVA Heilsbronn Tome 19, fol. 326a–340a / Tome 433, 4. April 1595
Himmler-Kartei: –

## 88

Jahr: *1594*
Ort: *Crailsheim*
Person: *Margaretha Dasing*, „M. Georg vom Bergs Tochter", verheiratet mit dem Tagelöhner Michael Dasing
Grund der Festnahme: Als Hexe verschrieen
Vorausgehendes Unglück: Ableben eines Stiers von Martin Flechsner, Krankheit der Ursula Reüin
Prozessverlauf: Gefangennahme (die Akten des ersten Verhörs sind nicht erhalten), zweites gütliches und peinliches Verhör am 24. August, weitere gütliche und peinliche Verhöre am 12. November 1594 und 23. November 1594 mit Geständnis
Ausgang: Hinrichtung durch Verbrennung am 4. Dezember 1594
Kumulativer Hexenbegriff:
    Schadenzauber: wird mehrfach zugegeben
    Teufelspakt: Teufelszeichen, Taufe
    Teufelsbuhlschaft: wird zugegeben und ausführlich beschrieben
    Hexenflug: wird zugegeben
    Hexensabbat: k. A.
Besagungen: Eva Bröllochß (Nr. 89) als ihre Lehrmeisterin
Belege: StAN Rep. 132 Nr. 57 Orderbuch f. Scharfrichter 17. September 1594
    StAN Rep. Ansb. Hist. Nr. 237
    Malefiz-, Fraisch- u. Criminal-Acta 1594–1615, Nr.257
Himmler-Kartei: BArchAStF/M, FSg. 2/1–F, Film 10, Nr. 507, Bl. 1, 3, Film 5, Nr. 149A, Bl. 6. (3)

## 89

Jahr: *1594*
Ort: *Crailsheim*
Person: *Eva Bröllochß von Satteldorf*, hat einen erwachsenen Sohn

Grund der Festnahme: Besagung durch Margaretha Dasing
Vorausgehendes Unglück: k. A. (vgl. Nr. 88)
Prozessverlauf: Gefangennahme, gütliche und peinliche Verhöre, zum zweiten Mal
    am 12., 14. und 23. November 1594, Geständnis
Ausgang: Hinrichtung durch Verbrennung am 4. Dezember 1594
Kumulativer Hexenbegriff:
    Schadenzauber: mehrfach belegt
    Teufelspakt: Taufe
    Teufelsbuhlschaft: Redet von ihrem „Buhlen"
    Hexenflug: belegt
    Hexensabbat: Tanz
Besagungen: Brigitta Winter (Nr. 70), Saylerin (Nr. 91), Schoberin (vermutlich
    Nr. 94), „Peter Durren Weib" (Nr. 92)
Belege: StAN Rep. Ansb. Hist. Nr. 237
    Malefiz-, Fraisch- u. Criminal-Acta 1594–1615, Nr.257
    Himmler-Kartei: BArchAStF/M, FSg. 2/1–F, Film 10, Nr. 507, Bl. 1, 5. (2)

## 90

Jahr: *1594*
Ort: *Crailsheim*
Person: *Brigitta Winter* (71), Balbiererin, wohnt bei ihrer Tochter im Haus
Grund der Festnahme: Besagung durch Eva Bröllochß, sie steht in schlechtem Ruf
    und war bereits einmal inhaftiert wegen nicht beglichener Schulden
Vorausgehendes Unglück: k. A. (vgl. Nr. 88)
Prozessverlauf: Gefangennahme, gütliche und peinliche Verhöre am 14., 15. und
    23. November 1594, Geständnis
Ausgang: Hinrichtung durch Verbrennung am 4. Dezember 1594
Kumulativer Hexenbegriff:
    Schadenzauber: belegt, „habe vom Teufel schwarzes Pulver bekommen"
    Teufelspakt: Teufelszeichen, Taufe, Absagung an Gott
    Teufelsbuhlschaft: belegt
    Hexenflug: Flugsalbe, „ausgefahren immer auf den Donnerstag um 12.00 Uhr
        nachts"
    Hexensabbat: belegt
Besagungen: „Christina Margaretha Loch, des Schreiners Weib, des Gottschalks
    Tochter Justina (Nr. 93), deren Mutter (ist bereits gestorben), Roßen Anna,
    Schorlein berbels Tochter"
Belege: StAN Rep. Ansb. Hist. Nr. 237
    Malefiz-, Fraisch- u. Criminal-Acta 1594–1615, Nr. 257
    Himmler-Kartei: BArchAStF/M, FSg. 2/1–F, Film 10, Nr. 507, Bl. 1. (1)

## 91

Jahr: *1594*
Ort: *Crailsheim*
Person: *Anna Dasing* (60), Saylerin, verwitwet seit 5 Jahren
Grund der Festnahme: Besagung

Vorausgehendes Unglück: k. A. (vgl. Nr. 88)
Prozessverlauf: Gefangennahme, gütliche und peinliche Verhöre am 15./16.
  und 23. November 1594, Geständnis
Ausgang: Hinrichtung durch Verbrennung am 4. Dezember 1594
Kumulativer Hexenbegriff:
  Schadenzauber: Wetterzauber, Schadenzauber an Tieren und Menschen
  Teufelspakt: Taufe durch den Teufel, Teufelszeichen
  Teufelsbuhlschaft: belegt
  Hexenflug: belegt, Flugsalbe und Gabel mit Trutenfuß wurden bei der
    Hausdurchsuchung gefunden
  Hexensabbat: belegt
Besagungen: Brigitta Winter (Nr. 90), Eva Bröllochß (Nr. 89), „des Durren Weib"
  (Nr. 92), „Loch Efferles Tochter Justina" (vermutlich Nr. 93), [Anm.: Andere
  Namen sind durchgestrichen], „Galgen Peters Weib"
Belege: StAN Rep. 132 Nr. 57 Orderbuch f. Scharfrichter 17. September 1594
  StAN Rep. Ansb. Hist. Nr. 237
  Malefiz-, Fraisch- u. Criminal-Acta 1594–1615, Nr. 257
Himmler-Kartei: BArchAStF/M, FSg. 2/1–F, Film 10, Nr. 507, Bl. 1. (1)

## 92

Jahr: *1594*
Ort: *Crailsheim*
Person: *Anna Dürr* (66), in zweiter Ehe verheiratet mit dem Kutscher Peter Durr
Grund der Festnahme: Besagung durch Brigitta Winter (Nr. 90) und Eva Bröllochß
  (Nr. 89)
Vorausgehendes Unglück: k. A. (vgl. Nr. 88)
Prozessverlauf: Gefangennahme auf Befehl des Amtmanns, gütliche und peinliche
  Verhöre am 18. und 19. November 1594, kein Geständnis
Ausgang: Freilassung
Kumulativer Hexenbegriff:
  Schadenzauber: k. A.
  Teufelspakt: Truttenzeichen wird an ihrem Körper gefunden
  Teufelsbuhlschaft: k. A.
  Hexenflug: k. A.
  Hexensabbat: k. A.
Besagungen: k. A.
Belege: StAN Rep. Ansb. Hist. Nr. 237
  Malefiz-, Fraisch- u. Criminal-Acta 1594–1615 Nr. 257 und 260
Himmler-Kartei: BArchAStF/M, FSg. 2/1–F, Film 10, Nr. 507, Bl. 1, 4. (2)

## 93

Jahr: *1594*
Ort: *Crailsheim*
Person: *Justina* (27), Tochter des Gottschalk Schrannen, Bürger von Crailsheim
Grund der Festnahme: Besagung durch Brigitta Winter (Nr. 90) und Anna Dasing
  (Nr. 91)

Vorausgehendes Unglück: k. A. (vgl. Nr. 88)
Prozessverlauf: Gefangennahme, gütliches und peinliches Verhör am 19. November 1594, kein Geständnis
Ausgang: Freispruch
Kumulativer Hexenbegriff: k. A.
Besagungen: k. A.
Belege: StAN Rep. Ansb. Hist. Nr. 237
    Malefiz-, Fraisch- u. Criminal-Acta 1594–1615 Nr. 257
Himmler-Kartei: BArchAStF/M, FSg. 2/1–F, Film 10, Nr. 507, Bl. 1, 6.(2)

## 94

Jahr: *1595/96*
Ort: *Crailsheim*
Person: *Eva Schober*, Pfarrfrau in Roßfeldt (verwitwet)
Grund der Festnahme: Besagung durch Eva Bröllochß (Nr. 89)
Vorausgehendes Unglück: Streit zwischen den Frauen
Prozessverlauf: Gefangennahme, gütliches Verhör am 28. Mai 1596
Ausgang: gegen Kaution am 18. Oktober 1596 aus der Haft entlassen
Kumulativer Hexenbegriff: k. A.
Besagungen: k. A.
Beleg: StadtA Crailsheim Malefiz-, Fraisch- und Criminalacta 1594–1615, Nr. 261
Himmler-Kartei: –

## 95

Jahr: *1596*
Ort: *Crailsheim*
Person: *Anna Leippersberger* (genannt dicke Anna), verheiratet mit Hanns Leippersberger
Grund der Festnahme: Besagung durch Eva Bröllochß (Nr. 89) und Burkhard Bauer (Nr. 97)
Vorausgehendes Unglück: k. A.
Prozessverlauf: gütliches Verhör am 7. Mai und 18. Mai 1596, Gefangennahme nach dem zweiten Verhör am 28. Mai 1596
Ausgang: k. A.
Kumulativer Hexenbegriff: k. A.
Besagungen: k. A.
Beleg: StadtA Crailsheim Malefiz-, Fraisch- und Criminalacta 1594–1615, Nr. 262
Himmler-Kartei: –

## 96

Jahr: *1596*
Ort: *Crailsheim*
Person: *Apollonia Bauer,* verheiratet mit Martin Bauer, Büttner, hat einen zehnjährigen Sohn, Burkhard (Nr. 97)
Vorausgehendes Unglück: k. A.

Grund der Festnahme: Besagung durch Anna Leippersberger (Nr. 95)
Prozessverlauf: gütliches und peinliches Verhör am 22. März 1596
Ausgang: k. A.
Kumulativer Hexenbegriff: k. A.
Besagungen: k. A.
Beleg: StadtA Crailsheim Malefiz-, Fraisch- und Criminalacta 1594–1615, Nr. 262
Himmler-Kartei: –

## 97

Jahr: *1596*
Ort: *Crailsheim*
Person: *Burkhard Bauer* (10), Sohn der Apollonia Bauer (Nr. 96)
Grund der Festnahme: Bezichtigte andere der Hexerei
Vorausgehendes Unglück: k. A.
Prozessverlauf: gütliches Verhör am 22. März 1596, bestätigt am 24. Mai 1596, widerrief die Besagungen, nachdem ihm eine Tracht Prügel durch den Stadtknecht angedroht worden war
Ausgang: k. A.
Kumulativer Hexenbegriff:
  Schadenzauber: n. b.
  Teufelspakt: n. b.
  Teufelsbuhlschaft: n. b.
  Hexenflug: Ausführliche Beschreibung der Gabel, des Vorgangs des Schmierens und des Ausfahrens selbst
  Hexensabbat: Trinkgelage im Keller des Hans Schladen
Besagungen: Anna Leippersberger (Nr. 95), Eva Schober (Nr. 94), seine Mutter (Nr. 96), „die Bernhardts Anna, des Peter Dürren Weib" (Nr. 92)
Beleg: StadtA Crailsheim Malefiz-, Fraisch- und Criminalacta 1594–1615, Nr. 262
Himmler-Kartei: –
Bemerkung: In dem einzigen Fall, in dem ein Minderjähriger beteiligt ist, wurde dieser wegen der Denunziation anderer Personen, darunter seiner Mutter, verhaftet. Als ihm als Folter eine Tracht Prügel angedroht wurde, widerrief er alles. Wichtigtuerei? Hysterie?

## 98

Jahr: *1596*
Ort: *Crailsheim/Roth am See*
Person: *Magdalena Lorenz*
Grund der Festnahme: „Kindsmord und Truterei"
Vorausgehendes Unglück: k. A.
Prozessverlauf: k. A.
Ausgang: Freispruch gegen Urfehde
Kumulativer Hexenbegriff: k. A.
Besagungen: k. A.
Beleg: StadtA Crailsheim Malefiz-, Fraisch- und Criminalacta 1594–1615, Nr. 263
Himmler-Kartei: –

## 99

Jahr: *1596*
Ort: *Heilsbronn/Kleinhaslach*
Person: *Magdalena Gerner*
Grund der Festnahme: Selbstbezichtigung des Paktes mit dem Teufel
Vorausgehendes Unglück: k. A.
Prozessverlauf: k. A.
Ausgang: k. A.
Kumulativer Hexenbegriff: k. A.
Besagungen: k. A.
Beleg: StAN Rep. 400 I, KlVA Heilsbronn Tome 19, fol. 178a–178b
Himmler-Kartei: –

## 100

Jahr: *1597*
Ort: *Heilsbronn/Kleinhaslach*
Person: *Frau des Cuntz N.*, Hirtin
Grund der Festnahme: Wird von einer Magd, die in Nürnbergischen Diensten steht, wegen Truterei angezeigt, sie steht in schlechtem Ruf
Vorausgehendes Unglück: k. A.
Prozessverlauf: k. A.
Ausgang: k. A.
Kumulativer Hexenbegriff: k. A.
Besagungen: k. A.
Beleg: StAN Rep. 400 I, KlVA Heilsbronn Tome 19, fol. 181a–181b
Himmler-Kartei: –

## 101

Jahr: *1597*
Ort: *Bayreuth/Büehel/Neunkirchen*
Person: *Eva Petzolt*, Tochter des Albrecht Petzolt, „Vogts uff dem Büehel bey Neunkirchen"
Grund der Festnahme: k. A.
Vorausgehendes Unglück: k. A.
Prozessverlauf: Verhör
Ausgang: k. A.
Kumulativer Hexenbegriff:
  Schadenzauber: belegt
  Teufelspakt: belegt, Teufelszeichen
  Teufelsbuhlschaft: belegt
  Hexenflug: belegt
  Hexensabbat: belegt, Frage nach „Gespielinnen"
Besagungen: k. A.
Beleg: StadtA Bayreuth B 47/pag. 133–136
Himmler-Kartei: –

## 102

Jahr: *1598*
Ort: *Colmberg*
Person: „ein Trut"
Grund der Festnahme: k. A.
Vorausgehendes Unglück: k. A.
Prozessverlauf: peinliches Verhör
Ausgang: k. A.
Kumulativer Hexenbegriff: k. A.
Besagungen: k. A.
Beleg: StAN Rep. 132 Nr. 57 Orderbuch f. Scharfrichter 22. August 1598
Himmler-Kartei: –

## 103

Jahr: *1599*
Ort: *Emskirchen*
Person: *Anna Zumpfelder*
Grund der Festnahme: „Truterei"
Vorausgehendes Unglück: k. A.
Prozessverlauf: peinliches Verhör
Ausgang: k. A.
Kumulativer Hexenbegriff: k. A.
Besagungen: k. A.
Beleg: StAN Rep. 132 Nr. 57 Orderbuch f. Scharfrichter 28. Juli 1599
Himmler-Kartei: –

## 104

Jahr: *1600*
Ort: *Cadolzburg*
Person: *Margaretha Niclaus,* „Siechenweib"
Grund der Festnahme: „Zauberei, Truterei"
Vorausgehendes Unglück: k. A.
Prozessverlauf: peinliches Verhör
Ausgang: Hinrichtung am 16. April mit dem Schwert durch den Nachrichter „Meister Erhard"
Kumulativer Hexenbegriff: k. A.
Besagungen: k. A.
Beleg: StAN Rep. 132 Nr. 57 Orderbuch f. Scharfrichter 28. Februar / 11. April 1600
Himmler-Kartei: BArchAStF/M, FSg. 2/1–F, Film5, Nr. 149A, Bl. 7. (1)

## 105

Jahr: *1601*
Ort: *Bayreuth / Neudrossenfeld*
Person: *Hanns Lepferdt* (ca. 45), Schuster, verheiratet, mehrere Kinder

Grund der Festnahme: Klage Vischers wegen erkrankter Kuh gegen Lepferdt und seine Frau; große Aufregung im Dorf
Vorausgegangenes Unglück: Streit zwischen den Familien Lepferdt und Vischer um Schuldenbegleichung; Drohreden der Fam. Lepferdt gegen Fam. Vischer und andere Personen; erkrankte Kuh (s. u.)
Prozessverlauf: Gefangennahme am 17. Juni 1601, gütliche Vernehmung, kein Geständnis
Ausgang: Freilassung, Vergleich der beiden Parteien
Kumulativer Hexenbegriff:
    Schadenzauber: Hanns Lepferdt soll einer Kuh Vischers eine Krankheit angezaubert haben (Frage nach Lehrmeister)
    Teufelsbund: k. A.
    Teufelsbuhlschaft: n. b.
    Hexenflug: n. b.
    Hexensabbat: n. b.
Besagungen: n. b.
Beleg: StAB Rep. C, Nr. 3239
Himmler-Kartei: BArchAStF/M, FSg. 2/1-F, Film 23, Nr. 1515, Bl.6 (1)

## 106

Jahr: *1601*
Ort: *Bayreuth / Neudrossenfeld*
Person: *Margaretha Lepferdt* (ca. 40), Frau des Schusters Hanns Lepferdt (Nr. 105), mehrere Kinder
Grund der Festnahme: Klage Vischers wegen erkrankter Kuh gegen Lepferdt Aufregung im Dorf
Vorausgegangenes Unglück: vgl. Hanns Lepferdt (Nr. 105)
Prozessverlauf: vgl. Hanns Lepferdt (Nr. 105)
Ausgang: vgl. Hanns Lepferdt (Nr. 105)
Kumulativer Hexenbegriff:
    Schadenzauber: vgl. Hanns Lepferdt (Nr. 105)
    Teufelsbund: k. A.
    Teufelsbuhlschaft: n. b.
    Hexenflug: n. b.
    Hexensabbat: n. b.
Besagungen: n. b.
Beleg: StAB Rep. C, Nr. 3239
Himmler-Kartei: BArchAStF/M, FSg. 2/1-F, Film 23, Nr. 1515, Bl. 5 (1)

## 107

Jahr: *1602–1628*
Ort: *Kitzingen*
Person: „ein Weib und ein Mägdlein"
Grund der Festnahme: Zauberei
Vorausgegangenes Unglück: n. b.
Prozessverlauf: k. A.

Ausgang: k. A.
Kumulativer Hexenbegriff: k. A.
Besagungen: k. A.
Beleg: StAW Admin. 16199
Himmler-Kartei: BArchAStF/M, FSg. 2/1–F, Film 22, Nr. 1408, Bl. 1,2,4 (1)
Bemerkung: In dem Akt 16199 geht es ausschließlich um die Auseinandersetzung zwischen dem Domkapitel Würzburg und der Markgrafschaft Brandenburg-Ansbach wegen „Wegführung eines Weibs und eines Mägdleins von Willanzheim nach Kitzingen wegen angeblicher Zauberei". Nicht der Zaubereiprozess, sondern die Streitigkeiten zwischen den beiden Herrschaften sind dokumentiert

## 108

Jahr: *1603*
Ort: *Kulmbach / Gundersreuth*
Person: *Margarethe Vißmann*, Frau des Georg Vißmann
Grund des Verhörs (k. A. zu einer Gefangennahme): Sie wird der schädigenden Zauberei mit einer Kristallkugel bezichtigt
Vorausgegangenes Unglück: k. A.
Prozessverlauf: Gütliches Verhör im Februar
Ausgang: Landesverweisung
Kumulativer Hexenbegriff: k. A.
Besagungen: Hinweis auf ihre Lehrmeisterin, die Frau von Bayergrün (vgl. Abschnitt 5.4.2.8)
Beleg: StAB Rep. C2 Nr. 3240
Himmler-Kartei: BArchAStF/M, FSg. 2/1–F, Film 23, Nr. 1515, Bl. 9 (1)

## 109

Jahr: *1603*
Ort: *Crailsheim*
Person: *Barbara Ber*
Grund der Festnahme: Hexerei
Vorausgegangenes Unglück: k. A.
Prozessverlauf: peinliches Verhör
Ausgang: k. A.
Kumulativer Hexenbegriff: k. A.
Besagungen: k. A.
Beleg: StAN Rep. 132 Nr. 57 Orderbuch f. Scharfrichter 3. Oktober 1603
Himmler-Kartei: –

## 110

Jahr: *1604*
Ort: *Crailsheim*
Person: *Margaretha Werner* (ca. 50), seit ca. 30 Jahren verheiratet, 15 Kinder (5 noch am Leben)

Grund der Festnahme: Anklage wegen Hexerei durch Dorothea N. von Höllerich und Catharina N. von Grönningen, zwei „Bettelmaidlein"; ihre Mutter ist bereits in Crailsheim als Hexe verbrannt worden; sie selbst ist allgemein als Hexe verschrien;
Vorausgegangenes Unglück: Krankheit der beiden Mädchen
Prozessverlauf: Gefangennahme der Margaretha am 1. September, 2 gütliche Verhöre, kein Geständnis, Anordnung des peinlichen Verhörs aus Ansbach, wahrscheinlich aufgrund ihrer „Leibesschwäche" (in den Quellen wird ihre Krankheit „Krebs" genannt) nicht durchgeführt
Ausgang: auf Urfehde hin entlassen, Landesverweisung
Kumulativer Hexenbegriff:
  Schadenzauber: Krankheit der beiden Mädchen, Frage nach sonstigem Schadenzauber in den Verhören
  Teufelspakt: belegt, nicht geständig
  Teufelsbuhlschaft: belegt, nicht geständig
  Hexenflug: belegt, nicht geständig
  Hexensabbat: belegt, nicht geständig
Besagungen: sie deutet im Verhör an, im Falle ihrer Freilassung anzugeben, wer ihr selbst ihre böse Krankheit angezaubert habe
Beleg: StadtA Crailsheim Malefiz-, Fraisch- und Criminalacta 1594–1615, Nr. 268
Himmler-Kartei: –
Bemerkung: Prozess Nr. 110 und 111 sind die letzten in einer Serie von Prozessen in Crailsheim, die seit 1594 anhält. Sie wurden deshalb in das Verzeichnis aufgenommen, obwohl sie bereits außerhalb der Regierungszeit Georg Friedrichs liegen (vgl. Abschnitt 1.3)

## *111*

Jahr: *1604*
Ort: *Crailsheim*
Person: *Catharina N. von Grönningen*
Grund der Festnahme: In Zusammenhang mit dem Prozess gegen Margaretha Werner wird sie selbst der Zauberei bezichtigt
Vorausgegangenes Unglück: Krankheit der beiden Mädchen (vgl. Nr. 110)
Prozessverlauf: Gefangennahme vor dem 15. September, gütliches Verhör
Ausgang: k. A.
Kumulativer Hexenbegriff:
  Schadenzauber: belegt
  Teufelspakt: belegt
  Teufelsbuhlschaft: belegt
  Hexenflug: belegt, geständig
  Hexensabbat: belegt
Besagungen: Margaretha Werner (Nr. 110)
Beleg: StadtA Crailsheim Malefiz-, Fraisch- und Criminalacta 1594–1615, Nr. 268
Himmler-Kartei: –
Bemerkung: vgl. Margaretha Werner (Nr. 110)

## 4.3 Klassifizierung der Prozesse nach ihrer Häufigkeit

Die Forschung unterscheidet nach H.C.E. Midelfort und E.W. Monter[36] kleinere Verfolgungen (small panic trials), in denen weniger als 20, aber mehr als nur eine einzelne Person hingerichtet wurden. Als „large witch hunt" werden solche Verfolgungen gewertet, bei denen innerhalb eines Jahres mehr als 20 Personen hingerichtet wurden. Behringer unterscheidet im Anschluss an Midelfort und Monter Zauber- und Hexenprozesse mit höchstens drei Hinrichtungen von kleineren und mittleren Verfolgungen mit 4–9 und 10–19 Hinrichtungen. Größere Hexenverfolgungen beginnen ab 19 Hinrichtungen.[37] Bereits Jerouschek hat darauf aufmerksam gemacht, dass es schwierig ist, allein von der Zahl der Hinrichtungen auszugehen, da dies „die Sicht auf die hinter den Verfolgungen obwaltende reale Dramaturgie ganz entschieden verstellt".[38] So wird in der vorliegenden Arbeit ausgehend von der Zahl der in einen Verbundprozess[39] involvierten InquisitInnen folgendermaßen differenziert:

– Einzelne Hexenprozesse
– Kleinere Verfolgungen mit bis zu drei InquisitInnen
– Mittlere Verfolgungen mit drei bis 10 InquisitInnen
– Große Verfolgungen mit über 10 InquisitInnen

Für die Markgraftümer im 16. Jahrhundert ergibt sich chronologisch gesehen folgendes Bild:[40]

(1) Die mittlere Verfolgung in Schwabach von 1505
(2) Einzelne Zauberei- und Hexenprozesse 1524–1550
(3) Einzelprozesse und kleinere bis mittlere Verfolgungen 1550–1590[41]
(4) Die große Verfolgung 1591/1592 (ausgehend von Heilsbronn)
(5) Kleinere bis mittlere Verfolgungen und Einzelprozesse 1593–1600

---

[36] MIDELFORT 1972, S. 9. MONTER 1976, S. 88.
[37] BEHRINGER 1997, S. 18.
[38] JEROUSCHEK 1992, S. 23f.
[39] Grundsätzlich werden diejenigen Fälle zu einem Verbundprozess zusammengefasst, die aufgrund der räumlichen Nähe zueinander oder aufgrund von gegenseitigen Besagungen eine Zusammengehörigkeit erkennen lassen. Falls sich der Verbundprozess über eine Jahresgrenze hinaus hinzog, ist er in der Tabelle unter dem Jahr seines Beginnens verzeichnet.
[40] Diejenigen Fälle, die aufgrund der Definition in Punkt 1.7.2 dieser Arbeit eindeutig als Zaubereiprozesse klassifiziert werden konnten, sind in der folgenden Tabelle durch Kursivdruck gekennzeichnet. Dabei ist jedoch zu beachten, dass eine zweifelsfreie Einordnung aufgrund der lückenhaften Quellenbasis häufig nicht möglich ist.
[41] Die große Verfolgung von Heilsbronn von 1571 wird in dieser Übersicht nicht berücksichtigt, weil dabei „lediglich" Zauberei verfolgt wurde. Dabei ergibt sich hinsichtlich des Prozessverlaufes und des Prozessausgangs ein deutlicher qualitativer Unterschied zu Hexenprozessen.

| Einzelne Verfolgungen | Kleinere Verfolgungen | Mittlere Verfolgungen | Große Verfolgungen |
|---|---|---|---|
| 1524 Feuchtwangen (Nr.5) | 1551 Arzberg (Nr. 8–9) | 1505 Schwabach (Nr. 1–4) | *1571 Heilsbronn (Nr. 22)* |
| 1535 Schwabach (Nr. 6) | 1552 Crailsheim (Nr. 10+11) | 1582 Heilsbronn (Nr. 29–35) | 1591 Heilsbronn/ Langenzenn (Nr. 52,54–63) |
| 1551 Bayreuth (Nr. 7) | 1560 Heilsbronn (Nr. 14–16) | 1587 Kulmbach (Nr. 37–42) | |
| 1552 Heilsbronn (Nr. 12) | 1569 Langenzenn (Nr. 21) | 1591 Heidenheim (Nr. 53) | |
| 1560 Bayreuth (Nr. 13) | 1578 Heilsbronn (Nr. 27–28) | 1592 Cadolzburg (Nr. 67–76) | |
| 1562 Arzberg (Nr. 17) | 1592 Kulmbach (Nr. 84–85) | 1591 Schwabach (Nr. 64–65, 77–83) | |
| 1562 Kitzingen (Nr. 18) | 1601 Neudrossenfeld (Nr. 105–106) | 1594 Crailsheim (Nr. 88–93) | |
| 1563 Bayreuth (Nr. 19) | 1602 Kitzingen (Nr. 107) | 1595 Crailsheim (Nr. 94–98) | |
| 1569 Creußen (Nr. 20) | 1604 Crailsheim (Nr. 110–111) | | |
| 1572 Heilsbronn (Nr. 23) | | | |
| 1576 Heilsbronn (Nr. 26) | | | |
| 1587 Emskirchen (Nr. 36) | | | |
| 1589 Neustadt (Nr. 43) | | | |
| 1589 Langenzenn (Nr. 44) | | | |
| 1590 Dachsbach (Nr. 45) | | | |
| 1590 Hohentrüdingen (Nr. 46) | | | |
| 1590 Mainbernheim (Nr. 47) | | | |
| 1590 Ansbach (Nr. 48) | | | |
| 1590 Heidenheim (Nr. 49) | | | |
| 1591 Kulmbach (Nr. 50) | | | |
| 1591 Colmberg (Nr. 51) | | | |
| 1591 Ansbach (Nr. 66) | | | |
| 1593 Windsbach (Nr. 86) | | | |
| 1593 Heilsbronn (Nr. 87) | | | |
| 1596 Heilsbronn (Nr. 99) | | | |
| 1597 Heilsbronn (Nr. 100) | | | |
| 1597 Bayreuth (Nr. 101) | | | |
| 1598 Colmberg (Nr. 102) | | | |
| 1599 Emskirchen (Nr. 103) | | | |
| 1600 Cadolzburg (Nr. 104) | | | |
| 1603 Kulmbach (Nr. 108) | | | |
| 1603 Crailsheim (Nr. 109) | | | |

Tabelle 3: Klassifizierung der Hexen- und Zaubereiprozesse nach der Zahl der Betroffenen

## 4.4 Klassifizierung der Prozesse hinsichtlich der verhängten Urteile

Um die Vergleichbarkeit mit Untersuchungen zu anderen Territorien herzustellen,[42] wird an dieser Stelle eine Klassifizierung der Prozesse hinsichtlich des Prozessausgangs vorgenommen, wobei sich die Einteilung in die drei Kategorien Freispruch, anderes Urteil und Todesurteil anbietet.[43] Aufgrund der ungünstigen Quellenlage muss eine relativ große vierte Spalte für unbekannten Prozessausgang eingerichtet werden.

| Keine Angabe zum Prozessausgang | Todesurteil | Freispruch | andere Urteile |
| --- | --- | --- | --- |
| Nr. 2 | Nr. 1 (Verbrennung) | Nr. 3 | Nr. 6 Pranger- |
| Nr. 7 | Nr. 8 (Schwert und | Nr. 4 | stehen, Lan- |
| Nr. 12 | Feuer) | Nr. 5 | desverweisung |
| Nr. 11 | Nr. 9 (Verbrennung) | Nr. 14 | Nr. 22 Arrest |
| Nr. 18 | Nr. 10 (vermutl. Ver- | Nr. 15 | Nr. 29 vermutl. |
| Nr. 23 | brennung) | Nr. 16 | Landesverwei- |
| Nr. 26 | Nr. 13 (Verbrennung) | Nr. 20 (öffent- | sung |
| Nr. 27 | Nr. 17 (Verbrennung) | liche Buße, | Nr. 33 Aus- |
| Nr. 28 | Nr. 19 (Verbrennung) | Poenitenz) | hauen mit |
| Nr. 32 | Nr. 21 (3 Todesurteile) | Nr. 30 (vermutl.) | Ruten und |
| Nr. 37 | Nr. 36 (Verbrennung) | Nr. 31 (vermutl.) | Landesver- |
| Nr. 38 | Nr. 47 | Nr. 35 Gericht- | weisung |
| Nr. 39 | Nr. 49 | licher Vergleich | Nr. 34 Flucht |
| Nr. 40 | Nr. 51 | beider Parteien | aus Gefängnis |
| Nr. 41 | Nr. 54 | Nr. 52 | Nr. 42 Einstel- |
| Nr. 43 | Nr. 55 | Nr. 75 | lung des Ver- |
| Nr. 44 | Nr. 56 | Nr. 82 | fahrens |
| Nr. 46 | Nr. 57 (vermutl.) | Nr. 87 | Nr. 45 (Suizid) |
| Nr. 48 | Nr. 58 | Nr. 92 | Nr. 50 Landes- |
| Nr. 53 | Nr. 59 (vermutl.) | Nr. 93 | verweisung |
| Nr. 63 | Nr. 60 (vermutl.) | Nr. 94 (gegen | Nr. 66 Haus- |
| Nr. 64 | Nr. 61 | Kaution) | arrest |
| Nr. 65 | Nr. 62 | Nr. 98 | Nr. 74 (Suizid) |

---

[42] Vgl. z. B. BEHRINGER 1987a, S. 18, 166f.

[43] Die Verfasserin grenzt sich an dieser Stelle entschieden von der von Birke Grießhammer erarbeiteten Ausstellung „Hexenverfolgung in Franken" wegen ihrer reißerischen und unseriösen Darstellung ab. So kann man sich z. B. vor dem Hintergrund des in dieser Arbeit abgedruckten Verzeichnisses der Zauberei- und Hexenprozesse, das aufgrund archivalischer Forschungsarbeit für das 16. Jahrhundert „lediglich" 111 Fälle darstellen kann, über folgende Behauptung Grießhammers nur wundern: „Nachdem beispielsweise im Markgrafentum Ansbach etwa 1400 Frauen gefoltert und mehr als die Hälfte von ihnen auch hingerichtet worden seien, könne man von ‚Massenmorden' sprechen." (Nachzulesen in einem Zeitungsbericht über die Ausstellung in der Augustana-Hochschule Neuendettelsau. Abgedruckt in: Fränkische Landeszeitung Nr. 268 vom 18.11.1999).

| Keine Angabe zum Prozessausgang | Todesurteil | Freispruch | andere Urteile |
|---|---|---|---|
| Nr. 73 | Nr. 67 | Nr. 105 (Ver- | Nr. 83 Haus- |
| Nr. 84 | Nr. 68 | gleich beider | arrest |
| Nr. 85 | Nr. 69 | Parteien) | Nr. 108 Landes- |
| Nr. 95 | Nr. 70 | Nr. 106 (Ver- | verweis |
| Nr. 96 | Nr. 71 | gleich beider | Nr. 110 Landes- |
| Nr. 97 | Nr. 72 (Strangulierung | Parteien) | verweis |
| Nr. 99 | + Verbrennung) | | |
| Nr. 100 | Nr. 76 | | |
| Nr. 101 | Nr. 77 (Verbrennung) | | |
| Nr. 102 | Nr. 78 (Verbrennung) | | |
| Nr. 103 | Nr. 79 (Verbrennung) | | |
| Nr. 107 | Nr. 80 | | |
| Nr. 109 | Nr. 81 (vermutl.) | | |
| Nr. 111 | Nr. 86 (Verbrennung) | | |
| | Nr. 88 (Verbrennung) | | |
| | Nr. 89 (Verbrennung) | | |
| | Nr. 90 (Verbrennung) | | |
| | Nr. 91 (Verbrennung) | | |
| | Nr. 104 (Schwert) | | |
| 37 | 39/42 | 20 | 13 |

Tabelle 4: Klassifizierung der Prozesse hinsichtlich des Prozessausgangs

Bei insgesamt 75 Fällen, deren Ausgang bekannt ist, wurde bei 42 Personen (= 56 %) ein Todesurteil vollzogen, hingegen nur in 26,66 % ein Freispruch erreicht und in 17,33% eine andere Art der Strafe verhängt.

Interessant ist ferner, wie hoch die Rate der Todesurteile in Bezug auf die Größe der Verfolgungen ist. In der großen Verfolgung von 1591 in Heilsbronn und Langenzenn wurden neun von elf Angeklagten hingerichtet, was immerhin einem Prozentsatz von 81,81% entspricht. Dabei ist zu bedenken, dass wir im zehnten Fall dieses Verbundprozesses den Ausgang nicht kennen und es lediglich bei Helena Weigler (Nr. 52) zu einem Freispruch kam. In den zugrundeliegenden Quellen kann man darüber ausdrücklich nachlesen, dass dies auf die Fürsprache der „Herren Räte" geschah, also anscheinend eine besondere Protektion von einflussreicher Seite vorhanden war.

In der mittleren Verfolgung von Crailsheim im Jahr 1594 wurden vier von sechs Angeklagten hingerichtet (= 66,66 %), zwei wurden freigesprochen. In der mittleren Verfolgung von Schwabach 1591 wurden fünf von neun zum Tode verurteilt (= 55,55 %), von zweien ist der Ausgang unbekannt, eine Frau wurde frei gelassen und der Fall um Caecilie von Pappenheim (Nr. 83) stellt in vielerlei Hinsicht eine Besonderheit dar. In Cadolzburg wurden 1591 sieben von zehn Opfern zum Tode verurteilt (= 70 %), von einem Prozess ist der Ausgang unbekannt, eine Frau wurde frei gesprochen und eine Angeklagte hat sich vor dem Ende des Prozesses das Leben genommen. Hingegen wurde 1505 in Schwabach „nur" die Frau zum Tode verurteilt, die am Anfang des Verbundprozesses steht.

Für die einzelnen und kleineren Verfolgungen lassen sich keine sinnvollen prozentualen Angaben machen, da bei zu wenigen Fällen der Ausgang bekannt ist. Insgesamt lässt sich aber feststellen, dass der prozentuale Anteil der Todesurteile zunimmt mit der Größe der Verfolgung. Die Chance, aus einem Verbundprozess mit mehr als drei Personen in der zweiten Hälfte des 16. Jahrhunderts mit einem Freispruch oder auch nur einem Landesverweis – einer Strafe, die in der damaligen Zeit zu den schärfsten überhaupt zählte – hervorzugehen, war äußerst gering.

In 16 der überlieferten 40 Todesurteile wissen wir, dass die Opfer mit dem Feuer gerichtet wurden, gelegentlich ist eine Begnadigung insofern nachzuweisen, als die Inquisitin vor der Verbrennung bei lebendigem Leib durch das Schwert hingerichtet (Nr. 8) bzw. stranguliert wurde (Nr. 72). Da sonstige Angaben hinsichtlich der Art der Vollstreckung der Todesurteile fehlen, ist davon auszugehen, dass die Verbrennung in den Markgraftümern im gesamten 16. Jahrhundert eine durchaus übliche Art der Hinrichtung gewesen ist.

Abschließend ist zu bemerken, dass von den 43 Todesurteilen 37 Frauen betrafen, bei fünf Hinrichtungen das Geschlecht des Opfers nicht bekannt ist, und nur eine nachweisbar an einem Mann vollzogen wurde (Nr. 59). Hingegen fallen immerhin zwei der 25 Freisprüche (Nr. 16, 105) und zwei mildere Urteile (Nr. 33 und 42) auf Männer.

## 4.5 Die Erfassung der Hexenprozesse in der „Himmler-Kartothek"

Eines der Lieblingsthemen des „Reichsführers SS" Heinrich Himmler war die Geschichte der frühneuzeitlichen Hexenprozesse.[44] 1935 wurde auf Himmlers Befehl beim Sicherheitsdienst ein Hexen-Sonderkommando eingerichtet, das ab 1939 im Reichssicherheitshauptamt residierte, bis es im Frühjahr 1944 seine Arbeit einstellte. Forscher[45] aus verschiedensten Disziplinen, die überwiegend aus den Reihen der SS kamen, suchten in über 260 Archiven und Bibliotheken nach Belegen für frühneuzeitliche Hexenpro-

---

[44] LORENZ/BAUER/BEHRINGER/SCHMIDT 1999, S. VII.
[45] Vgl. MATTHÄUS 1999, Kameraden im Geist. Himmlers Hexenforscher im Kontext des nationalsozialistischen Wissenschaftsbetriebs.

zesse, sie werteten dabei sowohl Quellen als auch Sekundärliteratur aus. Das gesamte Material wurde 1946 nach Slawa in Polen ausgelagert, von wo es in den folgenden Jahren nach Poznan kam.[46] Eine Kopie der in Poznan aufbewahrten Akten ist heute in der Außenstelle Frankfurt des Bundesarchivs einsehbar. Die Hexenprozessforschung der BRD wie der DDR ist erst nach 1981 auf die in Polen ruhende Kartothek aufmerksam geworden,[47] eine umfassendere kritische Sichtung und Bewertung von Himmlers Hexenkartei in einem Sammelband liegt erst seit 1999 vor.[48]

Ziel des Unternehmens war offensichtlich die Suche nach „Überfremdungs- und Vernichtungsanschlägen auf das germanische Wesen", der „letzte und durchbrechendste Aufstandsversuch germanischer Wesenskraft und Seelenhaltung gegen die kirchliche Überfremdung".[49] So stand die Erfassung der Hexenprozesse im Dritten Reich von Anfang an im Zeichen einer antichristlichen und vor allem antijüdischen Propaganda.[50]

Kernstück dieser Sammlung ist die 3621 Nummern enthaltende Kartei über Zauberei- und Hexenprozesse. Bereits Schormann hat darauf hingewiesen, dass die Fragestellung, die der Untersuchung des Materials zugrunde lag, auf biographische Daten der Angeklagten hin ausgelegt war und auf die Einzelheiten des Prozessablaufs, während das soziale Umfeld gänzlich außer Acht bleibt.[51] Für möglich hält er eine Quantifizierung. Doch auch dies erweist sich bei genauerem Hinsehen als schwierig, was im Folgenden dargelegt werden soll. Auf die mangelhafte historisch-methodische Sachkompetenz der am „H-Sonderauftrag" mitarbeitenden Personen ist in den jüngsten Forschungen immer wieder hingewiesen worden. „Deshalb", so Behringer, „wird es in Zukunft für jeden ‚Hexenforscher' – und jede ‚Hexenforscherin' – unvermeidbar sein, sich auch die „Kartotheka" anzuschauen, danach jedoch auch die vom H-Sonderauftrag benutzten Quellen selbst hinsichtlich ihrer Stimmigkeit noch einmal gründlich durchzulesen"[52].

In Bezug auf das in dieser Arbeit untersuchte Gebiet im Zeitraum 1500 – 1600 enthält das Himmler-Archiv 48 Einzelblatteinträge. Dabei gibt es Einträge, die sich auf eine konkrete Person beziehen, z. B. Anna Talerin, die am 23. Juni nach mehreren gütlichen und peinlichen Befragungen hingerichtet worden ist. Daneben existieren aber auch Sammeleinträge, die z. B. die Angabe „17 Druden" für das Jahr 1592 in Ansbach enthalten. Eine Vielzahl solcher Sammeleinträge findet sich für die Stadt Ansbach. In

---

[46] Vgl. zum Vorhergehenden: RUDOLPH 1999, S. 47–52.
[47] SCHORMANN 1999, S. 141.
[48] LORENZ/BAUER/BEHRINGER/SCHMIDT 1999.
[49] RUDOLPH 1999, S. 55.
[50] Ausführlich aaO., S. 52–60.
[51] SCHORMANN 1986, S. 13.
[52] BEHRINGER 1999, S. 176.

BArchAStF/M, FSg. 2/1-F, Film 5, Nr. 149A finden sich der Reihe nach folgende Blätter:

| | |
|---|---|
| Ansbach 1587 | „Drei Hexen" |
| Ansbach 1590 | „1 Unholdin" |
| Ansbach 1591 | „6 Druden/Zauberer" |
| Ansbach 1592 | „17 Druden" |
| Ansbach 1594 | „Ein Drud (Zauberer)" |
| Ansbach 1600 | „1 Drud/Zauberer" |
| *Summe:* | 29 Hexen |

Erst wenn man die dazugehörige Quelle nachschlägt[53], stellt man fest, dass keine einzige dieser Angaben sich auf Ansbach selbst bezieht. Meyer zitiert in seinem Aufsatz aus dem Orderbuch des Ansbacher Nachrichters aus den Jahren 1575–1603.[54] Es enthält in chronologischer Reihenfolge die während dieser Zeit vom Ansbacher Hof an den Scharfrichter erteilten Aufträge. Vergleicht man nun die Angaben der Einträge in der Himmler-Kartei mit den Angaben im Orderbuch, kommt man zu folgendem Ergebnis (siehe Seite 201:

Der Vergleich mit den Quellen zeigt, dass zum einen die Zahl von 29 Hinrichtungen falsch ist, da z. B. der Sammeleintrag von 1587 ein und dieselbe Frau betrifft. Man kann sachlich richtig nur von 29 Aufträgen an den Nachrichter sprechen. Zum anderen wird deutlich, dass sich die im Orderbuch verzeichneten Aufträge an den Nachrichter, nicht auf die Stadt Ansbach beziehen, sondern ausnahmslos auf andere Orte im Raum Ansbach.

Auf eine weitere Tatsache ist aufmerksam zu machen, die am Beispiel der Anna Taler[55] aufgezeigt werden soll. Anna Taler ist ein erstes Mal unter Ansbach in der Himmler-Kartei verzeichnet, wir finden sie aber auch als Einzelblatteintrag unter Schwabach, in zwei weiteren Sammeleinträgen (Schwabach 1592 „4 Hexen"/ Schwabach 1592 „7 Hexen") und in einem nicht namentlich bezeichneten Einzeleintrag unter Schwabach. Das heißt, dass der Prozess von Anna Taler in der Himmler-Kartei 5 mal auftaucht, jeweils in einem anderen Eintrag. Andererseits sind über die Hälfte aller Prozesse des 16. Jahrhunderts in der Himmler-Kartei nicht verzeichnet. Damit ist aber eine quantifizierende Analyse mit Hilfe der Himmler-Kartei nicht möglich.

Schließlich bleibt die Frage, wie diese Mehrfacheinträge zu Stande gekommen sind, bzw. die Frage nach dem Vorgehen der Mitarbeiter dieser Sammlung. Offensichtlich wurde vor allem Sekundärliteratur zur Ermittlung der einzelnen Fälle herangezogen, nur selten wird der Hinweis auf Be-

---

[53] MEYER 1893, S. 303.
[54] StAN Rep. 132, Nr. 57.
[55] Zu den Quellen vgl. oben im Verzeichnis der Hexen- und Zaubereiprozesse Nr. 79.

| Ort/Datum, das auf dem Einzelblatt angegeben ist | Sammeleintrag | Tatsächlich gemeinte Person und Ortschaft |
|---|---|---|
| Ansbach 1587 | Drei Hexen | dreimalige Absendung des Nachrichters wegen Margaretha Kurrin in Emskirchen (Nr. 96) |
| Ansbach 1590 | Ein Unholdin | bezieht sich auf die Absendung des Nachrichters nach Heidenheim (evtl. Nr. 49) |
| Ansbach 1591 | Sechs Druden/Zauberer | Bezieht sich u.a. auf Barbara Kolheimer (Nr. 54), Helena Enzmann (Nr. 55), Apolonia Ammon (Nr. 56), Christina Ammon (Nr. 57) und Elisabeth Mair in Langenzenn (Nr. 58) |
| Ansbach 1592 | Siebzehn Druden | Bezieht sich auf Reißenbeckin (Nr. 67), Spindlerin (Nr. 68), Alte Schreinerin (Nr. 69), Metzgerin (Nr. 70), Scheffer Gerlin (Nr. 71), Struelin (Nr. 72), Ottilia Kun (Nr. 77), Weiblin/Kurzin (Nr. 78), Bucklerin/ Talerin (Nr. 79), Regina (Nr. 80), Linhardin (Nr. 81), in Cadolzburg und Schwabach. (Die Restlichen konnten nicht geklärt werden; eventuell liegt auch ein Lesefehler von Meyer vor.) |
| Ansbach 1594 | Ein Drud / Zauberer | Margaretha Dasing in Crailsheim (Nr. 88) |
| Ansbach 1600 | Ein Drud / Zauberer | Margaretha Niclaus in Cadolzburg (Nr. 104) |

Tabelle 5: Auswertung der Himmler-Kartothek für Ansbach (1587–1600)

nutzung der Akten des Nürnberger Staatsarchivs gegeben. Dass die einzelnen Hexenprozesse in der Sekundärliteratur unter verschiedenen Gesichtspunkten und unterschiedlich detailliert dargestellt natürlich an mehreren Stellen auftauchen, ist dabei vollkommen außer Acht gelassen worden. So gehen z.B. die „4 Hexen", die in einem Sammeleintrag unter Schwabach 1592 verzeichnet sind,[56] mit ziemlicher Sicherheit auf eine Quelle zurück, die folgendermaßen angegeben wird: „Lachner. Z.f.K. 226."[57] Diese „4 Hexen" sind identisch mit den vier Einzelblatteinträgen „eine Weberin", „eine Hirtin", „eine Hebamme", „eine Bierbrauerin" unter Schwabach 1592[58], die auf die Quelle „Journal von und für Franken" Nürnberg 1790 zurückgehen, und wiederum identisch mit vier der „7 Hexen", die ebenfalls unter Schwabach 1592[59] eingetragen sind. Diese „7 Hexen" sind der Chronik der königlich bayr. Stadt Schwabach von 1854 entnommen.

Am historischen Sachverstand der Himmlerschen Forscher lässt sich vollends (ver)zweifeln, wenn in der Rubrik „Herrschaftsgebiet" die Ortschaften der Markgraftümer einmal unter Mittelfranken, dann Franken, aber auch Brandenburg oder Markgrafschaft Ansbach, schließlich sogar Eichstätt verzeichnet sind!

Mit Hilfe der „Kartothek" konnte nicht ein einziger neuer „Fund" gemacht werden, auch die darin angegebene Sekundärliteratur ist bereits bekannt gewesen. Insgesamt kann man für die Erfassung der Hexenprozesse der Markgraftümer nicht einmal von einer tendenziellen Richtigkeit sprechen, die Behringer für das Gesamtwerk der „Kartothek" noch aufrecht erhalten will.[60]

## 4.6 Die verschiedenen Ebenen eines Hexenprozesses

Bereits bei der Darstellung eines „normalen" Prozessablaufs wurde offensichtlich, dass verschiedenste Ebenen miteinander in Verbindung standen: der Ansbacher Hof des Markgrafen auf der einen Seite, die lokalen Behörden auf der anderen. Dazu konnte in der Person des Scharfrichters ein drittes Element hinzukommen und damit auch die Geschehnisse beeinflussen.

### 4.6.1 Der Ansbacher Hof

Am Hof des Markgrafen in Ansbach waren die Hexenprozesse Sache des Geheimen Rats. Er beantwortete die von den lokalen Beamten gesandten

---

[56] BArchAStF/M, FSg. 2/1-F, Film 37, Nr. 2527, Bl. 7.
[57] Hinweise auf Zeitschriften erfolgen in der Kartothek häufig ohne Angaben des Jahrgangs und sind deshalb oft nur schwer, manchmal gar nicht zu ermitteln. Z.B. konnte folgende Angabe in der Himmler-Kartothek: „P. BECK: Hexenprozesse aus dem Fränkischen in: Württembergische Vierteljahrsschrift IV, 247" recherchiert werden als: BECK, P.: Hexenprozesse aus dem Fränkischen. In: Württembergische Vierteljahrsschrift für Landesgeschichte 6 (1883), S. 247–253, 304–310 und 7 (1884), S. 76–80, 157–160, 297–302.
[58] BArchAStF/M, FSg. 2/1-F, Film 37, Nr. 2527, Bl. 3–6.
[59] BArchAStF/M, FSg. 2/1-F, Film 37, Nr. 2527, Bl. 8.
[60] BEHRINGER 1999, S. 169.

Aktenstücke. Nur selten können wir aus den Antwortschreiben auch eine generelle Haltung des Geheimen Rats zur Sache der Hexenprozesse herausfiltern.

Möglich ist dies z. B. für den Prozess der Katharina Höfer (Nr. 20) 1569 in Creußen. Nachdem Katharina am 4. Mai die ihr zur Last gelegten Anklagepunkte gestanden hat, wird aus Ansbach der Befehl erteilt, dass der Pfarrer Katharina weiterhin christlichen Unterricht zuteil kommen lassen und sie beobachten soll, ansonsten aber keine weiteren Maßnahmen einzuleiten sind. Dies wird damit begründet, dass „sie [Katharina] ein blöde einfeltige weibsperson, welche der böse feindt, mitt seinen lügenn unnd nichtigen fürgeben verführt, desto mehr mitleidenn mitt dem armen weib zuhabenn, und desto weniger ditzo fals zu eilen, Sonderlich dieweill sie noch zue Zait weder viech noch leüten schaden gethan, Unnd dieses alles mehrer theils verblendungen des leidigen Sathans sein".[61] Von seiten des Ansbacher Hofes wird hier eine absolut gemäßigte Linie gefahren, die in der Argumentation an Johannes Weyer erinnert. Die Unzurechnungsfähigkeit der Hexen, die List des Teufels, der mit Betrug und Verblendung arbeitet, sind Kernbegriffe seiner Argumentation gegen die Prozesse.[62] Dementsprechend fällt auch das Endurteil gelinde aus: Befristeter Ausschluss vom Abendmahl und öffentliche Buße. Maßstab für das Handeln ist offensichtlich die Carolina, denn ausdrücklich wird der Schadenzauber als das eigentliche und einzige zu ahndende Verbrechen erwähnt. Eine Transzendentalisierung[63] des Hexereiverbrechens ist dem Geheimen Rat zu diesem Zeitpunkt noch fremd.

Noch 1582 scheint es eine beachtliche Zahl von Anhängern der Weyerschen Sichtweise in den Markgraftümern gegeben zu haben, da der Verwalter und der Richter von Heilsbronn Anna und Bonifacius Brecht (Nr. 33 und 34) betreffend nach Ansbach schreiben: „Wiewohl *Viele* mit Wiero [= Weyer] dafür halten, daß bei solchen Leuten allein eine Verblendung und falsche Einbildung sei, als die weder auf Gabeln oder in den Lüften fahren und Schaden thun können: so halten dagegen Podinus Antegauensis und Fischart, der Rechten Doktor, fast das Widerspiel."[64] Bezieht man in die Überlegungen mit ein, dass man in Ansbach keinesfalls geneigt ist, die von den Heilsbronnern vorgeschlagene „Leibes- und Lebensstrafe" zu bestätigen, lässt sich daraus folgern, dass man mit den angesprochenen „Vielen" durchaus eine Gruppe am Ansbacher Hof meint, gegen die man Jean Bodin und Johann Fischart ins Feld führt, um die eigene harte Linie durchzusetzen.

---

[61] StA Bamberg Rep. C. Nr. 3235, fol. 52.
[62] Vgl. Abschnitt 3.5.6.3.
[63] Zum Begriff vgl. Abschnitt 2.2.2.1, Anm. 147.
[64] MUCK 1879 (II), S. 59 (Hervorhebung durch Verf.).

Offensichtlich hat sich aber bis in die 90er Jahre des 16. Jahrhunderts eine Lobby von einflussreichen Verfolgungsbefürwortern auch im Umkreis des Ansbacher Hofes herausgebildet. Diese forderte sogar die Erstellung einer eigenen Hexengesetzgebung entsprechend dem bayerischen Vorbild. Unter Punkt 2.2.2.4.2 ist bereits darauf eingegangen worden. Sicherlich ist es kein Zufall, dass gerade in diesen Jahren auch die Zahl der Prozesse enorm ansteigt.

Insgesamt gesehen verhielt sich der Ansbacher Hof jedoch reaktiv. Nicht er gibt den Anstoß zu Verfolgungen, sondern er reagierte auf Berichte der lokalen Beamten. Das gilt auch für die prozessreichen Jahre 1591 und 1592. Bestimmt hat der Markgraf durch eine Neuauflage des Mandats vom 19. September 1590, in dem Zauberei in eine Reihe mit „Rockenstuben, Fenstereyen und andere heimbliche Underschlaiff" gestellt wird, das Bewusstsein seiner untergebenen Beamten für normwidriges Verhalten auch im religiösen Bereich geschärft.[65] Dennoch wirkt gerade die Aufzählung von Delikten, in die Zauberei dabei eingereiht wird, im Kontext der bereits laufenden Prozesswelle naiv und verharmlosend. Erst für August 1592 ist belegt, dass der Markgraf ein härteres Vorgehen gegen das „teuflische Trutenwerkh" wünscht, also zu einer Zeit, als aus mehreren Richtungen bereits Kritik laut wird bezüglich der Häufung der Prozesse und der Art der Prozessführung.

Sicherlich ist in dieser reaktiven Haltung der Grund dafür zu sehen, dass es zu keiner Lawine von Hexenprozessen wie z. B. in den fränkischen Bistümern gekommen ist. Die praktizierte „Gewaltenteilung", d. h. das Zusammenwirken verschiedener Ebenen bei einem Prozess, die unterschiedliche Aufgaben wahrnahmen, hat sich diesbezüglich durchaus korrigierend ausgewirkt. Es gab dadurch mehrere Gelenkpunkte, die einen Prozess forcieren, aber auch bremsen konnten.

### 4.6.2  Die lokale Ebene am Beispiel des Klosters Heilsbronn

Wie maßgebend der Einfluss der örtlichen Eliten war, zeigt das Beispiel Heilsbronn. Es ist der Ort im Markgraftum, der die meisten Prozesse aufweist. Dies ist zunächst einmal quellenmäßig bedingt, denn mit den Heilsbronner Klosterverwaltungsakten ist uns ein Schatz an Quellen überliefert, der für andere Regionen und Städte fehlt. Sicherlich spielten hier aber auch noch andere Gegebenheiten eine Rolle.

Heilsbronn beherbergte die Fürstenschule, einen Ort, an dem u. a. die neue lutherische Lehre an diejenigen weitergegeben wurde, die später die theologische, juristische und medizinische Elite darstellen sollten. So war man hier in besonderem Maße darauf bedacht, die reine Lehre zu pflegen

---

[65] Vgl. zum folgenden Abschnitt 2.2.2.3 der vorliegenden Arbeit.

und keine „Irrlehren" zu dulden. Für Ansbach bedeutende Männer wie z. B. Konrad Limmer oder eben auch Adam Francisci standen dieser Schule als Titularäbte vor.

1588 wechselte der Verwalter des Klosters von Heilsbronn. Offensichtlich hatte der neue Verwalter, Friedrich Faber, ein gesteigertes Interesse an der Führung von Hexenprozessen. Aus den verschiedensten Richtungen sind Aussagen dazu überliefert. So gibt Helena Weigler 1591 an, vom Verwalter des Klosters der Hexerei bezichtigt worden zu sein (Nr. 52). Sie habe durch das Aufklauben „kleiner Spänlein" ein ungewöhnliches Wetter hervorgerufen. Im Zusammenhang des Prozesses gegen Cordula Grösser (Nr. 66) ist uns die Aussage eines Bauern zu Rohr erhalten, der angibt, vom Verwalter dazu gezwungen worden zu sein, gegen Cordula auszusagen.[66] Ebenso gibt der Pottenlentz (Nr. 59) an, vom Verwalter zu einer Aussage gegen Cordula Grösser verleitet worden zu sein.[67] Auch die Aussage Adam Franciscis passt dazu, dessen Zeugenaussage hinsichtlich Cordula Grösser auf die 38. Frage wie folgt notiert wurde: „Herr zeug gar unwissend, weil der Verwalter das gantze werck für sich selbsten geführt".[68] Der Verwalter muss folglich einer der Motoren in der großen Heilsbronner Verfolgung von 1591/92 gewesen sein.

Hieran wird deutlich, wie maßgebend der Einfluss einer einzigen Person sein konnte. Immer wieder stößt man bei Hexenprozessen auf Männer in leitender Position, die ein gesteigertes Interesse an der Führung von Hexenprozessen hatten, z. B. im Bamberger Bereich Fürstbischof Johann Georg II. (1623–1633) und sein Weihbischof Friedrich Förner.[69]

Da wir wissen, dass in der gleichen Zeit auch im Umkreise des Ansbacher Hofes eine Verfolgungspartei sich stark machte, ist der Anstieg der Prozesszahlen durchaus damit zu erklären, dass hier zwei Ebenen in ihrer grundsätzlichen Meinung hinsichtlich Hexenverfolgung übereinstimmten.

Dazu kommt ein Weiteres, der Nachrichter.

### 4.6.3 Der neue Nachrichter von 1590/91

Das Orderbuch des Ansbacher Nachrichters von 1575 bis 1603 gibt darüber Auskunft, dass zwischen 1581 und 1590 Friedrich Gebhardt, im Orderbuch oft Meister Friedrich genannt, das Scharfrichteramt inne hatte.[70] Dieser verstarb 1590, so dass ein neuer Nachrichter gebraucht wurde. Unter dem Datum des 24./25. November 1591 taucht ein Auftrag für den „neuen

---

[66] BayHStA München RKG Nr. 6069 II, fol. 59–61b.
[67] AaO., fol. 79b.
[68] AaO., fol. 711b (Sinngemäße Übersetzung: Der Zeuge weiß von dieser Sache nichts, weil der Verwalter die Untersuchungen alleine durchgeführt hat).
[69] OESTMANN 1997, S. 498; GEHM 2000, S. 269–271.
[70] OPPELT 1976, S. 76.

Nachrichter"[71] auf. Schon 1589 ist ein neuer Name verzeichnet: „Nachrichter zu Oettingen, Hans Erhardt" wird zur peinlichen Befragung nach Langenzenn geschickt.[72] Offensichtlich gab es ab 1591 einen Nachfolger für Friedrich Gebhardt, der vorher schon ausgeholfen hat.

Kaum ist dieser neue Nachrichter im Amt, mehren sich rund herum die Klagen über seine Methoden, aber auch seine Herkunft. So heißt es in einem Schreiben des Geheimen Rats an den Markgrafen vom 9. August 1591:

„daß ein frembder Nachrichter hieher erfordert, der nicht allein einer widerwertigen, Als der Papstischen Religion, und wie die gemeine sag gehet, Ein Teuffels, oder Truttenbanner, Sonder auch albereit, wider etliche gefangene, mit eingebung geweiheten Salz und geweiheten Waßer, auch sonderbaren zugerichten eßen, und was dergleichen unordentliche, Verpottene mittel, mit den gesuchten Trutten Zeichen, und sonsten mehr sein u. selbsten Zauberey gebraucht haben soll, Innmaßen man Nachrichtung erlangt, daß bey etlichen Papistischen Obrigkeiten, dergleichen auch fürgenommen worde".[73]

Genau in dieselbe Richtung zielt eine ausführliche Behandlung dieser Sache in der „General Instruction" des Adam Francisci, der ja auch das Schreiben an den Markgrafen mit unterschrieben hat, wenn es dort heißt:

„es sollen aber die Nachrichter nicht Teüfelsbanner seyn, die | ihren heimblichen V[er]standt mit dem Teüffel haben und ihm zur | seinem muthwillen helffen und hoffieren auch sollen Sie nicht | ancläger Examinatores, od[er] Blutdürstige Tyrannen seyn, die auff | etliche ungewiße und verdechtige Zeichen die gefangenen leib unnd | leben anclagen, und unmenschlich[er], unbarmherzig[er] weiß mit Ihnen | umbgehen, vielwenig[er] sollen sie ungebürliche aberglaubische mittel, | alß geweihet salz und waßer wachsene Bilder, Conscrirte Kreüther, | Agnus Dei dolltranckh od[er] v[er]dechtige Eßen gebrauchen, den | Teüfel zuvertreiben. unnd die warheit bey den gefangenen er- | kundigen".[74]

Es gab folglich eine Partei in Ansbach, die zwar prinzipiell mit der Verfolgung von Hexen, wie sie im Margraftum geübt wurde, einverstanden war, nicht aber mit dem neuen Nachrichter und dessen Methoden.

Im weiteren Verlauf des Schreibens an den Markgrafen machten die Geheimen Räte diesen darauf aufmerksam, dass es den Ruf des lutherischen Fürstentums bei anderen evangelischen Landesherren schädige, wenn man ein derartiges Treiben unterstütze. Damit hatten sie nicht Unrecht. Schon im September 1591 wurden im Zusammenhang mit einem Prozess gegen Elisabeth Mayrin in Heilsbronn Klagen über den Nachrichter von Seiten des Nürnberger Rats laut.[75] Dieser schaltete sich deshalb ein, da die Maye-

---

[71] Barbara Kolheimerin, Nr. 55.
[72] StAN Orderbuch f. Scharfrichter, 17. Juli, 1. August 1589.
[73] Ansbachische Montasschrift 1794, S. 541.
[74] Francisci 1591, fol. 10b.
[75] Vgl. zum Folgenden: KUNSTMANN 1970, S. 191–195.

rin eigentlich Nürnberger Untertanin war, ihr Heimatort Göddeldorf jedoch bereits in markgräflichem Fraischgebiet lag.

Die Nürnberger echauffierten sich zunächst darüber, dass man allein auf die Anzeige eines „henckers und truttenmanns" eine Frau gefangen nehmen ließ.[76] In unserem Zusammenhang interessiert jetzt aber vor allem die Klage gegen diesen Nachrichter, der für die Anzeige verantwortlich war. Offensichtlich war die Art und Weise der Untersuchungen derart schlimm gewesen, dass man sich damit nicht einverstanden erklären konnte, denn „mit der fürgenombenen inquisition, tortur und execution ein gantz ungewöhnlicher proceß gehalten wordten undt schier etwas zu vil geschehen sein söll."[77] Allerdings war man sich bewusst, dass eine Klage der Nürnberger beim Markgrafen wohl kaum Erfolg haben dürfte, da die Meinungen in dieser Thematik zwischen den Nürnbergern und den Ansbachern prinzipiell unterschiedlich waren.[78] Deshalb überlegte man weiter, ob man nicht selbst gegen diesen „Meister" einschreiten könne, wenn er Nürnbergischen Boden betrete. In diesem Zusammenhang kommt ans Tageslicht, dass der berüchtigte Nachrichter identisch ist mit dem Nachrichter, dessen Knecht 1590 in Nürnberg hingerichtet worden ist.[79] Da die Aussagen des Knechtes, der Friedrich Stiegler hieß, erhalten sind, erfahren wir mehr über die Methoden des Scharfrichters:

„Dann wann ein trudt in die gefengknus kombt, so muss sie sich nackend ausziehen, alsdann sein maister ihr des gewcihten salz in den mundt, soviel als er zwischen zwaien fingern halten kann und ein trunck geweiheten wassers und ein trunck taufwassers. Hernach suche er ihr das zaichen, welches ein flecklein ist, als wann es geritzt were, wann ers dann gefunden, so sticht er mit einer schnaidenden nadel hinein, do es dann ein trudt ist, so gibt es kain blud, auch verregt sie sich nicht. Das salz und wasser aber solle darzue helfen, das sie in den verhör desto eher bekhennen solle, aber doch mus manche auch sehr gemertert werden, bis man etwas aus ihr bringe. Er sey nit darbey gewesen, wann sein maister aine bestrafen haben, als jetzt, do er die noch zu Abenberg in verhaft ligende Klingschmiedin besichtigt, die habe ihr zaichen auf dem rucken zwischen den zwayen schuldern gehabt."[80]

Dieses Zitat kann im Zusammenhang mit den Klagen der Nürnberger über den neuen markgräflichen Nachrichter keinen Zweifel daran lassen, dass

---

[76] Über das geringe Ansehen des Henkers durch die Jahrhunderte hindurch und seine soziale Ausgrenzung vgl. OPPELT 1976.
[77] Zitiert nach KUNSTMANN 1970, S. 193. Vgl. zu dem Fall von Friedrich Stiegler auch HAMPE 1931.
[78] Die Nürnberger zeichneten sich gerade zu Beginn der 90er Jahre durch eine extrem verfolgungsfeindliche Haltung bezüglich Hexen aus, wie die Arbeit von Kunstmann belegt. Zudem kam es auch immer wieder zu Streitigkeiten zwischen Ansbach und Nürnberg hinsichtlich der Fraischgrenzen.
[79] Vgl. zum Folgenden KUNSTMANN 1970, S. 71f.
[80] Zitiert nach KUNSTMANN 1970, S. 75f.

der Nachfolger von Fiedrich Gebhardt ganz andere „Seiten aufgezogen hat", im wahrsten Sinn des Wortes.

(1) Der neue Nachrichter scheint, so die allseitigen Klagen, Methoden angewandt zu haben, die für lutherisches Denken dem Aberglauben zugehörten. So ist ja bereits in der Kirchenordnung von 1533 die Verwendung von geweihtem Salz und Wasser schon im kirchlichen Zusammenhang der Taufe verboten worden, mit dem Hinweis darauf, dass dies papistischer Aberglauben sei. Desto mehr sollte man von „abergläubischen Machenschaften" in den alltäglichen Situationen des Lebens Abstand nehmen.[81]

Das ist natürlich in einer Phase der konfessionellen Intensivierung, also der deutlichen Abgrenzung gegenüber dem katholischen Glauben, umso wichtiger; deshalb sei ein derartiger Nachrichter nicht tragbar. Das wird auch deutlich an den Stellungnahmen der Räte und Franciscis, die oben bereits zitiert wurden.

(2) Den Aussagen des Henkersknechtes Friedrich Stiegler kann man aber auch entnehmen, dass sich der neue Nachrichter durch besondere Grausamkeit auszuzeichnen schien. Wie anders kann die Aussage eines Mannes, der als Knecht eines Scharfrichters sicherlich einiges gewöhnt war, verstanden werden: „aber doch mus manche auch sehr gemertert werden, bis man etwas aus ihr bringe."

(3) Bleibt die Frage, wer dieser Nachrichter ist. Wir wissen über ihn, dass er 1591 in Heilsbronn als markgräflicher Nachrichter tätig war, vorher nach Aussage Friedrich Stieglers offensichtlich in Abensberg. Mehrere Hinweise lassen vermuten, dass dieser Scharfrichter identisch ist mit dem im Orderbuch einmal genannten Hans Erhardt aus Oettingen. So berichtet uns eine Quelle von 1594 aus Kulmbach über den Oettinger Nachrichter, dass dieser „viel und selzame zaichen von Ihnen [den Hexen], wie solche zuerkennen sein, anzeige"[82] und dass dieser auf Befehl des Markgrafen auch nach Kulmbach komme. Eine andere Quelle gibt Aufschluss darüber, dass in Oettingen, wo allein 1589 in einer aufsehenerregenden Massenhinrichtung mit über 30000 Zuschauern 10 Hexen verbrannt worden sind, die Prozessführung als so hart galt, dass Nördlinger Bürgerinnen darum baten, man möge sie, wenn man als Hexe beschrieen sei, nicht nach Oettingen ausliefern.[83] Beides passt zusammen mit der Aussage des Friedrich Stiegler über seinen Meister in Nürnberg.

Man kann also annehmen, dass der Scharfrichter von Oettingen, Ellingen, Heilsbronn und Abensberg ein und derselbe ist.[84]

---

[81] Vgl. Abschnitt 2.2.1.3. Die protestantischen Theologen forderten z. B. bei Krankheit immer wieder dazu auf, einen ordentlichen Arzt aufzusuchen bzw. Vertrauen in Gott zu setzen. „GOttes Sohn kann allein über Land / und mit seinem Segen helffen / und ein rechter Artzt / wenn er ordentliche Artzney localiter appliciret / damit die Krafft der Ertzney den Leib oder Schaden erreichen kan. Derohalben hüte sich jederman für Teuffeley und Zauberey." (Vgl. HERZOG 1994, S. 322f.) Scharfrichter wurden also bereits allein deshalb mit einem kritischen Auge betrachtet, weil vielen Scharfrichtern Zauberkräfte zugesprochen wurden.
[82] StA Bamberg C2, Nr. 3238.
[83] BEHRINGER 1997, S. 140.
[84] Vgl. dazu auch BEHRINGER 1997, S. 196.

(4) Dieser Nachrichter sah es als zu seinen Aufgaben gehörig an, Hexen anzuzeigen und damit Prozesse über den begrenzten lokalen Rahmen hinauszutragen. Das liegt im Falle der Elisabeth Mayerin auf der Hand, das wissen wir aber auch aus den Prozessen gegen Caecilie von Pappenheim (Nr. 83) und Cordula Grösser (Nr. 66) und den Akten darüber im HStA München.

Wenn der im Orderbuch 1589 verzeichnete Hans Erhardt aus Oettingen wirklich der neue Nachrichter in Ansbach als Nachfolger des Friedrich Gebhardt gewesen ist, dann sind die in den nächsten Jahren darin auftauchenden Bezeichnungen „Meister Heinerlein" oder „Meister Hans" keine Appellativa, sondern enthalten Anrede und Vornamen des Scharfrichters Hans Erhardt. Hingegen leistete Hans Mattieß/Matthes seinen Scharfrichtereid vor dem Ansbacher Untervogt erst am 4. Februar 1594.[85] So scheint es plausibel, dass zwischen 1590 und 1594 Hans Erhardt Ansbacher Scharfrichter gewesen ist, dann aber – vielleicht auch aufgrund der allseitigen Klagen – von Hans Mattieß abgelöst wurde.[86]

Ein weiteres Mal bestätigt sich durch das vorher Gesagte die These, dass es oft die Nachrichter waren, die ein „besonderes Wissen", was die Verfolgung von Hexen anbelangt, aufwiesen und aktiv einsetzten, wenn sie von Ort zu Ort reisten.[87] So ist auch für unser Untersuchungsgebiet festzuhalten, dass genau in der Wirkungszeit des „neuen" Nachrichters das im Sinne des kumulativen Hexenbegriffs ausgeprägteste Hexenbild vorliegt.[88]

Nicht zuletzt zahlte sich eine Denunziation für die Nachrichter natürlich auch finanziell aus, wie man im Fall der Elisabeth Mayerin sehen kann. Als Belohnung für die Anzeige der Mayerin hatte der Nachrichter Pferd und Wagen des Hanß Mayer aus Göddeldorf, der seine Schwiegermutter damit nach Heilsbronn gebracht hatte, erhalten, bevor überhaupt erwiesen war, ob sich der Verdacht bestätigte.[89]

Somit haben wir eine dritte Ebene eruiert, die im Jahr 1591 das Geschehen in Heilsbronn auf eine für die angeklagten Frauen nachteilige Weise beeinflusste. Der Verwalter, der das Führen von Prozessen anheizte, und der Nachrichter, der das Seine dazu tat, die Prozesstätigkeit geographisch und

---

[85] Nachrichter Hans Mattieß / Matthes / Matthias war nachweislich Nachrichter bei den Prozessen in Crailsheim ab November 1594 (StadtA. Crailsheim, Malefiz-, Fraisch- und Criminal-Acta 1594–1615, fol. 43).
[86] Zu einer anderen Einschätzung gelangt OPPELT 1976. In Oppelts Arbeit taucht Hans Erhardt als Scharfrichter nicht auf, obwohl 1589 ganz eindeutig von dem Oettinger Nachrichter Hans Erhardt die Rede ist. Für Oppelt hat Hans Mattieß bereits 1590 die Nachfolge von Friedrich Gebhardt angetreten. Es ist nicht einsichtig, dass Oppelt die Bezeichnung Meister Hans vor dem Februar 1594 auf Hans Mattieß bezieht, wo dieser ja erst zu diesem Zeitpunkt seinen Scharfrichtereid geleistet hat und ganz eindeutig vorher von einem weiteren Hans, Hans Erhardt, die Rede ist.
[87] Vgl. BEHRINGER 1997, S. 196f.
[88] Vgl. Abschnitt 4.8.2.2.4. Die Teufelshure.
[89] Vgl. KUNSTMANN 1970, S. 192. Nach einem Protestschreiben des Nürnberger Rats erhielt Hans Mayer sein Gefährt jedoch wieder.

auch quantitativ auszuweiten, trafen auf eine auch am Ansbacher Hof dafür günstige Verfolgungsstimmung.

Schließlich hatte ja auch Adam Francisci mit seiner „General Instruction von den Truten" dem Markgrafen ein generelles Ja zu Hexenprozessen gegeben, ja ihn sogar mit allem gebotenen Ernst an seine Pflicht als protestantische Obrigkeit erinnert.

Ein derartiges einvernehmliches Zusammenspiel der verschiedenen an einem Prozess beteiligten Ebenen findet sich in den Markgraftümern ansonsten nicht mehr.

Gestoppt wurde dieses Zusammenspiel zum einen durch die oben dargestellte Kritik am Nachrichter, zum anderen aber sicherlich durch eine vierte Ebene, die des Reichskammergerichtes. Aufgrund des einvernehmlichen Zusammenspiels mehrerer Prozessebenen kam es im Eifer der Hexenverfolgungen auch zu im Sinne des Reichs-, aber auch Landesrechtes ungesetzlichen Handlungen seitens der Untergerichte. Eine Handhabe dagegen hatten aber offensichtlich nur Angehörige des Adels oder des gehobenen Bürgertums, die einen Prozess beim Reichskammergericht anstrengen konnten. Eine ausführliche Darstellung der RKG-Prozesse der Reichserbmarschallin Caecilie von Pappenheim (Nr. 83) und der Witwe des Hofrats Grösser (Nr. 66) findet sich bei Oestmann, der zu folgendem Schluss kommt: „Daß dieser spektakuläre Fall [gemeint ist hier vor allem der Prozess gegen die Reichserbmarschallin, Angehörige eines alten Adelsgeschlechtes, dem eine wichtige Funktion im Verfassungsgefüge des Heiligen Römischen Reiches insbesondere bei der Königswahl und auf den Reichstagen zukam] nach der RKG-Intervention in der gesamten Markgrafschaft für Beunruhigung sorgte, ist gut möglich. Zumindest Georg Friedrich von Brandenburg-Ansbach war [...] gegenüber dem RKG bemüht, die Rechtmäßigkeit seines Verhaltens und seine Loyalität zur Reichsjustiz nachzuweisen. Vermutlich haben daher die RKG-Mandate sowie die markgräflichen Erlässe an die Untergerichte zur Befolgung der RKG-Befehle zur Eindämmung der Hexenverfolgung in Brandenburg-Ansbach beigetragen."[90]

## 4.7 Die Rolle der Geistlichkeit in den Hexenprozessen

In diesem Punkt geht es darum, zu untersuchen, welche Aufgaben Pfarrern aufgrund ihres Amtes im Verlaufe eines Hexenprozesses zukommen konnten. Dabei ist die Quellenlage so, dass wir überhaupt nur in drei der über 100 Prozesse darüber Informationen erhalten. Deshalb ist mit Verallgemeinerungen zunächst einmal Vorsicht geboten.

---

[90] OESTMANN 1997, S. 495f. Vgl. auch Punkt 4.7.1 der vorliegenden Arbeit.

## 4.7.1 Zeugenschaft von Pfarrern

In zwei Prozessen finden wir den Nachweis dafür, dass Pfarrer als Zeugen im Beweisverfahren herangezogen wurden. Es sind die beiden Fälle, wo es nicht um Menschen des einfachen Volkes ging, sondern um Angehörige der Oberschicht, die Reichserbmarschallin Cäcilie von Pappenheim, wohnhaft in Schwabach (Nr. 83), und die Ansbacherin Cordula Grösser (Nr. 66). Bei beiden kam es im Zusammenhang des Hexenprozesses zu parallel laufenden Reichskammergerichtsprozessen, die sich über mehrere Jahre hinzogen.[91] Die erhaltenen umfangreichen RKG-Akten geben uns einen sehr viel intensiveren Einblick in den Gang der Untersuchungen auch auf untergerichtlicher Ebene als die Quellen über die sonstigen Prozesse.

Cäcilie von Pappenheim war von mehreren angeklagten Frauen in Ellingen, Abenberg und Schwabach als „Gespielin" besagt und deshalb unter Hausarrest gestellt worden.[92] Ihr Sohn Erckinger von Pappenheim und ihr Schwiegersohn Hans Wolf von Wolffsthal klagten sofort am RKG. Ihrer Meinung nach waren die Indizien vollkommen unzureichend. Sie erstellten eine Liste von Punkten (Purgatoriales), die die Marschallin vom Vorwurf der Hexerei reinwaschen sollten. In diesem Zusammenhang kamen sie auch auf den religiösen Lebenswandel der Cäcilie als einen unter vielen Aspekten zu sprechen:

„27 Item das sie auch den Gottesdienst, so wol so lang sie zu Schwabach gewohnt, welches nechst in das 10. Jahr gehet, als davor an andern ortten, wie einer gottsförchtigen christl. Matron zuthun gebürt, fleissig besucht.

28 Auch alle Jahr zu Burgkfornbach [...] das Sakrament des Abendmahls empfangen unnd daselbst gebeicht habe.

29 Gantz ohn auch, das es umb sie also geschaffen, das Sie armut halben, oder umb geitz, rach oder lüste willen, ursach haben sollte, von Gott abfellig zu werden, sich dem bösen feind zuergeben, die Teuffeels Malzeiten und täntz zu besuchen, oder jemand mit Zauberei Schaden zuzufügen."[93]

Regelmäßiger Gottesdienstbesuch sowie Teilnahme am Heiligen Abendmahl und der Gang zur Beichte wurden als Gegenbeweis angeführt. Hier ging es um den äußeren, sichtbaren und öffentlichen religiösen Lebenswandel einer Frau, nicht um den inneren Glauben an sich. Die Außenperspektive bestimmte folglich die Argumentation.

Dies ist auf der Seite der Gegenpartei nicht anders, das zeigen deren „Repetita Indicia und Articuli Confutatorii". Hier wurde nämlich unter Punkt 47–49 festgehalten, dass die Marschallin nie in Schwabach in der

---

[91] Vgl. dazu die Untersuchung von OESTMANN 1997, S. 489–497.
[92] RKG, 1079, Nr. 7,8,9.
[93] RKG 1084 Q 12a, fol. 7.

Kirche gewesen sei, von christlicher Religion und Gottes Wort keine Ahnung habe und zudem ein „beschreiter Unhold" sei.[94]

In den Akten der untergerichtlichen Untersuchung des Inquisitionsrichters Abdias Öfelein, des fürstlichen Stadtrichters von Schwabach, finden sich in diesem Zusammenhang die Zeugenaussagen des Pfarrers zu Burgfarrnbach, Georg Seydel (11. Zeuge), und des Diakons zu Schwabach, Anselmus Müessenriedt (14. Zeuge).[95] In ihrer Funktion als Pfarrer und Beichtvater wurden sie zum religiösen Lebenswandel der Frau Cäcilie von Pappenheim befragt, darüberhinaus interessierte ihr sonstiges Wissen über diesen Fall, d. h., was sie Gerüchte halber vernommen haben. Für uns ist interessant, dass es auf dieser Ebene keinesfalls um eine theologische Auseinandersetzung mit dem Thema ging, sondern gemäß den „Purgatoriales" lediglich um äußere Aspekte. Beide Pfarrer antworteten auch entsprechend knapp und, soweit dies zu ermessen ist, sachlich. Beide bescheinigten ihr regelmäßigen Gottesdienstbesuch sowie Grundkenntnisse bezüglich des Katechismus, die sie sich in den letzten zehn Jahren angeeignet habe, und den regelmäßigen Besuch der Beichte.

Die Fragen der „Purgatoriales" entsprachen dem Denken, das den Visitationsprotokollen zugrunde liegt, wo es immer wieder darum ging, wer regelmäßig das Sakrament des Abendmahls empfangen hat bzw. vor allem wer nicht.[96] Mit der Theologie der Kirchenordnung von 1533 stimmt diese Außenperspektive nicht überein, steht doch dort im Zentrum der Glaube selbst, das Vertrauen auf Christus vor allem im beständigen Gebet. Sicherlich kann man einwenden, dass man den Glauben einer Person nicht prüfen kann. Doch ist das eigentliche und ausschlaggebende Moment, dass die Innenperspektive weder in den „Purgatoriales" noch in den Visitationsprotokollen überhaupt in den Blick genommen wird, der sichtbare religiöse Vollzug ist das allein leitende Kriterium.

Dennoch begegnet in den Akten auch Kritik an dieser Art der Argumentation, nach der hier vorgegangen wurde. So heißt es, auf die Zeugenaussagen der beiden Pfarrer Bezug nehmend, in einem Schreiben der ansbachischen Regierung, in dem die Unparteilichkeit zweier von den Verwandten der Marschallin eingeforderter Gutachten angezweifelt wird: „Vana igitur Q. ab attributis personae inferuntur."[97] Je nachdem, auf welcher Seite man stand, konnte man folglich den religiösen Lebenswandel einer Person für ihre Unschuld sprechen lassen oder dagegen.

Auch im Fall der Cordula Grösser, Witwe des ehemaligen Hofrats Christoff Grösser, wurden hinsichtlich aufgestellter „Purgatorialartikel" Zeugen vernommen. Der Landschreiber Johann Kern hat die Aufgabe, die

---
[94] RKG 1084, Q 12a, fol. 68.
[95] RKG 1084, fol. 446–449 und fol. 455–457b.
[96] Vgl. Abschnitt 5.3 dieser Arbeit.
[97] RKG 1084, Q5.

von Frau Grösser angegebenen Zeugen bezüglich der Purgatorialartikel zu vernehmen.[98] Unter diesen von der angeklagten Seite benannten über 50 Zeugen finden sich sieben Pfarrer: Bartholomäus Wolschendorffer, Dechant und Pfarrer zu Crailsheim, Konrad Ley, Prediger zu Heilsbronn, Adam Franciscus, Abt zu Heilsbronn, Steffen Notnagel, ehemaliger Dekan zu Langenzenn, Gregorius Kollein, Pfarrer zu Roeckingen, Jakob Högelein, Stiftsprediger in Ansbach, und Magister Franciscus Raphael, Pfarrer zu Ansbach. Im Prinzip wurden alle Pfarrer benannt, mit denen die Grösser aufgrund ihrer wechselnden Wohnsitze im Laufe ihres Ehelebens zu tun hatte.

Es ist von Interesse, die Fragen, die den Pfarrern gestellt wurden, inhaltlich zu analysieren. Folgende Punkte lassen sich aufgrund der Antworten unter anderem nachweisen:

(1) Die Zeugen wurden gefragt, ob ihnen bekannt sei, dass Menschen, obwohl sie das heilige Abendmahl regelmäßig empfangen haben, dennoch Hexen sein könnten.
(2) Es wurde nach dem religiösen Lebenswandel der Cordula Grösser gefragt.
(3) Die Zeugen wurden zu verschiedenen Gerüchten befragt, die es bezüglich der Anklage der Grösser gibt.
(4) Sie wurden dazu vernommen, ob sie selbst vermutet hätten, dass die Grösser eine Hexe sei.
(5) Sie wurden nach ihrer Mitwirkung bzw. ihrem Wissen bei und über die Hexenprozesse in Heilsbronn 1591 befragt.
(6) Sie mussten aussagen, ob sie etwas davon gehört hätten, dass der damalige in Heilsbronn tätige Nachrichter „verdächtige" Mittel benutzt habe, und wie sie selbst zu derlei „Untersuchungsmethoden" stünden.

Aus den aufgeführten Punkten ist bereits ersichtlich, dass die Befragung in diesem Fall nicht von der Außenperspektive bestimmt wird. Die Antworten der Pfarrer fallen im Großen und Ganzen sehr ähnlich aus. Den ersten Punkt bejahten alle angeführten Zeugen und gaben dafür Beispiele aus ihrer eigenen Erfahrung an. So z. B. Adam Francisci: „Das bekenne Herr zeug [= der Herr Zeuge], und wisse auch Exempla: alls mit einer Württin zu Jägerndorff, die Cirillin genannt, welche monatlich das heylige Abendtmahl empfinge, unnd eines erbarn wandel führete: aber doch als ein Zauberin anno 53 mit Feuer verbrannt worden; dergleichen Exempla erzehlt auch Boding [= Bodin[99]] Inn seinem tractatu, Von Hexen und Trutterei."[100]

---
[98] RKG 6069 II, f.614ff.
[99] Gemeint sind vermutlich: Jean BODIN, de magorum daemonomania sev detestando Lamiarum ac Magorum cum Satana commercio, Libri IV, Frankfurt 1590; oder : Jean BODIN, de magorum daemonomania. Vom außgelaßne wütigen Teufelsheer Allerhand Zauberern / Hexen und Hexenmeistern / Unholden / Teuffelsbeschwerern / Warsagern / Schwartzkünstlern / Vergifftern / Augenverblendeten / ec. Wie die vermöge aller Recht erkant / eingetrieben / gehindert / erkündiget / erforscht / peinlich ersucht und gestrafft werden sollen. Gegen des Herrn Doctor J. Wier Buch von der Geister verführungen. Aus dem Französischen übersetzt und bearbeitet von Johann Fischart, Straßburg 1586.
[100] RKG 6069 II, fol. 708b.

Alle Zeugen bestätigten der Cordula Grösser für die Jahre des Zusammenseins mit ihr einen ordentlichen religiösen Lebenswandel. Ein Wissen über das hinaus, was man Gerüchte halber vernommen habe, wurde von keinem angegeben.

Als exemplarische Antwort auf die oben angegebene Frage 4 sei die Antwort Franciscis angeführt: Er habe es nicht vermutet, „doch sey menschliche Natur schwach unnd könne auch dem frömbsten, und Heyligsten ein unversehener fall leichtlich widerfahren".[101]

Über die Prozesse in Heilsbronn wusste keiner der Pfarrer genauere Auskunft zu geben. Der Pfarrer von Heilsbronn, Conradus Ley, sagte explizit aus: „sey auch bei keiner Frag gewesen".[102] Francisci gab ebensolches über sich selbst an und setzte noch hinzu, dass „der Verwallter das gantze werck für sich selbsten geführt".[103] Alle befragten Pfarrer hatten ferner davon gehört, dass der Nachrichter in Heilsbronn mit unlauteren Mitteln gearbeitet habe, und alle sind sich darin einig, dass eine christliche Obrigkeit derartige Machenschaften nicht dulden sollte. Francisci wies hier auf die Diskussion hin, die im August 1591 ausgehend vom Markgrafen mit den Räten geführt worden ist.[104]

Folgende Schlüsse lassen sich aus den eben angeführten Fragen und Antworten ziehen.

Die hier befragten Pfarrer teilten allesamt den Glauben ihrer Zeit an Hexen als den Teufel anbetende Frauen; eine diesbezüglich kritische Haltung ist nicht zu finden. Trotzdem ist bei keiner der Zeugenaussagen eine Tendenz zu spüren, das laufende Verfahren in irgendeiner Weise zu beeinflussen. Soweit dies aus dem zeitlichen Abstand heraus zu beurteilen ist, lag keinem der Pfarrer daran, Cordula Grösser unbedingt als Hexe verurteilt zu sehen. Bedenkt man, dass sie ja offensichtlich von Cordula selbst als Zeugen benannt worden sind, verwundert dies nicht. Jedoch ist dabei auch zu berücksichtigen, was es heißt, dass die Grösserin überhaupt darauf kommt, sieben Pfarrer zu benennen. Offensichtlich ging zumindest sie von deren Unparteilichkeit auch in dieser schwierigen Frage aus. Das lässt darauf schließen, dass Pfarrer in den 90er Jahren des 16. Jahrhunderts in den Markgraftümern nicht zu den Menschen gehörten, die von vornherein zu den strengsten Verfolgungsbefürwortern mit allen Konsequenzen zählten. Auch waren sie offensichtlich nicht daran interessiert, sich in die laufenden Prozesse mehr als notwendig einzumischen. Über die 1591 in Heilsbronn geführten Prozesse, die das gesamte Fürstentum beunruhigten, gab der ansässige Pfarrer an, dass er bei keiner Befragung dabei gewesen sei, und auch

---

[101] AaO., fol. 710b.
[102] AaO., fol. 731a.
[103] AaO., fol. 711b.
[104] AaO., fol. 712a.

der im selben Ort wohnende und durchaus im Markgraftum berühmte Titularabt Francisci sagte, dass das allein der Verwalter gemacht habe. Eine generelle Verurteilung der Pfarrerschaft wegen einer prinzipiellen die Verfolgung von Hexen begünstigenden, ja anheizenden Grundhaltung kann somit nicht aufrecht erhalten werden. Diese These unterstützt auch der folgende Abschnitt, der sich mit der Teilnahme von Pfarrern an Verhören beschäftigt.

### 4.7.2  Teilnahme an Verhören

Dass Pfarrer bei gütlichen und peinlichen Verhören dabei sein konnten, beweist die Aussage des Dechanten zu Langenzenn, Stephanus Notnagel, in einem Brief an einen Kollegen. Dort schreibt er:

„Ich bin bißher zu keinem güetlichen und Peinlichen Verhör adhibiret [= hinzugezogen] worden, weil solche Personen bei uns nicht ein kommen, sonder an andern ortten vom Carnifice [lat. Carnifex = Henker], homine alieno a nostra religione et confessione criminaliter examinoret worden, umb welches willen uns billig beschwehrlich, und bedenklich sein soltt, solchen Examinatoribus et iniquis Judicibus mit unserer praesentia oder Suffragiis zu gratificiren."[105]

Auch die Tatsache, dass die im Fall der Grösserin befragten Pfarrer alle auf ihre Teilnahme an Verhören befragt wurden, lässt wohl den Schluss zu, dass dies durchaus möglich war. Jedoch sagten diese von sich selbst, dass sie bei keinem Verhör dabei gewesen seien. Bei fast allen uns bekannten Prozessprotokollen beschränkt sich die Teilnahme an Verhören auf weltliche Amtspersonen, wie dies bereits unter Punkt 4.1.2 ausgeführt wurde.

Insgesamt lässt dieser Quellenbefund den Schluss zu, dass es in den Markgraftümern nicht üblich und auf jeden Fall von Amts wegen nicht gefordert war, dass die Pfarrherren zugegen waren. Jedoch bestätigen Ausnahmen die Regel, so bei Katharina Höfer 1569 (Nr. 20). Bei dem zweiten Verhör der Katharina waren der Superintendent von Bayreuth, Justus Bloch, und zwei weitere Pfarrer anwesend.[106] Kommt es von ungefähr, dass Katharina ausgerechnet bei diesem Verhör all das zugab, was ihr zur Last gelegt wurde, und dass der kumulative Hexenbegriff erst bei diesem Verhör voll zur Geltung kommt? Hatte sie im vorhergehenden Verhör am 14. April, das zwar in Beisein des Scharfrichters, aber dennoch gütlich ablief, z.B. lediglich gesagt, dass sie auf einer Wiese einen Wetterstein[107] gefunden habe, mit dessen Hilfe sie ihrem erkrankten Vater helfen konnte,[108] so hört sich dies in der gütlichen Aussage vom 28. April folgendermaßen an:

---

[105] RKG 6069 II, fol. 78bf.
[106] StAB, Rep. C. Nr. 3235, fol. 34–36.
[107] Ein Wetterstein ist ein Belemnit, vgl. DWB XIV, I,2, Sp. 767.
[108] StAB Rep. C2, Nr. 3235, fol. 17b.

„und darunter ein wetterstein liegend gefunden, darein sie gesehen. In welchem wetter stein ein klein schwartz Menlein gestandenn. der ein Leib, auch hend, Wie ein ander mensch gehabt. Aber uff die füeß gleich wol von derselbenn bis auff gegenwertige zeit ahn, nicht achtung gehabt. [...] Ob aber nun solch schwartz menlein der teuffel gewesen, könne sie nicht wissen."[109]

Die über dieses Verhör erhaltene Quelle beweist eindeutig, dass es der Superintendent war, der das Wort und damit die Untersuchung führte, was auch dem Befehl aus Ansbach entsprach.[110] So heißt es unter Punkt XI (fol. 41a): „Und uff fernere des Superattendenten Inquisition, ob sie auch mit dem Sathan zu schaffen gehabt hat sie geantwortt Nein." Es bleibt zu vermuten, dass es das „Sachwissen" des Superintendenten war, was ihn zu dieser Aufgabe ermächtigte. Er war in Ansbach kein Unbekannter, war er doch vor seiner Bayreuther Stelle Hofprediger in Ansbach gewesen.[111]

Katharina blieb jedoch für dieses Mal insoweit bei ihrer Aussage, dass sie nicht gewusst habe, dass der Mann im Wetterstein der Teufel sei und dass sie ansonsten nichts mit dem Teufel zu schaffen gehabt habe. Dennoch ist dies Ursache genug, dass aus Ansbach der Befehl ergeht, dass sie nochmals gütlich und jetzt auch peinlich befragt werden möge, was am 5. Mai durchgeführt wurde. Auszüge aus dem Verhörprotokoll beweisen, dass sie nun unter Folter alles zugegeben hat: „hab sie allwegen ein klein schwartz Menlein darin gesehen. Welches Ihres erachtens der laidige Teuffel gewesen sein muß, der habe ihr alles gesagt. [...] Der böse feind der teuffel habe [...] drej mal mit Ihr zu schaffen gehabt" usw. Sie beschreibt im Folgenden das Zusammensein mit dem Teufel und auch das, was der Teufel sie gelehrt habe.[112] Obwohl sie zunächst ihre Aussage ohne Folter bestätigte, erging doch kurze Zeit danach Beschwerde nach Ansbach, dass die Tortur übermäßig und sie nur deshalb geständig gewesen sei. Das Schreiben, in dem sich der Vogt vor den Ansbachern dafür rechtfertigt, ist insofern interessant, als er darin bezeugt, dass er zu dem Verhör den Kaplan des Ortes, Leonhard Rostaller, dazugezogen habe. Es ist die einzige erhaltene Quelle dafür, dass ein Pfarrer bei einem Verhör, bei dem Folter angewendet wurde, anwesend war. Seine Aufgabe war es, die Angeklagte durch Gottes Wort zu vermahnen und zu trösten, damit sie die „Wahrheit" sagt – d. h. hier ganz eindeutig: geständig ist – und die Folter dadurch abgekürzt wird.

So kann man in diesem Fall zweierlei Aufgaben von Pfarrern unterscheiden, wenn sie bei einem Verhör dabei waren. Im Falle des Superintendenten war es das „Sachwissen", das benötigt wurde, bei Caplan Rostaller war es eine personifizierte Ermahnung zur „Wahrheit".

---

[109] AaO., fol. 34b.
[110] AaO., fol. 34.
[111] SIMON 1930, S. 24.
[112] StAB Rep C 2, Nr. 3235, fol. 46–49.

Ein ganz anderer Fall begegnet uns mit der Person des Langenzenner Dechanten, Steffen Notnagel. Ihm wurde nach der Überstellung des Pottenlentzen (Nr. 59) und seiner Frau (Nr. 61) nach Langenzenn vom Amtmann aufgetragen, die Pottenlentzin allein mit dem Stadtschreiber und dem Caplan bezüglich einiger Punkte zu befragen und zu verhören, ein Befehl, dem dieser mehr als ihm angetragen nachkam, verhörte er doch nicht nur die Frau, sondern auch gleich noch ihren Mann, den Pottenlentz.[113] Es darf vermutet werden, dass der Sinn dieser Aktion darin lag, die Verhaftete in besonderer Weise dazu anzuhalten, die Wahrheit zu sagen.

Die Vorgänge um den Dechanten von Langenzenn zeigen, wie sehr man dabei als Pfarrer in Schwierigkeiten kommen konnte. Offensichtlich hat der Pottenlentz, den er ja von Amts wegen gar nicht verhören sollte, vor dem Langenzennener Dechanten ausgesagt, dass er die Cordula Grösser nur deshalb beschuldigt habe, weil der Verwalter von Heilsbronn, Friedrich Faber, das von ihm verlangt habe. Da er den Pottenlentz eigentlich gar nicht verhören sollte, verschwieg Notnagel offensichtlich die Angaben des Pottenlentz und sagte auch gegenüber seinem Amtsbruder in dem oben bereits erwähnten Brief lediglich, dass sein Gewissen durch seine Arbeit sehr belastet sei. Von offizieller Seite befragt leugnete er zunächst, sich überhaupt mit dem Pottenlentz unterhalten zu haben, gab es dann aber doch zu.[114] Aus den RKG-Akten lässt sich erschließen, dass er das, was der Pottenlentz ihm gestanden hatte, weitergab und damit den Verwalter von Heilsbronn erheblich belastete. Das wurde ihm zum Verhängnis, er verlor sein Amt als Prediger, wie in der Zeugenaussage die Cordula Grösser betreffend zu lesen ist.[115]

### 4.7.3 Pfarrer in der Vorbereitung der Angeklagten auf den endlichen Rechtstag

Von eben demselben Dechanten wird in dem bereits zitierten Brief an seinen Amtsbruder in Gunzenhausen Folgendes berichtet:

„Unter deßen auch mir sambt meines Collegis et Vicinis Pastoribus [= Kollegen und benachbarten Pastoren] iniungirt [= auferlegt] domit solche Personen desto beßer zur seeligkeit zubringen, das wir sie täglichen besuchen, auß Gottes wortt treulich, und vleißig trösten, unnd darzu präpariren [= vorbereiten] sollen, das sie das herrn abendtmahl würdig empfahen, und ein seeliges end von dieser welt nemen mögen, was aber dies für ein große mühe, unnd arbeit, auch mit was beschwerd im Gewißen, und wie gefehrlichen solches zugeht, würdt der herr Dechandt ohne mein erinnern verstehen, und inticiren [?] können, zu wünschen wäre es, das man unser mit so zweiffenlichen und verwohrenen sachen zu frieden ließe."[116]

---

[113] RKG 6099.
[114] RKG 6099.
[115] RKG 6069 II, fol. 732b.
[116] RKG 6069 II, fol. 78.

Leider erfahren wir aus diesem Brief nicht, von wem der Befehl gegeben wurde, die Gefangenen täglich zu besuchen und auf den endlichen Rechtstag vorzubereiten. Es ist zu vermuten, dass er ähnlich wie im Fall der Katharina Höferin von weltlicher Seite kam, lag doch der fürstlichen Regierung und ihren Amtleuten viel daran, dass dieser Tag glatt über die Bühne ging.

Dass die verhafteten Personen vor allem nach ihrer gemachten Aussage oft täglich von Pfarrern besucht wurden, beweist auch der Prozess gegen Katharina Höferin (Nr. 20). Dort berichtet der Pfarrer von Creußen, dass er und sein Caplan Katharina „teglichen besuchet Ihr zuegemueth gefhueret, das Ihr verhandlung so sie gebraucht, ganz unrecht, sie durch gottes wort vermannet unnd unterichtet, wie sie widerumb zu desselben gnaden unnd rechtgeschaffenen glauben kommen unnd gebracht werden mueg".[117] Offensichtlich ging es dem Pfarrer aber vor allem darum, dass sie ihr einmal gemachtes Geständnis nicht widerrufen, sondern endgültig geständig sein sollte. Als seine diesbezüglichen Bemühungen nicht fruchteten, gab er den täglichen Besuch auf:

„Dan unnser Pfarher und Caplan sie auch nicht mehr besuchen wollen, weiln sie sogahr umbfellig und wankelmuetig und solch Ihr Wahrsagenn und aberglaub noch darzue nicht auf anweisung des teuffels von ihr beschehen sein solle."[118]

Diese oft täglichen Besuche der Pfarrherren sollten nicht unterschätzt werden. Sie gaben den Pfarrern die Möglichkeit, hautnah zu den gepeinigten und gemarterten Menschen in Verbindung zu treten, hautnah mitzuerleben, wie eine Person darunter litt, unter Folter und der Angst vor weiteren Qualen eventuell eine falsche Aussage gemacht zu haben. Wenige Jahre später wird Friedrich Spee genau durch diese Erfahrung der täglichen Besuche zum Verfassen der „Cautio Criminalis" veranlasst, die ohne Umschweife Fehler in der Prozessführung deutlich machte. Hier drängt sich die Frage auf, wie andere „Beichtväter" mit der Gewissensnot umgegangen sind. Spee kommt hinsichtlich seiner Kollegen, aber auch der weltlichen Beamten zu keinem sehr positiven Ergebnis. Immer wieder betont er in seiner Schrift, dass es allzu vielen an Gewissen, gesunder Vernunft und Realitätsbezug fehle.[119]

So wird man insgesamt gesehen der Pfarrerschaft wohl keine aktive oder gar – von Einzelpersonen abgesehen – einen Prozess fördernde Funktion zuschreiben können, – umso mehr jedoch eine passiv-unterstützende und damit auch das Geschehen bestätigende Rolle.

---

[117] StAB, Rep. C, Nr.3235, fol. 58a.
[118] AaO., fol. 69a.
[119] SPEE Cautio Criminalis, quaestio 8, 9, 15, 30.

### 4.7.4 Ablehnung der Zusammenarbeit mit der weltlichen Obrigkeit

Die Unterscheidung der Aufgabenbereiche von kirchlicher Leitung und weltlicher Obrigkeit war allen beteiligten Personen soweit geläufig, dass es auch zur Ablehnung einer engeren Zusammenarbeit kommen konnte. Deutlich wird dies in einem Brief dreier Pastoren aus Kulmbach an den Oberhauptmann auf dem Gebirg und die verordneten Räte im Zusammenhang der Untersuchungen gegen Margaretha Höflein, Katharina Hubner und Els Vischer 1587 (Nr. 38–42). Ausgangspunkt dieses Prozesses war eine „Überschneidung" zauberischer Handlungen. Margaretha, Dienstmagd der Barbara von Lichtenstein, war beim Waschen ein Stück Wäsche abhanden gekommen. Nachdem sie der Els Vischer ihr Leid geklagt hatte, gab diese, die ihr Wissen wiederum von der Totengräberin Katharina Hubner hatte, ihr den Rat, sich beim Totengräber einen Nagel zu besorgen, „so Er auß den Todten Paren [= Totenbahre] gezogen geholet, diese stücks, wann jemandes etwas verloren hette, man gebraucht, mit fernern vermelden, daß man den nagel, so die verlorne wahr gelegen, einschlahen sollte, würdt der dieb dieselbig entwendt wahr widerumb bei die Ort alda es gelegen bringen".[120] Diesem Rat folgte Margaretha und schlug einen derartigen Nagel mit dessen Erlaubnis im Haus des Neberschmiedts ein, weil dort die Wäsche verloren gegangen war. Darauf wurde aber dessen Frau noch kränker als sie es bereits gewesen war, sodass sie einen Zusammenhang zwischen dem Einschlagen des Nagels und ihrer Krankheit herstellte, Margaretha anzeigte und damit den Prozess in Gang brachte. Im Laufe der Untersuchungen wurden auch die Pfarrer um mehrere (mindestens zwei) Stellungnahmen gebeten. Die zweite ist erhalten und gibt weiteren Einblick in diesen Fall. So legten die Geistlichen Wert darauf, dass diese Malefiz-Sache nicht in ihren Zuständigkeitsbereich gehört:

„Ist es doch an dem, das die sachen fürnemblich alß ein Malefiz nicht für Unß sondern die hohe Obrigkeit geherig. Unnd weil wir hievor albereit Unsern außfürlichen bericht deßwegen Inn die Canzley übergeben, darbey wir es denn allerding bewenden, unnd bleiben laßen, hetten wir verhofft, unnßer solte damit billich ferrner verschont werden sein."[121]

Dies macht deutlich, dass man sich sehr wohl der „Gewaltenteilung" nicht nur bewusst war, sondern auch auf ihr beharrte und an ihr festhielt.

Einen Beweis dafür, dass es auch an anderen Orten nicht zu einer automatischen Zusammenarbeit zwischen kirchlichen Amtspersonen und welt-

---

[120] StABamberg, Rep. C. Nr. 3236. In welcher Weise das Totenbrett, das Brett, worauf die Leiche aufgebahrt wurde, mit Zauberei aller Art behaftet ist, vgl. HWDA, Bd. 8, Sp.1056–1058, ferner Abschnitt 4.2 Verzeichnis der Hexen- und Zaubereiprozesse, Anm. 33, S. 163.
[121] Ebenda.

licher Gewalt kam, sind die Prozesse in Crailsheim. Diese außerordentlich gut dokumentierten Fälle weisen an keiner einzigen Stelle darauf hin, dass hier bei den Untersuchungen ein Pfarrer eingeschaltet gewesen wäre, geschweige denn, dass überhaupt ein Bericht des Pfarrers über den christlichen Lebenswandel einer der Personen vorhanden wäre. Somit kann man doch, bei aller Zurückhaltung, aus dem Nichtvorhandensein von Quellen Rückschlüsse ziehen zu wollen, dennoch sagen, dass es offensichtlich eine durchgängige und automatische enge Kooperation von weltlichem und geistlichem Arm im Falle der Hexenprozesse in den Markgraftümern nicht gegeben hat. Sicherlich kann man einwenden, dass eine auf den konkreten Einzelfall bezogene Zusammenarbeit auch mündlich hätte erfolgen können, jedoch lässt ein derartiger Einwurf die Prozesspraxis außer Acht. Schließlich wurden die Entscheidungen nicht vor Ort, sondern in Ansbach getroffen. Eventuelle mündliche Absprachen müssten somit zumindest über die Berichte der Vögte an die markgräfliche Kanzlei nachzuweisen sein. Da dies aber nicht der Fall ist, können diese mündlichen Absprachen auch nicht relevant für den Ausgang des Prozesses gewesen sein.

Das eben dargestellte Ergebnis überrascht nicht: Entsprechend dem landesherrlichen Kirchenregiment herrschte ein prinzipielles kooperierendes Miteinander bei gleichzeitiger Wahrung der Aufgabenteilung. Gerade diese Aufgabenteilung hat sich aber prozesslähmend ausgewirkt. Das macht das Gegenbeispiel Bamberg deutlich. Die Hexenprozesse wurden dort vor dem Landgericht verhandelt, das „seit dem 15. Jahrhundert zum bischöflichen Gericht degradierte,"[122] dem Fürstbischof oblag die hohe Gerichtsbarkeit. Wenn der Bischof nun ein extremer Hexenverfolgungsbefürworter war, musste die fehlende „Gewaltenteilung" zwangsläufig zu einer Häufung von Prozessen führen. Gehm macht dies in ihrer jüngst erschienenen Dissertation am Beispiel des Weihbischofs Friedrich Förner deutlich, der 1612/1613 den Bischof in Bamberg vertrat: „Die Hexenverfolgungen im Hochstift Bamberg zu Beginn des 17. Jahrhunderts wurden von einer Gruppe von Männern lanciert, die im Geiste der Gegenreformation erzogen und ausgebildet worden waren. Die geistige Führungsrolle oblag dem Weihbischof Friedrich Förner."[123]

---

[122] Vgl. hierzu GEHM 2000, S. 23.
[123] AaO., S. 0.

## 4.8 Hexenverfolgung – Frauenverfolgung? – Analyse der Hexenprozesse unter dem Aspekt des „Gender"

Dass es überwiegend Frauen waren, die in der frühen Neuzeit als Hexen vor Gericht standen und verfolgt wurden, bestätigt sich auch in dieser Untersuchung. Der folgenden Tabelle kann man die zahlenmäßige Aufschlüsselung der Prozesse hinsichtlich des Geschlechts der Angeklagten entnehmen, soweit dies aus den Quellen hervorgeht:[124]

| | |
|---|---|
| weiblich | 94 |
| männlich | 8 |
| keine Angabe | 11 |

Tabelle 6: Auswertung der Zauberei- und Hexenprozesse hinsichtlich männlicher und weiblicher Angeklagter

In mindestens 82,45 % Prozent aller nachweislichen Fälle waren also Frauen die Angeklagten, während Männer nur einen Anteil von 7,01 % ausmachten. Dieses Ergebnis entspricht einem Vergleich zwischen verschiedenen Gebieten Europas, der im Durchschnitt 80% Frauen als Opfer ergab.[125] Dennoch soll der Blick zunächst auf die angeklagten Männer gerichtet werden.

### 4.8.1 Die angeklagten Männer

#### 4.8.1.1 Die zauberische Familie am Beispiel der Familie Brecht in Heilsbronn/Weißenbronn

Drei der angeklagten acht Männer gehörten zu einer Familie. Es sind dies Hans Prechtel, der bereits 1560 der Zauberei und Truterei wegen angeklagt wurde, sodann dessen Sohn, Bonifacius Brecht, der 1582 vor Gericht stand, und schließlich dessen Schwager, Lorentz Ammon, gen. „Pottenlentz". In allen drei Fällen mussten sich die Männer mit ihren Frauen und zum Teil auch Kindern zusammen vor Gericht verantworten. Ein Stammbaum, in dem alle der Zauberei und Hexerei Angeklagten auftauchen, kann dies verdeutlichen (siehe Seite 222):[126]

---

[124] Nicht berücksichtigt in der Zählung wurde der Prozess gegen 11 Männer, die nicht wegen Zauberei, sondern wegen Zaubereigebrauchs angeklagt waren (Nr. 22). Vgl. Abschnitt 5.4.2.5.
[125] Vgl. SCHORMANN 1986, S. 118.
[126] Bei KLEEFELD 2001, S. 55 erscheint Margaretha (Nr. 60) als Frau des Pottenlentz (Nr. 59). Jedoch wird in der Quelle BayHStA München RKG Nr. 6069II Christina Ammon (Nr. 61) ausdrücklich als des „alten Pottenlentzes Hausfraue" bezeichnet (fol. 32b).

1. Generation:

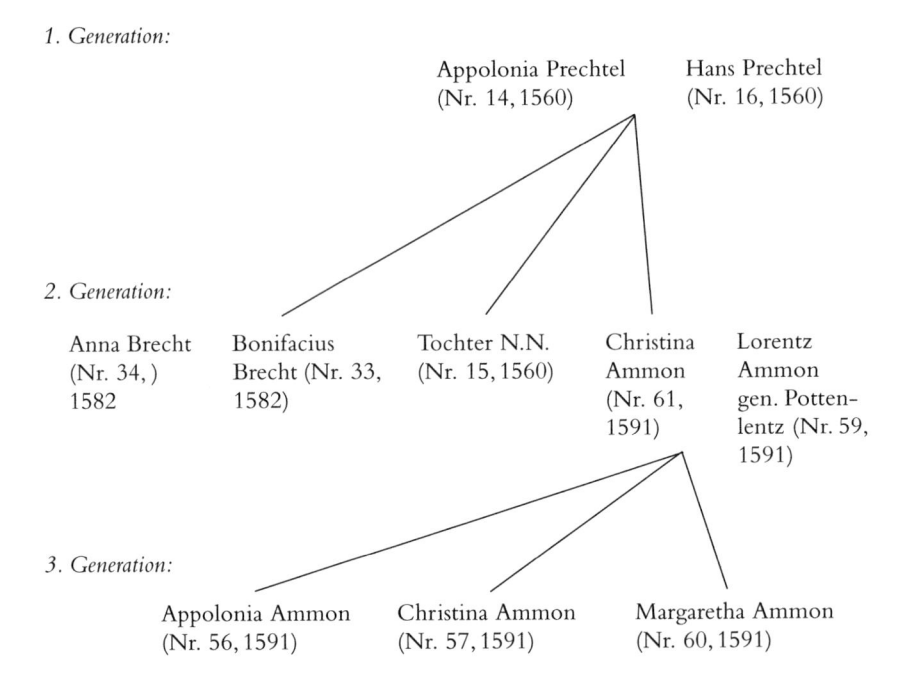

                        Appolonia Prechtel    Hans Prechtel
                        (Nr. 14, 1560)           (Nr. 16, 1560)

2. Generation:

| Anna Brecht | Bonifacius | Tochter N.N. | Christina | Lorentz |
|---|---|---|---|---|
| (Nr. 34, ) 1582 | Brecht (Nr. 33, 1582) | (Nr. 15, 1560) | Ammon (Nr. 61, 1591) | Ammon gen. Pottenlentz (Nr. 59, 1591) |

3. Generation:

            Appolonia Ammon    Christina Ammon    Margaretha Ammon
            (Nr. 56, 1591)        (Nr. 57, 1591)       (Nr. 60, 1591)

Ausgangspunkt des Prozesses 1560 war eine Anzeige des Hans Link, von dem ein Sohn gestorben und ein zweiter sehr krank geworden war. Die Anzeige richtete sich zunächst gegen Appolonia Prechtel, der Schadenzauber vorgeworfen wurde, und schon hier findet sich der Passus, dass sie allgemein als Hexe verrufen war. Ihr Mann und eine ihrer Töchter wurden in den Prozess gegen die Mutter mit hineingezogen.

Bei Bonifacius Brecht scheint es umgekehrt zu sein: Bonifacius wurde des Diebstahls und der Zauberei angeklagt und seine Frau deshalb ebenfalls gefangen genommen. Das erklärt sich schon daraus, dass Bonifacius ja auch direkter Abkömmling der „Zauberfamilie" war, während seine Frau nur angeheiratet war. Dementsprechend gibt sie im Verhör auch zu, die Zauberei von ihrem Mann gelernt zu haben. Entsprach sie mit ihrer Aussage einem allgemein verbreiteten Bild der Familie als einer zauberkundigen Sippe? Es verwundert auf jeden Fall nicht, dass die noch verbleibenden Mitglieder dieser Familie[127] in der großen Verfolgung von 1591 allesamt auftauchten und: ausgelöscht wurden!

Die Prozesse gegen Familie Brecht sind ein Indiz dafür, dass es in Dörfern und Städten der frühen Neuzeit Familien gab, die in dem besonderen

---

[127] Anna Brecht flüchtete während ihres Prozesses aus dem Gefängnis, ihr Mann wurde wahrscheinlich des Landes verwiesen.

Ruf standen, Zauberer zu sein. Sie standen in großer Gefahr, wenn es Vorfälle gab, die den Menschen damals unerklärlich waren, die als „unnormal" angesehen wurden, oder aber, wenn es galt, unter Folter weitere Namen zu besagen! Dann waren auch Männer nicht davon ausgenommen, sich einem Prozessverfahren unterwerfen zu müssen und verurteilt zu werden.

### 4.8.1.2  Männer als „Beihelfer" zur Zauberei

So wie Hans Prechtel wurde auch Hans Schmidt 1578 in den Prozess gegen seine Frau involviert (Nr. 27 und 28). Die eigentliche Anzeige wegen Schadenzauber lief gegen Elisabeth Schmidt. Hans Schmidt wurde infolgedessen im Verhör gefragt, ob er von dem Tun seiner Frau etwas gewusst habe, was er verneinte. Über die Aussage des Hans Schmidt wissen wir nichts Genaueres. Es scheint auf der Hand zu liegen, dass der Mann in diesem Fall als „Beihelfer" zur Zauberei vor Gericht stand, denn ein eigens durch ihn verübter Schaden würde ja sicherlich in den Quellen auftauchen, weil dies den Prozess gegen ihn befördert hätte.

Als „Beihelfer" zur Hexerei ganz anderer Art stand auch Hanns Hainolt in Kulmbach 1587 vor Gericht (Nr. 41). Er war dort Totengräber und hatte der Margaretha Höflein (Nr. 37) den Nagel eines Totenbretts[128] (für „ein vierttl Bier") verkauft für eine zauberische Handlung. Der Totengräber wurde von Alters her wie alle Personen, die mit Leichen zu tun haben, mit Zauberei in Verbindung gebracht, auch galt das Amt als wenig ehrenvoll.[129]

Lediglich wegen unterstellter Zustimmung zur Zauberei wurde Lorenz Gaißler in demselben Prozess 1587 (Nr. 40) gefangen genommen und verhört. Leider sind wir über den Ausgang dieser Prozesse nicht unterrichtet.

### 4.8.1.3  Männer als Kunden bei der Wahrsagerin (Zaubereigebrauch[130])

1571 finden sich zehn Männer und eine Frau in Heilsbronn/Merkendorf vor Gericht wieder, weil sie sich bei einer Wahrsagerin, der Wahrsagerin von Abensberg, Rat geholt hatten. Dabei ging es z. B. um Hilfe für kranke Familienangehörige, aber auch für krankes Vieh, ferner wollte man wissen, wie man gestohlene Gegenstände wiederbekommen bzw. Auskunft über den Dieb erlangen könnte (Nr. 22). Alle zusammen waren sie offenbar bereits einmal durch den Pfarrer Lukas Korneffer wegen ihrer abergläubi-

---

[128] Vgl. Abschnitt 4.2, Anm. 33, S. 163 und 4.7.4, Anm. 120, S. 219.
[129] HWDA, Bd. 8, Sp. 1067.
[130] Vgl. Abschnitt 5.4.2.5.

schen Haltung ermahnt worden, nun mussten sie vor dem Abt, dem Verwalter und dem Richter aussagen. Es ist einer der wenigen, für das Markgraftum überhaupt der einzig belegte Prozess dafür, dass Personen nicht wegen Zauberei, sondern Zaubereigebrauch angezeigt und verurteilt wurden. Grundlage dafür bildete im 16. Jahrhundert wahrscheinlich ebenso wie für Zauberei die Brandenburgische „Peinliche Halsgerichtsordnung". Erst aus dem 17. Jahrhundert ist eine Polizey-Ordnung für das Markgraftum überliefert, die einen Passus für Zaubereigebrauch enthält.[131] Im V. Abschnitt der Polizey-Ordnung, die unter Christian Ernst (1655–1712) publiziert worden ist, heißt es dazu:

„Demnach sich etliche unterwinden, bey unterschiedenen Vorfallenheiten an Krankheiten, vorgehenden Diebstählen, Gespenst-Vertreibung und andern, die Zauberer, Wahrsager und Segen Sprecher zu rathe zu fragen, oder künfftiger Dinge Wissenschaft durch Crystallen-sehen, oder sonsten zu begeren, und zwar ein Unterschied zwischen denjenigen zu halten, welche mit dem Teufel deswegen einen Bund gemacht, und sich dessen Raths erholen, oder die sonsten nur durch unnatürliche und aberglaubische Mittel, ausser gespräche und Gemeinschaft mit dem Teufel, die Leute aufsetzen; als wollen wir es zwar, so viel den ersten Punct beftrift, bey der in Unserer peinlichen Reformation wegen Bestrafung der Zauberey gesetzten Verordnung gelassen, und darüber gehalten haben, wegen des andern aber die beschuldigte und überwiesene Personen, und zwar vornehmlich diejenige, so sich des Crystallen-Sehens, Wahrsagens, Planeten-sehens, Segen-Sprechens, Vertreibung der Krankheit, Wiedererlangung des Verlorenen oder Ersetzung der Schäden durch gedachte ungebührliche Mittel anmassen, dann auch, welche bey denselben Rath suchen, mit gebührender Strafe, nehmlichen befundenen Umständen nach scharfer Gefängnis, Landesverweisung, auch Staupen-Schlag belegen lassen."[132]

In dem beschriebenen Fall wurde eine Gefängnisstrafe verhängt, nämlich ein dreitägiger Arrest im Turm bei Wasser und Brot.

Wenn häufig behauptet wird, dass Zauberei Bereiche betraf, die besonders die Frauen angingen, dann ist dieser Prozess ein gutes Beispiel dafür, dass sich eben auch Männer um ihre kranken Kinder oder Frauen, ebenso aber auch um das Vieh „kümmerten", indem sie zur Wahrsagerin gingen. So teilten sie – und auch das sollte einmal klar herausgestellt werden – das magische Weltbild und den Aberglauben der damaligen Zeit!

Sicherlich blieb ein derartiger Verbundprozess ein Sonderfall, denn oft genug können wir den Quellen entnehmen, dass der Gang zur Wahrsagerin sogar von Zeugen in einem Prozess zugegeben wurde, ohne dass dagegen von der Obrigkeit eingeschritten worden ist. So z. B. bei dem Klosterbäcker Philipp Dönlein in Heilsbronn/Aich (Nr. 29, 30 und 31), der mehrere Frauen der Zauberei anzeigte. Sein Wissen habe er, so Philipp Dönlein, von einer Wahrsagerin, zu der er wegen der Krankheiten seiner Frau und seiner

---

[131] Vgl. Abschnitt 2.2.2.
[132] Corpus Constitutionum 1747, S. 574f.

Kinder gegangen sei. Ebenso hat sich Conz Hofmockel zunächst an etliche Wahrsagerinnen in der Gegend von Heilsbronn gewandt, bevor er Barbara Hörnlein 1582 wegen Zauberei anzeigte (Nr. 35). Wenn es dennoch zu einem derartigen Prozess kam, musste ein ganz besonderes Interesse dahinter stehen.[133]

### 4.8.2  Die angeklagten Frauen

#### 4.8.2.1  Alter, Stand und gesellschaftliche Stellung

Von den 93 angeklagten Frauen ergibt sich hinsichtlich der Altersstruktur folgendes Bild:

| <10 | 11–20 | 21–30 | 31–50 | 51–60 | 61–70 | 71–80 | vermutl. zw. 30 und 50 | vermutl. unter 30 | vermutl. über 60 | keine Angabe |
|---|---|---|---|---|---|---|---|---|---|---|
| - | 2 | 5 | 1 | 3 | 2 | 1 | 11 | 3 | 5 | 60 |

Tabelle 7: Alter der angeklagten Frauen

Aufgrund der geringen Datenbasis ist eine statistische Auswertung nicht möglich. Der etwas höhere Anteil von Frauen zwischen 20 und 30 lässt sich mit Hilfe der Bevölkerungspyramide erklären. Ansonsten kann der Befund folgendermaßen zusammengefasst werden. Mit Ausnahme des Sohnes der Apollonia Bauer, Burkhard, sind keine Kinderhexenprozesse in den Markgraftümern nachzuweisen. Es sind Frauen jeglicher Altersstufen und, wie die folgende Tabelle zeigen wird, jeglichen Familienstandes betroffen.

| verheiratet | ledig | verwitwet | keine Angabe |
|---|---|---|---|
| 22 | 11 | 11 | 49 |

Tabelle 8: Familienstand der angeklagten Frauen

Bei nur 31 Frauen findet sich eine Angabe zum eigenen Beruf oder dem des Mannes (Tabelle 9 siehe Seite 226).

---

[133] Vgl. dazu Abschnitt 5.4.2.8 und 5.4.2.9.2.

| Adel | Höhere Beamte, Beamte | Bauern | Gesinde | Taglöhner | Handwerker |
|---|---|---|---|---|---|
| Caecilie von Pappenheim [Nr. 83] | C. Grösser (Hofrat) [Nr. 66]; K. Höfer (Schulmeister, Kirchner) [Nr. 20]; B. Fleißmann (Gelehrter) [Nr. 50]; E. Schober (Pfarrer) [Nr. 94] | | Dienstmagd des Conrad Haßlacher [Nr. 26] ; Magd Regina [Nr. 80]; M. Höflein (Dienstmagd) [Nr. 37]; E. Vischer (Badtmagd) [Nr. 39]; Kuhhirtin [Nr. 44]; Hirtin [Nr. 100] | B./E. Schwab [Nr. 1, 2]; M. Dasing [Nr. 88] | Fam. Prechtel (Schmied) [Nr. 14, 15, 16]; Fam. Brecht (früher Kirchner, dann Schneider) [Nr. 33, 34]; K. Hubner (Totengräber) [Nr. 38]; H. Hainolt (Totengräber) [Nr. 41]; L. Gaißler (Schmied) [Nr. 40]; B. Hedler (Bäcker) [Nr. 75]; B. Winter (Balbier) [Nr. 90]; A. Dasing (Sailer) [Nr. 91]; A. Dürr (Kutscher) [Nr. 92]; A. Bauer (Büttner) [Nr. 96]; Fam. Lepfard (Schuster) [Nr. 105, 106]; Bierbrauerin, Weberin, Wirtin, Hebamme [Nr. 77, 78, 79, 81] |

Tabelle 9: Gesellschaftlicher Stand und Beruf der Angeklagten

Es fällt sofort ins Auge, dass der Berufsstand der Bauern, d. h. derjenigen, die „durch ausschließliche landwirtschaftliche Nutzung [...] [ihres] Grundbesitzes [...] [ihren] gesamten Lebensunterhalt bestritten"[134] als Opfer in den Zauberei- und Hexenprozessen nicht auftauchten. Das kann darin begründet liegen, dass die Vollbauern in den Dörfern[135] einen weit geringeren Anteil der Gesamtbevölkerung ausmachten als Handwerker, Tagelöhner u. a. und somit in ein statistisches Loch gefallen sind.[136] Dieser Theorie fol-

---

[134] v. DÜLMEN 1992 (2), S. 15.
[135] Nach v. Dülmen lebten 70–80% der Bevölkerung der frühen Neuzeit auf dem Lande, d. h. meistens in Dörfern. Dabei ist aber die Grenze zwischen Dorf und Kleinstadt fließend. Viele Menschen lebten in sog. Ackerbürgerstädten, die sich durch eine Mischung unterschiedlicher Lebensformen auszeichneten (v. DÜLMEN 1992 (2), S. 12).
[136] v. Dülmen schreibt zur Situation im frühneuzeitlichen Dorf: „Zweifellos war das soziale Leben im frühneuzeitlichen Dorf von der landwirtschaftlichen Arbeit geprägt, erst zu Ende des 18. Jahrhunderts wandelten sich manche Landschaften zu Gewerberegionen.

gend dürften dann jedoch Adelige, hohe Beamte und Gelehrte gar nicht vorkommen. Eine andere Erklärungsmöglichkeit liegt in den Veränderungen, denen das Dorf bzw. die Ackerbürgerstadt vom 16. bis zum 18. Jahrhundert unterworfen war.[137] So nahm die Zahl der Vollbauern immer mehr ab, während der Anteil der nichtbäuerlichen Bevölkerung stieg. Dabei waren es offenbar vor allem die ärmeren Schichten der Dörfer, die „in den Sog der Protoindustrialisierung gerieten, die zwar stets neue Überlebensmöglichkeit bot, zugleich aber die Arbeiter dem traditionellen Dorfleben entfremdete".[138] Sie bildeten eine Gruppe von ärmlichen Dorfhandwerkern, die sich im sozialen Status deutlich unterschieden von Bauern oder auch Kleinbauern, die ihrerseits versuchten, sich von der eigentlichen Dorfarmut abzuheben. „Konjunkturschwankungen, Mißernten und Seuchen konnten die meisten sehr rasch an den Bettelstab bringen."[139] Sicherlich – die eben skizzierte Entwicklung setzt im 16. Jahrhundert erst langsam ein, vollzieht sich letztendlich im 17. und 18. Jahrhundert. Aber gerade die Phase der Bewusstwerdung eines Missstandes, die den Veränderungen und Weiterentwicklungen vorausgehen muss, stört das soziale Gleichgewicht genauso wie die eigentlichen Umwälzungen. Somit ist man bei einem für die Hexenprozesse typischen „Opferprofil" angelangt. Den Dorfhandwerkern ermangelte es im Gegensatz zu den Bauern an einem von alters her gewachsenen Ansehen und damit verbundenem Respekt und Protektion, sie waren bemüht, ihren sozialen Status zu verändern.

Zum anderen war diese Gruppe in besonderem Maße den „alltäglichen Schicksalsschlägen", wie sie oben bereits dargestellt wurden, ausgesetzt. Krankheit eines Familienmitgliedes z. B. konnte hier sofort zu einer existenzbedrohenden Angelegenheit werden. Zum anderen kann man sich vorstellen, dass vor allem innerhalb einer Schicht von „Emporkömmlingen" ein idealer Nährboden für Neid, Streit und Hass gegeben ist. Im Verzeichnis der Zauberei- und Hexenprozesse ist diesem Umstand mit der Rubrik „Vorausgehendes Unglück" Rechnung getragen worden. Geht man die Prozesse der oben aufgeführten Personen diesbezüglich noch einmal durch, ergibt sich folgendes Bild (Tabelle 10 siehe Seite 228):

---

Ebenso erweckte das dörfliche Erscheinungsbild einen bäuerlichen Eindruck, aber ein Blick auf die Sozialstruktur des Dorfes in der frühen Neuzeit zeigt andere Tatsachen. Neben dem eigentlichen Vollbauern, der durch ausschließliche landwirtschaftliche Nutzung seines Grundbesitzes seinen gesamten Lebensunterhalt bestritt, lebten im Dorf noch viele andere Menschen mit ihren Familien, die zwar ein kleines Haus und ein kleines Grundstück besaßen, aber sich bei einem Bauern gegen Lohn verdingen mußten oder in der Heimindustrie tätig waren bzw. einem Handwerk nachgingen oder auch nur als Tagelöhner arbeiteten." (AaO., S. 15f.).

[137] AaO., S. 17.
[138] AaO., S. 18.
[139] AaO., S. 21.

| Name | Vorausgehendes Unglück |
|---|---|
| Fam. Prechtel (Nr. 14–16) | Anklage durch Hans Link, dem ein Sohn gestorben und ein zweiter krank geworden ist |
| Fa. Brecht (Nr. 33 u. 34) | Diebstahl; Krankheit des Pfarrers Stillkraut und Ableben desselben |
| K. Hubner (Nr. 38) / H. Hainolt (Nr. 52) / M. Höflein (Nr. 37) / E. Vischer (Nr. 39) | Krankheit der Neberschmidtin |
| M. Dasing (Nr. 88) / . B. Winter (Nr. 90) / A. Dasing (Nr. 91) / A. Dürr (Nr. 92) | Ableben eines Stiers von Martin Flechsner, Krankheit der Ursula Reu |
| E. Schober (Nr. 94) | Streit zwischen Frauen |
| Fam Lepferdt (Nr. 105 / 106) | Streit mit Fam. Vischer um Schuldbegleichung |
| K. Höfer (Nr. 20) | Verschwinden eines Mannes im Dorf |
| B. Fleißmann (Nr. 50) | Geldforderungen |

Tabelle 10: Den Hexenprozessen „vorausgehende Unglücke"

Der Tabelle ist zu entnehmen, dass oft ein vorausgehendes Unglück als prozessauslösendes Moment auszumachen ist.[140] Eine Ausnahme stellt in dieser Hinsicht lediglich die große Verfolgung von Heilsbronn 1591/92 dar. Festzuhalten ist auch, dass die Opfer eines Verbundprozesses häufig derselben gesellschaftlich-sozialen Gruppe angehörten, nämlich den Handwerkern;[141] das macht das Beispiel Crailsheim 1594 deutlich, aber auch Kulmbach 1587. Das ist ein weiteres Indiz dafür, dass es die sozialen Spannungen innerhalb der Gruppe der Dorf- und Ackerstadthandwerker, jener am meisten von Veränderungen betroffenen Schicht waren, die u. a. zu Prozessen führen konnten.

---

[140] Nicht belegt ist dies für viele Prozesse der großen Verfolgung von Heilsbronn. So fehlt z. B. die Angabe eines vorausgehendes Unglücks bei der Magd Regina (Nr. 80), bei Barbara Hedler (Nr. 75), auch bei Caecilie von Pappenheim (Nr. 83) oder Cordula Grösser (Nr. 66). Dies liegt daran, dass der großen Verfolgung von Heilsbronn in den Jahren 1591 und 1592 ein ganz und gar anderes Hexenbild zugrunde liegt als den meisten anderen Fällen (vgl. hierzu Abschnitt 4.8.2.2.4).

[141] Vgl. Tabelle 9, S. 226.

## 4.8.2.2 Hexenbilder-Frauenbilder

Der Begriff „Frauenbild" ist von vornherein nicht eindeutig definiert. Frauenbild kann das Bild von einer Frau seitens eines anderen Menschen, Mann oder Frau, sein. „Frauenbild" kann aber auch das Bild einer Frau von sich selbst sein. Dieses kann sich ändern, z. b. durch andere, von außen herangetragene „Frauenbilder". „Frauenbilder" existieren nicht im luftleeren Raum, sondern entstehen, leben und verändern sich im Kontext einer Gesellschaft und deren Religion, Politik, Wirtschaft, Rechtssprechung, Bildung, Kunst und Kultur. Dass gerade das 16. Jahrhundert mit einer Bewegung wie der Reformation, die grundlegende Veränderungen in den eben genannten Bereichen mit sich brachte, auch das Leben von Frauen und damit auch „Frauenbilder" veränderte, liegt auf der Hand und muss nicht eigens betont werden.[142]

In unserem Zusammenhang gilt es festzustellen, welche „Frauenbilder" sich aus den Quellen zur Hexenverfolgung ergeben. Dabei geht es nicht so sehr um das hinreichend bekannte Bild von Frauen in der Literatur, z. B. im „Hexenhammer" etc., sondern vielmehr um die im jeweils konkreten Hexenprozess deutlich werdenden „Frauenbilder", deren Veränderung oder gegenseitige Beeinflussung. Es wird zu fragen sein, von wem ein derartiges „Frauenbild" benutzt wird und ob es Eigen- oder Fremdzuschreibung ist.[143]

### 4.8.2.2.1 Weise Frauen: Wahrsagerinnen und Heilerinnen

Beginnen wir unsere Darstellung mit einem Frauenbild, das aus der Sicht des Volkes sicherlich positiv besetzt war, aber nicht in den Augen der gelehrten Theologie.

„Während die Hexen jedoch das Ergebnis von Fremdzuschreibung waren, präsentierten sich die weisen Frauen als magiekundige Ratgeberinnen durch Selbstzuschreibung. Sie beriefen sich auf eine persönliche magische Begabung, die sie befähigte, mit höheren Kräften Kontakt aufzunehmen, hatten ein spezielles Wissen über die Wirkung natürlicher magischer Mittel und kannten Formeln und Rituale. Diese Frauen hatten neben magiekundigen Männern, die ebenfalls als Ratgeber arbeiteten, ihren Platz in einem umfassenden System magischer Praktiken zur Bewältigung bedrohlicher

---

[142] Literatur zum veränderten Frauenbild im 16. Jh.: ERDMANN: My Gracious Silence. Women in the Mirror of 16th Century Printing in Western Europe, Luzern 1999. KOCH: Maior dignitatis est in sexu virili: Das weibliche Geschlecht im Normensystem des 16. Jahrhunderts, Frankfurt 1991. SEEGETS: Professionelles Christentum und allgemeines Priestertum – Überlegungen zum reformatorischen Frauenbild, Wittenberg 1999.

[143] Die Einteilung der verschiedenen Hexenbilder ist von AHRENDT-SCHULTE 1994 übernommen worden.

Situationen im alltäglichen Leben."[144] Wenn man die Quellen zur Hexenverfolgung liest und ergänzt durch Angaben in Visitationsprotokollen,[145] bekommt man den Eindruck, dass es ein flächendeckendes Netz von weisen Frauen gegeben haben muss, die z. T. – dem heutigen Ärztesystem vergleichbar – Spezialisierungen in bestimmten Bereichen aufwiesen.

Die Aufgabenbereiche der Hellseherinnen und Wahrsagerinnen sind in der Literatur bereits umfassend beschrieben worden, weshalb dies hier nicht wiederholt werden muss.

Das Ratsuchen bei weisen Frauen gehörte zum Alltag der frühneuzeitlichen Gesellschaft, auch wurde daraus kein Geheimnis gemacht, sondern jedermann wusste, wo er sich im Bedarfsfall hinwenden musste. Das scheint zunächst einmal zu erstaunen, denkt man an die zeitgleich ablaufenden Hexenprozesse. Doch bei genauerem Hinsehen kann man sehr gut erkennen, dass zwischen weisen Frauen und Hexen in den Augen des Volkes ein deutlicher Unterschied gemacht wurde, ja man könnte sagen, dass die weise Frau und die Hexe ein Gegensatzpaar bildeten. „In den Gemeinden wurden Hexen nicht für weise, sondern für böse Frauen gehalten. Die weisen Frauen waren Gegenspielerinnen der Hexen und sahen sich häufig selbst auch als solche. Sie profitierten vom Hexenglauben und der Angst vor Hexen, weil sie als Ratgeberinnen auch Kunden hatten, die sich behext glaubten."[146] So z.B. Philip Dönlein (vgl. Nr. 29–31), der sogar gegenüber dem Verwalter in Heilsbronn offen zugibt, dass er die Wahrsagerin von Spalt bei Nürnberg aufgesucht habe wegen der Krankheit seiner Frau und seiner Kinder. Einen sehr guten Einblick in den Alltag einer solchen weisen Frau gibt der Prozess gegen zehn Männer und eine Frau, die 1571 in Heilsbronn/Merkendorf bei der Wahrsagerin und Heilerin von Abensberg Rat suchten. Die Aussagen der Angezeigten seien deshalb auszugsweise im Wortlaut wiedergegeben.

1) Hans Winebrecht, welcher aussagte: ‚Ich habe am Freitag die Wahrsagerin wegen meiner Pferde, deren wider eines gefallen ist, kommen lassen und beherbergt. Es kamen mehrere Mitbürger in mein Haus, sie zu befragen. Darüber haben wir den Katechismus sammt Anderem versäumt und unter der Kirche gezecht und jubilirt, was aber auch in anderen Orten geschieht. Allen Rathfragenden hat sie geboten, neun Tage lang nichts auszuleihen, fünf Tage lang fünfmal den Glauben, das Vater Unser und das Ave Maria zu beten. Ich habe drei Kinder durch das Fraischlein verloren. Als Mittel dagegen hat sie mir folgenden Segen gelehrt: ‚Fraischlein, du gehst aus. Da begegnet ihm Gott der Herr, der sprach: Fraischlein, wo willst du hingehen? Antwort: Ich will über Regen und Wind, will stoßen Roß und Rind und mancher frommen Frau ihr Kind. Da sprach Gott der Herr: Fraischlein, das thue nicht. Darauf Bußzellen, im Namen Gottes des Vaters u..' Die Wahrsagerin blieb vier Tage und ich gab ihr ei-

---

[144] AHRENDT-SCHULTE 1994, S. 84f.
[145] Vgl. Abschnitt 5.4.2.1 und 5.4.2.3.
[146] AHRENDT-SCHULTE 1994, S. 102.

nen Thaler und einen Laib Brot." 2) Ulr. Hezner ließ sie rufen zu einem Kind mit einem Leibschaden. Verordnung und Bescheid der Wahrsagerin: Am dritten Freitag im Mai ist das Kind zu einem weißen Felber [= Weide[147]] zu führen, der Felber zu spalten und das Kind dreimal hindurch zu schieben, im Namen Gottes des Vaters u. Das Kind ist neunmal beschrieen worden. Nun soll die Mutter dessen Windeln an drei Morgen vor die Thüre hinaushängen; dann wird die Thäterin kommen und dreimal an die Windeln spucken. Die Mutter tat so, allein es ist Niemand gekommen. 3) Hans Kaufmann befragte sich wegen eines ihm gestohlenen Mörsers. 4) H. Raucher kommunizierte und schickte dann seine Magd zur Wahrsagerin, um zu erfahren, wo sein verlorenes Farbzeichen hingekommen sei. Die Wahrsagerin schaute in ihren Krystallen, konnte aber das Farbzeichen nicht sehen. 5) M. Heumann fragte wegen seiner gemüthskranken Frau und erhielt zur Antwort: ‚Der Frau ist ein Knaul und eine Haarlocke gestohlen worden, daher kommt ihr leiden. Sie soll nun fünf Tage lang den Glauben, das Vater Unser und das Ave Maria beten.'"[148]

Auch wenn den Zeitgenossen – vielleicht auch nur unter dem Druck des Verhörs – klar war, dass die Hilfe der weisen Frau nicht immer erfolgversprechend war, ist davon auszugehen, dass derartigen Frauen Respekt, Anerkennung und eine insgesamt positive Grundeinstellung des Volkes entgegengebracht worden ist. Entgegen der weit verbreiteten Meinung, dass die Mehrheit der als Hexen verbrannten Frauen derartige weise Frauen waren, können wir in unseren 110 Fällen nur zweimal mit Sicherheit sagen, dass Frauen angeklagt waren, die als Wahrsagerinnen tätig gewesen sind, so Katharina Höfer 1569 in Creußen (Nr. 20) und eine Person, deren Namen wir nicht kennen, 1572 in Merkendorf (Nr. 23).

Dies lässt sich folgendermaßen deuten. Weise Frauen konnten ihren Geschäften auch in Zeiten vieler Hexenprozesse öffentlich nachgehen, ohne dass sie dabei in den Markgraftümern Gefahr laufen mussten, sofort Opfer eines Prozesses zu werden. Allerdings hatten sie insofern ein höheres Risiko, in einen solchen verwickelt zu werden, als man jemandem, der die Macht hat, Gutes zu bewirken, natürlich auch die entgegengesetzte Macht zuschreiben konnte. Auf diese Art und Weise konnte das positive Bild in den Augen des Volkes in ein negatives umschlagen, ausschlaggebend ist dabei die Erfahrung mehrerer oder einzelner Menschen.

Das Beispiel der Katharina Höfer kann uns hier mehrere Dinge aufzeigen. Sie kam erst dann in den Ruf, eine Hexe zu sein, als ein Mann, Georg Brebez, sich durch sie zu Unrecht beschuldigt fühlte. Im Dorf Birk war ein Mann spurlos verschwunden, seine Frau ging zu mehreren Wahrsagerinnen, um zu erfahren, wo er sein könnte. Katharina gab Hinweise darauf, die unter anderem so zu verstehen waren, dass Georg Brebez am Verschwinden schuld sein könnte. Dazu kam, dass der Superintendent von Bayreuth und

---

[147] Zur Bedeutung der Weide als „Lebensrute" und als Medium für Sympathiezauber vgl. HWDA, Bd. 9, Sp. 244–251.
[148] Zitiert nach: MUCK 1879 (II), S. 55f.

der Pfarrer ein gesteigertes Interesse daran hatten, Katharina das Handwerk zu legen. Sie verstieß mit ihrem angeblichen „Treiben" gegen die Lehre der Kirche, wie unter Punkt 3.3 und 3.4 aufgezeigt worden ist, und veranlasste andere Menschen, sich ebenso falsch zu verhalten.

So ergibt sich in diesem Fall eine vollkommene Umbewertung dieses Frauenbildes von der positiv besetzten Sicht des Volkes hin zu einer negativen Einschätzung seitens der Theologen aufgrund einer streng nach der Kirchenordnung von 1533 und damit nach einem reformatorischen Ansatz ausgerichteten Sichtweise.[149] Dabei steht aber nicht mehr der pädagogische Impetus der Kirchenordnung im Mittelpunkt, sondern allein das von dem Idealbild abweichende Verhalten, das Sanktionen nach sich ziehen muss. Dass der Fall auch im Zusammenhang einer in der zweiten Hälfte des Jahrhunderts stattfindenden „konfessionellen Intensivierung" und einer immer strikteren Abgrenzung vom Katholizismus einerseits zu sehen ist liegt auf der Hand. Andererseits sicherlich auch vor dem Hintergrund eines auf „Karriere" ausgerichteten Werdegangs des Superintendenten, der sich mit seiner theologisch korrekten Haltung profilieren kann; dies wird an anderer Stelle noch genauer aufgezeigt werden.[150]

*4.8.2.2.2 Die schadenstiftenden Zauberinnen*

In fast allen Prozessen des Untersuchungsgebietes im 16. Jahrhundert, über die wir nähere Informationen haben, findet sich ein dem Prozess vorausgehendes Unglück oder ein vorliegender Schaden, der zum Ausgangspunkt des Ganzen gemacht wurde.[151] Dieser wurde im Sinne eines magischen Weltbildes als Folge einer zauberischen Handlung gedeutet; die Verursacher einer solchen Handlung wurden Zauberinnen genannt. Es handelt sich also bei diesem Bild der Zauberin, die Schaden und Unglück stiftet, eindeutig um ein von außen an eine Person herangetragenes Bild. Ein Überblick über die in den Prozessakten aufscheinenden Schäden und Unglücke wird im Folgenden gegeben.

---

[149] Vgl. StABamberg Rep. C. Nr. 3235, f. 5a–6a (= Schreiben des Pfarrers in Birck über die Ermahnung der Katharina, von Wahrsagerei und Kristallsehen abzulassen).
[150] Vgl. Abschnitt 5.4.2.8.
[151] Anders verhält es sich bei dem Verbundprozess der großen Verfolgung von Heilsbronn 1591 und 1592 oder der mittleren Verfolgung von Cadolzburg 1592; bei keinem der Fälle (Nr. 52, 54–63, 67–76) konnte ein vorausgegangenes Unglück herausgefunden werden, was wiederum mit dem unter Abschnitt 4.8.2.2.4 beschriebenen Hexenbild zusammenhängt.

### 4.8.2.2.2.1 Krankheit und Tod bei Mensch und Vieh

Bereits bei Appolonia und Hans Prechtel und deren Tochter 1560 in Heilsbronn/Weißenbronn (Nr. 14–16) ging es um den unerklärlichen Tod des Jungen von Hans Link und die Krankheit seines zweiten Sohnes. Ebenso wurde Elisabeth Schmidt und ihrem Ehemann 1578 vorgeworfen, an der Krankheit des Kindes des ortsansässigen Baders schuld zu sein. Daneben wurde sie auch für eine unruhige Kuh des Baders verantwortlich gemacht (Nr. 27 u. 28).

Wiederum in der Umgebung von Heilsbronn, dieses Mal in Aich, erstattete 1582 der Klosterbäcker Philipp Dönlein Anzeige wegen der Krankheit seiner Frau und seiner Kinder, die inzwischen verstorben waren (Nr. 29–31). Die Krankheit wurde als unerklärlich deklariert, denn „alle Ärzt, Ime keinen rechten grundt und ursach Irer krankheit anzeigen können."[152] Während es bei dem Bader in Weißenbronn aufgrund der „öffentlichen Beschreiung" der Schmidtin und ihres Mannes auf der Hand lag, dass es sich um eine Verzauberung handeln müsse – sofortige Zuschreibung eines passenden Bildes auf eine Frau – dachte Philipp Dönlein offensichtlich zunächst an eine „normale" Krankheit, denn schließlich ging er ja zu verschiedenen Ärzten. Ganz ausdrücklich erwähnte er, dass er es nicht „bösen leutten" zugeschrieben habe. Allerdings suchte er dann Rat bei einer Wahrsagerin und diese machte ihn auf drei alte Witwen aufmerksam, die schuld seien an der Krankheit. Wiederum begegnet uns in der Quelle der Passus, dass „die alte Marderin vor derweil der Trutterei beruchtigt unnd ein gemein sag gewesen, wie es derselben Gesellschaffter zu Aich und Weissenbronn, vil haben solle." Die Zuschreibung des Bildes einer Schadenzauberin geschieht hier also über eine dritte Person. Eine unerklärliche Krankheit wurde damit zum Ausgangspunkt für mindestens fünf Prozesse, denn im Laufe der Untersuchungen geht es nicht nur um die drei Witwen, Anna Weyerbäuerin, Margaretha Maderin und Margaretha Keimin, sondern durch Besagungen auch um Anna und Bonifacius Brecht, der schon 1578 als Mesner von seinem Pfarrer entlassen wurde, weil dieser ihm Zauberei vorgeworfen hatte. Dass der Pfarrer kurze Zeit darauf schwer erkrankte und starb, wurde Bonifacius Brecht zur Last gelegt (Nr. 33 u. 34).

Interessant ist, dass Schadenzauberei offensichtlich nicht nur Frauen zugeschrieben, sondern v. a. in der Phase zwischen 1560 und 1590 häufig auf den Mann einer Frau übertragen wurde. Nicht die schadenzaubernde Frau steht vor Gericht, sondern die schadenzaubernde Familie, z.B. Familie Prechtel (1560), Familie Schmidt (1578) oder Familie Brecht (1582).[153]

Das Diktum der „bösen leutt" von Philip Dönlein verdeutlicht, dass es sich hier um eine eindeutig negative Zuschreibung handelte, die durch In-

---
[152] StAN Rep. 400 1, KlVA Heilsbronn Tome 17, fol. 346.
[153] Vgl. 4.8.1.1.

terpretation eines unerklärlichen Geschehens an eine Person herangetragen wurde, deren Ruf sowieso nicht der beste war.

Dass das Bild der Schadenzauberin durchweg auch auf der Seite derjenigen zu finden war, die die Prozesse führten, zeigen die erhaltenen „Fragstücke", in denen immer nach einem verursachten Schaden gefragt wird. So z. B. bei dem Verhör der Eva Bröllochß 1594, worauf diese antwortet:

„bekent, sie hab vberal schaden gethan als de[m] Baumans Bal[tz?]le zu Beurlbach ‚vor 4 Jhar' einen rothen schueb Ochsen geschmiert. [...] bekent, sie vor 3 Jharen dem Zolner ‚J[ec?]kle Rosch / schloßern'eine rothe kuhe geschmirt das sie gestorben [...] bekennt sie hab [...] dem Barenhelder vor [...] 6 Jharen B[urc?] ha[rd?] Bauman ‚gen[annt?]' eine schwartze Kuhe geschmirt, das sie gestorben, de[nn] sie ihme feind[t?] gewesen."[154]

Der Unterschied zu dem Bild der Schadenzauberin des „normalen" Volkes liegt darin, dass Schadenzauberei in den Verhörprotokollen in das kumulative Delikt der Hexerei eingebunden ist, während der Schadenzauber bei den Aussagen des „einfachen" Volkes auch singulär vorkommen konnte.

### 4.8.2.2.2.2 Männlichkeitsdiebinnen

Das Bild der Hexe, die Männern ihre „Männlichkeit" stiehlt, ist wie auch das Anzaubern einer Krankheit oder des Todes ein sehr altes Bild, das auf gelehrter Seite genauso zu finden ist wie im Volksaberglauben. So berichtet der „Hexenhammer" 1487 davon, dass die männlichen Glieder von Hexen in Vogelnestern oder Schränken aufbewahrt wurden. Ein derartig ausgemaltes und vollständiges Bild finden wir in unseren Akten nicht, jedoch sehr wohl die Anzeige, dass ein Mann seiner „Mannheit" beraubt wurde. So z. B. bei Conz Hofmockel 1582 (Nr. 35). Jedoch kann hier die angezeigte Barbara Hörnlein eine erfolgreiche Gegenklage führen, weil Conz Hofmockel in der Zwischenzeit ein Kind mit seiner Frau gezeugt hatte.

Derselbe Vorwurf findet sich aber auch bei der oben bereits erwähnten Elisabeth Schmidt (Nr. 27). Dass dieses Bild nicht nur auf der Bewältigung männlicher Ängste vor der Macht der Frauen beruhte, hat bereits Schulte gezeigt, indem sie sagt: „Wie alle Schadenzauber-Vorstellungen enthielt auch das Bild vom Weghexen der männlichen Genitalien symbolische und konkrete Bezüge zur Wirklichkeit. Den Schaden, der auf Zauberei zurückgeführt wurde, erfuhren die Betroffenen als Verlust von Nahrung, Lebenskraft und Fruchtbarkeit. Hexen stahlen die Milch der Kühe [...], entzogen Lebenskräfte, die als Säfte (Blut, Sperma) gedacht waren. Die Vorstellung, daß sie die Zeugungskraft stahlen, hat ihre Ursprünge in diesem Zusammenhang. Hexen konnten Männer und Frauen unfruchtbar machen, so wie

---

[154] StadtA Crailsheim, Malefiz-, Fraisch- u. Criminal-Acta 1594–1615, Nr. 257, fol. 20.

sie Tiere und Äcker unfruchtbar machten. Das fehlende männliche Glied symbolisiert den Verlust der Zeugungskraft, ein Bild, das in volkstümlichen Geschichten eine eigene Realität bekam."[155]

Alle bisher angeführten Beispiele entstammen Berichten, wie z.B. des Verwalters in Heilsbronn an seine Obrigkeit nach Ansbach, die wiedergeben, mit welchen Klagen die Menschen zu ihnen kamen. Da diese Aussagen nicht unter Folter oder anderem Zwang geschehen sind, können wir daraus schließen, dass derartige Bilder und Vorstellungen wirklich auch im Volk und nicht nur in der Phantasie der Verfolger existierten.

### 4.8.2.2.3 Zauberei im Verbund mit anderen Verbrechen

Der Begriff „Männlichkeitsdiebin" beinhaltet eigentlich zwei Verbrechen: Schadenzauber und Dieberei. Dabei stellte man sich aber den Vorgang des Stehlens nicht als Tat vor, die den Gegebenheiten von Raum und Zeit unterliegt, sondern als magische Handlung. Davon zu unterscheiden sind jedoch diejenigen Fälle, wo zwei Anklagepunkte in den Quellen erwähnt werden, Zauberei und Dieberei. Daraus ist zu folgern, dass beides nicht ursächlich miteinander in Verbindung gebracht wurde, sondern dem Angeklagten zwei eigenständige Verbrechen zur Last gelegt wurden, nämlich Zauberei und Dieberei.

| Jahr/Nr. im Verzeichnis | Name des/der Angeklagten | Grund der Festnahme |
|---|---|---|
| 1578 (Nr. 28) | Hans Schmidt | Dem Zaubereiprozess ging ein Prozess wegen Diebstahl voraus |
| 1582 (Nr. 33+34) | Bonifacius Brecht Anna Brecht | Angeklagt wegen Truterei und Diebstahl von Wein |
| 1592 (Nr. 84,85) | Kunigund Rechin Regina Streitberger | Gefangennahme wegen Diebstahls und Zauberei |

Tabelle 11: Zauberei im Verbund mit anderen Verbrechen: Dieberei

Es scheint ein durchaus übliches Muster gewesen zu sein, den Vorwurf des Diebstahls mit dem der Zauberei zu verbinden. Dabei konnte einer Person ihr schlechter bzw. eindeutiger Ruf zum Verhängnis werden.

---

[155] AHRENDT-SCHULTE 1994, S. 63.

Eine Verbrechenskumulation anderer Art sei an dieser Stelle erwähnt, weil es auch hier um den Ruf bzw. das nicht der Norm entsprechende Verhalten einer Frau der frühen Neuzeit geht: der Ehebruch.

| Jahr/Nr. im Verzeichnis | Name | Grund der Festnahme |
|---|---|---|
| 1562 (Nr. 17) | Elisabeth Ailffer | Anklage wegen Zauberei und Ehebruchs mit H. Thiermann |
| 1587 (Nr. 36) | Margaretha Kurr | Festnahme wegen Ehebruchs, Zauberei und Truterei |

Tabelle 12: Zauberei im Verbund mit anderen Verbrechen: Ehebruch

Ähnliches gilt auch für das Verbrechen, dessentwegen in der frühen Neuzeit die meisten Frauen zum Tode verurteilt wurden: der Kindsmord.[156] Für unser Untersuchungsgebiet konnte in vier Fällen eine derartige Verbindung zwischen Kindsmord und Zauberei hergestellt werden.

| Jahr/Nr. im Verzeichnis | Name | Grund der Festnahme |
|---|---|---|
| 1552 (Nr. 10) | Sixen Utzens Hausfrau | Anklage wegen Kindsmord und öffentliche Beschreiung der Truterei |
| 1552 (Nr. 11) | Mutter von Sixen Utzens Hausfrau | Anklage wegen Beihilfe zum Kindsmord und öffentliche Beschreiung der Truterei |
| 1552 (Nr. 12) | Hans Pommern Eheweib | Anklage wegen Kindsmord und Zauberei |
| 1596 (Nr. 98) | Magdalena Lorenz | Festnahme wegen Kindsmord und Truterei |

Tabelle 13: Zauberei im Verbund mit anderen Verbrechen: Kindsmord

Da eine Untersuchung der vor Gericht verhandelten Delikte für die Markgraftümer in der frühen Neuzeit nicht vorliegt, kann weder die Zahl der Zauberei- und Hexenprozesse, noch die eben dargelegte Zahl von Kumula-

---

[156] Vgl. z.B. Nürnberg 1503–1743. Unter den Frauendelikten steht Kindsmord an erster Stelle, gefolgt von Diebstahl/Raub und Mord/Totschlag; erst an vierter Stelle steht Zauberei/Hexerei (v. DÜLMEN 1991b, S. 61).

tivdelikten in Relation zu anderen Verbrechen gesetzt werden. Deutlich herauszustellen ist aber auf jeden Fall, dass Zauberei und Hexerei nicht abgetrennt von sonstigen Vorgängen des 16. Jahrhunderts betrachtet werden dürfen, sondern im Zusammenhang der gesamtgesellschaftlichen Vorgänge. Die Grenzen zwischen Zauberei auf der einen Seite und andersgearteten Delikten auf der anderen Seite waren fließend.

Das gilt jedoch nicht für die Jahre der großen Verfolgung, wo es einzig und allein um den Vorwurf der Hexerei geht, d. h. um den Beweis, dass die Angeklagten einen Bund mit dem Teufel geschlossen haben.[157] Hier steht auch nicht mehr das Bild der schadenstiftenden Zauberin im Mittelpunkt, sondern die Teufelshure.

### 4.8.2.2.4 Die Teufelshure

Finden sich die bisher beschriebenen Bilder in zeitgenössischen Aussagen, die nicht unter Folter oder anderem Zwang entstanden sind, sucht man das Bild der Teufelshure dort vergeblich. Umso zuverlässiger begegnen wir ihm in den Verhörprotokollen. Die erhaltenen „Fragstücke" zeigen, dass die damit verbundenen Vorstellungen von Seiten der Inquisitoren mit Hilfe von suggestiven Fragen an die Frauen herangetragen wurden. Frauen hatten dann die unter dem Druck der Folter eingeschränkte Möglichkeit, sich dieses Bild entweder zu eigen zu machen oder aber es rundheraus abzustreiten.

Erstmals nachweisen lässt sich ein derartiges Bild für den Prozess der Katharina Höfer (Nr. 20) 1569 in Creußen. Deutlich ist zu erkennen, wie sich Katharina im Verlaufe mehrerer Verhöre unter Einwirkung der Folter das Bild einer Teufelshure zu eigen macht, bis sie alles, was ihr zur Last gelegt wird, zugibt. Während des Prozesses wird aus einer Wahrsagerin über den Weg der schadenstiftenden Zauberin eine Teufelshure. Allerdings spielen der Hexenflug und der Hexensabbat hier noch keine Rolle.

In den „Fragstücken", die uns aus den 90er Jahren überliefert sind, findet sich hingegen das vollständige Repertoire einer „Dienerin des Bösen".[158] Nicht mehr der Schadenzauber, sondern das Verhältnis zum Satan steht im Mittelpunkt des Interesses. Beispielhaft seien hier einige „Fragstücke", die aus den Antworten der Eva Bröllochß bei dem Verhör am 15 und 16. November1594 in Crailsheim (Nr. 89) ermittelt werden konnten, wiedergegeben:

(1) Wann sie ihren Buhlteufel kennengelernt habe?
(2) Wann sie ihn wiedergesehen habe?
(3) Woher sie das (Truten)zeichen habe?
(4) Wie ihr Buhlteufel heiße und aussehe?

---
[157] Vgl. Abschnitt 1.7.2 der vorliegenden Arbeit.
[158] DÜLMEN 1991a, S. 385–398.

(5) Wie oft er gekommen sei und mit ihr Unzucht getrieben habe?
(6) Ob der Teufel sie getauft habe?
(7) Was der Teufel ihr befohlen habe?
(8) Wo die Gabel sei, mit der sie ausgefahren sei?
(9) Wohin sie ausgefahren sei?
(10) Wer ihre Gespielinnen gewesen seien?
(11) Wem sie Schaden angetan habe?

Der voll ausgeprägte kumulative Hexenbegriff liegt in diesen Fragen vor, angefangen vom Teufelspakt über die Teufelsbuhlschaft hin zu Hexenflug und Hexensabbat und am Ende der Schadenzauber. Da dieser eine nur noch marginale Bedeutung besitzt, spielt auch ein vorausgehendes Unglück als prozessauslösendes Moment keine Rolle mehr. Im Gegensatz zum geltenden Landes- und Reichsrecht hat sich in den „Fragstücken" die Transzendentalisierung des Hexereiverbrechens durchgesetzt.

Noch deutlicher führt uns eine Liste von „78 Fragstücken" von dem Prozess gegen Eva Petzolt (Nr. 101) aus dem Jahr 1597 vor Augen, wie genau man die einzelnen Punkte des kumulativen Hexenbegriffs abgefragt wissen wollte. Hier geht es nicht mehr vordergründig um ein Unglück oder einen Schaden, der zu erklären ist. Wonach hier geforscht wird, ist eine Frau, die den Teufel an die Stelle Gottes gerückt und damit die Ordnung ins Gegenteil gekehrt hat. So hat Ahrendt-Schulte bereits herausgestellt: „Die Grundidee des Hexenmusters war die Verkehrung aller Werte und Normen, die Umkehrung von Gutem und Hilfreichem in Böses, Unheilvolles, Schädigendes. Dies kam in zahlreichen Bildern symbolisch zum Ausdruck: Hexen, die verkehrt herum auf dem Bock saßen, nackte Frauen, die dem Betrachter den Rücken kehrten oder ihr Gesäß zuwandten, Tänzerinnen beim Hexensabbat, die rückwärts oder auf Händen liefen. Die Hexen standen für die ‚verkehrte Welt', in der die gesellschaftliche Ordnung gestört, in ‚Unordnung' verkehrt war."[159]

Kennzeichnend für diese „Fragstücke" ist insofern auch, dass es darin nicht mehr um die richtige „Theologie", sondern um Satanologie ging. Alle im Bereich protestantischer Theologie kontrovers diskutierten Fragen wie z. B. die Frage nach der permissio dei, nach der Realität von Zauberei oder nach der Willensfreiheit des Menschen sind wie weggewischt. So wird beispielsweise unter Punkt 64 in den Fragstücken bezüglich der Eva Petzolt gefragt: „Wieviel und wann sie unterschiedliche wetter gemachet und warmit, auch was für schaden damit gethuen?"[160]

Hier trifft man auf die Traditionslinie des „Malleus Maleficarum", neu belebt durch Peter Binsfeld 1589.[161] Dass diese trotz aller konfessionellen

---

[159] AHRENDT-SCHULTE 1994, S. 28.
[160] StABay B 47/pag. 133–136'.
[161] Vgl. Abschnitt 3.5.7.2.

Unterschiede auch in den Markgraftümern Anhänger hatte, ist mit der Analyse von Franciscis Schrift bereits belegt worden.[162]

Die Antworten der Frauen auf derartige Fragen lassen erstaunen aufgrund ihrer Anschaulichkeit. So wird der Buhle von einer Angeklagten folgendermaßen beschrieben:

„zum 4. bekennt sie, er ihr Buhel heist der Federle ist daher gangen wie ein Edelman, vnd ein rothes Cleidt angehabt Er sey ghar schon gangen hab einen rothen Huett vnd (ein straus darauff oder) ein weißen federbusch, (gehabtt), gehabt vnd ein schwartz Berttlein vnd habe einen lincken / gaiß fueß / gehabt."

Brigitta Winter bekennt:

„sey ihr Buhel bey einem Baum abendts wie ein schoner schwartzer man schon gekleidt hupsch wie ein Burger. Hatt einen schonen schwartzen huett mit großen Hahnen federn gehabt."[163]

Alle Beschreibungen ähneln sich darin, dass der Teufel als ein fremder Mann beschrieben wird, der sehr hübsch, gut aussehend, gut gekleidet und scheinbar reich (goldene Ketten am Hals) ist. Er hat einen Geißfuß und einen auffälligen Hut. Die Aussagen der Frauen, deren Prozesse in der vorliegenden Arbeit untersucht wurden, bestätigen die Ausführungen von Ahrendt-Schulte, wonach die Angeklagten in ihre Geständnisse eigene Erfahrungen mittels ihrer Phantasie und Wünsche verarbeiteten und damit die durch Fragen vorgegebenen Stereotypen füllten.[164]

## 4.9 Zusammenfassung

(1) In der Verfolgung von Zauberei und Hexerei durch die weltliche Obrigkeit im 16. Jahrhundert sind Phasen unterschiedlicher Intensität herausgearbeitet worden. Auffällig ist eine Zuspitzung um 1590.

(2) Charakteristisch für die markgräflichen Prozesse ist das Zusammenspiel verschiedener Ebenen: Der Ansbacher Hof, lokale Behörden, aber auch der Nachrichter konnten den Verlauf eines Prozesses beeinflussen.

(3) Aufgrund des Zusammenwirkens verschiedenster Ebenen, wodurch es mehrere Gelenkpunkte gab, die einen Prozess forcieren, aber auch bremsen konnten, und aufgrund der insgesamt als reaktiv zu bewertenden Hal-

---

[162] Vgl. Ebenda.
[163] StadtA Crailsheim, Malefiz-, Fraisch- u. Criminal-Acta 1594–1615, Nr. 257, f. 19, f. 14.
[164] „Frauen füllten die durch Fragen vorgegebenen Stereotypen mit eigenen Erfahrungen. Sie entlasteten damit ihr Gewissen, indem sie Erlebtes, Wünsche oder Phantasien heranzogen und als Beggenung mit dem Teufel umdeuteten" (Ahrendt-Schulte 1994, S. 81).

tung des Ansbacher Hofes zählen die Markgraftümer nicht zu den verfolgungsstärksten Territorien. Hexenprozess-Serien wie in Bamberg oder Würzburg fanden nach den erhaltenen Quellen nicht statt.

(4) Vor allem in den 90er Jahren des 16. Jahrhunderts ist ein Abweichen der weltlichen Obrigkeit von den Vorgaben der Carolina und damit auch der eigenen peinlichen Halsgerichtsordnung zu konstatieren: Nicht mehr der Schadenzauber, sondern der transzendentalisierte Aspekt des Teufelsbundes stand im Mittelpunkt der Anklage wie der Verurteilung.

(5) Die Unterscheidung der Aufgabenverteilung zwischen kirchlicher Leitung auf der einen und weltlicher Macht auf der anderen Seite wurde von beiden Seiten respektiert bzw. eingefordert.

(6) Die Aufgabe der protestantischen Geistlichkeit im konkreten Hexenprozess lag in der Zeugenschaft von Pfarrern und der Vorbereitung der Angeklagten auf den „endlichen Rechtstag", seltener aber in der Teilnahme an Verhören. Sie hatten im Normalfall keine aktive, einen Prozess fördernde Funktion, wohl aber eine passiv- unterstützende und damit auch bestätigende Rolle. Trotz aller Aufgabenunterscheidung fand demnach auf dieser Ebene eine Kooperation zwischen kirchlicher Leitung und weltlicher Obrigkeit statt.

(7) Mit 82,45 % aller Angeklagten stellen Frauen den weitaus höheren Anteil der wegen Zauberei und Hexerei in den Markgraftümern Verfolgten dar.

(8) Die Quellen spiegeln einen Wandel des den jeweiligen Prozessen zugrundeliegenden Frauenbildes von der weisen Frau über die schadenstiftende Zauberin bis hin zur Teufelshure.

## 5. „Kirchliche Sündenzucht" – Das Vorgehen gegen Zauberei im Rahmen der Kirchenzucht

### 5.1 Vorbemerkung zur Terminologie: Kirchliche Sündenzucht – weltliche Strafgewalt

Einen fundierten Überblick über die Erforschung der Kirchenzucht seit der Reformation bis 1994 gibt Schilling.[1] Dabei geht es immer wieder um die Frage des Zusammenwirkens von geistlichem und weltlichem Arm in der Disziplinierung des Volkes. Schilling hält als Konsens der bisherigen Forschung fest, dass das geschichtliche Zusammenspiel von Kirchenzucht und Sozialdisziplinierung folgendermaßen zu sehen sei: Kirchenzucht sei hinsichtlich ihrer theoretischen Grundlagen, Ziele und Mittel sicherlich auch Sozialdisziplinierung, allerdings sei sie von der Kriminalzucht des frühmodernen Staates zu unterscheiden, vor allem von der Kriminaljustiz. Durch die Kirchenzucht leistete die Kirche welcher Provenienz auch immer einen eigenständigen Beitrag zum politisch-gesellschaftlichen Prozess der Sozialdisziplinierung. Wieweit dabei die Kirchenzucht die Sozialdisziplinierung mitgeprägt habe, sei im Einzelfall zu untersuchen.[2]

Methodisch, so hebt Schilling weiter hervor, sei begrifflich klar zu trennen zwischen „kirchlicher Sündenzucht" einerseits und „staatlicher Strafzucht" andererseits, um die Kirchenzucht in ihrem eigenständigen religiösen Wesen ernst zu nehmen und somit auch ihren Anteil an den politisch-gesellschaftlichen Prozessen umso präziser bestimmen zu können. „Dagegen lasse ihre undifferenzierte Mediatisierung unter die kriminalistische Strafzucht alle Katzen grau erscheinen, d. h. sie mache die Folgen staatlicher und kirchlicher Einwirkungen ununterscheidbar, während es gerade darauf ankomme, die besondere individual- wie sozialpsychologische Tiefenwirkung religiös bestimmter Normierung von Denken und Handeln zu identifizieren."[3]

---

[1] SCHILLING 1994, S. 11–40.
[2] Schilling reagiert bei der strikten Unterscheidung zwischen Kirchenzucht und staatlicher Strafzucht auf die Arbeiten Oestreichs, der die Kirchenzucht in den Prozess der Sozialdisziplinierung mit einbezieht, ohne ihren eigenen Gesetzmäßigkeiten gerecht zu werden, und folglich die Kirchenzucht unter die Sozialdisziplinierung subsummiert (vgl. dazu OESTREICH 1969, S. 179–197).
[3] AaO., S. 22/23.

Die Unterscheidung zwischen „kirchlicher Sündenzucht" und „staatlicher Strafzucht" ist für die Erforschung der Hexenverfolgung gar nicht wichtig genug zu nehmen, geht es doch darum, von generalisierenden Vorverurteilungen wegzukommen, um Unterschiede in der Zielsetzung und Motivation, aber auch in der konkreten Durchführung und dem Ergebnis herauszuarbeiten. Erst dann kann ermessen werden, inwiefern trotz aller Unterschiedlichkeit beide Bereiche zusammengewirkt haben. Brecht hat diese Frage zugespitzt in der Formulierung: „Pointiert kann und muß gefragt werden, wer eigentlich wen diszipliniert hat. Staat, Kirche und Gesellschaft stehen hier in einer Wechselbeziehung."[4]

## 5.2 Geschichte der Kirchenzucht

### 5.2.1 Geschichte der Kirchenzucht bis zur Reformation

Obwohl der Begriff „Kirchenzucht"[5] im Neuen Testament nicht vorkommt, gibt es doch zahlreiche Stellen, die zum einen betonen, dass der christliche Glaube einen gottwohlgefälligen Wandel bedinge: „Denn ihr wisst, dass wir wie ein Vater seine Kinder, einen jeden von euch ermahnet und getröstet und beschworen haben, euer Leben würdig des Gottes zu führen, der euch berufen hat zu seinem Reich und seiner Herrlichkeit." (1. Thess 2,11–12) Zum anderen wird die Gemeinde dazu aufgerufen, nach dem rechten Gehorsam zu fragen und dafür zu sorgen, dass das Bekenntnis nicht nur ausgesprochen, sondern auch in Verkündigung und Leben vollzogen wird: „Predige das Wort, halte an, die Zeit sei günstig oder ungünstig, strafe, drohe, ermahne mit aller Geduld und Lehre." (2. Tim. 4,2; vgl. auch Tit. 2,11–15). Sicherlich folgte man dabei dem Vorbild Jesu. Auch wenn Jesu Sichtweise zur Ausübung der Zucht in Anlehnung an den Synagogenbann nicht endgültig fixiert werden kann, „liegt die Annahme nahe, daß er und die Urkirche die Zucht nach synagogalem Vorbild gestaltet haben, wobei dies wohl nicht unkritisch geschah."[6]

Eine wesentliche Rolle im Zusammenhang der Kirchenzucht spielt in der Kirche des Neuen Testamentes neben den Besuchen der Apostel in den Gemeinden der Brief. Im 1. Korintherbrief wird z. B. von Paulus betont, dass er „zur Zurechtweisung" schreibe (1. Kor 10,11).[7] So fordert Paulus den Ausschluss grober Sünder aus der Abendmahlsgemeinschaft, bis sie um-

---

[4] Brecht 1994, S. 44.
[5] Vgl. zum Folgenden: Rott/Delius 1959, Sp. 1598–1603.
[6] Bohren 1952, S. 29.
[7] Ebenda, S. 81.

kehren von ihrem falschen Lebenswandel (1. Kor. 5,1ff).[8] Da wohl jeder apostolische Brief im Kult öffentlich verlesen wurde, wurden die mahnenden Worte hörbar und der einzelne damit auch in seinem Handeln beeinflusst.

Theologisch gesehen wird jegliche Kirchenzucht begründet aus der Lehre von dem Amt der Schlüssel, der Vollmacht zum Lösen und Binden, die nach Johannes ausdrücklich den Jüngern gegeben worden ist. „Kirchenzucht bedarf der himmlischen Legitimation. Daß ihr diese zugesichert ist, bildet das Geheimnis des Schlüsselamtes."[9] Ziel und Anliegen ist die Rettung des Bruders vor dem endgültigen Gericht, aber auch die Reinhaltung der Gemeinde.[10]

Seit dem zweiten Jahrhundert setzte sich mit der Hierarchisierung des Kirchenaufbaus die Ansicht durch, dass ein Ausschluss aus der Gemeinde, den der Bischof im Zusammenwirken mit Klerus und Gemeinde verhängte, gleichbedeutend mit der Aufhebung der Gemeinschaft mit Gott sei. Die äußere und sichtbare Trennung des Sünders von der Kirche sah man als adäquaten Ausdruck dafür an, dass schwere Sünde von Gott trenne.[11] Dabei kannte man in den ersten drei Jahrhunderten sowohl den Ausschluss von der Eucharistie als auch den weitergehenden, der das gesamte gemeinschaftliche kirchliche Leben betraf. Die letztere Form wurde in den Jahrhunderten nach der Konstantinischen Wende von immer größerer Bedeutung.[12] Die weitere Ausbildung der Lehre, der Verfassung und des christlichen Kultus auf der einen Seite, die Gefahr der Verweltlichung und die damit gegebene mögliche Verletzung kirchlicher Ordnungen auf der anderen Seite führten zu einer Weiterentwicklung der Kirchenzucht.[13]

Seit dem 12. Jahrhundert unterscheidet man die „Excommunicatio minor" = Ausschluss von der Abendmahlsgemeinschaft von der „Excommunicatio maior" = Ausschluss aus der kirchlichen Gemeinschaft überhaupt verbunden mit dem Ausschluss aus der bürgerlichen Rechtsgemeinschaft.

Im Mittelalter wurde die Exkommunikation in immer stärkerem Maße geübt.[14] Dabei differenzierten die Theologen der Hochscholastik zwischen der Kirche als Gnaden- und Rechtsgemeinschaft, zwischen der potestas clavis (Schlüsselgewalt) auf der einen Seite, die im Weihesakrament gegeben wurde, und der potestas gladii (Schwertgewalt) auf der anderen Seite, die von Amts wegen gegeben war. In Verbindung mit dem fast gänzlichen Ver-

---

[8] Die Formel „εἴ τις … ἀνάθεμα ἔστω" Gal 1,9 ist nicht als ein Akt der Kirchenzucht zu verstehen, weil es hier um ein endgültiges Ausliefern vor den Zorn Gottes geht.
[9] BOHREN 1952, S. 50.
[10] LEITH/GOERTZ 1990, S. 174/175. BOHREN 1952, S. 119.
[11] MAY 1980, S. 170.
[12] AaO., S. 171.
[13] ROTT/DELIUS 1959, Sp. 1598f.
[14] Ebenda.

schwinden öffentlicher Bußleistungen wurde die Exkommunikation immer mehr zu einer disziplinären Handlung. Ab dem 13. Jahrhundert war die Exkommunikation ausschließlich ein „Besserungsmittel". Zudem kam es zu einer Vermehrung der kirchlichen Strafen (z.B. einmaliger Ausschluss vom Gottesdienst, vom Osterabendmahl etc.) und zu einer Erweiterung der Maßnahmen im Rahmen der Kirchenzucht, z.B. zur Verweigerung des kirchlichen Begräbnisses oder der Zulassung zu kirchlichen Ämtern.

Die Kontinuität zwischen spätmittelalterlicher und frühneuzeitlicher Kirchenzucht ist in der jüngeren Forschung immer wieder herausgestellt worden, die Hinwendung zur Kirchenzucht in der Reformations- und Konfessionalisierungszeit ist „nicht im eigentlichen Sinne eine Entdeckung, eher eine Wiederentdeckung."[15]

### 5.2.2   Luthers Haltung zur Kirchenzucht

Der reformatorischen Bewegung lag an einer Rechristianisierung, einer grundsätzlichen Erneuerung der Christenheit und einer „Besserung des Lebens". Dabei sollte aber nicht die organisatorische und gesetzliche Ordnung, sondern das Hören auf das Evangelium das Entscheidende sein, was zu einer radikalen Änderung der Bußdisziplin in der Kirche führte.

Luther lehnte im Sinne seines Kirchenbegriffs und der Zwei-Reiche-Lehre den großen Bann als weltliche Strafe ab, so z.B. in den Schmalkaldischen Artikeln von 1537:

„Den großen Bann, wie es der Bapst nennet, [wollen wir nicht leiden; denn der gehor] halten wir fur ein lauter weltliche Strafe, und gehet uns Kirchendiener nichts an. Aber der kleine, das ist der rechte christliche Bann, ist, das man offenbärliche[n] halsstarrige Sunder nicht soll lassen zum Sakrament oder ander Gemeinschaft der Kirchen kommen, bis sie sich bessern und die Sunde meiden. Und [in] die Prediger sollen in diese geistliche Strafe oder Bann nicht mengen die weltliche Strafe."[16]

Dabei versteht Luther die Kirchenzucht, den kleinen Bann, als seelsorgerliche Maßnahme; so sollen alle, die offensichtlich sündigen, gebannt werden, nicht um sie zu bestrafen, sondern um ihre Besserung zu bewirken.[17] Exkommunikation des Sünders bedeutete zunächst Ausschluss vom Abend-

---

[15] SCHILLING 1994, S. 15. Dort finden sich auch weitere Literaturhinweise zu den Wurzeln frühneuzeitlicher Kirchenzucht im späten Mittelalter.
[16] ASm 9, zitiert aus: BSLK 1930/1979, S. 456f.
WA XLVII 282, 23f, 41–283, 5. schreibt Luther: „Darnach so ist der grosse Ban, wie ihn der Bapst genant hat. Der ist nicht anders, wen man ihn bei dem liecht besihet, dan des keisers acht. [...] Also muste der Welt Ban und des keisers Acht darzu dienen, das die leuthe im Zaum gehalten wurden, wen des Herrn Christi Ban nicht helffen wollt. Nu richte ich den kleinen Ban, den alhier der Herr Christus der kirchen gibt, nicht an. Den Christus hat ihn selbst gestifft und engericht. Den andern, Grossen Ban will ich auch nicht anrichten, den derselbige gehört der weltlichen Obrigkeit zu."
[17] Vgl. hierzu WA 6, 75.4f; WA 6, 65.17f; WA 6, 445.16–18.

mahl, aber auch das Verbot der Übernahme eines Patenamtes, mögliche Verweigerung einer Trauung sowie das Vorenthalten eines christlichen Begräbnisses.[18] Wichtig ist Luther die grundsätzliche Unterordnung der Kirchenzucht unter das Wort, was zur Folge hatte, dass auch einem Exkommunizierten das Hören auf das Wort nicht verweigert werden sollte.

Jedoch lehnt Luther mit allem Nachdruck die Einmischung weltlicher Obrigkeit ab: „nec vellem politicum magistratum in id officii misceri, sed omnibus modis separari."[19]

„Luther setzte mehr auf die richtende, reinigende und heilbringende Kraft der Verkündigung, auf das seelsorgerliche Gespräch und auf die Erziehungsarbeit in Kirche und Familie als auf die abschreckende Wirkung der Kirchenzucht."[20] Trotz aller andersartigen Erfahrungen während seines Wirkens konnte er sich deshalb bis zuletzt nicht zu einer endgültigen Lösung der Frage nach der Kirchenzucht durchringen. Diese unentschlossene Haltung wirkte sich aus auf die Übung der Kirchenzucht in den von Luther geprägten Städten und Territorien, auch auf die Markgraftümer Ansbach und Kulmbach/Bayreuth.

### 5.2.3 Die Entwicklung der lutherischen Kirchenzucht im 16. Jahrhundert

Die lutherische Kirchenzucht stand bisher nicht im Zentrum des Forschungsinteresses.[21] Brecht versuchte, diese Lücke zu verkleinern mit seinem Aufsatz „Protestantische Kirchenzucht zwischen Kirche und Staat. Bemerkungen zur Forschungssituation" (1994). Demnach ist das Problem der Kirchenzucht auch in der frühen Neuzeit in vieler Hinsicht kritisch und strittig gesehen worden. Luthers stark seelsorgerlich ausgerichtete Sicht der Kirchenzucht führte zu keiner institutionell befriedigenden und angemessenen Regelung. Dies hatte zur Folge, dass die staatliche Gewalt sich allmählich dahin entwickelte, der Kirche keine eigenständige unabhängige Gerichtsgewalt zuzugestehen. Der Staat sicherte sich Mitsprache und zumeist auch weitgehende Entscheidung hinsichtlich der Kirchenzucht, ohne dass dies deren konsequente Verstaatlichung nach sich gezogen hätte. Dies lag daran, dass der Raum des sog. „kleinen Banns" die Anmeldung zum

---

[18] Leith/Goertz 1990, S. 176.
[19] WA Br VI 498,23f. Luther selbst hat sich aber nicht immer an seine Ratschläge gehalten und manchmal einen Menschen auch außerhalb seiner Gemeinde in den Bann gelegt und die weltliche Obrigkeit zu Hilfe gerufen, um den Sünder zu strafen (vgl. Leith/Goertz 1990, S. 177).
[20] Ebenda.
[21] Richtungsweisend: Brecht, Kirchenordnung und Kirchenzucht in Württemberg vom 16. bis zum 18. Jh, Stuttgart 1967; ders., Lutherische Kirchenzucht bis in die Anfänge des 17. Jahrhunderts im Spannungsfeld von Pfarramt und Gesellschaft, in: Die Lutherische Konfessionalisierung in Deutschland, hrsg. v. Rublack, Gütersloh 1992, S. 400–423.

Abendmahl war und die in diesem Zusammenhang vielfach weiterpraktizierte Privatbeichte. Träger der „kleinen Banngewalt" war der jeweilige Ortspfarrer, der diese Kompetenz über lange Zeit hin behauptete. Daneben trat ergänzend die Predigt, in der die Pfarrer allgemeine oder persönliche Missstände anprangern konnten bis hin zur Kritik an politischen Instanzen, auch wenn viele Kirchenordnungen diesen Ort als Massenkommunikationsmittel zur Eindämmung der Sittenwidrigkeiten kritisierten und einschränken wollten. Dazu entstanden zahlreiche Sitten- und Ehegerichtsinstanzen, kirchlich-politisch gemischte Gremien mit unterschiedlicher Machtverteilung.

Wegweisend in diesem Prozess war das von Justus Jonas 1538 verfasste „Bedencken der Consistorien halber", in dem er dafür eintrat, die Ausübung der Kirchenzucht dem Konsistorium zu übertragen und den Gebannten auch mit weltlichen Strafen zu belegen.[22] Wenngleich die einzelnen Kirchenordnungen zu unterschiedlichen Lösungen fanden, blieb diese Schrift aufs Ganze gesehen doch richtungsweisend.

Zu einseitig ist es, den absolutistischen Staat als alleinigen Nutznießer der sozialdisziplinierenden Kirchenzucht zu benennen, das zeigt vor allem das Beispiel der Stadtstaaten. Ging es dem Staat in diesem Zusammenhang eher darum, mit Mandaten, Verhören, Geld- und Leibesstrafen die Übertretung der öffentlichen Ordnung anzuzeigen und zu ahnden, lag das Interesse der Kirche im seelsorgerlichen Bereich. „Wieweit die Kirchenzucht tatsächlich eine christliche Zurechtbringung erreichte, wird sich allenfalls punktuell belegen lassen. Zweifellos stellte sie schon als Institution und mit ihren Vorgaben eine gewisse Prävention und Abschreckung dar. Dies ist nicht allein negativ als Repression zu bewerten, sondern konnte auch dem Zusammenleben einer Gesellschaft nach den von ihr anerkannten Normen dienlich sein."[23] Der Staat war jedenfalls in diesem Prozess nur einer der Beteiligten.

Interessant ist in diesem Zusammenhang die These von Schnabel-Schüle, die unterscheidet zwischen einer vertikalen Disziplinierung der Bürger, die sie dem Staat zuweist, und einer horizontalen Disziplinierung, die eine gegenseitige Kontrolle der Untertanen meint. Diese sei nur deshalb möglich gewesen, weil die Vorstellung eines die Allgemeinheit strafenden Gottes von der Kirche immer wieder vertreten und dadurch internalisiert worden sei. In diesem Zusammenhang moniert sie, dass sich die protestantische Kirche die Chance habe entgehen lassen, „durch die Weckung eines breiten Verständnisses der heiligen Schrift die Zentrierung um die Vorstellung des strafenden Gottes aufzubrechen, die neue Qualität reformatorischer Theologie zu propagieren und den Gläubigen die Dialektik von Gesetz und Evangelium in verständlichen Worten näherzubringen".[24] Schnabel-Schüle

---
[22] LEITH/GOERTZ 1990, S. 180.
[23] BRECHT 1994, S. 47.
[24] SCHNABEL-SCHÜLE 1994, S. 58.

trifft hier das Kernproblem der Verfolgung von Hexerei: Weil die Vorstellung des strafenden Gottes nicht nur nicht „aufgebrochen", sondern verstärkt propagiert worden ist, hatten Kritiker der Hexenverfolgung wenig Möglichkeiten zu überzeugen.[25]

## 5.3 Kirchenzucht in den Markgraftümern Ansbach und Kulmbach/Bayreuth im 16. Jahrhundert

Die Frage des Banns war beim Entstehungsprozess der Kirchenordnung von 1533 ein wesentlicher Streitpunkt. Im Vorentwurf von 1528 ist ein eigener Punkt „Vom evangelischen bann" enthalten gewesen, der folgendermaßen lautete:

„Und ob sich jemant unter dem christlichen pfarrvolk durch offentliche sund und laster so streflich und ungeschickt halten wurd, das er nach vermog gotlichs worts billich verpant werden sollt, den sollen die prediger nach geschehener vermanung den weltlichen obrigkeiten anzaigen, damit sie durch die selben entweder gewarnt oder mit zimlicher straf zur besserung gezogen wurden.

Ob aber die obrigkeiten in solchem leslich erscheinen oder sich die angezaigten strafwirdigen personen nit bessern würden, als dann soll gegen dem oder denselben der christlich ban durch die verordneten visitator gebraucht werden, wie sich das dem gotlichen wort und bevelch nach gepürt."[26]

Ganz deutlich wird hier Bezug genommen auf die Unterscheidung zwischen dem „großen Bann", der die weltliche Gewalt mit einschließt, und dem „kleinen, sog. christlichen Bann", der nur von den Pfarrern vorgenommen werden soll.

In der Folgezeit standen die Nürnberger der Einbindung des Kapitels vom Bann durchaus skeptisch gegenüber, während Markgraf Georg dafür eintrat. Schließlich holte man sich sogar bei den Wittenbergern Rat, die ganz klar für die Einbindung des kleinen Banns in die Kirchenordnung plädierten. So schreiben sie:

„daß diejenige, so in offentlichen Lastern sind und nit ablassen, nit zu dem Sacrament des Leibs und Bluts Christi zugelassen werden; und das kann man damit erhalten, daß man bei uns niemand das heilig Sacrament reichet, er sei denn zuvor durch Pfarrherrn und Diacon verhöret."[27]

Diesem Rat entsprechend wurde die Sache des Banns in der Kirchenordnung von 1533 im Kontext des Abendmahls abgehandelt.[28]

---

[25] Vgl. Abschnitt 3.5.6.2.
[26] SEHLING 1961, S. 138.
[27] Gutachten der Wittenberger Geistlichen zum Bann: WA BR 6, Nr. 1949, S. 340, 36–39.
[28] SEHLING 1961, S. 187.

Zusammenfassend kann man sagen, dass man sich im Markgraftum und Nürnberg dazu entschlossen hatte, den „kleinen Bann" weiterzuüben, vom großen Bann aber Abstand zu nehmen. Träger der Banngewalt sollten die Pfarrer und Diakone sein, Sitz im Leben das Abendmahl.

Offensichtlich ging die Entwicklung in den Markgraftümern parallel zur Entwicklung in Württemberg dahin, dass nach 1556 nicht mehr die Pfarrer, sondern nur noch die Superintendenten das Recht zur Exkommunikation hatten, bis es schließlich ab 1594 an das Konsistorium gebunden war.[29] Dabei muss eine solche Zentralisierung nicht unbedingt negativ bewertet werden, ging es ja auch darum, Privatrache eines Pfarrers gegen ein Gemeindeglied zu unterbinden. So sollte bei der Visitation von 1578 auch erforscht werden, wie sich die Pfarrer „mit irem strafambt erzeigen, ob sie die laster mit geburlichem ernst und eifer, gleichwol auch mit christlicher sanftmut und guter bescheidenheit […] strafen oder ire privataffect und rachgier mit unterlaufen lassen".[30] Daraus lässt sich auch schließen, dass es für die Karriere eines Pfarrers nicht unwesentlich war, wie er die Kirchenzucht handhabte. Strenge Übung der Kirchenzucht wirkte sich sicher günstig auf das weitere Fortkommen des einzelnen Pfarrers aus!

In den Markgraftümern kam es nicht zu einer Trennung zwischen weltlicher Macht auf der einen und geistlicher auf der anderen Seite. Das beweist ein Brief zweier Kulmbacher Pfarrer, Mag. Joh. Schnabel und Leonhard Eberhard, an den „Hauptmann oberhalb des Gebirgs" Wolff von Schaumberg, der Bericht erstattet über einen Besuch der beiden Theologen in Wittenberg.[31] Unter anderem holten sich Schnabel und Eberhard auch Rat hinsichtlich des Verfahrens der Kirchenzucht. Die Wittenberger rieten offensichtlich, Menschen, die sich über Jahre hinweg nicht beim Abendmahl gezeigt haben, ernstlich zu vermahnen:

„Item das man auch mit droworten beie solchen lewten vleissig anhalten solt, und Inen offentlich anzeigen wo sie sich nicht bekeren und pessern wurden, und zw bequemer zeit zum Sacrament gehn, das man sie erstlich desselben heiligen hochwirdigen Sacraments deß leibs und bluts Christi berawben wurde, auch nit mit andern frommen lewten und gliedern Jesu Christi begraben."[32]

Von einer Weitergabe bzw. Auslieferung derjenigen Personen, die sich auch nach der Vermahnung nicht bessern, an die weltliche Macht ist zumindest im Text nicht die Rede. Die Ahndung bleibt beschränkt auf den kirchli-

---

[29] Vgl. dazu: MEIER 1997, S. 271f., Anm. 73.
[30] Zitiert aus: SEHLING 1961, S. 352, Anm. II.
[31] Brief und Antwort der Ansbacher Theologen sind abgedruckt in: KOLDE 1894, S. 217–244.
[32] AaO., S. 230.

chen Raum, die kirchlichen Amtshandlungen wie z. B. Abendmahl und Begräbnis.[33]

Damit waren die Ansbachischen Theologen, die den Brief der beiden Pfarrer beantworteten, nicht einverstanden. Sie führten einen erst jüngst behandelten Fall als Beispiel an, bei dem der Markgraf Wert darauf gelegt hatte, dass nach stattgehabter, aber ergebnisloser Ermahnung die Sache an den markgräflichen Hof weitergereicht werden sollte.[34]

Eine allgemeine Ordnung der Kirchenzucht entstand in den Markgraftümern lange Zeit nicht, obwohl es entsprechende Ansätze gab, vor allem von Seiten Georg Kargs, Pfarrer an St. Johannis in Ansbach und Superintendent. Entsprechende Eingaben von ihm aus dem Jahr 1571 machen deutlich, dass ein zentrales Konsistorium wohl fehlte und deshalb den Superintendenten eine größere Verantwortung oblag.[35] Erst 1594 kam es mit der Konsistorialordnung zu einer endgültigen Regelung. Dort heißt es, wenn die Bemühungen der Pfarrer

„nicht haften noch fruchten wollen, so soll das consistorium solche ärgerliche personen, deren gottlos leben offenbar ist, das letzemal uns oder unserer regierung denuncirn und allen umbstendlichen bericht ihres verhaltens, sonderlich aber, wie sich dieselbe in admonitionibus erzeigt, und was ihrer verantwortung gewesen, allerseits beibringen, da dann wir, als die von Gott vorgesetze obrigkeit, deren alles übel wider die erste und andere tafel der heiligen zehen gebot Gottes mit recht zu strafen geburt, unnachlessige, ernste strafe vornemen und dahin trachten wollen, das christliche zucht und erbarkeit erhalten werde."[36]

Von einer Unterscheidung zwischen weltlicher Obrigkeit und kirchlicher Leitung im Sinne von Luthers Zwei-Reiche-Lehre ist hier nichts mehr zu bemerken.[37] Im Gegenteil, es geht um eine enge Kooperation zwischen beiden Bereichen.

Eine Visitationsinstruktion aus dem Dekanat Neustadt/Aisch von 1580 zeigt, wie das Verfahren auf Ortsebene wohl ablief: „Der Pfarrer mußte sich zuerst erkundigen, ob ‚beßerung bey den Personen, so sie zum erstenmal also vermanet, erfolget oder nicht'. Wenn sie aber ‚noch in iren sündtlichen leben fortfahren', solle er ‚nach der Regel Christi Matth. 18 zum andermahl vermanen und für ir seelen und leibs nachtheil warnen und widerumb [...] zur nachrichtung vermelden.' Werde ‚in der dritten visitation befunden', daß ‚keine besserung erfolgt', solle man ‚fernerer vermanung [...] nit gebrauchen', sondern den Fall weitermelden, damit ‚daß consistorium die gebühr verschafen möge.' Zwischen den Stufen des Verfahrens lagen jeweils

---

[33] Darüber hinaus durften derartige Personen auch kein Patenamt übernehmen. Zudem betraf die Kirchenzucht die Trauung. Vgl. SEHLING 1961, S. 344; MEIER 1997, S. 273.
[34] KOLDE 1894, S. 235.
[35] Vgl. WEISS 1991, S. 134f.
[36] SEHLING 1961, S. 383.
[37] Vgl. Abschnitt 2.1.1 der vorliegenden Arbeit.

ein bis zwei Monate, die dem Sünder als Bedenkzeit eingeräumt wurden: Die Geistlichen sollten ‚den ersten gradum admonitum unverzüglich gegen ihnen nemen', zweitens, ‚wo in einem Monat oder zwey […] kein besserung erfolgt, auch dessen berichten' und den Senior oder andere Personen hinzuziehen, und drittens ‚wo abermal in ein oder zwey Monat kein besserung erfolgen will, solches an das verordnete Consistorium melden' und die betreffende Person, falls sie ‚nicht erscheint, sondern ungehorsam sein und ausbleiben würde […], dem castner oder vogten' anzeigen, damit sie zu ‚schuldigem gehorsam angehalten werden.'"[38]

Die angeführten Quellen zeigen, dass es durchaus eine Zusammenarbeit zwischen Kirche und weltlicher Gewalt gab, die sich dazu aufgerufen fühlte, mit ihrer Autorität, die zweifellos auf einer größeren Palette von Strafen beruhte, für ein gottwohlgefälliges Leben ihrer Untertanen zu „sorgen". Einzeluntersuchungen müssen aber erst ermitteln, bei welchen Verstößen (Gotteslästerung, Ehebruch, Zauberei, Kindsmord etc.) es in der Praxis zur Zusammenarbeit kam (auch rein quantifizierende Auswertungen könnten hier neue Aufschlüsse bringen).

Daneben ist zu beachten, wie groß die Bereitschaft zur Kooperation bei den Pfarrern auf der einen und den weltlichen Amtspersonen auf der anderen Seite war und ob man sich der damit verbundenen Problematik bewusst war. Ferner ist auf unterschiedliche Motivation des Handelns weltlicher und geistlicher Amtspersonen Acht zu geben. Für den Bereich der Zauberei bzw. Hexerei soll dies im Folgenden unternommen werden.

## 5.4 *Markgräfliche Kirchenzucht im Kampf gegen Zauberei*

### 5.4.1 *Predigt und Unterricht gegen Zauberei – Kirchenzucht auf gemeindlicher Ebene*

In den Predigten konnten Verstöße angeprangert werden, die die Allgemeinheit der Kirchengemeinde betrafen, erst in zweiter Linie auch Verstöße einzelner Gemeindeglieder.[39] Aus unserem Untersuchungsgebiet liegen

---

[38] Zitiert nach MEIER 1997, S. 275.
Schwieriger indessen scheint das von Kneule angeführte Drei-Stufen-Schema hinsichtlich der Übung der Kirchenzucht zu sein. Als zweite Stufe nennt er nach dem Ausschluss von der Absolution und vom Abendmahl den Akt der öffentlichen Kirchenbuße, als dritten die öffentliche Bloßstellung bis hin zur Auslieferung und Bestrafung durch die Obrigkeit. Die Kirchenbuße (= Stufe 2) gehört aber eindeutig in den Bereich der Rehabilitierung des Sünders und stellt keine Verschärfung des Vorgehens gegen den Sünder seitens des Pfarrers dar (vgl. KNEULE 1968b, S. 174). Zur Übung der Kirchenbuße in den Markgraftümern vgl. MEIER 1997, S. 276–281.
[39] BRECHT 1994, S. 43.

keine spezifischen Predigten wie z. B. die Mederschen Predigten zum Thema der Zauberei oder Hexerei vor. Das soll aber nicht heißen, dass sie nicht gehalten worden wären, sondern nur, dass sie nicht überliefert sind.

Nicht in den Bereich der Kirchenzucht fallen dabei diejenigen Predigten, die im Rahmen des Katechismusunterrichts und der Katechismuspredigten auch auf das Thema der Zauberei eingingen. Während das Ziel der Katechismuspredigten in erster Linie die Belehrung und Unterrichtung des Kirchenvolkes war, lag den Predigten im Rahmen der Kirchenzucht zunächst einmal die Intention der Ermahnung und prophylaktischen Warnung zugrunde. Auch wenn hier ein deutlicher Unterschied zu konstatieren ist, waren die Grenzen sicherlich in der Praxis fließend.

Mit dem Bereich der Predigten und des Unterrichts der Gläubigen befindet man sich auf der Ebene der Einzelgemeinde, somit bei einem Aspekt horizontaler Disziplinierung, d. h. gegenseitiger Kontrollierung der Untertanen, auch wenn dabei nicht außer Acht gelassen werden darf, dass es ein Autoritätsgefälle vom Pfarrer zu den Gemeindegliedern gegeben hat.

In diesen Zusammenhang einzuordnen ist eine kleine Notiz, die sich in einem Schreiben des Pfarrers Korneffer aus Merkendorff/Heilsbronn an den Abt des Klosters Heilsbronn befindet: Vier Jahre hat er bereits in Merkendorf gewirkt und

„mit allem Fleiß sein Pfarrvolk vor Abgötterei und Zauberei gewarnt, dawider geprediget und gehofft, daß er nunmehr solche Irrthümer und Mißbräuche, so etwa im Papstthum in Schwang gegangen, aus den Herzen seiner Zuhörer gerissen habe".[40]

Neben den Predigten war es vor allem die Anmeldung der Gemeindeglieder zum Abendmahl, die den Sitz im Leben für die gemeindliche Kirchenzucht darstellte. Nur selten lassen die erhaltenen Quellen einen Einblick in diesen Bereich zwischen Ermahnung und Unterweisung zu, wie z. B. der Bericht über drei Frauen und zwei Männer in Kulmbach, gegen die von weltlicher Seite her in einem Zauberei- bzw. Hexenprozess Untersuchungen angestellt wurden (Nr. 37–41).[41] Diesem vorausgegangen waren Streitigkeiten, die zunächst mit Hilfe des Pfarrers gelöst wurden. Ausgehend davon, dass die Klägerin, die Neberschmidtin, das Abendmahl und die Absolution empfangen wollte, rief Pfarrer Johan Köler zunächst die Frauen zu sich, die von ihr beschuldigt wurden, einen Schadenzauber gegen sie verübt zu haben. Erst nachdem man gegenseitig die Beschuldigungen zurückgenommen und Abbitte geleistet hatte, wurde das Abendmahl vom Pfarrer gespendet. Obwohl man versprochen hatte, sich gegenseitig nicht mehr anzuklagen, lag ein paar Wochen später eine erneute Klage der Neberschmidtin vor. Die Pfarrer waren darüber durchaus ungehalten, wie die Quellen

---

[40] Muck 1879 (II), S. 55.
[41] StA Bamberg, Rep. C. 3236.

erkennen lassen, und gaben im Übrigen zu bedenken, dass „auch Zauberey mit Zauberey zuvertreiben wieder Gottes wortt und gebot" sei. Dieser Satz lässt die prinzipielle Haltung der Pfarrer erkennen, die in diesem Fall als Ermahnung und Unterweisung aus aktuellem Anlass im kleinen, nicht öffentlichen Kreis weitergegeben worden ist.

Die Pfarrer nahmen eine Gelenkfunktion zwischen der horizontalen und der vertikalen Disziplinierung ein. Waren sie auf der Ebene der Gemeinde zunächst einmal Mitglieder der Ortsgemeinde und unterlagen somit der horizontalen Disziplinierung, stellten sie bei den Visitationen die Verbindung zur kirchlichen Leitung dar.

### 5.4.2 Visitationen – Kirchenzucht auf der Ebene der Superintendentur

„Die Reformation erweckte [dann] die Visitation nach langem Schlaf zu neuem Leben".[42] Voran ging die kursächsische Visitation von 1528, der viele evangelische Reichsstädte und Territorialfürsten folgten, um das Kirchenwesen neu einzurichten. Die Visitatoren mussten sich einen Einblick in die kirchlichen Zustände des jeweiligen Territoriums verschaffen und Bericht darüber erstatten, bzw. erste Maßnahmen je nach ihrer Bevollmächtigung treffen. Spätere Visitationen hatten zur Aufgabe, die Durchführung und Einhaltung entsprechender Maßnahmen, Mandate oder Kirchengesetze zu überprüfen. Im Ganzen „umfaßten die Visitationen die Rechts- und Besitzverhältnisse, den Zustand und das Interieur der Baulichkeiten, Abgaben, Einnahmen und Gehälter, die Gottesdienstformen (im engeren und weiteren Sinn, also auch Krankenbesuche, Prozessionen, Wetterläuten), Schule und Katechismusunterricht, Dogma und Sittlichkeit, d.h. den Kenntnisstand in Dingen des christlichen Glaubens und die Lebensführung bei Pfarrern und Gemeinden.[43] Der Quellenwert der Visitationsakten ist seit langer Zeit bekannt.[44] Besonders für die Erhebung des Volksaberglaubens findet sich darin zahlreiches Material, das in unserem Zusammenhang interessiert.

Die erste Visitation gab es im Markgraftum Ansbach 1528 in Zusammenarbeit mit Nürnberg. Diese Visitation ist für unseren Forschungsgegenstand jedoch von wenig Interesse, weil sie sich auf die Pfarrerschaft beschränkte und nur auf deren theologische Kenntnisse und die Lehrpräferenz bezog.[45] Die Visitation 1536 im Ansbacher Gebiet wurde vorzeitig abgebrochen.[46] Überliefert sind der Gewaltbrief der Visitation, vom Mark-

---

[42] ZEEDEN 1982, S. 10.
[43] ZEEDEN 1982, S. 10.
[44] Vgl. MÜLLER 1907.
[45] Vgl. Zur Visitation von 1528: MEIER 1997, S. 94–103, SCHORNBAUM 1928.
[46] Vgl. SCHORNBAUM 1906.

grafen unterzeichnet, und die Artikel, die in der Visitation untersucht werden sollten.[47] 1558 gab es eine weitere Generalvisitation, die sowohl im Ansbacher als auch im Kulmbacher Land stattfand, wobei sie sich im Oberland bis 1564 hinzog. Die Akten über die Visitation des Unterlandes sind nur bruchstückhaft erhalten, die Visitation im Oberland ist besser bezeugt.[48]

Ab 1565 wurde die Form der Generalvisitation durch Spezialvisitationen[49] abgelöst, die von den Superintendenten in den Dekanaten durchgeführt wurden.[50] Die Kapitelordnung von 1565 legte die Richtlinien dafür fest. Die Visitatoren hielten die Beschwerden der Pfarrer und anderer Kirchendiener sowie der Gemeinden fest. Sie hatten zu fragen nach „kirchspil und gotsdinst, schulen, kirchenpersonen, underhaltung, gepeu, pfarrvolk sämptlich oder sonderlich, offentlicher laster, als gotteslesterung, zauberei, verachtung und versaumbung göttlichs worts und der heiligen sacrament, ehbruchs, fullerei, wuchers etc.".[51]

Leider sind diese Quellen nur sehr bruchstückhaft erhalten. Für keinen Ort haben wir eine lückenlose Überlieferung von 1565 bis 1600, auch existiert nicht für ein einziges Jahr eine durchgängige Überlieferung für alle Dekanate auch nur des Oberlandes oder Unterlandes. Von daher verbietet es sich von vornherein, allzu generalisierende Aussagen zu machen, die Quellenbasis hierfür ist zu gering.

Einen Überblick über die in den überlieferten Aufzeichnungen vorkommenden Beschwerden der Pfarrer – es handelt sich ausschließlich um Beschwerden der Pfarrer, nicht um Beschwerden der Gemeindemitglieder über zauberische Handlungen ihrer Pfarrer oder Schulmeister – über Zaubereidelikte in ihren Gemeinden gibt das folgende chronologische Verzeichnis, das zudem auch den jeweiligen Fundort nachweist.

---

[47] Ediert bei SEHLING 1961, S. 317–324.
[48] Die erhaltenen Quellen finden sich im LkAN unter der Signatur: MD Kulmbach, Nr. 157.
[49] Zur begrifflichen Differenzierung zwischen General- und Spezialvisitation vgl. SEHLING 1902, S. 70f.
[50] Vgl. MEIER 1997, S. 182.
[51] Zitiert nach SEHLING 1961, S. 351f.

## 5.4.2.1 Verzeichnis der Beschwerden über Zaubereidelikte in den Visitationsprotokollen von 1558 bis 1600[52]

| Jahr | Ort | Fehlverhalten | Quelle |
|---|---|---|---|
| 1558 | SUP (= Superintendentur) Kulmbach: | | |
| | Drumsdorf | Wetterzauber | |
| | Trebgast | Wetterläuten | |
| | Lanzendorf | Wetterläuten | LkAN SUP |
| | Helmersdorf | Allgm..: Segnerei | Kulmbach, Nr. 157 |
| 1568 | SUP Uffenheim: | | |
| | Freitenbach | Beschwerde über eine, die Abgötterei mit Segnen betreibt | LkAN MD Uffenheim, Nr. 8 |
| 1570 | SUP Gunzenhausen: | | |
| | Gräfensteinberg | Allgm-. Beschwerde über Zauberei mit Totenschädeln | Clauß 1925. S. 89 |
| 1572 | SUP Bayreuth: | | |
| | Plech | Beschwerde über eine Wahrsagerin | LkAN SUP Kulmbach, Nr. 157 |
| 1575 | SUP Kulmbach: | | |
| | Drossenfeld | Allgm. Beschwerde über zauberische Praktiken in der Gemeinde und das Ratsuchen bei den Wahrsagern | LkAN SUP Kulmbach, Nr. 157 |
| 1576 | SUP Neustadt/Aisch: | | |
| | Burgbernheim | Beschwerde über teuflische Zauberei (Liebeszauber) unter „jungen Megden und ehrlosen dirnen" | StAN, Ansbacher Neues Generalrepertorium, Nr. 49, Rep. 103e |
| 1574– 1579 | SUP Kulmbach: | | |
| | Schauenstein | Beschwerde über die Zauberin Margaretha Hans Hohenberger und das „Zulaufen" zu ihr nach Bayergrün | |
| | Stammbach | Beschwerde über die Segnerei der Magdala Poppin | |
| | Gefress | Beschwerde über das Ratsuchen vieler Gemeindeglieder bei der Zauberin in Bayergrün | LKAN SUP Kulmbach, Nr. 157 |

---

[52] Um den Unterschied zu den Hexenprozessen auch auf sprachlicher Ebene zu verdeutlichen, wird hier anstelle des Begriffes „Delikt" die Bezeichnung „Fehlverhalten" verwendet.

| Jahr | Ort | Fehlverhalten | Quelle |
|---|---|---|---|
| 1576 | SUP Hof: | | |
| | Köditz | Beschwerde über eine Wahrsagerin in Scholenreut / Trog und das Ratsuchen bei ihr | |
| | Selwitz | Beschwerde über das Ratsuchen vieler Gemeindeglieder bei der Zauberin /Wahrsagerin in Bayergrün und Scholenreut | |
| | Weißdorf | Klage über Hans Eyel von Sparneck, der einen Wahrsager auf seinen Hof geladen hat, zu dem viele gelaufen sind | StAB C2 1826 |
| 1580 | SUP Kulmbach: | | |
| | Schauenstein | Beschwerde über die Wahrsagerinnen Margareta Hans Hohenberger und die Frau des Landsknechts Erhard Müller | LkAN SUP Kulmbach, Nr. 157 |
| 1581 | SUP Neustadt/Aisch: | | |
| | Kairlindach | Bericht darüber, dass Pfarrer Zauberbücher verbrennt, die zur Schatzgräberei verwendet worden sein sollen | |
| | Oberhöchstadt | Entsprechende Bücher sollen verbrannt werden | StAN Ansbacher Neues Generalrepertorium. Nr. 49, Rep. 103e |
| 1582 | SUP Neustadt/Aisch: | | |
| | Stübach | Beschwerde über die zauberische Handlung einer Frau | StAN Ansbacher Neues Generalrepertorium, Nr. 49, Rep. 103e |
| 1584 | SUP Kulmbach: | | |
| | Hetzelsdorf | Beschwerde über Segnerei | |
| | Trumsdorf | Beschwerde über die Segnerei des „Hans Arnolds zu Anadorf weib" | |
| | Nemersdorf Namarsdorf??? | Beschwerde über drei Männer, die von sich behaupten, das Wetter segnen zu können (Wetterzauber) | |
| | Goldkronach | Beschwerde über Milchzauberei des Hans Öttelman Buttwers Hauswirtin | |
| | Stammbach | Allgem.: Beschwerde über Segnerei und das Ratsuchen in Bayergrün | LkAN SUP Kulmbach, Nr. 157 |

| Jahr | Ort | Fehlverhalten | Quelle |
|---|---|---|---|
| 1586 | SUP Uffenheim: Buchheim | Beschwerde über eine Schadenzauberei | LkAN MD Uffenheim, Nr. 8 |
| 1586 | SUP Neustadt/Aisch: Nesselbach | Beschwerde über die Zauberei des Hans Dahlkner | StAN Ansbacher Neues Generalrepertorium, Nr. 49, Rep. 103e |
| 1586 | SUP Bayreuth: Plech | Beschwerde über eine Wahrsagerin | Kneule 1968b, S. 189 |
| 1586 | SUP Kulmbach: Lanzendorf | Beschwerde über die Zauberei und Segensprecherei einer Person | |
| | Lehenthal | Weitergabe der Beschwerde einer Frau, die von ihrer Nachbarin als Zauberin verschrieen worden ist | |
| | Seibelsdorf | Beschwerde über die Segensprecherei einer Person | |
| | Goldkronach | Beschwerde über Segensprecherei des Ott zu Sitten(?) | |
| | Stadt Hof | Beschwerde über Weissagerin in Bayergrün | LkAN SUP Kulmbach, Nr. 157 |
| 1589 | SUP Hof: ? | Beschwerde über das allgemeine Ratsuchen bei der Frau in Bayergrün; Vermutung des Pfarrers über verborgene zauberische Handlungen in seiner Gemeinde | |
| | Münchberg | Beschwerde über die Zauberei der Hans Walscherin im Birngarten | |
| | ? | Beschwerde über die Zauberei der Veit Oberlanderin | |
| | Köditz | Beschwerde über Simon Gebhardt, der Rat gesucht hat bei der Wahrsagerin in Bayergrün | |
| | ? | Beschwerde über die Segnerei der Hirtin zu Lamitz; konkrete | |

| Jahr | Ort | Fehlverhalten | Quelle |
|---|---|---|---|
| | | Beschwerde über zwei Männer und eine edle Frau, die sich dort Rat geholt haben | |
| | ? | Weitergabe der Beschuldigung, dass zwei Frauen Zauberei treiben | StAB C2 1827 |
| ? | SUP Kulmbach: Dürnberg | Beschwerde über „Popp zu untern Rößla", der Taufwasser für Zauberei geholt hat | |
| | | Beschwerde über Pauly Reinel und sein Weib wegen Zauberei | StAB C2 1831 |
| 1589 | SUP Kulmbach: Helmbrechts | Beschwerde des Pfarrers, dass Zauberei überall getrieben und nicht gestraft wird | |
| | Goldkronach | Beschwerde darüber, dass viele Rat suchen bei Wahrsagern, wie z. B. „der Rentzlin, dem waldmüller, dem weib zu Bayergrün | LkAN SUP Kulmbach, Nr. 157 |
| 1592 | SUP Bayreuth: Neuenstädtlein | Beschwerde über das Ungerfräulein wegen Zauberei | |
| | Eckersdorf | Beschwerde über Melchior Hartmann wegen Wettersegnens (und Gotteslästerei) | StAB C2 1823 |
| 1591/ 1592 | SUP Kulmbach: Drossenfeld | Streitigkeiten zwischen Gemeinde und Pfarrer wegen des Wetterläutens, das 1590 vom Markgrafen verboten worden ist | LkAN SUP Kulmbach, Nr. 157 Kraußold 1860, S. 165f Kramer 1961, S. 185 |
| 1599 | SUP Kulmbach: Lehental | 14 Zauberinnnen | LKAN SUP Kulmbach, Nr. 157 |

| Jahr | Ort | Fehlverhalten | Quelle |
|---|---|---|---|
| ? | SUP Kulmbach: Kasendorf | Klage über viele Gemeindeglieder, die sich Rat holen vor allem bei der Wahrsagerin in Tiefenpölz (Klage der Gemeindeglieder über Schadenzauber) | |
| | Thuisbrunn | Pfarrer kann keine genauen Angaben machen, weiß nur von Gerüchten Beschwerde über Michael Igoll wegen Wetterzauber | |
| | Drossenfeld | Beschwerde über die Zauberin Anna Wolffin | LkAN SUP Kulmbach, Nr. 157 |
| ? | SUP Neustadt/Aisch: Baudenbach | Klage über Zauberei wegen Krankheit, schriftliche fixierte Zaubersprüche, die die Aufschrift „INRI" tragen | Clauß 1934, S. 162 |
| ? | SUP Gunzenhausen: Weidenbach Sausenhofen | Klage über Personen, die Wetter machen | Clauß 1925, S. 89f |

Tabelle 14: Beschwerden über Zaubereidelikte in den Visitationsprotokollen

### 5.4.2.2 Geschlecht, Alter, sozialer Stand der erfassten Personen

Lediglich in 33 Fällen wird die zauberische Handlung auf eine konkrete Person bezogen, davon 22 mal auf Frauen, 11 mal auf Männer. Das entspricht einem Prozentsatz von 66,66%, was deutlich vor Augen führt, dass Zauberei und Wahrsagerei auch im Rahmen der kirchlichen Zuchtmaßnahme deutlicher dem weiblichen Geschlecht zugemessen wurde. Dennoch ist ein nicht unerheblicher Unterschied zur Geschlechterverteilung bei den Hexenprozessen zu erkennen, wo die Frauen einen Anteil von 82,45 % der Opfer ausmachten.[53]

Eine statistische Auswertung hinsichtlich des Alters und Standes der genannten Frauen verbietet sich aufgrund der zu geringen Quellenbasis. Es lassen sich aber Maßnahmen gegen Frauen jeglichen Standes belegen:

---

[53] Vgl. Abschnitt 4.8.

| Alter, Stand | Jahr, Ort, Art des Fehlverhaltens |
|---|---|
| jung, unverheiratet | 1576, Burg Bernheim: „teufflische Zauberey unter jungen Megden und ehrlosen dirnen" |
| verheiratet | 1574–79, Schauenstein, Bayergrün: Margaretha Hans Hohenberger<br>1584, Trumsdorf: Hans arnolds zu Anadorff weib<br>1584, Goldkronach: Hans Öttelman (Buttwers) haußwirdin<br>1589, ?: Nickel Gebhardts weib |
| Witwe | 1580, Schauenstein: eines Landsknechts Erhard Müllers so in frankreich tod blieben weib |

Tabelle 15: Alter und sozialer Stand der in den Visitationsprotokollen erfassten Personen

Die Nennung eines Kindes ist nicht belegt. Beruflicher und sozialer Stand werden nur dann erwähnt, wenn sie anstelle des Namens einer Frau verwendet werden, wie z. B. bei der „Hirtin von Lamitz" (1589/Köditz)[54], oder wenn er besonders auffällig ist. Beispielsweise wird extra erwähnt, dass auch die „edle Frau zur Schartenmairer" die Segnerei der Hirtin von Lamitz gerne nutzt (1589/Köditz). Ansonsten kann man von einer geradezu ins Auge springenden Nichtbeachtung des beruflichen und sozialen Standes im Zusammenhang der Visitationsaufzeichnungen sprechen. In dieselbe Richtung tendieren auch die vielen allgemeinen Klagen der Pfarrer, so 1574–1579 in Gefrees, 1576 in Selbitz oder 1584 in Stammbach. Auch hier wird nicht eine besondere soziale Schicht ins Visier genommen, sondern die Gemeinde als Ganzes.

Der Gegensatz zu den Hexenprozessen liegt auf der Hand und lässt sich auch erklären. Dort konnte eine Konzentration der Opfer, aber auch der Kläger innerhalb der Schicht der ärmlichen Dorfhandwerker festgestellt werden. Ausgelöst wurden die Prozesse häufig durch alltägliche „Katastrophen", die das labile Gleichgewicht ins Schwanken brachten.[55]

Der Blickwinkel der Visitatoren und der Ortspfarrer, die im Falle der Visitation wie bereits erwähnt das Scharnier zur vertikalen Disziplinierung darstellten, ist ein ganz anderer. Von außen kommend haben sie die Gemeinde als Ganzes im Blick, soziale Streitigkeiten innerhalb dieser Gemeinschaft spielen keine Rolle, da es allein um das religiöse Fehlverhalten einzelner Personen geht. Nicht die zwischenmenschliche Verfehlung einer Per-

---

[54] Die Beispiele für Zaubereidelikte in den Visitationsprotokollen werden im weiteren Verlauf der Arbeit entsprechend Tabelle 14 immer mit (Jahr/Ort) angegeben. Die dazugehörigen Quellenbelege finden sich in Tabelle 14.
[55] Vgl. Abschnitt 4.8.2.1 der vorliegenden Arbeit.

son ist Ursache dafür, in die Aufzeichnungen der Visitatoren aufgenommen zu werden, sondern das Fehlverhalten gegenüber Gott bzw. das Abweichen eines einzelnen vom „Idealweg" des Glaubens. Von daher würde sich auch die besondere Erwähnung der „edlen Frau von Schartenmairer" erklären. Eigentlich müsste sie ihrem Stand entsprechend eine Vorbildfunktion einnehmen und einen „idealen" Glaubensweg leben. Doch offensichtlich verhält sie sich genau entgegen den an sie gestellten Erwartungen. Dies erscheint den Visitatoren als besonders erwähnenswert.

Analysen der Visitationsprotokolle in anderen Territorien könnten erweisen, ob die hier getroffenen Aussagen allgemeinere Gültigkeit beanspruchen können.

### 5.4.2.3 Formen des Fehlverhaltens

Häufig wird in den Visitationsquellen nur von „Zauberei" gesprochen, wobei man hier davon ausgehen kann, dass dies als Sammelbegriff für mehrere Formen des Fehlverhaltens genommen wird. So z.B., wenn es 1575 in Drossenfeld heißt: „Es ist das zaubern und zu den wahrsagern lauffen gar gemein geworden." Des öfteren werden aber auch konkretere Bezeichnungen benutzt, die im Folgenden systematisiert werden sollen.[56]

| Art der Zauberei | Jahr, Ort, genauere Angaben |
|---|---|
| Wetterzauber | 1558, Drumsdorf: Regenzauber; 1584, Nemersdorf: 3 Männer werden beschuldigt, das Wetter zu segnen (Wettersegenspruch ist mit überliefert); 1592, Neuenstädtlein: Melchior Hartmann soll ein „Wettersegner" sein; ?, Weidenbach: Personen, die Wetter machen; |
| Wahrsagerei | 1572/1586, Plech: Wahrsagerin; 1575, Drossenfeld: Viele Leute laufen zu Wahrsagern nach Aussage des Pfarrers; 1574–79/1586, Gefrees: Offensichtlich war die Frau in Bayergrün bei Schauenstein auch als Wahrsagerin bekannt; 1576, Köditz: Wahrsagerin in Schorlenreuth/Trog; ?, Kasendorf: Wahrsagerin in Tiefenpölz; |

---

[56] Die Aufzählung der Bezeichnungen des Fehlverhaltens hält sich sehr eng an die Sprache und Bezeichnung der Quellen, d.h. dass zunächst einmal nicht unterschieden wird, ob es sich dabei um ein spezielles Mittel handelt, das für die zauberische Handlung gebraucht wird (z.B. Mittel des Segnens) oder um ein konkretes Ziel bzw. Feld der Zauberei (z.B. Beeinflussung des Wetters, Aussagen über die Zukunft in der Wahrsagerei, Liebeszauber etc.).

| Art der Zauberei | Jahr, Ort, genauere Angaben |
| --- | --- |
| Segnerei | 1558, Helmersdorf: die Gemeindeglieder schicken an dem Fest Maria Himmelfahrt gesammelte Kräuter mit nach Bertfeld (katholisch?), um sie dort weihen zu lassen; 1574/79, Stammbach: Segnerei der Magdala Poppin, 1584, Hetzelsdorf: Segnerei gegen Krankheit des Viehs; 1594, Stammbach: Segnerei sei allgemein verbreitet; 1586, Lanzendorf: 1 Person wird der Segnerei beschuldigt; 1586, Seibelsdorf: Segensprecherei einer Person; 1586, Goldkronach: Ott zu Sittenbach wird der Segensprecherei beschuldigt; 1589, Helmbrechts: Klage über Segensprecherei; |
| Liebeszauber/Männlichkeits- diebinnen | 1576, Burg Bernheim: Sie hätten vielen „ehrlichen ehemennern und sönderlich angehende bräutigam", ehe sie „in der kirchen vor den altar copulirt und eingesegnet" würden, „durch Zusperrung eines malschloß [= Vorhängeschloss] solchen gewalt" angetan, daß sie „nachmals impotentes und zum ehestand untüchtig befunden" worden seien, „so lange biß ihnen durch solche zauberin wider geholfen". |
| Schatzgräberei | 1581, Kairlindach: Pfarrer verbrennt Zauberbücher, die zur Schatzgräberei verwendet worden sein sollen; 1581, Oberhöchstadt: Entsprechende Bücher sollen verbrannt werden; |
| Milchzauber | 1594, Goldkronach |
| Heilzauber | 1575, Drossenfeld 1574–79, Schauenstein, Bayergrün: Margaretha Hans Hohenberger ist offensichtlich wegen ihrer diesbezüglichen Künste über die Grenzen hinaus bekannt; 1582, Stübach 1589, Goldkronach ?, Kasendorf |
| Zauberei, um Diebstahl auf die Spur zu kommen oder den Dieb zu schädigen | 1580, Schauenstein 1586, Buchheim 1589, Münchberg |

| Art der Zauberei | Jahr, Ort, genauere Angaben |
|---|---|
| Schadenzauber (Angabe, dass jemandem durch Zauberei ein Schaden zugefügt worden sei) vgl. auch Liebeszauber | 1589, Münchberg: Veit Oberlanderin wird beschuldigt, Adam Roßigs Tochter Eva so verzaubert zu haben, dass sie „ausgedorret und gestorben" sei; <br> ?, Kasendorf: Verzauberung der Kühe, dass diese keine Milch geben; |
| Wetterläuten | 1558, Trebgast <br> 1558, Lanzendorf <br> 1591/92, Drossenfeld |

Tabelle 16: Formen des Fehlverhaltens in den Visitationsprotokollen

Die den Hexenprozessen zugrunde liegenden Frauenbilder – weise Frauen, schadenstiftende Zauberinnen und Teufelshuren[57] – können kaum auf die Aufzeichnungen in den Visitationsprotokollen angewendet werden. Ein ganz anderer Aspekt zauberischer Praktiken wird hier in den Blick genommen.

### 5.4.2.4 Das Fehlen des kumulativen Hexenbegriffs

Zunächst einmal muss herausgestellt werden, dass der Schadenzauber, der ja bei den Hexenprozessen meist der Ausgangspunkt für das Zustandekommen eines Prozesses überhaupt ist,[58] im Zusammenhang der Visitationsprotokolle eine nur marginale Rolle spielt. Nur zweimal findet sich eine derartige Beschuldigung, die zudem bezogen auf den Ort Kasendorf (?, Kasendorf) nur ganz im Allgemeinen bleibt. Lediglich bei „Veit Oberlanderin" (1589, Münchberg) wird die Beschuldigung der Schadenzauberei konkret auf eine Person bezogen. Aus den Prozessakten ist nichts über einen Hexenprozess gegen diese Frau bekannt, obwohl 1589 eine derartige Anklage durchaus dazu hätte führen können. Es ist möglich, dass die Prozessaufzeichnungen verloren gegangen sind; wahrscheinlicher ist aber, dass trotz der Vermutungen gegen die Veit Oberlanderin keine Anzeige beim Vogt oder Bürgermeister der Stadt erfolgt ist, sonst wäre es an der entsprechenden Stelle wohl vermerkt worden.

Die Beobachtung der nur geringen Bedeutung des Schadenzaubers stimmt überein mit einer weiteren. So suchen wir in den Visitationsprotokollen weitgehend vergeblich nach Spuren des kumulativen Hexenbegriffs. Lediglich die Bezeichnung „teuflisch", die an drei Stellen auf die Person einer „Wahrsagerin" bezogen wird (1572, Plech: „teuflische Wahrsagerei" / 1575, Drossenfeld: „teufels banner" / 1576, Burg Bernheim: „teufflische

---

[57] Vgl. Kapitel 4.8.2.2.1–4.8.2.2.4.
[58] Vgl. Tabelle 10, S. 228.

Zauberei"), weist darauf hin, in welchen Kontext Zauberei eingeordnet wird. Von der Vorstellung eines Teufelspaktes jedoch, geschweige denn einer Teufelsbuhlschaft oder des Hexensabbats findet sich nichts.[59] Der Begriff „Hexe" wurde nur an einer einzigen Stelle gefunden, nämlich 1589:

> „Sonsten mögen wol Sägnerin und ZauberHäxen, Milchtruten und dergleichen heimlicher weis inn dieser Pfarr sein, darauf gute achtung gegeben und uffm fall der eine oder mehr beschreit gefunden, sollen sie der obrigkeit namhafftig gemacht werden."[60]

Allein die Reihung, in der das Wort „Hexe" hier eingeordnet wird, lässt darauf schließen, dass es für den Pfarrer keinen qualitativen Unterschied zwischen einer Segnerin auf der einen und einer „Zauberhexe" auf der anderen Seite gibt. Zusammenfassend kann man also sagen, dass der kumulative Hexenbegriff in den Visitationsprotokollen keine Rolle spielt.

### 5.4.2.5 Unterscheidung zwischen Zauberei und Zaubereigebrauch

Nicht der Schadenzauber gegen eine andere Person oder die zauberische Handlung als solche steht im Mittelpunkt der Aufzeichnungen in den Visitationsprotokollen, vielmehr werden folgende Gruppen unterschieden.

Zum einen geht es um Menschen, die Zauberei treiben, zum eigenen Nutzen, aber vor allem zum Nutzen anderer, wofür sie dann häufig bezahlt werden. Derartige Personen kommen oft über Jahre hinweg in den Blick z. B. Margaretha Hohenberger (erstmals erwähnt 1579, Schauenstein, Gefrees), die Frau des Erhard Müllers (1580, Schauenstein) oder die Wahrsagerin in Tiefenpölz (?, Kasendorf). Sie entsprechen dem Bild der weisen Frau.[61] Eine zweite Gruppe von Personen bilden diejenigen, die eine zauberische Handlung zum eigenen Nutzen vollzogen haben sollen. Hier einzuordnen ist beispielsweise die Klage über die „jungen Megde und ehrlosen dirnen", die 1576 in Burg Bernheim teuflische Zauberei (Liebeszauber) betrieben haben sollen. Oft kann man aufgrund der knappen Erläuterungen in den Visitationsprotokollen nicht klar zwischen den beiden Personenkreisen unterscheiden.

Die Klage über das Betreiben von Zauberei ist zu trennen von den Beschuldigungen, dass jemand zauberische Dienste für sich in Anspruch genommen habe. Diesen Personen mangelt es an der Fähigkeit, selbst zaubern zu können; das Fehlverhalten wird deshalb in der vorliegenden Arbeit als Zaubereigebrauch bezeichnet. Dabei wird in der Mehrzahl der aufgezeich-

---

[59] Auch die Anmerkung in Bezug auf Hans Öttelmans Hauswirtin, dass in der Walpurgisnacht etwas (?) auf ihrem Dach gesessen habe, bleibt zu sehr im Allgemeinen, als dass man hier von einer Zuschreibung des klassischen Hexenbildes auf diese Frau reden könnte.
[60] LkAN SUP Kulmbach, Nr. 157.
[61] Vgl. Abschnitt 4.8.2.2.1.

neten Fälle ein allgemeines Zulaufen zu Zauberinnen beklagt, d. h. man begibt sich zur Inanspruchnahme zauberischer Dienste zum Wohnort der Wahrsagerin oder Heilerin. Seltener geht es darum, dass eine Person deshalb beschuldigt wird, weil sie auf dem eigenen Hof Raum zur Zauberei gegeben hat, z. B. bei Hans Eyel von Sparneck (1576, Weißendorf).

Es liegt also ein deutlicher Unterschied zu den von der weltlichen Obrigkeit geführten Prozessen vor, in denen nur ein einziges Mal Zaubereigebrauch geahndet wurde (Nr. 22). Damit stellt sich die Frage, was letztlich die Motivation für die Visitatoren darstellte, derartiges Fehlverhalten unterbinden zu wollen.

### 5.4.2.6 Motivation des Handelns der kirchlichen Leitung

Sowohl Zauberei als auch Zaubereigebrauch begegnen in einem Schreiben des Oberhauptmanns auf dem Gebirg in seinem Bericht über die Visitation vom Herbst 1572:

„Und wiewol das seligmachende wortt gottes nunmehr viel jar in diesem Fürstentumb rain und lauther gepredigt, auch die unterthanen zum treulichsten daraus geleret und unterrichtet worden, finden sich doch leut, die in kranckheiten und anderen zustehenden wiederwertigkeiten, nit bey gott, dem alle menschen anliegen bekandt, der auch in denselben hulff thun kan, und denen mitteln, so den seiner allmechtigkeit geordnet hülff suchen, Sondern lauffen zu den Zauberern, gebrauchen derselben Rath und fürschlag, welche von dem Sathan des menschlichen geschlechts feindt herkommen, oder nemen sunst solche ungereumbte spöttische [= schmachvolle, spöttische] ding zu abwendung von stehenden Unglücks in die handt, die hierzu weder In gottes wortt gründt, noch natürliche ursachen haben, daraus dan ein echter aberglaub und Umbstand In religions gewisens sachen zu schüren, darumb wollet nachforschung haben, ob solche zauberer bei den unterthanen wieder gottes gebot, und natürlich Ursachen hülff zu thun sich unterstehen, In der Haubtmannschaft Culmbach sein, so ir auch dann erfaret, dieselben bei uns namhafft machen uff das man die hin wegs zu schaffen wisse und dan bey hoher straff gebietten, das niemandt sich bey solchen abgöttischen versucherischen Personen, so sich an andern orten außer des Fürstentumbs enthalten [= aufhalten] Rath suchen, und wer dawiederhandelt, den oder dieselben zu unnachlässiger straff nennen."[62]

Das angeführte Zitat kann folgendermaßen zusammengefasst und interpretiert werden: Wenn das Volk durch inhaltlich korrekte Predigten seit Jahren (= seit der Reformation) unterwiesen wird, so wie das in den Markgraftümern der Fall ist, dann müsste das dazu führen, dass der Zaubereigebrauch abnimmt. Deshalb ist es umso kritischer zu sehen, wenn trotz der Verbreitung der richtigen Lehre Menschen immer wieder Rat und Hilfe bei den Zauberern suchen. Entsprechende Personen sollen von den kirchlichen Amtsträgern „bei uns", d. h. bei der weltlichen Obrigkeit, angezeigt werden.

---

[62] LkAN SUP Kulmbach, Nr. 157 Kirchenvisitationsakten 1558ff.

Dem entspricht die Klage des Pfarrers Korneffer aus dem Jahr 1571. Er schreibt an den Abt des Klosters Heilsbronn, dass er „mit allem Fleiß sein Pfarrvolk vor Abgötterei und Zauberei gewarnt, dawider gepredigt und gehofft, daß er nunmehr solche Irrthümer und Mißbräuche, so etwa im Papstthum in Schwang gegangen, aus den Herzen seiner Zuhörer gerissen habe".[63]

Der Hinweis, dass „nunmehr viel jar in diesem Fürstentumb rain und lauther gepredigt" werde, meint die Zeit seit der Einführung der Reformation. Erinnert sei an dieser Stelle an die Kirchenordnung von 1533, wo die Grundlage für die „raine und lauthere" Predigt gelegt worden ist.[64] Durch das pädagogische Mittel der Lehre und des Unterrichts war man zunächst bemüht gewesen, Aberglauben und Zauberei zu unterbinden. Die Begründungszusammenhänge für das Verurteilen magischer Praktiken in den Visitationsprotokollen gleichen den Argumenten in der Kirchenordnung von 1533.

Theologisch gesehen zeigte der abergläubische Mensch, dass er sich nicht auf Gott verlässt, sondern auf menschliche Kräfte. Somit liegt ein Verstoß gegen das 1. und 2. Gebot vor. (?, Kasendorf: „Werden noch viel leuth in der Pfarr gefunden, die wieder das erst und ander gebot sich versündigen") Vertraute man dennoch auf zauberische Praktiken, entsprach man nicht dem Ideal eines protestantischen christlichen Lebenswandels. Da man aber von Anfang an mit der „Reformation" auch eine Verbesserung des christlichen Lebenswandels erzielen wollte, sah man sich dazu aufgerufen, dagegen vorzugehen. Dabei verlor man nicht aus den Augen, dass die Besserung des Lebenswandels und das Vertrauen auf Gott anstatt auf Menschen eigentlich allein aus dem Hören des Wortes Gottes kommen und keine äußeren Zwangsmaßnahmen brauchen sollte.

Sicherlich muss in diesem Zusammenhang auch beachtet werden, dass es dabei nicht nur um den einzelnen Gläubigen ging. Verging sich jemand gegen das 1. und 2. Gebot, so zog er den Zorn Gottes nicht nur auf sich, sondern auf das ganze Gemeinwesen. Es ist dies ein Begründungszusammenhang, der auch in den Visitationsprotokollen auftaucht. So z. B. bei der Problematik des Wetterläutens 1591 in Drossenfeld, wo der Pfarrer den Blitzschlag als Folge des Unglaubens seiner Gemeindeglieder wertet (1591/1592, Drossenfeld).

Daneben findet sich in den Visitationsaufzeichnungen auch die an die Vernunft appellierende Argumentation gegen Zauberei, dass dies alles nur Betrug sei (1575, Drossenfeld: „von wegen der dieberey daromit erfolget" / 1574–79, Gefrees: Hinweis darauf, dass die Wahrsagerin von Bayergrün den menschen viel geld ab"lockt"), manchmal versehen mit dem Hinweis, dass

---

[63] Zitiert nach: MUCK 1879 (II), S. 55.
[64] Vgl. Abschnitt 3.4.

sich entsprechende Personen für Ärzte ausgeben, nach Meinung des Pfarrers aber gar keine seien. So steht in einer Beschwerde 1587 in Zusammenhang mit der häufiger bereits genannten Zauberin von Bayergrün: „die sich fur ein Erztin ausgibt".[65] Auch hier können wir also eine Linie von der Kirchenordnung 1533 zu den Visitationsprotokollen ziehen, ebenso in einem dritten Punkt.

Man warnt die Menschen vor Zauberei und Aberglauben, weil es häufig in Zusammenhang damit zu Streitigkeiten innerhalb der Dörfer und Gemeinden bzw. zu falschen Anschuldigungen kam. Bereits 1575 findet sich in Drossenfeld der Hinweis darauf, dass „oftmals unschuldige leitt verdechtig" werden.

Folglich finden sich die in der Kirchenordnung von 1533 und den Katechismuspredigten aus demselben Jahr vorgebrachten Begründungszusammenhänge gegen Zauberei und Aberglauben in den Visitationsaufzeichnungen wieder. Man verstand ein solches Handeln der Gläubigen als gegen die eigene kirchliche Ordnung und Lehre gerichtet, was umso schlimmer war, als man sich ja damit abzugrenzen pflegte gegen „Irrthümer und Mißbräuche, so etwa im Papstthum in Schwang gegangen", wie sich Korneffer ausdrückt. Somit hatte sich im Bereich der vertikalen Disziplinierung der Gläubigen durch die kirchliche Leitung die von Luther über die Kirchenordnung 1533 herkommende Traditionslinie des strengen Aberglaubensbegriffs durchgesetzt, die nicht allein die Handlung, sondern bereits die Bereitschaft, sein Vertrauen in schwierigen Situationen nicht auf Gott zu setzen, brandmarkte.

### 5.4.2.7 Konkretisierung anhand von Beispielen für zauberische Handlungen aus den Visitationsprotokollen

(1) Abgrenzung vom katholischen Ritus

Umso mehr musste es einen Pfarrer wurmen, wenn er erfuhr, dass seine Gemeindeglieder Kräuter in ein katholisches Dorf trugen, um sie dort weihen zu lassen (1568, Freitenbach). Bereits in der Kirchenordnung hatte man Wert darauf gelegt, dass viele mit dem Gottesdienst verbundene magische Praktiken, wie z. B. bei der Taufe (vgl. Abschnitt 2.2.1.3), abgeschafft wurden. Zuwiderhandlungen in diesem Bereich galten in besonderem Maße als gegen den neuen Glauben gerichtet und man sah sich deshalb dazu aufgerufen, dies zu unterbinden.

---

[65] LkAN SUP Kulmbach, Nr. 133. Hier wird ein Unterschied benannt, der bereits in der Kirchenordnung 1533 aufgetaucht ist. Man unterscheidet „natürliche" Heilkunst, d. h. Heilkunst mit natürlichen Mitteln, von übernatürlichen Praktiken, eben der Zauberei, die folglich nur Lug und Betrug darstellt.

Dazu gehörte auch der Brauch des Wetterläutens, gegen den man im protestantischen Bereich im 16. Jahrhundert vergeblich vorzugehen versuchte. Immer wieder finden sich Hinweise, dass „Wetterläuten" stattfand, bis es der Markgraf 1590 allgemein verbot. In Drossenfeld kam es nach der Abschaffung des Wetterläutens 1591/92 durch den Pfarrer zu einer großen Auseinandersetzung mit der Gemeinde, denn bei einem Gewitter war durch einen Blitzschlag großer Schaden an der Kirche entstanden. Viele Gemeindeglieder führten das darauf zurück, dass kein Wetterläuten mehr stattgefunden habe. Das Glockenläuten galt von alters her als das wirksamste Mittel zur Vertreibung von Hagel- oder Gewitterhexen. Das Stadtarchiv von Rheinfelden enthält Hexenakten, in denen es heißt, dass Hexenweiber sich versammelt hätten, um ein Gewitter zu machen. Da unterbrach sie aber die große Glocke von Rheinfelden und sie stoben mit dem Ruf auseinander: „Die große Metze chällt, der große Hund bellt."[66] Da aber in Bayreuth und in den Nachbardörfern die Glocke geläutet worden sei, habe man das Gewitter „gleichsam in einem circkel beschlossen" und „in unnser kirchen einzuschlagen gezwungen".[67] Dahinter steckte die Vorstellung, dass der Blitzschlag, wenn man die Glocke läutet, an einer anderen Stelle niedergehe.[68]

Der Pfarrer legte das Ereignis des Blitzschlags in seiner Predigt derartig aus, dass es ein Zeichen des Zornes Gottes gewesen sei. Den Aberglauben seiner Gemeindemitglieder hingegen bezeichnete er als „idolatriam et mere papisticam". Die Argumentation des Pfarrers erinnert stark an Johannes Brenz' Predigt „Von dem Hagel" aus dem Jahre 1539, wo er das Unwetter als durch die Sünde der Menschen verursacht sieht, aber nicht bewirkt durch zauberisches Handeln böser Menschen.[69]

Wie stark man darauf bedacht war, sich gerade im Bereich des Aberglaubens von katholischen Bräuchen und Riten abzugrenzen, ist dem oben Gesagten zu entnehmen. Dies dürfte der häufigste Grund gewesen sein, warum Pfarrer versuchten, in ihren Gemeinden gegen zauberische und abergläubische Praktiken vorzugehen. Schon gar, wenn ein Pfarrer bei seinen Vorgesetzten etwas gelten wollte.

(2) Benutzung von Heilsprüchen

Die Benutzung von Heilsprüchen war auch auf katholischer Seite umstritten. Kieckhefer weist in seiner Untersuchung über die Magie im Mittelalter darauf hin, dass schon bei der Kräutermedizin, aber noch vielmehr bei Heilsprüchen aller Art damals wie auch heute nicht mehr unterschieden

---

[66] Zitiert nach HWDA, Bd. 3, Sp. 1311f.
[67] Zitiert nach MEIER 1997, S. 306.
[68] HWDA, Bd. 3, Sp. 1313.
[69] Vgl. 2.1.4.3.

werden konnte zwischen Naturmagie und Religion.[70] Er differenziert zwischen Gebeten, die sich in Form einer Bitte an Gott, Christus oder bestimmte Heilige richten, Segenssprüchen, die in der Form eines Wunsches vom Kranken selbst gesprochen werden, und Beschwörungen oder Exorzismen, die Befehlsform haben und zur Krankheit oder dem Verursacher der Krankheit gesprochen werden. Dabei können Gebete und Segenssprüche in „bloßer Nachbarschaft mit magischen Handlungen wie auch als Elemente solcher Handlungen vorkommen, [...] sie [haben] aber in sich selbst nichts Magisches".[71] Beschwörungen und vor allem Exorzismen beinhalteten hingegen zahlreiche magische Praktiken. So wurde z. B. schwangeren Frauen geraten, dreimal über ein Grab zu gehen und dazu folgenden Spruch zu sagen: „Dies soll mir helfen gegen das Übel der verzögerten Geburt, dies gegen eine schlimme Fehlgeburt, dies gegen übel bresthafte Geburt."[72] Hier handelt es sich deutlich um eine magische Handlung, es geht um einen Spruch, der mit einem Sympathiezauber[73] verbunden ist. Ein mit Gebeten versehener Segensspruch ist überliefert in den Visitationsprotokollen aus Nemersdorf 1584:

„Wettersag:
Michael Dapfer zu Drossendorff
Peter Mayer zu Roderscheut
Hans Spindler hinter dem haywerker
berühmen sich sie können das wetter segnen und so treiben, das es bej Ihnen nit Sachen thuon könne

Christ ging auff erden
Es wolle ein wetter werden
Er huab auff seine gebenedeite hand
Er segnet das wetter uber den wilden wald
das weder leut noch viehe mag schaden wag.
Noch der lieben frucht uff dem feld

Diesen segen spricht er 3x und bete 3 [...?][74]

Sage drauff
Christ komt auff ein berge
Es wole ein wetterlein werden
Er hub auff

---

[70] Vgl. zum Folgenden: KIECKHEFER 1992, S. 84–91.
[71] AaO., S. 86.
[72] Zitiert nach KIECKHEFER 1992, S. 90.
[73] „Nach modernem psychologischem Sprachgebrauch bezeichnet S. [ympathie] eine Übertragung von Emotionen durch Mitfühlen." Eine derartige Sympathie soll im Aberglauben durch die Mittel des Segnens, des Besprechens oder des Berührens hergestellt werden. Vgl. HWDA Bd. 8, Sp. 619–627.
[74] Die Verwendung von Alltagsgebeten wie dem Vaterunser, dem Ave Maria oder auch dem Credo, bevorzugt mit dreimaliger Wiederholung, ist typisch für derartige Segenssprüche (KIECKHEFER 1992, S. 84).

Er segnet das wetter das es nit schwand
Sagt es [...?] dreymal und betet
3 [...?] Und den chistlichen Glauben."[75]

Wohl um einen Sympathiezauber mit einer Beschwörungsformel, die uns jedoch nicht überliefert ist, handelt es sich in einem Vermerk in den Visitationsaufzeichnungen aus Buchheim 1586: Bestohlene hätten des „diebs stekken und hut, so er ligen gelassen, genummen" und „in des nechsten todten grab eingeworfen und begraben lassen". Sobald „die stück anfangen zu faulen", solle „derselbig dieb auch ausdörren bis er verstürbet". Deutlich tritt das zugrundeliegende Analogiedenken zutage, dass mit dem allmählichen „Sterben" der Gegenstände auch der Besitzer derselben sterben müsse.

### 5.4.2.8   Die Ortspfarrer zwischen Gemeinde und kirchlicher Obrigkeit

Von Pfarrer Korneffer aus Heilsbronn ist überliefert, dass der Abt des Klosters durchaus von ihm erwartete, dass er eine durchgreifende Reform des religiös-sittlichen Lebens in der Gemeinde erreichte. Sein Eifer wurde unterstützt durch Aufbesserung seines Gehaltes, außerdem wurde für die Pfarrstelle ein Lehen angekauft. Vor allem aber bekam er wunschgemäß einen zweiten Pfarrer zur Seite gestellt.[76]

Dem idealen Gläubigen steht auf dieser Ebene der ideale Ortspfarrer zur Seite, der stets ein Auge darauf hat, dass seine Gemeindeglieder der neuen und reinen Lehre gemäß leben, denken und handeln. Die auf die zweite Pfarrstelle neben Korneffer gesetzte Person stellte sich für Korneffer und seine Vorgesetzten aber schon bald als Missgriff heraus; sie genügte ihren Ansprüchen nicht, „weil er sich mündlich und schriftlich so wie im Leben und Geberden sträflich und ärgerlich verhielt"[77]. Hier sind wir an einem entscheidenden Punkt angelangt, der bei der Auswertung der Visitationsprotokolle zu berücksichtigen ist. Wir wissen nur das, was ein Pfarrer für berichtenswert hielt. Sicherlich gab es viele Pfarrer, die – dem gängigen Weltbild entsprechend – selbst zu abergläubischen Handlungen Zuflucht nahmen, sich vielleicht auch Schwierigkeiten mit ihrer Gemeinde ersparen wollten und somit keine negativen Aspekte über ihre Gemeindeglieder nach oben weitergaben. Zudem war ein Großteil der Pfarrerschaft im 16. Jahrhundert unstudiert, was wohl auch mit sich brachte, dass sie in der Lehre wenig bewandert waren. Vielerlei Gründe konnte es also geben, warum Pfarrer abergläubische Praktiken ihrer Gemeindeglieder nicht den Visitatoren anzeigten, eventuell nicht einmal auf der gemeindlichen Ebene ahndeten.

---

[75] LkAN SUP Kulmbach, Nr. 157.
[76] MUCK 1879 (II), S. 59f.
[77] Zitiert nach MUCK 1879 (II), S. 60.

Um diesem Gedanken weiter nachgehen zu können, wenden wir uns dem Fall der Margaretha Hohenberger aus Bayergrün bei Schauenstein zu, der in mancherlei Hinsicht erwähnenswert ist. Das erste Mal hören wir von dieser Frau und ihrem Wirken als Heilerin 1574 vom Pfarrer in Schauenstein und Gefreeß. Schon in diesen Jahren scheint sie als Heilerin weithin bekannt gewesen zu sein, was darauf schließen lässt, dass sie ihr Handwerk bereits einige Jahre betrieben hat. 1576 klagt der Pfarrer von Selbitz darüber, dass so viele seiner Gemeindeglieder bei dieser Frau Hilfe suchen, 1580 erneut der Pfarrer aus Schauenstein, 1584 kommen Klagen aus Stambach, 1586 aus Hof, 1589 aus Köditz und Goldkronach, dann verliert sich die Spur, die wir von Margaretha Hohenberger haben. Das heißt, dass wir über einen Zeitraum von 15 Jahren regelmäßig Beschwerden über das Treiben der Margaretha aus verschiedenen Orten finden. Die diachrone Analyse zeigt, dass sie einen ungeheueren Wirkungskreis erreicht hat. Eine synchrone Untersuchung ergibt aber ein ganz und gar anderes Bild.

Die Aufzeichnungen über die Visitation von 1584 enthalten folgende Orte, die visitiert worden sind: Goldkronach, Bischoffsgrün, Gefrees, Berneck, Trebgast, Helmbrechts, Schauenstein, Stammbach, Wirsberg, Melkendorf. Ein Hinweis auf die Margaretha Hohenberger aus Bayergrün findet sich jedoch nur bei Stammbach, in diesem Jahr nicht einmal unter Schauenstein oder Helmbrechts, den benachbarten Pfarreien. Unter Berneck, Trebgast, Wirsberg und Melkendorf ist in den 15 Jahren überhaupt nie ein Vermerk über Margaretha oder auf andere zauberische Handlungen in den entsprechenden Gemeinden enthalten. Dies bedeutet wahrscheinlich, dass die dortigen Pfarrer aus welchen Gründen auch immer (vgl. oben) darauf kein Augenmerk hatten, nicht aber, dass man von diesen Dörfern nicht nach Bayergrün kam, um dort Rat zu suchen.

Eine genauere Untersuchung über die markgräfliche Pfarrerschaft im 16. Jahrhundert und die Stellung der Pfarrer in ihren Gemeinden könnte in dieser Frage tieferen Einblick geben.

### 5.4.2.9   *Ahndung der Aberglaubensdelikte im Rahmen der Visitationen*

Die Visitationsprotokolle geben nicht nur Auskunft über die Nachforschungen seitens der kirchlichen Obrigkeit, sondern zum Teil auch über die mit der Visitation verbundenen Strafen, die auf Zauberei und Aberglaube standen.

### 5.4.2.9.1   *Ermahnung und Buße*

Über einige Personen steht in den Aufzeichnungen zu lesen, dass sie vom Visitator, wahrscheinlich im Beisein des jeweiligen Ortspfarrers und eventuell auch weltlicher Personen, verhört worden sind. Ein entsprechender

Vermerk findet sich z. B. 1568 in Freitenbach, 1586 in Nesselbach (Dekanat Neustadt/Aisch) die Person Hans Dahlkners betreffend, im selben Jahr auch in Lantzendorf. Inhalt eines solchen Verhörs war zunächst einmal die Frage, ob die Person entsprechender Beschuldigungen geständig ist oder nicht. So gibt Hans Dahlkner zwar zu, einen Zettel mit einem Zauberspruch, den er von seinem Vetter bekommen habe, zu besitzen, aber er setze kein Vertrauen darein. Die der Zauberei beschuldigte Person in Lanzendorf hingegen bekennt, dass sie Zauberei getrieben habe. Aus den Aufzeichnungen können wir weiter vernehmen, dass sie „unterwießen" und angehalten wurde, keine Zauberei mehr zu treiben und Buße zu tun. „Buße" ist hier nicht juristisch im Sinne einer öffentlichen Abschwörung zu verstehen, sondern theologisch als Wille zur Besserung. Ebenso verspricht die Person in Lantzendorf, künftig jeglicher Zauberei abzusagen. Sofern vorhanden, mussten die Personen bei diesen Verhören auch ihre Zaubermedien wie z. B. Kristalle, Zaubersprüche oder Zauberbücher abgeben.[78]

Leider können wir mit Hilfe der Visitationsaufzeichnungen nicht überprüfen, ob sich die Pfarrer wirklich an die Visitationsinstruktion mit dem dreistufigen Verfahren, die für Neustadt/Aisch aus dem Jahre 1580 überliefert ist,[79] gehalten haben. Danach wurde jede beschuldigte Person nach einem ersten Verhör und der Ermahnung zur Besserung nach zwei bis drei Monaten nochmals verhört, ob sie nun einen christlichen Lebenswandel geübt habe und erst nach einem dritten Gespräch, das wiederum zwei Monate später stattfinden sollte, bekam sie weitere Folgen zu spüren.

Überliefert ist ein derartiges zweites Verhör bei Katharina Höfer (Nr. 20), deren Fall bereits in den Bereich der weltlichen Strafgewalt hineingehört und dennoch den Übergang zwischen beidem, Kirchenzucht und weltlicher Strafgewalt, aufzeigt. Denn der Bericht des Pfarrers zu Birk über die Kirchnerin vom 7. April 1569 beginnt mit den Worten:

„Nicolay Friedrichen Pfarrherrn zu Birk – was sich Kirchnerin dasselbsten [= dort], sind der zeyther [= seit der Zeit], da sie von den erwirdig herren Justo Blochio Pfarrherrn und Superintendenten zu Bayreuth in Gegenwart und in beysein Gunsten nach etlicher Geystlicher und weltlicher Personen zu Creußen von Cristallen, segen und warsag abgemanet, unnd zue Buß und christlich wandel ermanet worden ist, bede mit wortten und wercken verhalten hat, gründtlicher bericht."[80]

Der Bericht des Pfarrers zeigt, dass sich die Kirchnerin keinesfalls an ihr Versprechen, keine Zauberei und Wahrsagerei mehr zu treiben, weder für sich noch für andere, gehalten hat. Obwohl sie ihren Kristallstein abgeben

---

[78] In Kairlindach wurden 1581 entsprechende Zauberbücher, die zur Schatzgräberei verwendet worden waren, vom Pfarrer verbrannt.
[79] Vgl. Abschnitt 5.3, S. 249.
[80] StAB C2 3235, fol. 5.

musste, hat sie sich einen neuen beschafft und weiter damit ihr Geld verdient. Dieser Bericht des Pfarrers von Birk ist aber schon Bestandteil der Untersuchungen gegen Katharina Höfer von seiten der weltlichen Gerichtsbarkeit. Er zeigt, dass die Kooperation zwischen geistlichem und weltlichem Arm durchaus gegeben war.

Bei allen anderen in den Visitationsprotokollen aufgezeichneten Fällen, in denen von Seiten der Kirche die weltliche Gewalt dazu aufgerufen wird, dagegen vorzugehen, ist nichts von einem weiteren Prozess vor der weltlichen Obrigkeit bekannt. Doch gehen wir diesen Fällen nochmals genauer nach.

### 5.4.2.9.2 Übergabe an die weltliche Gewalt

Im Falle der Hans Walscherin 1589 in Münchberg waren die Visitatoren offensichtlich mit dem Ergebnis des Verhörs nicht zufrieden, denn sie schreiben:

„Man hat sie zu dem mal nit zur hand gebracht, aber der Obrigkeit befohlen, bestallung zu machen [= Anordnung zu geben], ob man sie etwan inn einem oder mehr stück ergreiffen, und mit der warheit überzeüg möchte, als dann solle es an die hohe Obrigkeit mit grundlichem bericht gebracht werden."[81]

Deutlich wurde der Raum der Kirchenzucht hier verlassen, die Visitatoren wandten sich an die weltliche Strafgewalt, um der angeblichen Zauberin beizukommen. So auch im Fall der Margaretha Hohenberger:

„Soll mit fleis aufgesehen und erkundigung genommen werden, ob etliche und wer, auch inn was fellen mann Ir rath suche, Und was für mittel sie gebraucht. Sonsten mögen wol Sägnerin und ZauberHäxen, Milchtruten und dergleichen heimlicher weis inn dieser Pfarr sein, darauf gute achtung gegeben und uffm fall der eine oder mehr beschreit und gefunden, sollen sie der obrigkeit namhafftig gemacht werden."[82]

Wenn man sich in diesen Fällen an die weltliche Obrigkeit wandte, dann offensichtlich in dem Bewusstsein, dass diese andere Möglichkeiten hatte, die „Wahrheit" an den Tag zu bringen, wie die Hexenprozessaufzeichnungen mit den unter Folter gemachten Aussagen zeigen. Deutlich ist aber auch, dass die Vermutung der Visitatoren allein nicht ausreichte, eine Person anzuzeigen. Wichtig scheint in diesem Zusammenhang die Tatsache gewesen zu sein, dass man beiden Frauen nicht nachweisen konnte, mit etwas anderem als mit Kräutern gearbeitet zu haben. So heißt es bei der Hans Walscherin: „Will aber nit gestehen, das sie eine Zauberin, Sondern sagt, daß sie kreüter gebräuche",[83] und bei der Margaretha betont man, dass man ein

---

[81] StAB C2 / 1827.
[82] LkAN SUP Kulmbach, Nr. 157.
[83] StAB C2 / 1827.

Auge darauf haben wolle, mit „was für mittel sie"[84] arbeite. Erinnert sei hier an die Unterscheidung zwischen teuflischen Wahrsagerinnen und „natürlichen" Heilerinnen in der Polizeiordnung (vgl. Kapitel 2.2.2 und 4.8.1.3).

Von einem Prozess auf weltlicher Ebene gegen beide Frauen haben wir keine Nachricht. Es kann jedoch ein deutlicher Unterschied zum Fall der Kirchnerin Katharina Höfer aufgezeigt werden. Während sich zu Margaretha Hohenberger kein Vermerk findet, dass sie einem anderen Schaden angerichtet habe, ist dies bei Katharina Höfer der Fall. Es kommt in dem Moment zu einem Hexenprozess gegen sie, als von einem Mitglied der Dorfgemeinschaft gegen sie Anzeige erstattet wird. Jetzt wird die weltliche Obrigkeit eingeschaltet, nicht vom Pfarrer, sondern vom Vogt von Creußen. Der Pfarrer ist jetzt insofern beteiligt, als eben auch schon auf der Ebene der Kirchenzucht etwas gegen sie vorlag, nicht aber als Anzeigender. Sozusagen als wichtiger Zeuge wird der Pfarrer von der weltlichen Gewalt aufgerufen, seinen Bericht zu schreiben.

Dass Margaretha Hans Hohenberger über 15 Jahre ihrem Handwerk nachgehen konnte, ohne dass sie von kirchlicher oder von weltlicher Seite belangt worden ist, lässt nur zwei mögliche Erklärungen zu.

Erstens: Es ist nie zu einem Zweifel unter ihren Kunden gekommen, was ihr positives Wirken anbelangt. Zumindest nicht zu solchem Zweifel, der eine Anzeige nach sich gezogen hätte. Bei einer Verunsicherung der Kunden hätten die gehäuften Beschwerden in den Visitationsprotokollen sicherlich genügt, einen Prozess zumindest anrollen zu lassen.

Zweitens: Es kann aber möglich gewesen sein, dass der weltlichen Obrigkeit in Schauenstein nicht daran lag, gegen Margaretha vorzugehen. Dass sich weltliche Amtmänner hier sehr unterschiedlich verhalten konnten, lässt die Äußerung des Pfarrers aus Helmbrechts von 1589 vermuten:

„So wird auch Zauberey, Segen sprechen, Warsagen und dergleichen nit allein nicht gestrafft, sondern weis auch an andern ortten ohne scheu getrieben, das man wol mag sing: ach got der teure Name dein, mus ihrer schalkheit deckel sein, du wirst einmal aufmachen."[85]

Aufgrund der örtlichen Nähe zwischen Helmbrechts und Schauenstein kann sich diese Äußerung durchaus auf die weltlichen Amtmänner in Schauenstein beziehen. Wahrscheinlich hat beides zusammen gewirkt, dass Margaretha so lange unbehelligt arbeiten konnte: Es kam einerseits zu keiner Anzeige, insofern auch zu keiner Unruhe im Volk. Andererseits lag der weltlichen Obrigkeit nichts daran, in diesem Bereich gegen sie vorzugehen. Das wiederum verdeutlicht, dass die Unterscheidung zwischen weltlicher Gewalt auf der einen und kirchlicher auf der anderen Seite sich durchaus

---

[84] LkAN SUP Kulmbach, Nr. 157.
[85] LkAN SUP Kulmbach, Nr. 157.

prozesshemmend auswirken konnte. Trotz der zahlreichen Klagen in den Visitationsaufzeichnungen kam es zu keiner Reaktion des weltlichen Arms.

## 5.5 Zusammenfassung

(1) Entsprechend der Unterscheidung zwischen geistlicher und weltlicher Gewalt und daraus folgenden unterschiedlichen Aufgabenbereichen versucht die Kirche gegen Zauberei vorzugehen. Die Verfolgung von Hexerei überlässt sie der Hochgerichtsbarkeit des Staates.

(2) Die Verfolgung von Zauberei geschieht im Rahmen „kirchlicher Sündenzucht". Auf gemeindlicher Ebene wird Wert gelegt auf (prophylaktische) Warnung vor Zauberei in Predigt und Unterricht. Die Überwachung des „rechtgläubigen" Lebenswandels der Gläubigen in Übereinstimmung mit Predigt und Unterricht geschieht zunächst durch den Ortspfarrer, vor allem aber durch die regelmäßigen Visitationen der Gemeinden auf der Ebene der Superintendentur.

(3) Im Gegensatz zu den Hexenprozessen der weltlichen Gewalt spielt der Schadenzauber in den Visitationsaufzeichnungen eine nur marginale Rolle, die Vorstellungen von Teufelspakt, Teufelsbuhlschaft, Hexenflug und Hexensabbat tauchen nicht auf.

(4) Im Zentrum des Interesses der kirchlichen Kontrolle steht zum einen das Treiben von Zauberei, wobei es sich bei der überwiegenden Zahl der in den Visitationsprotokollen gefundenen Einträge um nichtschädigende Zauberei handelt. Zum anderen wird aber auch schon Zaubereigebrauch moniert und geahndet. Im Rahmen der Visitation hatte sich also der strenge Aberglaubensbegriff Luthers und der Kirchenordnung von 1533 bzw. der Katechismuspredigten durchgesetzt.

(5) Auf der Grundlage der Kirchenordnung von 1533 lag der kirchlichen Seite im Zuge der Konfessionalisierung daran, protestantisches Profil im Gegensatz zu den „Irrthümern des Papstthums" zu zeigen und von den Gläubigen einzufordern.

(6) Die Ahndung der Zauberei- und Zaubereigebrauchsdelikte geschah durch notfalls mehrmalige Ermahnung und Anhalten zur Buße.

(7) Zur Zusammenarbeit mit der weltlichen Gewalt kam es dann, wenn mehrmalige „Sündenzucht" auf kirchlicher Ebene offensichtlich erfolglos geblieben war.

# 6. Ergebnis der Untersuchung

Entsprechend der in Abschnitt 1.2 beschriebenen Zielsetzung können die Ergebnisse der Untersuchung folgendermaßen zusammengefasst werden:

Im Zusammenhang der Einführung der Reformation in den Markgraftümern Ansbach und Kulmbach/Bayreuth im Jahr 1528 kam es zu einer Neubestimmung des Verhältnisses Staat-Kirche. Dabei orientierte man sich zwar an der Zwei-Reiche-Lehre Luthers, die eine klare Unterscheidung zwischen weltlicher Obrigkeit und kirchlichem Bereich forderte, letztlich konnte sich aber Luthers Verhältnisbestimmung in Ansbach und Kulmbach nicht durchsetzen. Vielmehr kann im Zuge der Entstehung eines landesherrlichen Kirchenregiments trotz aller Unterscheidung der Aufgaben eine enge Kooperation zwischen weltlicher Obrigkeit und kirchlicher Leitung beobachtet werden, die im Verlauf des 16. Jahrhunderts immer intensiver wurde.

Für die Verfolgung von Zauberei und Hexerei bedeutete dies:

Auf der Grundlage eines gemeinsamen christlichen Weltbildes kam es im Bereich der *weltlichen Obrigkeit* zur Verfolgung von *Hexerei* und *Zauberei,* auf *kirchlicher Ebene* zum Vorgehen gegen *Zauberei* und *Zaubereigebrauch*. Dabei unterstützten sich Kirche und weltliche Obrigkeit trotz der Unterscheidung der Aufgaben gegenseitig in der Erfüllung der jeweiligen Pflicht um des gemeinsamen Zieles willen: Ein Lebenswandel, der nicht der christlichen „Norm" entspricht, darf in der Gemeinschaft nicht geduldet werden!

## 1. Verfolgung von Hexerei und Zauberei durch die weltliche Obrigkeit

Grundlage für die weltliche Strafgewalt bildeten die „Peinliche Halsgerichtsordnung", die mit dem Reichsrecht der Carolina übereinstimmte, die „Policeyordnung" und weitere Verordnungen des Markgrafen. Das Ziel des Staates lag in der Sicherstellung eines friedlichen Zusammenlebens auf der Grundlage „christlicher" Normen, um den Zorn Gottes nicht auf Land und Leute zu ziehen. Somit galt das Hauptinteresse des Staates der Gesellschaft, d.h. der „christlichen" Gemeinschaft der Bürger und Bürgerinnen. Die Verfolgung von Zauberei und Hexerei als ein das friedliche Leben der Gemeinschaft scheinbar gefährdendes Delikt vollzog sich in den Zauberei- und Hexenprozessen der lokalen Hochgerichte. Diese arbeiteten im Auftrag des markgräflichen Hofes. Insgesamt konnten für beide Markgraftümer im 16. Jahrhundert *111 Prozesse* nachgewiesen werden, in denen mindestens 42 Todesurteile verhängt und vollzogen wurden. Dabei sind *32 einzelne Hexenprozesse* von *neun kleineren Verfolgungen* mit bis zu 3 InquisitInnen und *acht mittleren Verfolgungen* mit drei bis zehn InquisitInnen zu unterscheiden. In *Heilsbronn* kam es *1591/1592* zu einer *großen Verfolgung* mit über 10 Inquisitinnen. Die konkreten Prozessaufzeichnungen zeigen, dass vor allem in den 90er Jahren die Maßgaben der eigenen Halsgerichtsordnung und damit auch der Carolina häufig missachtet wurden. Nicht mehr der Schadenzauber stand im Zentrum der Verfolgung, sondern ein transzendentalisiertes Verbrechen, wonach die oder der Angeklagte einen Pakt mit dem Teufel geschlossen und sich damit von der „guten Ordnung" abgewendet hatte. Vater dieses Hexenbildes ist in Deutschland der „Malleus Maleficarum", der gerade in der zweiten Hälfte des 16. Jahrhunderts wieder neu aufgelegt und rezipiert wurde. Ein Beispiel dafür stellt Adam Franciscis Schrift „General Instruction von den Truten" von 1591 dar, die eine deutliche Wiederaufnahme und Fortführung des Gedankenguts des „Hexenhammers", gelesen unter protestantischen Vorzeichen, aufweist. Franciscis Schrift zeigt aber auch, dass sich der bei Luther zu findende strenge Aberglaubensbegriff in den Markgraftümern durchgesetzt hat und zu einer Transzendentalisierung bzw. Apostasierung des Hexereiverbrechens beitrug.

Innerhalb des fränkischen Kreises stellten die Markgraftümer allerdings ein Territorium dar, in dem es auch über den untersuchten Zeitraum hinaus vergleichsweise wenige Prozesse gab, denkt man z. B. an die über 600 verurteilten Personen im Fürstbistum Bamberg in den zwanziger Jahren des 17. Jahrhunderts.[1] Der Grund hierfür dürfte darin liegen, dass in den Markgraftümern verschiedene, häufig geographisch weit auseinanderliegende Ebenen an den Prozessen beteiligt waren. Die lokale Behörde, der Ansbacher Hof, mitunter auch der Nachrichter nahmen insofern Einfluss, als sie prozessfördernd, aber auch prozesslähmend wirken konnten. Zusätzlich ist die prinzipielle Scheidung zwischen weltlicher und geistlicher Gewalt ein hemmendes Moment. Zwar nimmt die kirchliche Gewalt durchaus Einfluss auf die Sichtweise der weltlichen Obrigkeit, aber sie ist nicht direkt an der Ausführung und dem Vollzug der Prozesse beteiligt.

Dies ist ein wesentlicher Gegensatz zu den Fürstbistümern. So war z.B. in Würzburg Bischof Philipp Adolf von Ehrenberg (1623–1631) selbst an der Abwicklung der Hexenprozesse beteiligt. Da er ein überzeugter Verfol-

---

[1] OESTMANN 1997, S. 498.

gungsbefürworter war, kam es in seiner Regierungszeit zu mindestens 900 Hinrichtungen im gesamten Bistum.[2]

Durch die Unterscheidung der Aufgaben zwischen geistlichem und weltlichem Amt im System des landesherrlichen Kirchenregiments in den Markgraftümern bestand zumindest die Möglichkeit gegenseitiger Kritik. Letztendlich dürfte das auch den Grund dafür darstellen, dass Franciscis Schrift keine neue Prozesswelle auslöste – der Höhepunkt der Heilsbronner Prozesse ist während der Abfassungszeit der „General Instruction" bereits überschritten. Der Markgraf holte sich zwar bei einem wichtigen Kirchenmann Rat in dieser Angelegenheit, mehr noch wurde er aber von seinen weltlichen Räten beeinflusst, von denen zumindest eine Gruppe der Meinung war, dass man sich wie bisher an die „Peinliche Halsgerichtsordnung" halten solle und keine eigene Hexengesetzgebung brauche. Nicht zuletzt wurde sein Handeln auch durch die Entscheidungen des Reichskammergerichtes in zwei spektakulären Fällen – Caecilie von Pappenheim und Cordula Grösser – bestimmt, über die er nicht einfach hinweggehen konnte. Hexenprozesse und damit das Schicksal einzelner Menschen konnten in den Markgraftümern nicht durch einige wenige oder eine einzige Person entschieden werden, sondern fanden innerhalb eines komplizierten Gefüges von amtlichen Kompetenzen und persönlichen Sympathien bis hin zu reichspolitischen Erwägungen statt.

## 2. Vorgehen gegen Zauberei und Zaubereigebrauch auf kirchlicher Ebene

In Abgrenzung zur mittelalterlichen Aufteilung der Welt in heilige und unheilige Sphären propagierten die Reformatoren eine Verchristlichung des gesamten Lebens. Deshalb erweiterte sich der Bereich, in dem man sich religiös korrekt zu verhalten hatte. Zwei neue Aspekte treffen im 16. Jahrhundert aufeinander: Zum einen die Lehre eines strengen Aberglaubensbegriffs, wie wir ihn bei Luther oder in der Kirchenordnung von 1533 finden, der auch weiße, nichtschädigende Magie als unchristlich brandmarkte. Zum anderen die Forderung nach einem den gesamten Lebensbereich umfassenden rechtgläubigen, „christlichen" Lebenswandel.[3] Gerade für die Frauen bedeutete dies in vielen Bereichen des täglichen Lebens – Sorge um kranke Kinder und andere Familienangehörige, Geburt, Taufe, Schwierigkeiten beim Melken des Viehs etc. – Verunsicherung bzw. Neuorientierung; So bot der Lebensbereich von Frauen in besonderem Maße eine Angriffsfläche

---

[2] OESTMANN 1997, S. 504.
[3] SEEGETS 1999, S. 170.

dafür, wegen Zaubereigebrauch und Zauberei, im schlimmsten Fall Hexerei angeklagt zu werden.

Dass im protestantischen Fürstentum ebenso wie in katholischen Gebieten die überwiegende Zahl der Angeklagten Frauen waren, hängt zudem damit zusammen, dass die Reformatoren in Bezug auf ihr Frauenbild neben innovativen Momenten wesentliche Impulse aus der mittelalterlichen Theologie tradiert haben.[4] Absolute Kontinuität besaß die Theorie der im Vergleich zum Mann leichteren Verführbarkeit der Frau durch den Teufel.[5] Damit passten vor wie nach der Reformation Frauen besser in das Schema des kumulativen Hexenbegriffs.

Das Hauptaugenmerk der kirchlichen Leitung der Markgraftümer war auf das Vorgehen gegen Zauberei und Zaubereigebrauch gerichtet. *Grundlage* dafür stellte die *Kirchenordnung von 1533* dar; maßgebend für die Lehre waren daneben die der Kirchenordnung angehängten *Katechismuspredigten*. Ziel der Kirche war die Erziehung des einzelnen Christen zu einem „rechtgläubigen" Menschen, erst in zweiter Linie war man auf den Schutz der Gesellschaft und der Gemeinschaft bedacht. Die Erziehung des Kirchenvolkes geschah in Predigt und Unterricht. Hinsichtlich Zauberei sah man sich dem in der Kirchenordnung und bei Luther beschriebenen engen Aberglaubensbegriff verbunden, der jegliche superstitiöse Praktik, auch (alltägliche) weiße Magie oder magische Handlungen im gottesdienstlichen Bereich (Wetterläuten, Taufbräuche etc.) verbot. Die Einhaltung dieser Verbote versuchte man vor allem mit Hilfe der Visitationen in der zweiten Hälfte des 16. Jahrhunderts zu überwachen. Diese wurden zwar vom Markgrafen als der weltlichen Obrigkeit angeordnet, aber von kirchlichen Funktionsträgern durchgeführt. Sie sind deshalb einerseits ein gutes Beispiel für die enge Zusammenarbeit von Staat und Kirche im landesherrlichen Kirchenregiment, andererseits sind aber gerade die Visitationsaufzeichnungen ein Beweis für die Verteilung der Aufgaben zwischen weltlicher und kirchlicher Gewalt. Denn die Verfolgung von Zauberei und Zaubereigebrauch im Rahmen der „kirchlichen Sündenzucht" war inhaltlich eine von kirchlichen Amtsträgern vollzogene Angelegenheit, in die sich weltliche Funktionsträger nicht einmischten. Hatten kirchliche Amtsträger allerdings das Gefühl, mit den Mitteln der Ermahnung und des Anhaltens zur Buße nicht erfolgreich zu sein, baten sie die weltliche Gewalt um Mithilfe.

Für die Markgraftümer bleibt indes festzuhalten, dass in keinem Fall ein direktes Zusammenwirken von kirchlicher Leitung und weltlicher Obrigkeit dahingehend belegt werden konnte, dass ein in den Visitationsprotokollen auftauchender Name auch in einem Hexen- oder Zaubereiprozess auf staatlicher Ebene wiederzufinden gewesen wäre.

---

[4] SEEGETS 1999, S. 169.
[5] FRANK 1988, S. 71–102.

## 3. Zusammenwirken der kirchlichen Leitung und der weltlichen Obrigkeit

(1) Inhaltliche Festlegung und Vermittlung der „christlichen" Norm durch die Kirche

Grundlegende Voraussetzung für eine Verfolgung von Zauberei und Hexerei ist die Erziehung des Volkes im Sinne christlicher, „rechtgläubiger" Normen, denn nur wenn die „Norm" definiert ist, können Abweichungen davon geahndet werden. Die Unterweisung des Volkes lag im Aufgabenbereich der Kirche. Dabei sollte z.B. die Rolle des Katechismusunterrichts nicht unterschätzt werden. Wenn immer wieder danach gefragt wird, wie das einfache Volk in den Besitz gelehrter Vorstellungen von Zauber- und Hexenglauben gelangte, so muss die kirchliche Unterweisung als ein entscheidender Faktor berücksichtigt werden. Eine Untersuchung über den Entstehungszusammenhang, die Verbreitung, die Rezeption und die inhaltliche Behandlung des Zaubereithemas der im 16. Jahrhundert in Deutschland benutzten Katechismen könnte hierüber Aufschluss bringen. Nicht selten werden bereits Kinder durch den Katechismusunterricht darauf aufmerksam gemacht worden sein, dass der Lebenswandel der eigenen Familie oder einzelner Familienmitglieder nicht übereinstimmte mit der „offiziellen" Lehre der Kirche. Gerade in Zeiten des Umbruchs und der Neuorientierung, wie sie das 16. Jahrhundert für protestantische Gläubige darstellte, wird dies vielfach zu Verunsicherungen geführt haben, aber auf der anderen Seite auch zur „Profilierungssucht" kirchlicher Amtsinhaber. In unserem Zusammenhang bleibt als wichtiger Punkt festzuhalten, dass die „Norm" inhaltlich nicht durch die weltliche Gewalt, sondern eindeutig durch die Kirche festgelegt und auch vermittelt wurde. Neben grundsätzlichen Festlegungen wie z.B. in der Kirchenordnung von 1533 konnte es zu aktuellen „Normierungen" kommen, wie z.B. in Adam Franciscis „General Instruction von den Truten".

Trotz der inhaltlichen Verantwortlichkeit auf Seiten kirchlicher und theologischer Autoritäten darf aber nicht vergessen werden, dass die formale Legitimation der Norm durch den Markgrafen, also die weltliche Obrigkeit, geschah.

(2) Einforderung der Überwachung des Lebenswandels der Gläubigen durch die weltliche Obrigkeit

Liegt die inhaltliche Verantwortung für die Festsetzung einer „christlichen" Norm bei kirchlichen und theologischen Autoritäten, so wird auf der Seite der weltlichen Obrigkeit Wert darauf gelegt, dass deren Einhaltung überwacht wird. So ergehen die Anordnungen zur Durchführung der Visitation im 16. Jahrhundert vom Markgrafen, genauso wie die Kirchenordnung von 1533 formal von der weltlichen Obrigkeit verfügt wurde. Zudem ist zu beachten, dass die weltliche Gewalt der kirchlichen Leitung jederzeit die ihr zur Verfügung stehenden Mittel im Kampf gegen Zauberei und Zaubereigebrauch zur Verfügung stellte, um diesen „effektiver" zu gestalten.

(3) Bestätigung und Kritik der Kirche gegenüber dem Staat
Ausgehend von der durch die Kirche festgelegten Norm konnte es zu einer Bestätigung bzw. Legitimierung staatlichen Handelns kommen; so wird in Adam Franciscis „General Instruction von den Truten" nicht nur eine Norm gesetzt, sondern, indem der Markgraf dazu aufgerufen wird, hart gegen Hexen, Zauberer und dergleichen vorzugehen, was ja bereits geschehen ist (Heilsbronn!), sein bisheriges Handeln bestätigt.

Daneben konnte es aber auch zu einer Kritik am Handeln der weltlichen Obrigkeit kommen. Als Beispiel hierfür dient die Kritik am 1591 eingesetzten Nachrichter, die auch von kirchlicher Seite her laut wurde.

(4) Mithilfe kirchlicher Funktionsträger bei den Hexenprozessen
Schließlich ist ein Zusammenwirken beider Ebenen in den Prozessen festzustellen. Den kirchlichen Amtsträgern oblag vor allem die „seelsorgerliche" Begleitung der Angeklagten, daneben kam es zur Aufgabe der Zeugenschaft von Pfarrern im Verlauf der Prozessuntersuchungen. Die protestantische Pfarrerschaft in den Markgraftümern nahm zwar keine aktive, die Hexenprozesse fördernde Rolle ein, wohl aber eine passiv-unterstützende und damit bestätigende Rolle.

## 4. Der Einfluss der Reformation auf die Verfolgung von Zauberei und Hexerei in den Markgraftümern

Es bleibt die in der Sekundärliteratur oft gestellte Frage des Einflusses der Reformation auf die Hexenverfolgung für die Markgraftümer im 16. Jahrhundert zu beantworten. Der Vorgang der Reformation als ein Systembruch mit der mittelalterlichen Kirche, Theologie und Frömmigkeit hat durchaus Denkmuster hervorgebracht, die zu einer Überwindung des Hexenglaubens hätten beitragen können. Das hat Haustein mit seiner Untersuchung der Stellung Martin Luthers zum Zauber- und Hexenwesen festgestellt,[6] dies gilt aber ganz sicher auch für die Kirchenordnung von 1533, an der Andreas Osiander wesentlichen Anteil hat. Die Ablehnung von Zauberei und Zaubereigebrauch wird hier nicht nur theologisch begründet, sondern auch gesellschaftlich-sozial und rational. Zauberei wird sozusagen

---
[6] HAUSTEIN 1990, S. 181f.

an ihren Wurzeln beschnitten, indem sie als „lug und trug" charakterisiert wird. Schutz vor Zauberei bringt nicht die Verfolgung, sondern das Vertrauen auf Gott und das Gebet. Dieses Denkmuster konnte sich aber zumindest im 16. Jahrhundert nicht durchsetzen, denn vor allem in der zweiten Hälfte des Jahrhunderts wurden diejenigen Momente reformatorischen Umgangs mit Zauberei und Hexerei rezipiert, die den Hexenglauben nicht zu überwinden halfen. Dabei ist es das menschliche Urgefühl der Angst, das im Kontext der Zauberei- und Hexereiproblematik eine wesentliche Rolle spielte. Bei Luther scheint das Vertrauen und die Konzentration auf den sich in Christus geoffenbarten gnädigen Gott auf trotz des Wissens um den verborgenen Gott; nicht nach dem deus absconditus soll der Christ fragen, sondern nach dem Gott, der in Christus unser Leben will und wirkt. Luther selbst hat über die Entdeckung des gnädigen Gottes seine Angst überwinden können.[7] Viel von dieser Befreiung des angstbesetzten Gewissens ist jedoch in der Zeit der Konfessionalisierung wieder verloren gegangen.

Das hängt erstens mit der verfassungsrechtlichen, institutionellen und auch dogmatischen Verfestigung der neuen Lehre zusammen, die durch die alltäglichen Erfordernisse viel an Dynamik wegnimmt. Ein gutes Beispiel hierfür stellt die Zwei-Reiche-Lehre Luthers dar. Gerade die konsequente Unterscheidung des geistlichen und des weltlichen Bereichs hätte die von der weltlichen Obrigkeit ausgehende Verfolgung von Zauberei und Hexerei eindämmen, wenn nicht beenden müssen. Schließlich ging man ja in Anlehnung an Luthers strengen Aberglaubensbegriff davon aus, dass Zauberei und Hexerei ein Verstoß gegen das erste Gebot sei. Somit hätte sie auch mit den Mitteln des Glaubens bekämpft werden müssen, wie dies in der Kirchenordnung von 1533 prinzipiell angedacht worden ist, und nicht mit der weltlichen Schwertgewalt. Doch das 16. Jahrhundert zeigt, dass parallel zur Herausbildung des landesherrlichen Kirchenregiments, das eine immer stärkere Vermischung der weltlichen und geistlichen Gewalt darstellte, diesbezügliche Ansätze der Kirchenordnung immer weniger rezipiert wurden.

Dazu kam zweitens im Bereich von Zauberei und Zaubereigebrauch vor allem in der zweiten Hälfte des 16. Jahrhunderts eine bewusst in Abgrenzung zur „papistischen Zauberei"[8] betriebene Profilbildung des eigenen Glaubens, wofür sich ein strenger Umgang mit Zauberei und Hexerei anbot. Von Geburt an sollten jegliche abergläubischen Praktiken verboten sein. Die reformatorische Begründung für die Ablehnung abergläubischer Praktiken, die eingebettet ist in die Betonung der Konzentration auf den Glauben an Christus (sola fide!) und die daraus entstehende Freiheit (!) des Christen, geriet dabei zunehmend aus den Augen.

---

[7] Vgl. hierzu PFISTER 1944, S. 298–321.
[8] SEHLING 1961, S. 391.

Drittens – und das dürfte in seinen Auswirkungen auf das gesamte Kirchenvolk ein wichtiger Grund sein – kann nur derjenige Pfarrer einen angstlosen Umgang mit Zauberei und Hexerei predigen und lehren, der dies selbst gelernt und erfahren hat. Die in der vorliegenden Arbeit analysierten Quellen aus der zweiten Hälfte des 16. Jahrhunderts lassen jedoch den Schluss zu, dass es viele Pfarrer in führenden Positionen gab, die sich der in ihrer Zeit verbreiteten Besessenheit von der Angst vor dem Teufel und seinen Helfern nicht entziehen konnten. Nicht der gnädige Gott, sondern der zürnende und rächende Gott scheint immer wieder auf. Inwiefern dies mit der Ausbildung der Pfarrer an den entsprechenden Universitäten zusammenhängt, werden für die Markgraftümer Untersuchungen zur Theologie an den Universitäten Wittenberg, Leipzig und Jena zeigen müssen, die derzeit noch nicht vorhanden sind.

Insgesamt gesehen war es deshalb nicht die Reformation, die sich in den Markgraftümern prozessfördernd auswirkte, sondern die Phase der Konfessionalisierung und der Herausbildung und Etablierung des landesherrlichen Kirchenregiments.

Für die weitere Erforschung der Verfolgung von Zauberei und Hexerei in der frühen Neuzeit wird es notwendig sein – das hat die vorliegende Untersuchung gezeigt – Quellen aus dem kirchlichen Bereich konsequent nicht nur zur Kenntnis zu nehmen, sondern besonders hinsichtlich des Zusammenwirkens von kirchlicher Leitung und weltlicher Obrigkeit auszuwerten. Bei einem Gegenstand, der so wie dieser beide Bereiche, kirchlichen wie weltlichen, zutiefst berührt, muss eine Untersuchung, die sich lediglich auf die weltliche Obrigkeit und deren Handeln beschränkt, immer einseitig bleiben. Deshalb ist künftig die Untersuchung der Kooperation von kirchlichen und weltlichen Instanzen in der Verfolgung von Zauberei, Zaubereigebrauch und Hexerei ein grundlegender Schritt der Analyse, um über den regionalen Blickwinkel hinaus eine Einordnung und historische Bewertung des Phänomens vornehmen zu können.

# 7. Quellen- und Literaturverzeichnis

## 1. Quellen

### 1.1 Ungedruckte Quellen

*Bundesarchiv, Außenstelle Frankfurt:*
FSg. 2/1–F.

*Staatsarchiv Bamberg:*
Rep. C. Nr. 3235
Rep. C. Nr. 3236
Rep. C. Nr. 3237
Rep. C. Nr. 3238
Rep. C. Nr. 3239
Rep. C. Nr. 3240
Neu verzeichnet 1903
Neu verzeichnet 9955
Rep. 26c, Nr. 44, neu verzeichnet Nr. 1903 Adam Francisci: General Instruction von den Truten (zitiert als Francisci 1591, vgl. Anhang 2)

*Staatsarchiv Nürnberg:*
Rep. 400 I: Klosterverwaltungsakten (KlVA) Heilbronn Tomes 15, 17, 18, 19, 20, 21, 32, 432, 433
Rep. 400 III: Klosterverwaltungsakten (KlVA) Heilsbronn Jahrbücher 1552, 1554, 1560, 1572, 1574
Rep. D 12/2 Archivaliensammlung des Historischen Vereins für Mittelfranken Nr. 313 (= Altes Ratswahlbuch, nebst peinlichem Gerichtsbuch der Stadt Schwabach)
Rep. 132 Nr. 57 Orderbuch für den ansbachischen „Nachrichter" (= Scharfrichter). Bd. 1: 1575–1595, Bd. 2: 1595–1603.
Nbg. Ratschl.Buch Nr. 44
Rep. Ansb. Hist. Nr. 237
Rep. 103 Ansbacher Generalakten Nr. 23, Nr. 25
Rep. 103e Ansbacher neues Generalrepertorium, Nr. 49
Rep. 116, Ansbacher Ausschreiben, Nr. 42, Tit. XXVIII
Rep. 116, Ansbacher Ausschreiben, Nr. 16, Tit. IX
Rep. 116 III: Ansbachische Mandatensammlung 16.–18. Jahrhundert, Tome VII, Nr. 33, Nr. 34
Rep. 130 Ansbacher Druckschriften, Nr. 880

*Landeskirchliches Archiv Nürnberg:*
MD Kulmbach, Nr. 157
MD Uffenheim, Nr. 8

*Bayerisches Hauptstaatsarchiv München:*
BayHStA München RKG Nr. 1079
BayHStA München RKG Nr. 1084
BayHStA München RKG Nr. 6069
BayHStA München RKG Nr. 6099

*Stadtarchiv Bayreuth:*
StadtA Bayreuth B 47/pag. 133–136

*Stadtarchiv Crailsheim:*
StadtA Crailsheim Malefiz-, Fraisch und Criminal-Acta (1594–1615), Nr. 257, 258, 260, 261, 262, 263, 268
(Eine Transskription der Crailsheimer Hexenprozessakten ist inzwischen erschienen in: Kleefeld 2001.)

*Stadtarchiv Wunsiedel:*
StdA Wun R 316 (Henkersgeldrechnung)
StdA Wun Act IX,74

## 1.2 Gedruckte Quellen

ALTHAMER KATECHISMUS: Althamer, Andreas: Catechismus. Abgedruckt in: Andreas Althamer der Humanist und Reformator in Brandenburg-Ansbach. Mit einem Neudruck seines Katechismus von 1528 und archivalischen Beilagen, hg. v. Kolde, Theodor, Erlangen 1895, S. 81–109. (= VD 16 A 2027).

ANSBACHISCHE MONATSSCHRIFT 1794: Bedenken, die Unhulden betreffend. Ein merkwürdiges Aktenstück aus dem 16. Jahrhundert. In: Ansbachische Monatsschrift, Bd. II, Ansbach 1794, S. 534–548.

AUGUSTINUS DE DOCTRINA CHRISTIANA: Augustinus, Aurelius: De Doctrina Christiana. In: Corpus Christianorum Series Latina (CChrL), hg. v. Martin, Joseph, Bd. 32, Turnhout 1962.

AUGUSTINUS DE CIVITATE DEI: Augustinus, Aurelius: De civitate Dei. In: Corpus Christianorum Series Latina (CChrL), hg. v. Dombart, Bernardus; Kalb, Alphonsus, Bd. 48, Turnhout 1955.

BECKER 2001: Becker, Hansjakob, Franz, Ansgar, Henkys, Jürgen, Kurzke, Hermann, Reich, Christa, Stock, Alex: Geistliches Wunderhorn. Große deutsche Kirchenlieder, München 2001.

BINSFELD Tractatus de confessionibus: Binsfeld, Peter: Tractatus de confessionibus maleficorum & Sagarum, Trier 1589. (= VD 16 B 5528).

BODIN DE MAGORUM DAEMONOMANIA: Bodin, Jean: De magorum daemonomania sev detestando Lamiarum ac Magorum cum Satana commercio, Libri IV, Frankfurt 1590. (= VD 16 B 6268).

BODIN VOM AUSSGELASSNE WÜTIGEN TEUFELSHEER: Bodin, Jean: De magorum daemonomania. Vom außgelaßene wütigen Teufelsheer Allerhand Zauberern, Hexen und Hexenmeistern, Unholden, Teuffelsbeschwerer, Warsagern, Schwartzkünstlern, Vergifftern, Augenverblendeten, ec. Wie die vermöge aller Recht eingetrieben, gehindert, erkündiget, erforscht, peinlich ersucht und gestrafft werden sollen. Gegen des Herrn Doctor J. Wier Buch von der Geister verführungen. Aus dem Französischen übersetzt und bearbeitet von Johann Fischart, Straßburg 1586. (= VD 16 B 6270).

Brenz De muliercula: Brenz, Johannes: Iudicium D. Brentii, De muliercula, quae in oppidulo Waldenburg, cum Diabolo consuetudinem hebuit. In: Consiliorum Theologicorum Decas VII, hg. v. Bidembach, Felix, Frankfurt 1611, S. 144–147. (= Köhler Nr. 730).

Brenz Ein Predig von dem Hagel und Ungewitter: Brenz, Johannes: Ein Predig von dem Hagel und Ungewitter. Zuerst veröffentlicht in: Homilie de grandine, in: Pericopiae evangeliorum quae usitato more in praecipuis Festis legi solent, expositae per Iohan. Brent, Frankfurt 1557. (= Köhler Nr. 333). Zitiert nach dem Wiederabdruck in: Weyer, Johannes: De Praestigiis Daemonum. Von Teuffels gespenst Zauberern und Gifftbereytern ...durch D. Johannem Weier in Latein beschrieben nachmals von Johanne Fuglino verteutscht jetzt und aber ... gemehret vnd verbessert. Sampt ... newem vnd volkommenen Register. (D. Johann Weiers Apologia.), Frankfurt/Main 1586, S. 485–491. (= VD 16 W 2657).

Brenz Hiob: Brenz, Johannes: Hiob cum piis et eruditis Johannis Brentij commentarijs, 1527. (= VD 16 B 3077); (= Köhler Nr. 21).

Brenz Exodus: Brenz, Joahnnes: Operum reverendi et clarissimi theologi, D. Ioannis Brentii, Praepositi Stutgardiani, Tomus Primus. In Quo Continentur sequentes Commentarij in Genesin Stutgaridae, Exodum Tubingae, Exodum Stutgardiae, Leuiticum Halae Sueuorum, Numeros Stutgardiae, Deuteronomium Stutgardiae elucubrati. Accessit index rerum et verborum memo rabilium copiosissimus, Tübingen 1576. (= VD 16 B 7470); (= Köhler Nr. 542).

BSLK 1930/1979: Die Bekenntnisschriften der evangelisch-lutherischen Kirche, hg. im Gedenkjahr der Augsburgischen Konfession 1930, Göttingen [8]1979.

Carolina: Die Peinliche Gerichtsordnung Kaiser Karls V. von 1532, hg. und erläutert von Radbruch, Gustav, 6. durchgesehene Aufl., hg. v. Kaufmann, Arthur, Stuttgart 1984.

Corpus Constitutionum Brandenburgico-Culmbacensium 1747: Corpus Constitutionum Brandenburgico-Culmbacensium , 1. Teil, Bayreuth 1747.

CJC: Corpus Iuris Canonici, hg. v. Friedberg, Ae., Bd. 1 Decretum Gratiani, Lipsiae 1876.

DS: Denzinger, Heinrich; Schönmetzer, Adolf: Enchiridion Symbolorum Definitionum et Declarationum de rebus fidei et morum, Freiburg/Breisgau [34]1967. Textidentisch mit der Ausgabe hg. v. Hünermann, Peter, Freiburg/Breisgau [37]1991.

Goethe Faust : Goethe, Johann Wolfgang: Faust, hg. v. Schöne, Albrecht, Frankfurt/Main 1994. (= Bibliothek deutscher Klassiker, Bd. 114).

Institoris Malleus Maleficarum: Institoris, Heinrich: Malleus Maleficarum, 1487. Wiedergabe des Erstdrucks, hg. v. Schnyder, André, Göppingen 1991. (= Litterae, Göppinger Beiträge zur Textgeschichte, Nr. 113).

Übersetzung der lateinischen Texte, soweit nicht anders angegeben, zitiert nach:

Schmidt 1906: Institoris, Heinrich; Sprenger, Jakob: Sprenger, Jacobus; Institoris, Henricus: Der Hexenhammer – Malleus Maleficarum, Speier 1487, aus dem Lateinischen übertragen und eingeleitet von Schmidt, J. W. R., München 1982.

Karg Katechismus: Bayerische Katechismen, Karg 1564. In: Quellen zur Geschichte des Katechismusunterrichts. Bd. I Süddeutsche Katechismen, hg. v. Reu, Johann Michael, Gütersloh 1904. (= Quellen zur Geschichte des kirchlichen Unterrichts in der evangelischen Kirche Deutschlands zwischen 1530 und 1600, 1. Teil). Reus Edition liegt folgende Ausgabe zugrunde: Catechismus. Das ist: Ein Kurtze Summa Christlicher Lehre wie die in der Kirchen Fragweise am nuetzlichsten gehandelt werden kan. Nürnberg 1606. (Ältere Ausgaben vgl. VD 16 K 116–118).

LUTHER, Martin: D. Martin Luthers gesammelte Werke. Kritische Gesamtausgabe. Weimar 1883 ff. (Zitiert als WA = WEIMARER AUSGABE).

Übersetzungen der lateinischen Texte, soweit nicht anders angegeben, zitiert nach: BORNKAMM/EBELING 1983: Bornkamm, Karin; Ebeling, Gerhard: Martin Luther. Ausgewählte Schriften, Bde. 1–6, Frankfurt/Main 1982.

MEDER HEXENPREDIGTEN: Meder, David: Acht Hexenpredigten / von des Teuffels Mordkindern / der Hexen / Unholden / Zauberischen / Drachenleuten / Milchdieben / etc. erschrecklichem Abfalle / Lastern und Ubelthaten / dadurch die Göttliche Majestät gelestert / und Menschen und Viehe ec. verderblicher Schaden zugefüget / Bericht / was vermöge der heiligen Schrift / menniglich dauon zu halten / Auch von Beruffs wegen darbey thun solle. Leipzig 1605.

OSIANDER GA: Osiander, Andreas: Gesamtausgabe, hg. v. Müller, Gerhard und Seebaß, Gottfried, 8 Bde. Gütersloh 1975ff.

PETRUS LOMBARDUS: Magistri Petri Lombardi Sententiae in IV libris distinctae, 2 Bde., Grottaferrata 1971–1981. (= Spicilegium Bonaventurianum IV–V).

SEHLING 1902: Sehling, Emil (Hg.): Die evangelischen Kirchenordnungen des XVI. Jh.s, hg. v. Sehling, Emil, fortgeführt vom Institut für evangelisches Kirchenrecht der Evangelischen Kirche in Deutschland zu Göttingen, Bd. I Sachsen und Thüringen, nebst angrenzenden Gebieten, Leipzig 1902.

SEHLING 1909: Sehling, Emil (Hg.): Die evangelischen Kirchenordnungen des XVI.Jh.s, hg. v. Sehling, Emil, fortgeführt vom Institut für evangelisches Kirchenrecht der Evangelischen Kirche in Deutschland zu Göttingen, Bd. 3, Die Mark Brandenburg. Die Markgrafenthümer Oberlausitz und Niederlausitz, Schlesien, Leipzig 1909.

SEHLING 1961: Sehling, Emil (Hg.): Die evangelischen Kirchenordnungen des XVI. Jh.s, hg. v. Sehling, Emil, fortgeführt vom Institut für evangelisches Kirchenrecht der Evangelischen Kirche in Deutschland zu Göttingen, Bd. XI Bayern 1, Franken, Tübingen 1961.

SPEE CAUTIO CRIMINALIS: Spee, Friedrich SJ: Cautio Criminalis, Rintheln 1631.

Übersetzungen der lateinischen Texte, soweit nicht anders angegeben, zitiert nach: RITTER 1967: Ritter, Joachim-Friedrich: Cautio Criminalis. In deutscher Sprache, Weimar 1967.(=Unveränderter Nachdruck der 1. Aufl., Weimar 1939.)

THOMAS VON AQUIN S. TH.: Thomas von Aquin: Die deutsche Thomas-Ausgabe (DThA). Vollständige, ungekürzte dt.-lat. Ausgabe der Summa Theologica, hg. v. Katholischem Akademieverband, Graz, Heidelberg, Köln, Leipzig, München, Salzburg, Wien 1934–1985.

WEYER DE PRAESTIGIIS DAEMONUM: Weyer, Johannes: De Praestigiis Daemonum. Von Teuffels gespenst Zauberern und Gifftbereytern ...durch D. Johannem Weier in Latein in Latein beschrieben nachmals von Johanne Fuglino verteutscht jetztund aber ... gemehret vnd verbessert. Sampt ... newem vnd volkommenen Register. (D. Johann Weiers Apologia.), Frankfurt/Main 1586. (= VD 16 W 2657).

## 2. Sekundärliteratur

AHRENDT-SCHULTE 1994: Ahrendt-Schulte, Ingrid: Weise Frauen – böse Weiber. Die Geschichte der Hexen in der Frühen Neuzeit, Freiburg Basel Wien 1994.

ALAND 1960: Aland, Kurt W.: Kirchengeschichtliche Entwürfe. Alte Kirche, Reformation und Luthertum, Pietismus und Erweckungsbewegung, Gütersloh 1960.

BACH 1959: Bach, Robert: Art. Königsbücher. In: Die Religion in Geschichte und Gegenwart, 3. Auflage, Bd. 3, Tübingen 1959, Sp. 1703–1706.

BACHMANN 1994: Bachmann, Claus: System der Alleinwirksamkeit. Die Gottes- und Rechtfertigungslehre des Andreas Osiander, Diss. Erlangen 1994.
(Inzwischen erschienen: Bachmann, Claus: Die Selbstherrlichkeit Gottes. Studien zur Theologie des Nürnberger Reformators Andreas Osiander, Neukirchen/Vluyn 1996.)

BAUMSTARK 1899: Baumstark, Anton: Art. Chaldaioi. In: Paulys Realencyclopädie der classischen Altertumswissenschaft, hg. v. Wissowa, Georg, Bd. 3, Stuttgart 1899, Sp. 2045–2062.

BARTH 1967: Barth, Hans-Martin: Der Teufel und Jesus Christus in der Theologie Martin Luthers, Göttingen 1967. (= Forschungen zur Kirchen- und Dogmengeschichte, Bd. 19).

BAROJA 1967: Baroja, Caro Julio: Die Hexen und ihre Welt, Stuttgart 1967. (Spanische Originalausgabe, Madrid 1961).

BATORI 1991: Batori, Ingrid: Frauen in Handel und Handwerk in der Reichsstadt Nördlingen im 15. und 16. Jahrhundert. In: Vogel, Barbara; Weckel, Ulrike (Hgg.): Frauen in der Ständegesellschaft, Hamburg 1991, S. 27–48.

BAYER 1911: Bayer, Adolf (Hg.): Geschichte des Fürstentums Ansbach-Bayreuth, Bd. I: 1486–1557, Ansbach ²1911.

BECK 1883: Beck, P.: Hexenprozesse aus dem Fränkischen. In: Württembergische Vierteljahrshefte für Landesgeschichte, 6 (1883), S. 247–253, 304–310 und 7 (1884), S. 76–80, 157–160, 297–302.

BEHRINGER 1987A: Behringer, Wolfgang: Hexenverfolgung in Bayern. Volksmagie, Glaubenseifer und Staatsräson in der frühen Neuzeit, München 1987.

BEHRINGER 1987B: Behringer, Wolfgang: „Vom Unkraut unter dem Weizen". Die Stellung der Kirchen zum Hexenproblem. In: Hexenwelten. Magie und Imagination vom 16.-20. Jh., hg. v. van Dülmen, Richard, Frankfurt/Main 1987, S. 15–48.

BEHRINGER 1987C: Behringer, Wolfgang: Meinungsbildende Befürworter und Gegner der Hexenverfolgung. In: Hexen und Zauberer. Die große Verfolgung – ein europäisches Phänomen in der Steiermark, hg. v. Valentinitsch, Helfried, Graz 1987, S. 219–236.

BEHRINGER 1988A: Behringer, Wolfgang: Mit dem Feuer vom Leben zum Tod. Hexengesetzgebung in Bayern, München 1988.

BEHRINGER 1988B: Behringer, Wolfgang (Hg.): Hexen und Hexenprozesse in Deutschland, München 1988.
BEHRINGER 1994: Behringer, Wolfgang: Geschichte der Hexenforschung. In: Hexen und Hexenverfolgung im deutschen Südwesten, Bd. 2 Aufsatzband, hg. v. Lorenz, Sönke, Stuttgart/Ostfildern 1994, S. 93–146.
BEHRINGER 1995: Behringer, Wolfgang: Das „Reichskhündig Exempel" von Trier. Zur paradigmatischen Rolle einer Hexenverfolgung in Deutschland. In: Hexenglaube und Hexenprozesse im Raum Rhein-Mosel-Saar, hg. v. Franz, Gunther; Irsigler, Franz, Trier 1995, S. 435–448. (= Trierer Hexenprozesse. Quellen und Darstellungen, Bd. 1).
BEHRINGER 1997: Behringer, Wolfgang: Hexenverfolgung in Bayern. Volksmagie, Glaubenseifer und Staatsräson in der frühen Neuzeit, dritte, verbesserte und um ein Nachwort ergänzte Aufl., München 1997.
BEHRINGER 1998: Behringer, Wolfgang: Hexen. Glaube, Verfolgung, Vermarktung, München 1998.
BEHRINGER 1999: Behringer, Wolfgang: NS-Historiker und Archivbeamte im Kampf mit den Quellen. Das Beispiel der Archive Bayerns. In: Himmlers Hexenkartothek. Das Interesse des Nationalsozialismus an der Hexenverfolgung, hg. v. Lorenz, Sönke; Bauer, R. Dieter; Behringer, Wolfgang; Schmidt, Jürgen, Bielefeld 1999, S. 165–176.
BEYER 1986: Beyer, Christel: „Hexen-Leut, so zu Würzburg gerichtet". Der Umgang mit Sprache und Wirklichkeit in Inquisitionsprozessen wegen Hexerei, Frankfurt 1986. (= Europäische Hochschulschriften Reihe I: Deutsche Sprache und Literatur, Bd. 948).
BLAUERT 1989: Blauert, Andreas: Frühe Hexenverfolgungen. Ketzer-, Zauberei- und Hexenprozesse des 15. Jahrhunderts, Hamburg 1989. (= Sozialgeschichtliche Bibliothek bei Junius, Bd. 5).
BLAUERT 1990: Blauert, Andreas (Hg.): Ketzer, Zauberer, Hexen. Die Anfänge der europäischen Hexenverfolgungen, Frankfurt/Main 1990.
BOHREN 1952: Bohren, Rudolf: Das Problem der Kirchenzucht im Neuen Testament, Zürich 1952.
BORNKAMM 1960/1969: Bornkamm, Heinrich: Luthers Lehre von den zwei Reichen im Zusammenhang seiner Theologie. Gütersloh 1960. Zitiert nach dem Neudruck in: Reich Gottes und Welt. Die Lehre Luthers von den zwei Reichen, hg. v. Schrey, Heinz-Horst, Darmstadt 1969, S. 165–195. (= Wege der Forschung, Bd. CVII).
BOSL 1961: Bosl, Karl: Bayern, Stuttgart 1961. (= Handbuch der historischen Stätten Deutschlands, Bd. 7)
BRECHT 1966: Brecht, Martin: Die frühe Theologie des Johannes Brenz, Tübingen 1966. (= Beiträge zur historischen Theologie, hg. v. Gerhard Ebeling, Bd. 36)
BRECHT 1967: Brecht, Martin: Kirchenordnung und Kirchenzucht in Württemberg vom 16. bis zum 18. Jahrhundert, Stuttgart 1967.
BRECHT 1981: Brecht, Martin: Art. Brenz, Johannes. In: Theologische Realenzyklopädie, Bd. VII, Berlin, New York 1981, S. 170–181.
BRECHT 1992: Brecht, Martin: Lutherische Kirchenzucht bis in die Anfänge des 17. Jahrhunderts im Spannungsfeld von Pfarramt und Gesellschaft. In: Die lutherische Konfessionalisierung in Deutschland. Wissenschaftliches Symposion des Vereins für Reformationsgeschichte 1988, hg. v. Rublack, Hans-Christoph, Heidelberg 1992, S. 400–423.

BRECHT 1994: Brecht, Martin: Protestantische Kirchenzucht zwischen Kirche und Staat. Bemerkungen zur Forschungssituation. In: Kirchenzucht und Sozialdisziplinierung im frühneuzeitlichen Europa. Mit einer Auswahlbibliographie, hg. v. Schilling, Heinz, Berlin 1994, S. 41–48. (= Zeitschrift für historische Forschung. Vierteljahresschrift zur Erforschung des Spätmittelalters u. der frühen Neuzeit, Heft 16).
BURGHARTZ 1990: Burghartz, Susanna: Leib, Ehre und Gut. Delinquenz in Zürich Ende des 14. Jahrhunderts, Diss. Zürich 1990.
BURGHARTZ 1995: Burghartz, Susanna: Hexenverfolgung als Frauenverfolgung. Zur Gleichsetzung von Hexen und Frauen am Beispiel der Luzerner und Lausanner Hexenprozesse des 15. u. 16. Jahrhunderts. In: Der Hexenstreit. Frauen in der frühneuzeitlichen Hexenverfolgung, hg. v. Opitz, Claudia, Freiburg/Breisgau 1995, S. 147–173.
CLAUSS 1925: Clauß, Herrmann: Aus Gunzenhäuser Visitationsakten des 16. Jahrhunderts. In: Beiträge zur bayerischen Kirchengeschichte 31 (1925), S. 101–111, 32 (1925), S. 32–39, 87–96.
CLAUSS 1934: Clauß, Herrmann: Kirchenvisitationen des 16. Jahrhunderts im Dekanat Neustadt a. A.. In: Zeitschrift für bayerische Kirchengeschichte 9 (1934), S. 152–164.
DAVIS 1989: Davis, Natalie Zemon: Frauen und Gesellschaft am Beginn der Neuzeit. Studien über Familie, Religion und die Wandlungsfähigkeit des sozialen Körpers, Frankfurt/Main 1989.
DAXELMÜLLER 1993: Daxelmüller, Christoph: Zauberpraktiken. Eine Ideengeschichte der Magie, Zürich 1993.
DIEFENBACH 1886: Diefenbach, Johann: Der Hexenwahn vor und nach der Glaubensspaltung in Deutschland, Mainz 1886.
DIEM 1938/1973: Diem, Harald: Luthers Lehre von den zwei Reichen, untersucht von seinem Verständnis der Bergpredigt aus, (Erstdruck in BEvTh 5, München 1938). Zitiert nach dem Neudruck in: Theologische Bücherei. Neudrucke und Berichte aus dem 20. Jahrhundert, Bd. 49, hg. v. Sauter, Gerhard, München 1973, S. 1–173.
DIEM 1947/1973: Diem, Hermann: Luthers Predigt in den zwei Reichen, (Erstdruck in ThEx 6, München 1947). Zitiert nach dem Neudruck in: Theologische Bücherei. Neudrucke und Berichte aus dem 20. Jahrhundert, Bd. 49, hg. v. Sauter, Gerhard, München 1973, 175–214.
DIETRICH 1958: Dietrich, Klaus Peter: Territoriale Entwicklung, Verfassung und Gerichtswesen im Gebiet um Bayreuth bis 1603. Mit einer Karte, Kallmünz 1958. (= Schriften des Instituts für Fränkische Landesforschung an der Universität Erlangen, Historische Reihe, Bd. 7)
DILCHER 1984: Dilcher, Gerhard: Art. Reskript. In: Handwörterbuch zur deutschen Rechtsgeschichte, hg. v. Erler, Adalbert und Kaufmann, Ekkehard, Bd. 3, Berlin 1984, Sp. 936.
DINZELBACHER 1988: Dinzelbacher, Peter: Die Realität des Teufels im Mittelalter. In: Der Hexenhammer. Entstehung und Umfeld des Malleus maleficarum von 1487, hg. v. Segl, Peter, Köln, Wien, 1988. (= Bayreuther Historische Kolloquien, Bd. 2), S. 151–176.
DINZELBACHER/BAUER 1990: Dinzelbacher, Peter; Bauer, Dieter R. (Hgg.): Volksreligion im hohen und späten Mittelalter, Paderborn München Wien Zürich 1990.
DINZELBACHER 1990: Dinzelbacher, Peter: Zur Erforschung der Geschichte der

Volksreligion. Einführung und Bibliographie. In: Volksreligion im hohen und späten Mittelalter, hg. v. ders.; Bauer, Dieter, Paderborn München Wien Zürich 1990, S. 9–28.

DIXON 1996: Dixon, Scott C.: The reformation and rural society, the parishes of Brandenburg-Ansbach-Kulmbach 1528–1603, Cambridge 1996.

DUCHROW 1970: Duchrow, Ulrich: Christenheit und Weltverantwortung. Traditionsgeschichte und systematische Struktur der Zweireichelehre, Stuttgart 1970.

VAN DÜLMEN 1985: van Dülmen, Richard: Theater des Schreckens. Gerichtspraxis und Strafrituale in der frühen Neuzeit, München 1985.

VAN DÜLMEN 1986: van Dülmen, Richard: Volksfrömmigkeit und konfessionelles Christentum im 16. und 17. Jh.. In: Volksreligiosität in der modernen Sozialgeschichte, hg. v. Schieder, Wolfgang, Göttingen 1986, S. 14–30. (= Geschichte und Gesellschaft. Zeitschrift für historische Sozialwissenschaft, Sonderheft 11).

VAN DÜLMEN 1987: van Dülmen, Richard (Hg.): Hexenwelten. Magie und Imagination, Frankfurt/Main 1987.

VAN DÜLMEN 1991A: van Dülmen, Richard: Die Dienerin des Bösen. Zum Hexenbild in der frühen Neuzeit. In: Zeitschrift für Historische Forschung 18 (1991), S. 385–398.

VAN DÜLMEN 1991B: van Dülmen, Richard: Frauen vor Gericht. Kindsmord in der frühen Neuzeit, Frankfurt/Main 1991.

VAN DÜLMEN 1992ff: van Dülmen, Richard: Kultur und Alltag in der frühen Neuzeit, 3 Bde., München 1992ff.

VAN DÜLMEN 1993: van Dülmen, Richard: Gesellschaft der frühen Neuzeit: Kulturelles Handeln und sozialer Prozess. Beiträge zur historischen Kulturforschung, Wien Köln Weimar, 1993. (= Kulturstudien. Bibliothek der Kulturgeschichte, Bd. 28).

DUESTERBERG 1981: Duesterberg, Daniela: Hexenproduktion – materielle, formelle und literarische Voraussetzungen. Dargestellt am Beispiel der freien Reichsstadt Nürnberg, Diss. Frankfurt/Main 1981.

DUHR 1900: Duhr, Bernhard SJ: Die Stellung der Jesuiten in den deutschen Hexenprozessen, Köln 1900.

DWB: Deutsches Wörterbuch von Jacob und Wilhelm Grimm, 16 Bde., Leipzig 1854–1960.

EDWARD 1991: Edward, Peters: Folter. Geschichte der peinlichen Befragung, Hamburg 1991.

EGBERT 1995: Egbert, Friedrich: Hexenjagd im Raum Rodach und die Hexenprozeßordnung von Herzog Johann Casimir. Spezieller Beitrag zur Geschichte des Coburger Landes. Rodach 1995. (= Schriften des Rodacher Kreises e.V., Heft 19).

EILERS 1962: Eilers, Wilhelm: Art. Zarathustra. In: Die Religion in Geschichte und Gegenwart, 3. Auflage, Bd. 6, Tübingen 1962, Sp. 1866–1868.

ENDRES 1988: Endres, Rudolf: Heinrich Institoris, sein Hexenhammer und der Nürnberger Rat. In: Der Hexenhammer. Entstehung und Umfeld des Malleus maleficarum von 1487, hg. v. Segl, Peter, Köln, Wien 1988, S. 195–216. (= Bayreuther Historische Kolloquien, Bd. 2).

ENDRES 1968: Endres, Rudolf: Zur wirtschaftlichen und sozialen Lage in Franken vor dem Dreißigjährigen Krieg. In: Jahrbuch für Fränkische Landesforschung, hg. v. Institut für Fränkische Landesforschung der Universität Erlangen-Nürnberg, Nr. 28 (1968), S. 5–52.

ENNEN 1988: Ennen, Edith: Zauberinnen und fromme Frauen – Ketzerinnen und

Hexen. In: Der Hexenhammer. Entstehung und Umfeld des Malleus maleficarum von 1487, hg. v. Segl, Peter, Köln, Wien, Böhlau 1988, S. 7–22. (= Bayreuther Historische Kolloquien, Bd. 2).

ERDMANN 1999: Erdmann, Axel: My Gracious Silence. Women in the Mirror of 16th Century Printing in Western Europe, Luzern 1999.

ESSER 1990: Esser, Dorothee: „Ubique diabolus" – der Teufel ist überall. Aspekte mittelalterlicher Moralvorstellungen und die Kulmination moralisierender Tendenzen in deutschen und niederländischen Weltgerichtsbildern des 15. Jh., Erlangen 1990. (= Erlanger Studien, Bd. 87).

EVANS-PRITCHARD 1978: Evans-Pritchard, Edgar Evan: Hexerei, Orakel und Magie bei den Zande, Frankfurt/Main 1978. (Englische Originalausgabe, Oxford 1937).

FELDMANN 1993: Feldmann, Christian: Friedrich Spee. Hexenanwalt und Prophet, Freiburg, Basel, Wien 1993.

FLEISCHER/BARZ 1992: Fleischer, Wolfgang; Barz, Irmhild: Wortbildung der deutschen Gegenwartssprache, Tübingen 1992.

FOERSTER 1975: Foerster, Roland-Götz: Herrschaftsverständnis und Regierungsstruktur in Brandenburg – Ansbach 1648–1703, Ansbach 1975. (= Mittelfränkische Studien, Bd. 2).

FRANK 1988: Frank, Isnard W.: Femina est mas occasionatus. Deutung und Folgerungen bei Thomas. In: Der Hexenhammer. Entstehung und Umfeld des Malleus Maleficarum von 1487, hg. von Segl, Peter, Köln, Wien 1988, S. 71–102. (= Bayreuther Historische Kolloquien, Bd. 2)

FRANZ/IRSIGLER 1995: Franz, Gunther; Irsigler, Franz (Hgg.): Hexenglaube und Hexenprozesse im Raum Rhein-Mosel-Saar, Trier 1995. (= Trierer Hexenprozesse. Quellen und Darstellungen, Bd. 1).

FUCHS 1976: Fuchs, Walther Peter: Die Entstehung des Landeskirchentums in der Reformation. In: Staat und Kirche im Wandel der Jahrhunderte, Stuttgart 1966, S. 69–78. Zitiert nach dem Neudruck in: Die Kirche und ihre Recht. Gesammelte Aufsätze zum evangelischen Kirchenrecht, hg. v. Müller, Gerhard und Seebaß, Gottfried, Tübingen 1976, S. 135–144. (= Jus Ecclesiasticum, Bd. 23).

FUCHS/RAAB 1996: Fuchs, Konrad; Raab, Heribert: Wörterbuch zur Geschichte, 10. bearbeitete und erweiterte Aufl., München 1996.

GÄNSSLER 1983: Gänssler, Hans-Joachim: Evangelium und weltliches Schwert. Hintergrund, Entstehungsgeschichte und Anlass von Luthers Scheidung zweier Reiche oder Regimente, Wiesbaden 1983.

GEHM 2000: Gehm, Britta: Die Hexenverfolgung im Hochstift Bamberg und das Eingreifen des Reichshofrates zu ihrer Beendigung, Hildesheim [u.a.] 2000.

GEIPEL 1965: Geipel, Jochen: Die Konsiliarpraxis der Eberhard-Karls-Universität und die Behandlung der Ehrverletzung in den Tübinger Konsilien, Stuttgart 1965. (= Schriften zur südwestdeutschen Landeskunde, Bd. 4).

GINZBURG 1993: Ginzburg, Carlo: Der Käse und die Würmer. Die Welt eines Müllers um 1600, Berlin 1993.

GINZBURG 1997: Ginzburg, Carlo: Hexensabbat. Entzifferung einer nächtlichen Geschichte, Frankfurt/Main 1997.

GÖTZ 1991: Götz, Roland: Der Dämonenpakt bei Augustinus. In: Teufelsglaube und Hexenprozesse, hg. v. Schweiger, Georg, München 1991, S. 57–84.

GÖTZE 1971: Götze, Alfred: Frühneuhochdeutsches Glossar, Berlin [7]1971. (= Kleine Texte für Vorlesungen und Übungen, Bd. 101)

GROTEFEND 1982: Grotefend, Hermann: Taschenbuch der Zeitrechnung des deutschen Mittelalters und der Neuzeit, 12. Aufl. Durchgesehen v. Aisch, Jürgen, Hannover 1982.

HAAG 1992: Haag, Norbert: Predigt und Gesellschaft. Die lutherische Orthodoxie in Ulm 1640–1740, Mainz 1992.

HABERKERN/WALLACH 1995: Haberkern, Eugen; Wallach, Joseph Friedrich: Hilfswörterbuch für Historiker. Mittelalter und Neuzeit, 2 Bde., Tübingen, Basel [8]1995.

HÄRTER/STOLLEIS 1996: Härter, Karl; Stolleis, Michael: (Hgg.): Repertorium der Polizeyordnungen der frühen Neuzeit. Bd. 1 Deutsches Reich und geistliche Kurfürstentümer (Kurmainz, Kurköln, Kurtrier), Frankfurt/Main 1996. (= IUS COMMUNE, Veröffentlichungen des Max-Plack-Instituts für europäische Rechtsgeschichte Frankfurt/Main, Sonderhefte, Bd. 84).

HAMBRECHT 1993: Hambrecht, Rainer: Johann Matthäus Meyfahrt. Sein Traktat gegen die Hexenprozesse und der Fall Margaretha Ramhold. In: Thüringische Forschungen, (Festschrift für Hans Eberhardt zum 85. Geb.), Weimar 1993.

HAMM 1992: Hamm, Berndt: Das Gewicht von Religion, Glaube, Frömmigkeit und Theologie innerhalb der Verdichtungsvorgänge des ausgehenden Mittelalters und der frühen Neuzeit. In: Krisenbewußtsein und Krisenbewältigung in der frühen Neuzeit (Festschrift für Hans-Christoph Rublack, hg. v. Hagenmaier, Monika, Holtz, Sabine), Frankfurt/Main 1992, S. 179–181.

HAMM 1996: Hamm, Berndt: Bürgertum und Glaube. Konturen der städtischen Reformation, Göttingen 1996.

HAMMES 1995: Hammes, Manfred: Hexenwahn und Hexenprozesse, Bindlach 1995.

HAMPE 1931: Hampe, Theodor: Der Trudenbanner von Abenberg. In: Die Heimatbeilage zum Schwabacher Tagblatt 4/1931, o. S..

HANSEN 1900: Hansen, Johannes: Zauberwahn, Inquisition und Hexenprozeß im Mittelalter und die Entstehung der großen Hexenverfolgung, Leipzig 1900.

HARMENING 1988: Harmening, Dieter: Hexenbilder des späten Mittelalters – Kombinatorische Topik und ethnographischer Befund. In: Der Hexenhammer. Entstehung und Umfeld des Malleus maleficarum von 1487, hg. v. Segl, Peter, Köln, Wien, Böhlau 1988, S. 177–194. (= Bayreuther Historische Kolloquien, Bd. 2).

HARMENING 1990: Harmening, Dieter: Zauberinnen und Hexen. Vom Wandel des Zaubereibegriffs im späten Mittelalter. In: Blauert, Andreas (Hg.): Ketzer, Zauberer, Hexen. Die Anfänge der europäischen Hexenverfolgungen, Frankfurt/Main 1990, S. 68–89.

HAUSTEIN 1990: Haustein, Jörg: Martin Luthers Stellung zum Zauber- und Hexenwesen, Stuttgart, Berlin, Köln 1990 (= Münchner Kirchenhistorische Studien, Bd. 2).

HAYN/GOTENDORF 1913: Hayn, Hugo; Gotendorf, Alfred N.: Bibliotheka Germanorum Erotica et Curiosa, Bd. 3, München 1913, Art. Hexenwesen, Sp. 171–258.

HECKEL 1839: Heckel, Abraham Wolfgang: Beispiele des Guten aus der Geschichte der Stadt Kulmbach sammt einer Chronik dieses Ortes, Bayreuth 1839.

HECKEL 1933: Heckel, Gottlob: Hexenverfolgungen in Schwabach. In: Schwabach Stadt und Bezirk. Ein Heimat-Handbuch, Bd. 3, hg. v. Krauß, Heinrich, Schwabach 1933, S. 127–140 u. 163–166.

HECKEL 1966: Heckel, Martin: Rechtstheologie Luthers. In: Evangelisches Staatslexikon, hg. v. Kunst, Hermann; Grundmann, Siegfried u.a., Stuttgart, Berlin 1966, Sp.1743-1774.

Hegler 1899: Hegler, August: Die praktische Tätigkeit der Juristenfakultäten des 17. und 18. Jahrhunderts in ihrem Einfluß auf die Entwicklung des deutschen Strafrechts von Carpzov ab, Tübingen 1899.

Heimann 1986: Heimann, Heinz-Dieter: Über Alltag und Ansehen der Frau im späten Mittelalter – oder: vom Lob der Frau im Angesicht der Hexe. In: Frau und spätmittelalterlicher Alltag. Internationaler Kongress Krems an der Donau 2.-4. Oktober 1984, hg. v. Appelt, M. Heinrich, Wien 1986, S. 243–282 (= Veröffentlichungen des Instituts für mittelalterliche Realienkunde Österreichs, Bd. 9).

Heinsohn/Steiger 1994: Heinsohn, Gunnar; Steiger, Otto: Die Vernichtung der weisen Frauen. Beiträge zur Theorie und Geschichte von Bevölkerung und Kindheit, 6. erw. Aufl., München 1994.

Hellers Chronik ca. 1600: Hellers Chronik der Stadt Baireuth. In: Quellen zur Geschichte der Stadt Baireuth, hg. v. Meyer, Christian, Leipzig 1895, S. 117–224.

Herzog 1994: Herzog, Markwart: Scharfrichterliche Medizin. Zu den Beziehungen zwischen Henker und Arzt, Schafott und Medizin. In: Medizinhistorisches Journal. Internationale Vierteljahresschrift für Wissenschaftsgeschichte, Bd. 29 1994 (Heft 4), S. 309–331.

Hirschmann 1994: Hirschmann, Georg: Kirchenvisitation im Landgebiet der Reichsstadt Nürnberg 1560/61, Neustadt/Aisch 1994. (= Einzelarbeiten aus der Kirchengeschichte Bayerns, Bd. 68).

Hörber/Bruckner 1970: Hörber, Willi; Bruckner, Friedrich: Die Urkunden des Stiftes Feuchtwangen. 1209–1563 (-1790), Dinkelsbühl 1970.

Hofmann 1954/56: Hofmann, Hanns Hubert: Mittel- und Oberfranken am Ende des Alten Reiches (= Historischer Atlas von Bayern, Teil Franken, Bd. II,1), München 1954/56.

Holl 1923: Holl, Karl: Gesammelte Aufsätze zur Kirchengeschichte. Bd. 1 Luther, 2. und 3. vermehrte und verbesserte Aufl., Tübingen 1923. Zuerst gedruckt in Zeitschrift für Theologie und Kirche Bd. XXI, 1911. Ergänzungsheft 1.

Honecker 1978: Honecker, Martin: Kritische Miscelle. Zur gegenwärtigen Interpretation der Zweireichelehre. In: Zeitschrift für Kirchengeschichte 89 (1978), S. 150–162.

Hummel 1918: Hummel: Aus Franken. In: Württembergische Vierteljahrshefte für Landesgeschichte. Neue Folge, hg. v. d. Württembergischen Kommission für Landesgeschichte, Jahrgang XXVII (1918), S. 152–157.

HWDA: Handwörterbuch des deutschen Aberglaubens, hg. v. Bächtold-Stäubli, Hanns, unter Mitwirkung v. Hoffmann-Krayer, Eduard, 10 Bde., Berlin, Leipzig 1927–1942.

Iserloh/Müller 1984: Iserloh, Erwin; Müller, Gerhard (Hgg.): Luther und die politische Welt. Wissenschaftliches Symposion in Worms vom 27.-29.10.1983, Stuttgart 1984.

Isnard 1988: Isnard, W. Frank: Femina est mas occasionatus – Deutung und Folgerungen bei Thomas von Aquin. In: Der Hexenhammer. Entstehung und Umfeld des Malleus maleficarum von 1487, hg. v. Segl, Peter, Köln, Wien, Böhlau 1988, S. 71–102. (= Bayreuther Historische Kolloquien, Bd. 2).

Janssen 1894: Janssen, Johannes: Geschichte des deutschen Volkes seit dem Ausgang des Mittelalters. Bd. 8: Volkswirtschaftliche, gesellschaftliche und religiös-sittliche

Zustände. Hexenwesen und Hexenverfolgung bis zum Beginn des dreißigjährigen Krieges. Freiburg/Breisgau 1894.

JÄGER 1834: Jäger, Franz Anton: Geschichte des Hexenbrennens in Franken im 17. Jahrhundert aus Original-Prozeß-Akten. In: Archiv des historischen Vereins von Unterfranken und Aschaffenburg, 2. Bde., Heft III, Würzburg 1834, S. 1–72.

JEROUSCHEK 1992: Jerouschek, Günter: Die Hexen und ihr Prozeß, Die Hexenverfolgung in der Reichsstadt Esslingen, Esslingen 1992. (= Esslinger Studien, Schriftenreihe, Bd. 11).

JILG 1991: Jilg, Waltraud: „Hexe" und „Hexerei" als kultur- und religionsgeschichtliches Phänomen. In: Teufelsglaube und Hexenprozesse, hg. v. Schwaiger, Georg, 3. durchgesehene Aufl., München 1991, S. 37–56.

JOEST 1967: Joest, Wilfried: Ontologie der Person bei Luther, Göttingen 1967.

JOEST 1969: Joest, Wilfried: Das Verhältnis der Unterscheidung der beiden Regimente zu der Unterscheidung von Gesetz und Evangelium. In: Dank an Paul Althaus. Eine Festgabe zum 70. Geburtstag, dargebracht von Freunden, Kollegen und Schülern. Gütersloh 1958, S. 79–97. Zitiert nach dem Neudruck in: Reich Gottes und Welt. Die Lehre Luthers von den zwei Reichen, hg. v. Schrey, Heinz-Horst, Darmstadt 1969, S. 196–220. (= Wege der Forschung CVII).

JOEST 1989: Joest, Wilfried: Dogmatik, Bd. 1: Die Wirklichkeit Gottes, 3. durchges. Auflage, Göttingen 1989.

JOEST 1990: Joest, Wilfried: Dogmatik, Bd. 2: Der Weg Gottes mit dem Menschen, 2. durchges. Auflage, Göttingen 1990.

JOURNAL VON UND FÜR FRANKEN 1790: N.N.: Beytrag zur Geschichte der Hexenprozesse in Franken. In: Journal von und für Franken. Nbg. 1790, 2. Heft, S. 193ff.

JUNGKUNTZ 1964: Jungkuntz, Theodor: Die Brandenburg-Nürnbergische Kirchenordnung von 1533 und ihre Auswirkungen. Ein Beitrag zur Geschichte und Theologie der lutherischen Kirchenordnungen des 16. Jh.´s. Diss, Erlangen 1964.

KARZEL 1979: Karzel, Othmar: Die Reformation in Oberschlesien. Ausbreitung und Verlauf, Quellen und Darstellungen zur Schlesischen Geschichte Bd. 20, Würzburg 1979.

KAUERTZ 2001: Kauertz, Claudia: Wissenschaft und Hexenglaube. Die Diskussion des Zauber- und Hexenwesens an der Universität Helmstedt (1576–1626), Bielefeld 2001.

KELLER 1984: Keller, Rudolf: Art. Gnesiolutheraner. In: Theologische Realenzyklopädie, Bd. XIII, Berlin, New York 1984, S. 512–519.

KIECKHEFER 1992: Kieckhefer, Richard: Magie im Mittelalter, München 1992.

KLEEFELD 1998: Kleefeld, Traudl: Hexenverfolgung im Markgrafentum Ansbach im 16. Jahrhundert insbesondere während der Regierungszeit des Markgrafen Georg Friedrich (1556–1603), Erlangen 1998 (Selbstverlag).

KLEEFELD 2001: Kleefeld, Traudl, Gräser, Hans, Stepper, Gernot: Hexenverfolgung im Markgraftum Brandenburg-Ansbach und in der Herrschaft Sugenheim mit Quellen aus der Amtsstadt Crailsheim. Ansbach 2001.

KNEULE 1968A: Kneule, Wilhelm: Beichte, Konfirmation und Kirchenzucht in der ehemaligen Markgrafschaft Brandenburg-Bayreuth-Kulmbach 1533–1810. In: Zeitschrift für bayerische Kirchengeschichte 37 (1968), S. 101–140.

KNEULE 1968B: Kneule, Wilhelm: Die Entwicklung der Kirchenzucht in der ehemaligen Markgrafschaft Brandenburg-Bayreuth-Kulmbach 1533–1782. In: Zeitschrift für bayerische Kirchengeschichte 37 (1968), S. 171–192.

KNUTH 1993: Knuth, Hans Christian: Zwischen Gott und Teufel. Martin Luther über den Menschen. In: LUTHER. Zeitschrift der Luther-Gesellschaft. 64 (1993) Heft 1, S. 10–23.

KOCH 1991: Koch, Elisabeth: Maior dignitatis est in sexu virili: Das weibliche Geschlecht im Normensystem des 16. Jahrhunderts, Frankfurt 1991.

KOCHER 1986: Kocher, Gernot: Die Frau im spätmittelalterlichen Rechtsleben. In: Frau und spätmittelalterlicher Alltag. Internationaler Kongress Krems an der Donau 2.-4. Oktober 1984, hg. v. Appelt, M. Heinrich, Wien 1986 (= Veröffentlichungen des Instituts für mittelalterliche Realienkunde Österreichs, Bd. 9), S. 475–486.

KOCHER 1987: Kocher, Gernot: Die Frau im Rechtsleben der frühen Neuzeit. In: Hexen und Zauberer. Die große Verfolgung – ein europäisches Phänomen in der Steiermark, hg. v. Valentinitsch, Helfried, Graz 1987, S. 155–163.

KÖHLER: Köhler, Walther: Bibliographia Brentiana. Bibliographisches Verzeichnis der gedruckten und ungedruckten Schriften und Briefe des Reformators Johannes Brenz. Nebst einem Verzeichnis der Literatur über Brenz, kurzen Erläuterungen und ungedruckten Akten, Nieuwkoop 1963.

KOLDE 1894: Kolde, Theodor: Zur Geschichte der Ordination und der Kirchenzucht. In: Theologische Studien und Kritiken 67 (1894,1), S. 217–244.

KRAMER 1961: Kramer, Karl-Sigismund: Volksleben im Fürstentum Ansbach und seinen Nachbargebieten (1500–1800). Eine Volkskunde auf Grund archivalischer Quellen, Würzburg 1961 (= Veröffentlichungen der Gesellschaft für fränkische Geschichte, Reihe IX, Darstellungen aus der Fränkischen Geschichte, Bd. 15)

KRAUSSOLD 1860: Kraußold, Lorenz: Geschichte der evangelischen Kirche im ehemaligen Fürstenthum Bayreuth, Erlangen 1860.

KUNST 1976: Kunst, Hermann: Evangelischer Glaube und politische Verantwortung. Martin Luther als politischer Berater seiner Landesherrn und seine Teilnahme an den Fragen des öffentlichen Lebens, Stuttgart 1976.

KUNSTMANN 1970: Kunstmann, Hartmut H.: Zauberwahn und Hexenprozess in der Reichsstadt Nürnberg, Nürnberg 1970. (= Nürnberger Werkstücke zur Stadt- und Landesgeschichte, Bd. 1)

LABOUVIE 1995: Labouvie, Eva: „Gott zur Ehr, den Unschuldigen zu Trost und Rettung…" Hexenverfolgungen im Saarraum und in den angrenzenden Gebieten. In: Hexenglaube und Hexenprozesse im Raum Rhein-Mosel-Saar, hg. v. Franz, Gunther; Irsigler, Franz, Trier 1995, S. 389–404. (= Trierer Hexenprozesse. Quellen und Darstellungen, Bd. 1).

LÄNGIN 1888: Längin, Georg: Religion und Hexenprozeß, Leipzig 1888.

LANG 1811: Lang, Karl Heinrich: Neuere Geschichte des Fürstentums Baireuth, Bd. 3, Nürnberg 1811.

LEA 1957: Lea, Henry Charles: Materials Toward a History of Witchcraft, London, New York 1957.

LEHMANN 1986: Lehmann, Hartmut: Frömmigkeitsgeschichtliche Auswirkungen der „Kleinen Eiszeit". In: Volksreligiosität in der modernen Sozialgeschichte, hg. v. Schieder, Wolfgang, Göttingen 1986, S. 31–41.

LEITH/GOERTZ 1990: Leith, John H.; Goertz, Hans-Jürgen: Art. Kirchenzucht, Theologische Realenzyklopädie, Bd. XIX, Berlin, New York 1990, S. 173–183.

LEITSCHUH 1883: Leitschuh, Friedrich: Beiträge zur Geschichte des Hexenwesens in Franken, Bamberg 1883.

LERNER 1995: Lerner, Gerda: Frauen finden ihre Vergangenheit. Grundlagen der Frauengeschichte, Frankfurt/Main, New York 1995. (Englische Originalausgabe Oxford 1979).

LEVACK 1995: Levack, Brian P.: Hexenjagd. Die Geschichte der Hexenverfolgungen in Europa, München 1995. (Englische Originalausgabe London 1987)

LOHSE 1995: Lohse, Bernhard: Luthers Theologie in ihrer historischen Entwicklung und ihrem systematischen Zusammenhang, Göttingen 1995.

LORENZ 1982: Lorenz, Sönke: Aktenversendung und Hexenprozeß. Bd. 1, I: Dargestellt am Beispiel der Juristenfakultäten Rostock und Greifswald, Frankfurt/Main 1982.

LORENZ 1994A: Lorenz, Sönke (Hg.): Hexen und Hexenverfolgung im deutschen Südwesten. Bd. 2: Aufsatzband, Stuttgart/Ostfildern 1994.

LORENZ 1994B: Lorenz, Sönke: Gegner und Befürworter der Hexenverfolgung in der juristischen und theologischen Literatur des 15. – 18. Jh.´s. In: Hexen und Hexenverfolgung im deutschen Südwesten. Bd. 1: Katalogband, hg. v. Siebenmorgen, Harald, Stuttgart/Ostfildern 1994, S. 88–91.

LORENZ 1994C: Lorenz, Sönke: Der Hexenprozess. In: Hexen und Hexenverfolgung im deutschen Südwesten. Bd. 2 Aufsatzband, hg. v. ders., Stuttgart/Ostfildern 1994, S. 67–84.

LORENZ 1995A: Lorenz, Sönke: Die Rechtsauskunfttätigkeit der Tübinger Juristenfakultät in Hexenprozessen (ca. 1552–1602). In: Hexenverfolgung. Beiträge zur Forschung unter besonderer Berücksichtigung des südwest-deutschen Raumes, hg. v. Lorenz, Sönke; Bauer, R. Dieter, Würzburg 1995, S. 241–320. (= Quellen und Forschungen zur europäischen Ethnologie Bd. XV).

LORENZ 1995B: Lorenz, Sönke: Zur Spruchpraxis der Juristenfakultät Mainz in Hexenprozessen. Ein Beitrag zur Geschichte von Jurisprudenz und Hexenverfolgung. In: Hexenglaube und Hexenprozesse im Raum Rhein-Mosel-Saar, hg. v. Franz, Gunther; Irsigler, Franz, Trier 1995, S. 73–88. (= Trierer Hexenprozesse. Quellen und Darstellungen Bd. 1).

LORENZ/BAUER/BEHRINGER/SCHMIDT 1999: Lorenz, Sönke; Bauer, R. Dieter; Behringer, Wolfgang; Schmidt, Jürgen (Hgg.): Himmlers Hexenkartothek. Das Interesse des Nationalsozialismus an der Hexenverfolgung, Bielefeld 1999.

LORY 1900: Lory, Karl: Gericht und Strafe in den Ratsprotokollen der Stadt Kulmbach. In: Forschungen zur Geschichte Bayerns, Bd. VIII, Berlin 1900, S. 301–310.

LORY 1903: Lory, Karl: Hexenprozesse im Gebiete des ehemaligen Markgrafenlandes. In: Festgabe an Karl-Theodor Heigel, München 1903, S. 290–304.

MACFARLANE 1970: Macfarlane, Alan: Witchcraft in Tudor and Stuart England, London 1970.

MANDROU 1968: Mandrou, Robert: Magistrats et sorciers en France au XVII siècle. Une analyse de psychologie historique, Paris 1968.

MATTHÄUS 1999: Matthäus, Jürgen: Kameraden im Geiste. Himmlers Hexenforscher im Kontext des nationalsozialistischen Wissenschaftsbetriebs. In: Himmlers Hexenkartothek. Das Interesse des Nationalsozialismus an der Hexenverfolgung, hg. v. Lorenz, Sönke; Bauer, R. Dieter; Behringer, Wolfgang; Schmidt, Jürgen, Bielefeld 1999, S. 99–108.

MAURER 1976: Maurer, Wilhelm: Die Kirche und ihr Recht. Gesammelte Aufsätze zum ev. Kirchenrecht, Tübingen 1976 (= Jus Ecclesiasticum Bd 23).

MAY 1980: May, Georg: Art. Bann IV. In: Theologische Realenzyklopädie, Bd. V, Berlin, New York 1980, S. 170–182.
MEIER 1997: Meier, Martin Gernot: Systembruch und Neuordnung. Die Reformation in den Markgraftümern Brandenburg-Ansbach-Kulmbach 1520–1594. Religionspolitik, Kirche, Gesellschaft, Diss. Erlangen 1997.
(Inzwischen erschienen: Meier, Martin Gernot: Systembruch und Neuordnung. Reformation und Konfessionsbildung in den Markgraftümern Brandenburg-Ansbach-Kulmbach 1520–1594. Religionspolitik, Kirche, Gesellschaft, Frankfurt/Main 1999.)
MERZBACHER 1970: Merzbacher, Friedrich: Die Hexenprozesse in Franken, 2. erweiterte Aufl. München 1970.
MESSADIÉ 1995: Messadié, Gerald: Teufel, Satan, Luzifer. Universalgeschichte des Bösen, Frankfurt/Main 1995.
MEYER 1893: Meyer, Christian: Aus einem alten Nachrichterbuch. In: Zeitschrift für deutsche Kulturgeschichte, Bd. 3, Berlin 1893, S. 301–305.
MICHELET 1974: Michelet, Jules: Die Hexe, München 1974.
MIDELFORT 1972: Midelfort, H.C. Erik: Witch Hunting in Southwestern Germany 1562–1684. The Social and Intellectual Foundations, Stanford 1972.
MIDELFORT 1992: Midelfort, H. C. Erik: Johann Weyer in medizinischer, theologischer und rechtsgeschichtlicher Hinsicht. In: Vom Unfug des Hexen-Processes. Gegner der Hexenverfolgung von Johann Weyer bis Friedrich Spee, hg. v. Lehmann, Hartmut; Ulbricht, Otto, Wiesbaden 1992, S. 53–64.
MILDENBERGER 1987: Mildenberger, Friedrich: Grundwissen Dogmatik. Ein Arbeitsbuch, Stuttgart, Berlin, Köln, Mainz ³1987.
MOELLER 1999: Moeller, Katrin: Hexenprozesse in Mecklenburg – eine quantitative Auswertung. In: Quantität und Struktur. Festschrift für Kersten Krüger zum 60. Geburtstag, hg. v. Buchholz, Werner und Kroll, Stefan, Rostock 1999, S. 283–300.
MONTER 1976: Monter, E. William (Hg.): Witchcraft in France und Switzerland: The Borderlands During the Reformation. Ithaca, London 1976.
MUCK 1879FF: Muck, Georg: Geschichte von Kloster Heilsbronn von der Urzeit bis zur Neuzeit, 3 Bde., Nördlingen 1879ff.
MÜLLER 1907: Müller, Georg: Visitationsakten als Geschichtsquelle. In: Deutsche Geschichtsblätter, Bd. 8, 1907, S. 287–304.
MUNZERT 1996: Munzert, Heidrun: David Meder. „Acht Hexenpredigten", Zulassungsarbeit Erlangen 1996.
NEUSER 1986: Neuser, Wilhelm Heinrich: Die Erforschung der „Zweiten Reformation" – eine wissenschaftliche Fehlentwicklung. In: Die reformierte Konfessionalisierung in Deutschland – das Problem der „zweiten Reformation". Wissenschaftliches Symposion des Vereins für Reformationsgeschichte 1985, hg. v. Schilling, Heinz, Gütersloh 1986, S. 379–387.
NIGG 1991: Nigg, Walther: Friedrich von Spee. Ein Jesuit kämpft gegen den Hexenwahn, Paderborn ²1991.
NOWAK 1981: Nowak, Kurt: Zweireichelehre. Anmerkungen zum Entstehungsprozeß einer umstrittenen Begriffsprägung und kontroversen Lehre. In: Zeitschrift für Theologie und Kirche 78 (1981), S. 105–127.
OBERMAN 1984: Oberman, Heiko: Thesen zur Zwei-Reiche-Lehre. In: Luther und die politische Welt. Wissenschaftliches Symposion in Worms vom 27.–29.10.1983, hg. v. Iserloh, Erwin; Müller, Gerhard, Stuttgart 1984 (= Historische Forschungen

im Auftrag der historischen Kommission der Akademie der Wissenschaften und der Literatur, Bd. IX).

OBERMAN 1986: Oberman, Heiko A.: Luther. Mensch zwischen Gott und Teufel, München 1986.

OESTREICH 1969: Oestreich, Gerhard: Strukturprobleme des europäischen Absolutismus. In: Geist und Gestalt des frühmodernen Staates, hg. v. dems., Berlin 1969, S. 179–197.

ÖSTMANN 1997: Östmann, Peter: Hexenprozesse am Reichskammergericht, Köln, Weimar, Wien 1997.

OPITZ 1995: Opitz, Claudia (Hg.): Der Hexenstreit. Frauen in der frühneuzeitlichen Hexenverfolgung, Freiburg/Breisgau 1995. (= Frauen-Kultur-Geschichte, Bd. 1).

OPPELT 1976: Oppelt, Wolfgang: Über die „Unehrlichkeit" des Scharfrichters. Unter bevorzugter Verwendung von Ansbacher Quellen, Lengfeld 1976.

PAULUS 1908: Paulus, Nikolaus: Die Rolle der Frau in der Geschichte des Hexenwahns. In: Historisches Jahrbuch 29 (1908), S. 72–95.

PAULUS 1910: Paulus, Nikolaus: Hexenwahn und Hexenprozess, vornehmlich im 16. Jh., Freiburg/Breisgau 1910.

PFISTER 1944: Pfister, Oskar: Das Christentum und die Angst. Eine religionspsychologische, historische und religionshygienische Untersuchung, Zürich 1944.

POPP 1978: Popp, Ludwig: Die Reformation in Kulmbach, Mainleus 1978.

PRESSEL 1868: Pressel, Theodor (Hg.): Anecdota Brentiana. Ungedruckte Briefe und Bedenken, Tübingen 1868.

PRIEN 1992: Prien, Hans-Jürgen: Luthers Wirtschaftsethik, Göttingen 1992.

RAPP 1874: Rapp, Ludwig: Die Hexenprozesse und ihre Gegner in Tirol, Innsbruck 1874.

RAUSCHER 1994: Rauscher, Ute: Erklärung zu Albrecht Dürer: Reitende Hexe, Katalognummer 322. In: Hexen und Hexenverfolgung im deutschen Südwesten. Bd. 1: Katalogband, hg. v. Siebenmorgen, Harald, Stuttgart/Ostfildern 1994, S. 209f.

RENCZES 1992: Renczes, Andrea: Wie löscht man eine Familie aus? Eine Analyse Bamberger Hexenprozesse, Pfaffenweiler ²1992.

RIEKER 1893: Rieker, Karl: Die rechtliche Stellung der evangelischen Kirche Deutschlands in ihrer geschichtlichen Entwicklung bis zur Gegenwart, Leipzig 1893.

RIEZLER 1896: v. Riezler, Sigmund: Geschichte der Hexenprozesse in Bayern. Im Lichte der allgemeinen Entwicklung dargestellt, Stuttgart 1896.

RIPPMANN/SIMON-MUSCHEID/SIMON 1996: Rippmann, Dorothee; Simon-Muscheid, Katharina; Simon, Christian: Arbeit, Liebe, Streit. Texte zur Geschichte des Geschlechterverhältnisses und des Alltags (15.-18.Jh.), Basel 1996.

ROECK 1988: Roeck, Bernd: Christlicher Idealstaat und Hexenwahn. Zum Ende der europäischen Verfolgungen. In: Historisches Jahrbuch 108 (1988), S. 379–405.

ROSKOFF 1869: Roskoff, Gustav: Geschichte des Teufels, Bd. 2, Leipzig 1869.

ROTT/DELIUS 1959: Rott, Wilhelm; Delius, Walter: Art. Kirchenzucht, In: Die Religion in Geschichte und Gegenwart, 3. Auflage, Bd. 3, Tübingen 1959, Sp. 1598–1603.

RUBLACK 1992: Rublack, Hans-Christoph: Lutherische Predigt und gesellschaftliche Wirklichkeit. In: Die lutherische Konfessionalisierung in Deutschland. Wissenschaftliches Symposion des Vereins für Reformationsgeschichte 1988, hg. v. ders., Heidelberg 1992, S. 344–399.

RUDOLPH 1999: Rudolph, Jörg: „Geheime Reichskommando-Sache!" – Hexenjäger im Schwarzen Orden. Der H-Sonderauftrag des Reichsführers-SS, 1935–1944. In: Himmlers Hexenkartothek. Das Interesse des Nationalsozialismus an der Hexenverfolgung, hg. v. Lorenz, Sönke; Bauer, R. Dieter; Behringer, Wolfgang; Schmidt, Jürgen, Bielefeld 1999, S. 47–98.

RUMMEL 1986: Rummel, Walter: Die „Ausrottung des abscheulichen Hexerey Lasters". Zur Bedeutung populärer Religiosität in einer dörflichen Hexenverfolgung des 17. Jahrhunderts. In: Volksreligiosität in der modernen Sozialgeschichte, hg. v. Schieder, Wolfgang, Göttingen 1986, S. 51–72. (= Geschichte und Gesellschaft. Zeitschrift für historische Sozialwissenschaft, Sonderheft 11).

SCHARFFENORTH 1982: Scharffenorth, Gerta: Den Glauben ins Leben ziehen. Studien zu Luthers Theologie, München 1982.

SCHILD 1989: Schild, Wolfgang u.a. (Hgg.): Justiz in alter Zeit, Rothenburg o. d. Tauber 1989.

SCHILD 1997: Schild, Wolfgang: Die Maleficia der Hexenleut, Rothenburg o. d. Tauber 1997.

SCHILLING 1992: Schilling, Heinz: Religion, Political culture and the Emergency of Early Modern Society, Leiden, New York, Köln 1992. (= Studies in Medieval and Reformation Thought, Volume L).

SCHILLING 1994: Schilling, Heinz: Die Kirchenzucht im frühneuzeitlichen Europa in interkonfessionell vergleichender und interdisziplinärer Perspektive – eine Zwischenbilanz. In: Kirchenzucht und Sozialdisziplinierung im frühneuzeitlichen Europa. Mit einer Auswahlbibliographie, hg. v. ders., Berlin 1994, S. 11–40. (= Zeitschrift für historische Forschung. Vierteljahresschrift zur Erforschung des Spätmittelalters u. der frühen Neuzeit, Heft 16).

SCHMITT 1993: Schmitt, Jeane-Claude: Heidenspaß und Höllenangst. Aberglaube im Mittelalter. Aus dem Franz. von Matthias Grässlin, Frankfurt/Main, New York 1993.

SCHNABEL-SCHÜLE 1994: Schnabel-Schüle: Kirchenzucht als Verbrechensprävention. In: Kirchenzucht und Sozialdisziplinierung im frühneuzeitlichen Europa. Mit einer Auswahlbibliographie, hg. v. Schilling, Heinz, Berlin 1994, S. 49–64. (= Zeitschrift für historische Forschung. Vierteljahresschrift zur Erforschung des Spätmittelalters u. der frühen Neuzeit, Heft 16).

SCHNEIDER 1987: Schneider, Bernhard: Gutachten evangelischer Theologen des Fürstentums Brandenburg-Ansbach/Kulmbach zur Vorbereitung des Augsburger Reichstags von 1530. Zugleich ein Beitrag zur fränkischen Reformationsgeschichte, Neustadt/Aisch 1987. (= Einzelarbeiten aus der Kirchengeschichte Bayerns, Bd. 62).

SCHORMANN 1986: Schormann, Gerhard: Hexenprozesse in Deutschland, Göttingen ²1986.

SCHORMANN 1991: Schormann, Gerhard: Der Krieg gegen die Hexen. Das Ausrottungsprogramm des Kurfürsten von Köln, Göttingen 1991.

SCHORMANN 1999: Schormann, Gerhard: Wie entstand die Kartothek, und wem war sie bekannt? In: Himmlers Hexenkartothek. Das Interesse des Nationalsozialismus an der Hexenverfolgung, hg. v. Lorenz, Sönke; Bauer, R. Dieter; Behringer, Wolfgang; Schmidt, Jürgen, Bielefeld 1999, S. 135–142.

SCHORNBAUM 1928: Schornbaum, Karl: Aktenstücke zur ersten brandenburgischen Kirchenvisitation 1528, München 1928. (= Einzelarbeiten aus der Bayerischen Kirchengeschichte, Bd. 10).

SCHORNBAUM 1906: Schornbaum, Karl: Zur zweiten brandenburgischen Kirchenvisitation 1536. In: 53. Jahrbuch des Historischen Vereins für Mittelfranken (1906), S. 1–22.

SCHORNBAUM 1934: Schornbaum, Karl: Zur Geschichte des Katechismus im Fürstentum Brandenburg-Ansbach. In: Zeitschrift für bayerische Kirchengeschichte 9 (1934), S. 149–152.

SCHORN-SCHÜTTE 1996: Schorn-Schütte, Luise: Evangelische Geistlichkeit in der Frühneuzeit. Deren Anteil an der Entfaltung frühmoderner Staatlichkeit und Gesellschaft. Dargestellt am Beispiel des Fürstentums Brunschweig- Wolfenbüttel, der Landgrafschaft Hessen-Kassel und der Stadt Braunschweig, Gütersloh 1996.

SCHORN-SCHÜTTE 1998: Schorn-Schütte, Luise: Die Drei-Stände-Lehre im reformatorischen Umbruch. In: Die frühe Reformation in Deutschland als Umbruch: wissenschaftliches Symposium des Vereins für Reformationsgeschichte 1996, hg. v. Moeller, Bernd und Buckwalter, Stephen, Gütersloh 1998, S. 435–461. (= Schriften des Vereins für Reformationsgeschichte, Bd. 199).

SCHREY 1962: Schrey, Heinz-Horst: Art. Theodizee, II. Dogmengeschichtlich. In: Die Religion in Geschichte und Gegenwart, 3. Auflage, Bd. 6, Tübingen 1962, Sp. 740–743.

SCHREY 1969: Schrey, Heinz-Horst (Hg.): Reich Gottes und Welt. Die Lehre Luthers von den zwei Reichen, Darmstadt 1969. (= Wege der Forschung, Bd. CVII).

SCHUH 1994: Schuh, Robert: Anspruch und Inhalt des Prädikats „hoch" in der politischen und Verwaltungssprache des Absolutismus. In: Landeshoheit. Beiträge zur Entstehung, Ausformung und Typologie eines Verfassungselements des Römisch-Deutschen Reiches, hg. v. Riedenauer, Erwin, München 1994, S. 11–38. (= Studien zur bayerischen Verfassungs- und Sozialgeschichte, Bd. 16).

SCHUH 1995: Schuh, Robert: Das vertraglich geregelte Herrschaftsgemenge. Die territorialstaatsrechtlichen Verhältnisse in Franken im 18. Jahrhundert im Lichte von Verträgen des Fürstentums Brandenburg-Ansbach mit Benachbarten. In: Jahrbuch für fränkische Landesforschung 55 (1995), S. 137–170.

SCHUHMANN 1961: Schuhmann, Günther: Ansbacher Bibliotheken vom Mittelalter bis 1806. Ein Beitrag zur Kultur- und Geistesgeschichte des Fürstentums A.–B., Kallmünz 1961 (Schriften des Instituts für Fränkische Landesforschung der Universität Erlangen-Nürnberg, Bd. 8).

SCHUHMANN 1980: Schuhmann, Günther: Die Markgrafen von Brandenburg-Ansbach, Ansbach 1980.

SCHWAIGER 1991: Schwaiger, Georg (Hg.): Teufelsglaube und Hexenprozesse, 3. durchgesehene Aufl., München 1991.

SCHWARZ 1978: Schwarz, Reinhard: Luthers Lehre von den drei Ständen und die drei Dimensionen der Ethik. In: Lutherjahrbuch 45 (1978), hg. v. Junghans, Helmar, S. 15–34.

SCHWERHOFF 1986: Schwerhoff, Gerd: Rationalität im Wahn. Zum gelehrten Diskurs über die Hexen in der frühen Neuzeit. In: Saeculum 37 (1986,1), S. 45–82.

SCHWILLIUS 1989: Schwillius, Harald: Die Hexenprozesse gegen Würzburger Geistliche unter Fürstbischof Philipp Adolf von Ehrenberg (1623–1631), Würzburg 1989. (= Forschungen zur fränkischen Kirchen- und Theologiegeschichte, Bd. 14).

SCHWILLIUS 1992: Schwillius, Harald: Kleriker im Hexenprozess. Geistliche als Opfer der Hexenprozesse des 16. und 17. Jahrhunderts in Deutschland, Würzburg 1992 (= Forschungen zur fränkischen Kirchen- und Theologiegeschichte, Bd. 16).

SEBALD 1990: Sebald, Hans: Hexen. Damals und heute, Frankfurt/Main, Berlin 1990.
SEEBASS 1976: Seebaß, Gottfried: Das reformatorische Werk des Andreas Osiander, Nürnberg 1976. (= Einzelarbeiten zur Kirchengeschichte Bayerns, Bd. 44).
SEEBASS 1995: Seebaß, Gottfried: Art. Andreas Osiander. In: Theologische Realenzyklopädie, Bd. XXV, Berlin, New York 1995, S. 508–515.
SEEGETS 1999: Seegets, Petra: Professionelles Christentum und allgemeines Priestertum – Überlegungen zum reformatorischen Frauenbild. In: Frauen der Reformation. Texte einer Fachtagung zum Auftakt des Katharina-von-Bora-Jubiläums. Grußworte, Festvorträge, hg. v. Wüst, Heidemarie; Jahn, Jutta, Wittenberg 1999, S. 167–180. (= Tagungstexte der Ev. Akademie Sachsen-Anhalt, Bd. 5).
SEGL 1993: Segl, Peter (Hg.): Die Anfänge der Inquisition im Mittelalter. Mit einem Ausblick auf das 20. Jahrhundert und einem Beitrag über religiöse Intoleranz im nichtchristlichen Bereich, Köln, Weimar, Wien Böhlau 1993. (= Bayreuther Historische Kolloquien, Bd. 7).
SEYBOTH 1991: Seyboth, Reinhard: Georg Friedrich d.Ä., Markgraf von Brandenburg-Ansbach-Kulmbach, Herzog in Preussen; In: Fränkische Lebensbilder, hg. im Auftrag der Gesellschaft für fränkische Geschichte von Alfred Wendehorst, Bd. 14, Neustadt/Aisch 1991, S. 84–104. (= Veröffentlichungen der Gesellschaft für fränkische Geschichte, Reihe VIIA).
SICHELSCHMIDT 1993: Sichelschmidt, Karla: Recht aus christlicher Liebe oder obrigkeitlicher Gesetzesbefehl? Juristische Untersuchungen zu den ev. Kirchenordnungen des 16. Jahrhunderts, Tübingen 1993.
SIMON 1930: Simon, Matthias: Bayreuthisches Pfarrerbuch. Die Evangelisch-Lutherische Geistlichkeit des Fürstentums Kulmbach-Bayreuth (1528/29–1810), München 1930.
SIMON 1957: Simon, Matthias: Ansbachisches Pfarrerbuch. Die Evangelisch Lutherische Geistlichkeit des Fürstentums Brandenburg-Ansbach 1528–1806. Nürnberg 1957.
SNELL 1891: Snell, Otto: Hexenprozeß und Geistesstörungen. Psychiatrische Untersuchungen, München 1891.
SOLDAN/HEPPE/BAUER 1912: Soldan, Wilhelm Gottlieb; Heppe, Heinrich; Bauer, Max: Geschichte der Hexenprozesse, 2 Bde., Hanau 1912. (ND o. J.)
SPARN 1992: Sparn, Walter: Die Krise der Frömmigkeit und ihr theologischer Reflex im nachreformatorischen Luthertum. In: Die lutherische Konfessionalisierung in Deutschland. Wissenschaftliches Symposion des Vereins für Reformationsgeschichte 1988, hg. v. Rublack, Hans-Christoph, Heidelberg 1992, S. 54–82.
SPINDLER 1969: Spindler, Max (Hg.): Bayerischer Geschichtsatlas, München 1969.
SPINDLER 1971: Spindler, Max (Hg.): Handbuch der Bayerischen Geschichte. 4 Bde. München 1967–1975. Zitiert wird: Geschichte Frankens bis zum Ausgang des 18. Jahrhunderts, Bd. III,1, München 1971.
TRÜDINGER 1975: Trüdinger, Karl: Luthers Briefe und Gutachten an weltliche Obrigkeiten zur Durchführung der Reformation, Münster 1975. (= Reformationsgeschichtliche Studien und Texte, Heft III).
TÜRCKE/POHL 1983: Türcke, Christoph; Pohl, Friedrich Wilhelm: Heilige Hure Vernunft. Luthers nachhaltiger Zauber. Berlin 1983.
UTZ 1986: Utz, Erika: Die Frau im Berufsleben der spätmittelalterlichen Stadt, untersucht am Beispiel von Städten auf dem Gebiet der deutschen Demokratischen Republik. In: Frau und spätmittelalterlicher Alltag. Internationaler Kongress Krems an

der Donau 2.-4. Oktober 1984, hg. v. Appelt, M. Heinrich, Wien 1986, S. 439–474. (= Veröffentlichungen des Instituts für mittelalterliche Realienkunde Österreichs, Bd. 9).

UNVERHAU 1987: Unverhau, Dagmar: Die abendländische Hexe, Beispiele ihrer Verfolgung. In: Hexen und Zauberer. Die große Verfolgung – ein europäisches Phänomen in der Steiermark, hg. v. Valentinitsch, Helfried, Graz 1987, S. 237–264.

VD 16: Verzeichnis der im deutschen Sprachbereich erschienenen Drucke des XVI. Jahrhunderts, I. Abteilung: Verfasser – Körperschaften – Anonyma, hg. v. d. Bayerischen Staatsbibliothek in München in Verbindung mit der Herzog August Bibliothek in Wolfenbüttel, Stuttgart 1983ff.

VOGEL/WECKEL 1991: Vogel, Barbara; Weckel, Ulrike (Hgg.): Frauen in der Ständegesellschaft, Hamburg 1991. (= Beiträge zur deutschen und europäischen Geschichte, Bd. 4).

VOGLER 1992: Vogler, Bernhard: Die Gebetbücher in der lutherischen Orthodoxie. In: Die lutherische Konfessionalisierung in Deutschland. Wissenschaftliches Symposion des Vereins für Reformationsgeschichte 1988, hg. v. Rublack, Hans-Christoph, Heidelberg 1992, S. 424–434.

VOGTHERR 1927: Vogtherr, Friedrich: Geschichte der Stadt Ansbach, Ansbach 1927.

WALLMANN 1988A: Wallmann, Johannes: Kirchengeschichte Deutschlands seit der Reformation, 3. durchgesehene Auflage, Tübingen 1988.

WALLMANN 1988B: Wallmann, Johannes: Lutherische Konfessionalisierung – ein Überblick. In: Die lutherische Konfessionalisierung in Deutschland. Wissenschaftliches Symposion des Vereins für Reformationsgeschichte 1988, hg. v. Rublack, Hans-Christoph, Heidelberg 1992, S. 33–54.

WALTER 1987: Walter, Helga: Hexen in Buchbrunn. Ein Fall aus der Kitzinger Justizgeschichte. In: Am fränkischen Herd. Heimatkundliche Beilage der Kitzinger Zeitung, 26 (1987), S. 133–134, 137–138, 141–142.

WEISS 1991: Weiss, Hans-Martin: Vom notwendigen Verstand der Lehre. Kirchenleitung in der Zeit nach dem Tode Luthers am Beispiel von Georg Karg, Neustadt/Aisch 1991. (= Einzelarbeiten aus der Kirchengeschichte Bayerns, Bd. 64).

WENG O. J.: Weng, Johann Friedrich: Die Hexenprozesse der ehemaligen Reichsstadt Nördlingen in den Jahren 1590–1594, Nördlingen o. J..

WIDMANN 1893: Widmann, Enoch: Chronik der Stadt Hof, Hof 1893.

WILLOWEIT 1975: Willoweit, Dietmar: Rechtsgrundlagen der Territorialgewalt. Landesobrigkeit, Herrschaftsrechte und Territorium in der Rechtswissenschaft der Neuzeit, Köln, Wien 1975. (= Forschungen zur deutschen Rechtsgeschichte, Bd. 11).

WITTKAMPF 1987: Wittkampf, Andrea: Das Hexenwesen in den kleineren Reichsstädten. In: Reichsstädte in Franken, 2 Bde., hg. v. Müller, Rainer A., München 1987, S. 100–106.

WITTMANN 1883: Wittmann, P.: Die Bamberger Hexenjustiz 1595–1631. In: Archiv für katholisches Kirchenrecht, 50 (1883), S. 177–223.

WOLF 1972: Wolf, Gunther (Hg.): Luther und die Obrigkeit, Darmstadt 1972. (= Wege der Forschung, Bd. 85).

WOLGAST 1977: Wolgast, Eike: Die Wittenberger Theologie und die Politik der ev. Stände. Studien zu Luthers Gutachten in politischen Fragen, Heidelberg 1977. (= Quellen und Forschungen zur Reformationsgeschichte, Bd. 47).

WOLGAST 1984: Wolgast, Eike: Luther und die katholischen Fürsten. In: Luther und die politische Welt. Wissenschaftliches Symposion in Worms 27.–29. Oktober 1983, hg. v. Iserloh, Erwin und Müller, Gerhard, Stuttgart 1984, S. 37–64.

WÜST/JAHN 1999: Wüst, Heidemarie; Jahn, Jutta: Frauen der Reformation. Texte einer Fachtagung zum Auftakt des Katharina-von Bora-Jubiläums. Grußworte, Festvorträge, Wittenberg 1999.

WUNDER 1992: Wunder, Heike: „Er ist die Sonn' sie ist der Mond". Frauen in der frühen Neuzeit, München 1992.

WUNDER 1987: Wunder, Heike: Frauen in der Gesellschaft Mitteleuropas im späten-Mittelalter und in der frühen Neuzeit (15.-18. Jh.). In: Hexen und Zauberer. Die große Verfolgung – ein europäisches Phänomen in der Steiermark, hg. v. Valentinitsch, Helfried, Graz 1987, S. 123–154.

ZEEDEN 1982: Zeeden, Ernst Walter (Hg.): Kirchenvisitationsakten aus dem 16. und 17. Jahrhundert in Archiven der Bundesrepublik Deutschland, Bd. 1: Hessen, Stuttgart 1982.

ZIMMERMANN 1985: Zimmermann, Gunter: Die Einführung des landesherrlichen Kirchenregiments. In: Archiv für Reformationsgeschichte 76 (1985), S. 146–168.

## Anhang 1: Franken um 1500

[aus: Max Spindler (Hg.): Bayerischer Geschichtsatlas. Bayerischer Schulbuchverlag, München 1969.]

## Anhang 2:

### Transkription der „General Instruction von den Truten" von Adam Francisci

Das einzig erhaltene Exemplar von Adam Franciscis Abhandlung liegt in einer Abschrift aus dem späten 16. Jahrhundert[1] vor im Staatsarchiv Bamberg unter der Signatur: Rep. 26c, Nr. 44, neu verzeichnet Nr. 1903. Es umfasst 13 beidseitig beschriebene Quartblätter.

Weil Franciscis Schrift eine wesentliche Quellengrundlage der vorliegenden Untersuchung darstellt, darüber hinaus aber auch für die Hexenforschung überhaupt von Interesse ist, wird im Anschluss eine Transkription der vollständigen Schrift abgedruckt.

Dabei wurde versucht, die Eigenheiten der Quelle möglichst unverfälscht wiederzugeben und mit Rücksicht auf unterschiedliche Vorkenntnisse der Leser alle Abkürzungen unmissverständlich aufzulösen. Die Transkription wurde nach folgenden Regeln vorgenommen:

(1) Die Orthographie wird (auch bei offensichtlichen Schreibfehlern) getreu wiedergegeben.
(2) Die Groß- und Kleinschreibung folgt der Vorlage. Wo sich große und kleine Buchstaben nicht eindeutig unterscheiden lassen, folgt die Wiedergabe heutigen Regeln.
(3) Für die Getrennt- und Zusammenschreibung gilt das unter 2. Gesagte.
(4) Verdoppelungszeichen werden durch die heute übliche Doppelschreibung aufgelöst.
(5) Unterstreichungen werden der Vorlage entsprechend übernommen.
(6) Der Text ist grundsätzlich in deutscher Schrift geschrieben; Wörter oder Sätze in lateinischer Schrift werden durch das Symbol # eingerahmt.
(7) Die Interpunktion folgt der Vorlage.
(8) Abkürzungen werden in heutiger Orthographie und Grammatik aufgelöst, die Ergänzungen durch [ ] gekennzeichnet.
(9) Bei Bibelzitaten werden, sofern nicht auf ganze Kapitel Bezug genommen wird, die Versangaben in eckigen Klammern [V. ] hinzugefügt.

---

[1] Vgl. Abschnitt 3.5.2, Anm. 157.

310                                     Anhang 2

Die Kapitel- und Verszählung wird dabei nach der Lutherbibel vorgenommen. Liegt in der Vorlage ein offensichtlicher Fehler vor, wird in eckigen Klammern das richtige Kapitel angegeben.
(10) In der Vorlage gestrichene Wörter werden in der Textwiedergabe durchgestrichen wiedergegeben.
(11) Der Seitenwechsel der Vorlage wird in geschweiften Klammern { } wiedergegeben.
(12) Unsichere Lesungen werden mit [?] kenntlich gemacht.
(13) Diakritische Zeichen werden wiedergegeben. Fehlende Punkte, z. B. über i und j werden stillschweigend ergänzt. Die diakritischen Zeichen über dem y und dem u werden nicht berücksichtigt.
(14) Zeilentrennungen werden mit | wiedergegeben.
(15) Absatzeinrückungen werden aus der Vorlage übernommen.
(16) Einfügungen von oberhalb der Zeile werden an der entsprechenden Stelle mittels ↓↓ gekennzeichnet.
(17) Randbemerkungen von anderer Hand, die in der Regel die Gliederung oder Kernbegriffe hervorheben, werden vor der entsprechenden Zeile mit runden Klammern ( ) vermerkt.

# General Instruction von den | Truten #
# Durchlauchtigster hochgeborener Fürst, Gnedigster Herr # | euer fürstl[iche] Dtl [= Durchlaucht] seind der gnad Gottes, durch Christum unßern | einigen Erlößer und Heylandt, sambt meinen andechtigen gleubigen | gebeth, unnd underthenigsten Dienstes, iederzeit höchstes fleißes | bauer, Gnedigster Fürst unnd Herr,
Was die lieben | Heyligen Gottes im Himmel den Einwohnern auf erden, in der Offen- | bahrung Johannis am 12. Capitel [V. 12], mit einem starckhen wehe ver- | kündigen, dz [= dass] der Teufel zue Ihnen komme, unnd hab einen großen Zorn, | weil er weiß, dz [= dass] er wenig Zeit hat, dz [= dass] wird zu dieser unße[rer?] | lezten unnd gefehrlichen Zeit mit aller macht erfüllet, da wir | sehen unnd erfahren wie der leidige Teufel uber allen andern Jam- | mer, welchen er in geistlichen, weltlichen, und Hauß Regiment, | mit falscher lehr, Ketzerey, Abgötterey, Krieg Auffruhr, mordt, | Blutvergießung, Zanckh, Hader, Uneinigkeit, Zerrüttung, und | Ergernus, boßhaftiger zorniger weiß stifftet und anricht, | auch allercrausambst wütet unnd tobet, mit Drütnerey, | Zauberei, unnd unerhörter büberey, welche dem schendlichen Druten- | werckh anhenget, alß wolte Er dem Vaß den boden außstoßen, | Menschen und Vi[e?]he auf einmahl v[er]derben, unnd Gott selbst von | dem himmel herab stürzen, weil er siehet unnd fü[h?]let, dz [= dass] der iüngste | tag nahend für der thür ist, an welchem seine unzehliche uner- | meßliche schandt unnd büberey, die er von anfang der welt biß | zue derselben Endte getrieben, ans helle taglicht gebracht, und | ein strenges Gericht uber ihn unnd alle seine # Consorten # zu ewiger | Pein des hellischen fürsten gehalten werden wirdt.
Weil | denn dass schendliche Truten unnd hexengeschmeiß ie lenger ie mehr | uberhandt nimbt unnd dardurch des leidigen Sathans hefftiger |
{1′}
Zorn, unnd verbitterte boßheit wied[er] Gott unnd Menschen genug- | samb offenbahret wirdt, So thuen E.[uer] Fürstl.[iche] Dhlt. [= Durchlaucht] hierinnen | ein

guth, Christlich, Gottwohlgefellig unnd hochlöblich werckh, dz [= dass] | sie solch loße geschmaiß, in dero landen unnd fürstenthumb weder | dulden noch leiden, sondern mit gebüerlichem ernst unnd eyfer auß- | rotten wollen, auch vorhero eine raiff # deliberation # unnd noth- | wendiger berathschlagung von Geistlichen unnd weltlichen Räthen | ahnzustellen, befohlen wie unnd welcher gestalt in dießem | fall, vermög der Göttlichen unnd Natürlichen Recht, gegen | die mißthetigen Personen, ordentlich unnd mit gutem gewißen | v[er]fahret werden könne, | Wiewohl Ich nun in angestelter # deliberation # unnd berath- | schlagung, zue deren mich E.[uere] Fürstl.[iche] Dhlt. [= Durchlaucht] gnedigst erfordert, | mein einfeltig guthachten von dem ganzen Truten werckh ohne | schein öffentlich angezaigt, unnd daßelbig ohne alles Unnötig | unnd unzeitig # disputirn # bloß auf den rechten Zweckh unnd | Hauptpunct, nemblich uff E.[uere] Fürstl.[iche] Dhlt.[= Durchlaucht] befehl will | unnd meinung in und[er]thenigkeit gerichtet: Jedoch weil | E.[uere] Fürstl.[iche] Dhlt.[= Durchlaucht] nach vollender # deliberation # unnd berath- | schlagung, beßonders mein bedencken in schrifften gnedigst er- | fordert; So erkenne ich mich daßelbig uber meine münd- | liche Erclärung, auch schrifftlich E.[uerer] Fürstl.[ichen] Dhlt. [Durchlaucht] in aller | underthenigkeit zueröfnen unnd zuubergeben schuldig, Unnd | achte nochmalß darfür, dz [= dass] in der ganzen handlung vom schend- | lichen Truten : und hexenwerckh umb beßerer Nachrichtung willen | fürnemblich Euer stückh mit allem fleiß zue betrachten, und | wohl zu erwegen say. |

(1) # Erstlich # waß von den Truten unnd hexen, auch von ihrem thuen | unnd weßen vermög göttlichs wortts, und alle natur- | lichen geistlichen und weltlichen Recht zuhalten sey |

{2}
(2) #Darnach #, waß in der Trütnerey dz [= das] fürnembste stückh sey, | darauff am meisten zuesehen, unnd darauff die Ursach des | Dodes ungeachtet aller andern Umbstende zuegründen. | (3) # Zum Dritten #, waß für ein # Proceß # gegen denen Personen | so der Trütnerey verdechtig, od[er] dieselben uberwießen sein, geist- | licher unnd weltlicher weiß fürzunehmen unnd zuerführen sey, |

(4) # Zum Vierten #, Ob unnd wie die Trütnerey an uberwiesenen, | mißthätigen Personen von weltlicher Obrigkait zuestraffen | unnd aus ihrem gebieth, Landen unnd Stätte außzuerotten sey./. |

# Zum Ersten # ./.
Soviel nun dz [= das] erste stückh betrift fallen zue unßerer Zait mancherley | selzame # opiniones # unnd meinung für bey gelehrten unnd ungelehrten leüthen, | (Fabelwerckh) Etliche halten diß alles waß von Truten, Hexen unnd ihrem thuen unnd | (1) weßen gesagt wirdt für lauter nichts, für lauter unnütz Fabelwerckhs, | wie vorzeiten die Epicurer gethan, unnd von den Saduceern /: welche starcke | Epicurer gewesen :/ meldet Lucas Inn der Apostelgeschichte am 23 [V. 6 - V. 9]. | (2.) daß Sie weder Engel noch Geist geglaubt haben. Etliche geben | für was iezundt hin unnd wied[er] von Truten und Hexen auff die | pahn komme für gar ein new unnd unerhört ding dem desto weniger | glauben zuegeben weiles zuvorn nicht in der welt gewest, noch und[er] | (3.) den leuthen in schwange gangen ist.

Etliche sind in denen gedancken | ersoffen dz [= dass] die Jenigen sachen so durch Druten, hexen, Unholden unnd | (# Melancholey #) dergleichen gesindlen gehandelt unnd verübt werden für eine # melancholische Imagination # unnd einbildung, oder für eine lautere # fascination # bethörung unnd v[er]blendung des leidigen Sathans zurachten und | derwegen an den Elenden bethörten unnd V[er]blendten leüthen nicht der | (# Contrarium #)schöpfer noch zue straffen sey. Aber diese und dergleichen # Opiniones # | unnd meinung sindt ahn ihnen selbst falsch und Unrecht, Sinthemalen |

{2'}
Gottes wortt mit Claren sprüchen, unnd der allgemeinen er- | fahrung mit schröcklichen fällen und Exempeln bezeüget, dz [= dass] gewiß | Truten unnd hexen in der that unnd warheit sey von denen alles | Truten unnd Hexenwerckh uhrsprünglich herkompt, unnd wie dz [= das] | Gottloße gesindt, druten und hexen inn Menschlichem geschlecht zue | (# Verbum dei #) ihrn Werckzeugen gebrauchen # Exod.[us] 22 [V. 17]. # Gedenckt Gott der | Zauberin die mit dem bößen feind heimblichen v[er]standt, oder auß- | trückliche V[er]bündnus habe, unnd durch deßelben hülff mancherley | gespenst unnd augenv[er]blendung auff die bahn bringet # Deut:[eronomium] | 19 [= Deut. 18, V. 10f.]. # Erzehlet Gott selbst # novem species # nacheinander, Namblich | die Jenigen, die Ihre Kinder dem Teüfel zuegefallen, durchs feuer | gehen laßen, die Weißager, Tagwehler, Vögelgaffer, Zauberer, | beschwehrer, Wahrsager, Zeichendeüter, unnd die von den toden ver- | borgene ding fragen unnd erforschen, darunter freylich Truten | unnd hexen, wie zue unßer Zait genennet werden auch er- | griffen sein, sampt allem ihren thuen unnd weßen, waß der | böße faind mit ihnen fürhat, wozue er sie antreibt, unnd | waß Sie Ihm zue ehren Gott aber zue V[er]drieß unnd den Menschen | zue schaden für dienst leisten und erzeigen. |

Weil denn Gott die Ewige warheit von Zauberern, Truten, Hexen, | unnd dergleichen gesindt, soviel wortt braucht, so muß es mit | ihnen kein gedicht oder Fabelwerk, sondern gewiß warhafftig | dieng sein, und bezeügen nicht allein die Biblischen, sondern auch die haidnischen Historien dz [= das] Truten unnd hexenwerck, Eben | wie der Teüffel nicht new, sondern ein Uhraltes geschmaiß | sey, dz [= das] zue allen Zeiten unnd bey allen Völkern zue zeiten gangen | und gewaltig in der Welt rumoret hatt, bhalt nach der | Sindflut, alß sich die Welt einwenig wied[er] V[er]mehret hat dießes õgeschmeißõ |

{3}
inn der Chaldeer Landt uberhand genommen, auß welchen Gott, | den Patriarchen Abraham umb der greülichen Abgötterey und Zaube- | rey willen, ins Landt Canaan abgefordert hat, im Ersten Buch | Moises am 12. Capitel [V. 1 - V. 5], zue Abrahams zeiten, ist der Perserland | mit diesem geschmeiß angesteckt und eingenommen | worden, durch der Partrianer König Zoroastren, welcher für den | Ersten Zauberer in der Heidenschafft und fur alle Truten unnd | Zauberer Vatter gehalten wird. Mozes gedenkt im ersten | buch am 41. Capitel [V. 8], unnd im andern buch am 7. [V. 11; V. 22] und 18. Capitel [= Exodus 8, V. 3; V. 14, | der Zauberer unnd Wahrsager in Egipten und da Gott sein | gesez zweytausend vierhundert und drey und fünffzig | Jar nach der welt anfangs, auff dem Berg Sina vom Himmel | herab gegeben, Ist albereit dz [= das] Land Canaan : welches hernacher | die Israeliter eingenommen :/ mit creülicher abscheülicher | Zauberey beschmeist und v[er]gifft gewest, darfür Gott sein | volckh nicht allein in der Heiligen zehen gebotten, sondern | auch an andern ortten, im andern Buch Mosis am 22. [V. 17] Inn dritten | buch am 19. [V. 26] 20. [V. 4 - V. 6; V. 27] und Inn fünfften Buch am 18. Capitel [V. 10f.] zum treü- | lichsten unnd fleißigsten v[er]wahret hat, zue König Saulß | Zeiten sind die Zauberer und Wahrsager Inn der Ißraelitten | Land sovil gewest, dz [= dass] Sie Saul mit gewalt hat außrotten | müßen Und ist gleichwohl dz [= das] Zauberische weib zue Endor ubrig gebli-

ben. Im ersten Buch Samuelis am 28. Capitel, | auch sind die herrlichen Landschafften in ganz # Asia Africa | Europa # mit den schendlichen Zauberischen unnd Trutengeschmeiß | erfüllet worden, ehe sie kaum ~~halb~~ recht bewohnet unnd nicht | halb Volkreich gewesen sein. Im newen Testament | wird in der Apostelgeschicht [am 8. Capitel Simonis?] |

{3'}

Zauberers gedacht, der dz [= das] Samaritische Volck bezaubert | unnd sich für einen Gott aufgeworffen hat, Im 13. Capitel | Finden Paulus und Barnabas in Cipern einen Zauberer | mit nahmen Elimas unnd Barjehu, welcher den Aposteln | wiederstundt, und den Landpfleger Sergium Paulum von Christ- | lichen glauben abwenden wolt, Im 16. Capitel begegnet | den Aposteln zue Philippis eine Magdt, welche einen Wahr- | sager Geist hatte, Und im 19. Capitel [V. 19] werden zue Epheß | ein ganzen hauffen Zauberischer Bücher v[er]brendt, deren werth | uf funffzigtausend groschen, od[er] uff Sechshalbtaußend | güldne unßerer Münz gerechnet wirdt, Ja Paulus zehlet | in der Epistel an die Gallater am fünfften Capitel [V. 19f.] ab- | götterey und Zauberey under die Werckh des fleisches, unnd | zeiget hiemit an, dz [= dass] diese beyde stück zue seiner zeit nicht | allein under den Heiden, sondern auch under den Christen im | vollen schwang gegangen sein. |

Hierauff ist gnugsamb clar und offenbahr, dz [= dass] die Welt | zue allen Zeiten voll Zauberer oder Truten und ihres verpflichten | geschmeißes geweßen ist. Und obwohl nicht zuvernehmen, dz [= dass] | bißweilen in denen sachen, welche von Truten, hexen, Unholden, | und dergleichen bößen leüthen gehandelt und v[er]richtet werden, | Menschliche # Imaginationes # und v[er]blendungen des Teüfels | (consens) mit und[er]lauffen, So ist doch hergegen gewiß, dz [= dass] allweg in | solchen handlungen und Verrichtungen <u>Ihr # Conßens # und willen</u> | darbey ist, unnd alle Ihre Künste, auch was Sie damit auß- | richten, Ja all Ihr thuen und weßen, sindt nichts anders | denn geschäffte und werck des Teüfels, welche endweder er | selbst durch Sie alß sein werckzeügen auff Ihr besonder |

{4}

gebeth unnd anruffen wirckt unnd v[er]richt, oder sie würcken | unnd v[er]richten dieselben fürsezlicher muthwillig[er] weiß, durch hulff | und Vorschub des leidigen Teüfels, mit Welchem Sie freywillig | ungezwungen unnd ungetrungen ihre heimbliche und öffentliche ver- | bündtnus gemacht haben, darumb sind es d[?]ie allerschendlichsten unnd aller | v[er]fluchtesten, und wieder alle gebott Gottes, in der ersten unndt and[er]en Tafel streiten,

Denn soviel die erste Taffel und | (# Profession #) derselben gebott belanget so ist dießes Ihr erste # Profession # , | dz [= dass] Sie von Gott ihrem Schöpffer, von seinem eingebornen Sohn | Jesu Christi Ihrem Erlößer und Haylandt, und von dem Heiligen | Gaist, ihrem Tröster und beystand schendlicher weiß abfallen. | <u>die ganze Heilige Dreyfaltigkeit v[er]leugnen,</u> und ohne scheu lestern, | schenden, schmehen, v[er]achten, v[er]nichten, und gar mit fueßßen | treten, auch Ihr zue trotz und wiederdrieß thuen, waß Sie nur | immer thuen mögen[,?] hergegen aber den leidigen Teüfel Gottes | wiedersacher, unnd ihren abgesagten feindt für einen Gott | annehmen, ihm ihr trew geloben, heimblicher und offentliche | #Pacta # oder verbündtnis mit ihm machen, sich mit leib und Seel | ihme zue eigen geben, ihn anbethen, ihm opfern, und den allercreü- | lichsten und scheülichsten Gottesdienst, den er von ihnen er- | fordert ihm zue ehren unnd wohlgefallen v[er]richten, Darnach | so mißbrauchen sie greülich den heiligen Nahmen Gottes zue ihrer | abgötterey unnd Zauberey, dz [= dass] sie mit demselben, Menschen Viehe, | Kreütter Salz waßer, unnd andere Creaturen segnen, mit solchem | (# Segen #) segen segen/:dz [= dass] gemeiniglich beßondere # Characteri # Creüz, sprüch | der Heiligen schrifft, unnd allerley Gauckelwerckh bey sich halten :/ | (#aberglaub #) eine newe Crafft den Creaturen zueignen [und ist kein Aberglaub?] |

{4'}

auch keine Zauberey und[er] ihnen, welche nicht mit dem nahmen | Gottes auß bestegigen und beschönen, Uber diß alles, so v[er]leugnen | Sie durchauß die Christliche Religion, Ihr Heilige Tauff, unnd | ganz Christenthumb, nehmen hergegen des Teüffels lügen unnd | (# Tauff #) Gottslesterungen, laßen sich von ihme anderst Tauffen, treten | (# Sacrament #) dz [= das] hochwürdige Sacrament des leibes und Bluthes Christi mit fußen, | unnd brauchen daß Heil.[ige] wortt Gottes /: wie auch die hoch- | würdigen Sacrament :/ zur bestegigung ihrer greül, und zu schanden | [ieklicher?] unmenschlichen Sünde und Büberey dazue sie sich dem | Teüfel v[er]lobt haben, daß sind zumahl greüliche schreckliche | Bubenstückh, mit welchen Sie die erste Tafel Gottes und der- | selben gebot muthwilliglich ubertreten, unnd sich ohne mittel | an der hohen Göttlichen Maiestet schwerlichen versündigen | und v[er]greiffen. Waß aber die and[ere] Taffel Gottes unndt | derselben gebott betrifft befinden sich nicht geringere Bubenstückh, | welchen Sie nechst Gott wieder Menschen begehen, und ihnen dar- | durch großen v[er]merklichen schaden zuefügen, denn dießes ist an- | dere # Profesion #, dz [= dass] Sie alle Menschen so sie bekommen mögen | dem Teüfel zueführen, unnd zue seinem dienst bereden, Eltern | und Kinder wieder einander v[er]bittern unnd alle Natürliche | lieb auß ihren herzen v[er]tilgen, der weltlichen Obrigkeit auff | leib und leben haab und guth freundlich nachstellen, mit gifft | unnd Mordt wied[er] sie würken und die Underthanen auß ihrem | dienst und gehorsamb abziehen, greüliche Mortthaten zwischen | Eltern, Kindern, Bluthsfreünde, Ehegenoßen, Nachtbarn, | stifften und v[er]uhrsachen, und nicht allein andere Leuth kinder | sondern auch ihre eigenen Kinder, inn: und außer Mutterleib |

{5}

vor und nach der Tauff dem Teüfel zugefallen, töden, umb- | bringen, unnd auffopfern, frommen ehrlichen Leüthen, denen Sie un- | billig feindt sindt mit gifft v[er]geben, od[er] böse langwihrige krank- | heiten anfangken, unnd vor ihrer Zait sterben müßen, uber diß | treiben Sie greüliche unerhorte Unzucht, beflecken sich mit hurerey, | ehebruch unnd Bluthschand, und bulen nicht allein mit menschen, | die ihrer Natur sind, sondern auch mit den unfletigen v[er]fluchten | Teüffeln, welches hoch zubetheüern und faßt unglaublich ist, stehlen | darzue and[eren] leüthen ihr haab und guth, v[er]derben die frücht | auff dem Feldt durch ungewöhnliche wetter, unnd veruhrsachen, | großen mißwachs, Teuerung, und hunger im Land, berauben ihren | Meister seiner nahrung, unnd seines viehes, seiner Kühe, Kelber, | Pferdt, Ochßen, Rinder, Schaff, Schwein, welche Sie mit ihren | teüflischen Künsten unversehens erlahmen und umbbringen, unnd | in Summa wie ihr Vatter der leidige Teüfel ein lügner unnd | Mörder ist, alßo wüeten Sie auch graußamblich, mit liegen und | mordt, wieder Gott unnd Menschen, unnd haben keine ruhe | vor dem Teüffel, biß Sie ihr Lügen und mordt ihm zue ehren und | gefallen, volbracht unnd ins werk gesezt haben |

Solche Gottloße schedliche und v[er]fluchte leüth sind truten, | hexen, Unholden, unnd Zauberer und Mann und weibs Personen | die alle Gottes gebot freventlich ubertreten, und mit | dem Teüfel Gottes und der Menschen abgeßagte bittere | feindt sein, dahero sie auch von St. Paulo inn der Apostel- | geschicht am 13. Capitel [V. 10] des Teüfels Kinder, voll aller lißt | und schalckheit genennet werden, [und wie geschrieben stehet ?] |

{5′}

nennen Sie Werkzeüg des Teufels, feindt des Mensch- | lichen geschlechts, verderber aller gemeiner Wohlfarth, un- | geheüere abscheüliche # Monstra #, und Malefizische Personen, | die große Ubelthat auff sich haben, und derowegen werth seyn, | dz [= dass] sie die schedliche Pestilenz erwürgen und auffreßen sollen, | darfür sollen auch alle fromme Christen solche Gottloße | leüth erkennen unnd halten, und sich bey ihnen Gottes gerechten | und grimmigen Zorns erinnern, d[er] heütigs tags durch ihr grau- | samb wüeten unnd toben der Papisten vielfeltige unndt | beharrliche Abgötterey und Evangelische fleischliche sicher- | heit, unnd schreckliche v[er]achtung des lieben Evangely ernstlich | straffe, daß Jederman bueß thue, unnd sich von herzen | zue seinem lieben Sohn bekehre, der darzue erschienen ist, dz [= dass] er des Teüfels Reich zerstören soll, wie in der Ersten | Epistel Johannis am dritten Capitel [V. 8] geschrieben stehet. |

# Zum Andern #

Wenn man nun weiß waß von Truten, Hexen, Unholden, Zaubern | unnd ihrem Teüfelischem thuen und wesen zuehalten sey So ist | ferner zubedencken, waß in solchem ihrem thuen und weßen | dz [= das] fürnembste Stück say, darauff am meisten achtunge | zuegeben, unnd darauf das urtheil des Todes wieder Sie | zugründten ist denn es stecken viel leüth auch under | weltlichen Oberherrn und Richtern in dießen gedancken, | dz [= dass] in dem greülichem abscheülichen laster d[er] trütnerey | Fürnemblich auff die äußerlichen umbstende und auff | die Jenigen Bubenstückh, welche von Truten, hexen, Unholden |

{6}

unnd Zauberern wied[er] die andere Dafel der Heiligen Zehen gebott | Gottes begangen worden, Zue sehen sey, wie sie nemblich ihre vom | Teüfel zubereite Salben haben, damit Sie ihren leibschmieren, | und andere Leüth Jung unnd alt vergifften und umbbringen, | wie sie bey tag unnd Nacht außfahren, Ihre von hellischen | Sathan angestelte # Convivien # unnd Däntz besuchen, mit den | bösen Geistern ihre wollust Pflegen, den wein in Kellern aus- | sauffen, milch stehlen, Menschen und Viehe bezaubern unnd be- | schedigen, Kinder morden, Wetter machen, die früchte ver- | derben, mit segnerey umbgehen, unnd mancherley Gauckel- | werk anrichten, damit sie denen Menschen die Augen ver- | blenden, unnd ihnen ihren betrug beybringen, darauff fallen aller- | meist die leüth, unnd disputiern hin unnd wieder ob auch solch | greülich ding müglich sey, Ob der Teüfel unnd seine Werk- | zeüg Soviel macht und gewalt haben, unnd warumb Gott so | grausambe thaten verheng, da er derselben wohl hindern unnd | whehren köndt.

Dargegen aber ist zuewißen, dz [= dass] in | der Trütnerey dz [= das] fürnambste Stückh, darauff allermeist | achtung zuegeben, nicht stehe in äußerlichen Umbstanden, | noch in der sünden wied[er] die ander Taffel der Heiligen Zehen | Gebott Gottes, sonderlich aber wieder dz [= das] erste gebott | derselben, begangen werd[en], alß dz [= dass] Sie muthwilliger weiß | auß v[er]führung unnd v[er]hezung des leidigen Teüfelß, von Gott | ihrem Schöpffer, unnd von der ganzen heil.[igen] Treyfaltigkeit | abfallen, und sich nicht allein dem leidigen Teüfel zue eigen | geben, sondern auch heimblich und offentliche # Pacta # oder |

{6'}
Verbündtnus mit ihm machen, dz [= dass] Sie ihm zue aller schandt | unnd Büberey bereit sein, unnd williglich ihren dienst und | gehorsamb leisten wollen, diß ainig Stückh ist der | grundt ihres ganzen Trutens und hexenwercks, Unnd wenn | man solche stück bey ihnen findet, od[er] sie daßelbig für ihre | Person bekomen, so sind sie des todts schuldig, wen- | gleich sonst der andern ubelthaten keine an ihnen offenbahr und | vorhanden ist, auff diß stückh siehet Gott der Herr in | seinem Gesez da er Ernstlich gebeütt im 2. buch Moysis am | 20. [V. 2f.] unnd 34. Capitel [V. 14]. Ich bin der Herr dein Gott du solt | nicht andere Götter neben mir haben Du solt keine Götter | neben mir machen und anbethen, denn Ich der herr dein Gott | bin ein eiverig Gott. Im 3. buch am 19. [V. 26?] und 20. Capitel [V. 4f; V. 27]: | wer seines Sahmens dahin gibt, daß er dem Moloch /: daß ist | dem leidigen Sathan [/:?] # psal[m] # 106.1. [V. 37] 107.10 [V. ?]:/ auff geopffert | unnd v[er]brandt werde, der soll des Todes sterben dz [= das] Volckh im | Land soll ihn steinigen, unnd Ich will mein Angilz [= Antlitz] wieder solchen | Menschen sezen, und will Ihn aus seinem Volckh außrotten, | darumb daß er meinen Heiligen Nahmen endheiliget hat. | Item wenn seine Seele sich zue den Wahrsagern und Zeichendeütern | wenden wirdt, daß sie ihnen nachhuret, so will ich mein Angliz [= Antlitz] wieder | solche Seele sezen und sie außrotten auß Ihrem Volckh, | Heiliget Euch und seit Heilig, denn Ich bin der Herr euer Gott | Item wenn ein Mann od[er] Weib ein Wahrsager od[er] Zeichen- | deüter sein wirdt, die sollen des Todes sterben [,?] Mann soll | Sie steinigen; Ihr bluth sey auff Ihnen, Und die [Urßach?] |

{7}
sezt Gott hinzue im funfften buch Moysis am 13. Capitel [V. 10f.]. | Darumb daß solche leüth /: wie auch andere, so zue abgötterey | rathen und helffen :/ von dem Herrn Unßerm Gott verführen unnd | lernen abfallen von dem Herrn Unßerm Gott und verwerfen den | weg den der Herr unßer Gott gegeben hatt daß wir dar | innen wandeln sollen,

Inn allen dießen sprüchen clagt Gott | selbst alle Truten, hexen, Unholden und Zaubereren, und beuhr- | theilt sie zum Todt der einigen Sündt halben /: die aller andern Sunden Haupturssach und Brunnenquell ist :/ daß sie ihn ver | laßen den Teüffel für ihren Gott erkennen unnd annehmen, auch | andere leüth von Gott abführen, und zue greülich Abgötterey | unnd Teüfels Dienst verleiten Darumb wenn sie schon anderer | sund und ubelthatten alß daß außfahren, zaubern, Segens, wettermachens, Kindermordens, Todtschlags, Ehebruchs, | Unzucht unnd hurerey mit dem Sathan nicht bekandlich sein | und derselben nicht Uberweißen können werden, So sind Sie doch weg[en] des schendlichen abfaß von Gott und wegen der | heimblichen und offentlichen v[er]bündtnus, mit dem leidigen Teufel | albereit dem Todt gerecht, Unnd wenn andere Verzehlte | Unthaten und Bubenstückh darzue schlagen, So sind Sie desto | mehr des Todts schuldig. Obwohl dieselben vom Teüffel durch | sie gestifftet und v[er]richtet w[or]den. Dann der Teüfel ist | ein sehr gewaltig geist, unnd hat uberauß große Macht | der darauß genugsamb erscheinet, dz [= dass] er von unßern herrn | Christe, Johan[nes] : 14. [V. 30] und 16 [V. 11]. ein Fürst dieser Weldt, und | Lucas am 11 [V. 21]. ein starcker gewapneter heldt genennet | wirdt St. Paulus nennet Ihn Ephesern am 6. [V. 12] einen ge- | waltigen Herrn der Weldt, Ja [einen Gott der Welt] |

{7'}
am 2. Cor[inther] 4 [V. 4] der sein werckh hatt in den Kindern des | Unglaubens Ephesern am 2. Capitel [V. 2] dieser gewaltige unndt | geschwindte Geist, thut für sich selbst auß eigener macht, | uberaus großen schaden under den Menschen, und stifftet solche | Unthaten, schandt unnd Büberey, die keines menschen Herz | unnd Vernunft genugsamb begreiffen, unnd außforschen kan, wie er dem frommen Hiob in seinem Leib, mit giftigen | Schweren unnd plattern schlug, Er erreget einen großen | Sturmbwindt der daß Hauß einwarff, und erschlug ime | alle seine Kinder. Da er machet plözlich ein schrecklich wetter, | daß feüer vom himmel fiel, und Ihme alle seine Schaff, | sampt dem Hirdt v[er]brandt, auch beweget er böße Nachbarn, | die ihm inß Land fielen, alles große Viehe Ochßen Rind | Kamel, hinweg triben, und die Hirdten mit der schärpffe | des schwerdts todt schlug, |

Wiewohl nun der Teufel solche unnd dergleichen Unthaten | durch sich selbst ohne mittel begehet und außrichtet, So braucht er doch seine Haußgenoßen unnd Hoffge- | sindt, Trutten, Hexen, Unholden und Zauberer zue seinen | mitteln und Werckzeügen die er mit Vielfeltigen ver- | heißungen großes Reichthumbs großer Kunstgeschickligen- | keit Herrngunnst # Dignitet #, Ehr und Herrligkeit in | dießer welt, an sich zeügt unnd durch Sie wann Sie sich | freywillig gegen ihme v[er]pflichten und verbinden thut | er auch gewaltigen großen schaden und[er] Menschen unndt | Viehe, und verbringet mit ihnen auf ihr begehren und | anruffen, die greülichen unmenschlichen Thaten unndt | Bubenstückh so kurz zuvorn sindt erzehlt worden |

{8}
Unnd Gott v[er]henget dieselben nach seinem heimblichen un- | erforschlichem rath unnd willen, und last beedes dem | Teüfel unnd seinen Werckzeügen, sovil macht unnd | Gewalt zue umb unßerer vielfeltigen großen Sündte | willen, dz [= dass] er Unß von fleischlicher sicherheit abziehe zur | Buß beruffe, unnd wahrer erkentnus seines lieben Sohnes Jesu Christi | bringe, zum gebet erwecke, Inn gehorsamb seiner gebott erhalte | und wied[er] den Teüfel außrüste, mit den Geistlichen waffen welche von | St. Paulo zue Ephesern [Eph. 6, V. 10 - V. 20] beschriben: Damit aber der Teüffel nicht | seines gefallens zumere, noch sich berühme, alß hab er sein gewalt und | macht von ihm selbst her, So helt Gott den Zepter in seiner Handt | und leget dem Teüfel, wie einem zornigen und brüllenden löwen, Zaumb | und gebieß ins maul, dz [= dass] er nicht weiter greischen kan, denn Ihme | Gott v[er]hengt und zuegelaßen hatt, Ja Gott umbschrenckt seine | macht und gewalt mit gewißer maß, wiewiet sich dieselbe erstrecken | soll, unnd helt Ihn und seine Werckzeüg im Zwang daß sie nicht ihre | Tyranney und Bubenstückh allerdings wie sie wollen an Menschen und | Vieh uben unnd vollbringen können. Welches dann unßer höchster | drost ist, davon Matthei am 10. [V. 30] geschriben stehet. Daß alle härlein | uff unßerm haupt gezehlet sein unnd hellt keins ohne den willen unßers | himlischen Vatters herob, dem frommen Job kan der leidige Satan | ohne Gottes erlaubnus nicht ein härlein krümmen und ein ganze | Legion Teüffel der Ihren nicht in die Seü fahren, biß Ihnen solches | von unßern herrn Christe Matthej am 8. [V. 30 - V. 33] erlaubet wird. Welches | bey diesem Stückh insonderheit wohl zubedencken [ißt.?] |

{8'}
# Zum Dritten #
Wann man nun nach beeden vorgehenden Stücken gwiße Nachrich- | tung hat, waß von Trutnerey und Hexenwerck zuehalten, und welches | in demselben dz

[= das] fürnembste und allerstrefflichste Stück sey, So | wird billich vom Priest gefragt, wie gegen denen Personen, | so d[er] Trutnerey verdechtig, od[er] derselben uberwießen sein geist- | lich und weltlich weiß zuverfahren sey, Dann weil Trutnerey und | Hexenwerckh uberaußschwere wichtige und gefehrliche sachen sein, | die Gottes und unßers herrn Christi ehr und Reich, weltlicher | Obrigkeit # reputation # unnd hoheit des Teüfelß boßheit unnd | Tyranney, seines Reichs zerstörung liebe leuth zeitliche unnd | ewige wohlfarth, frommer ↓unschuldiger ↓Menschen Schuz und Schirm unnd | des boßen Gottloßen hauffens, wohlv[er]diente straff, und verdam- | nus betreffen, So ist sich in demselben wohlfurzuesehen dz [= dass] | man den sachen wed[er] zuviel noch zuwenig thue. und dz [= dass] nicht durch | geschwinde unrechtmeßige # proceß # die leüthe verkürzt, | Gottes Zorn veruhrsacht, und der Teüfel in seinem muthwillen | gestercket werde,

Soll demnach weltliche Obrigkeit, | mit allem fleiß darauff bedacht sein, dz [= dass] Inn dießen schweren | wichtigen und gefehrlichen sachen von Christlichen und weltlichen | Personen, ein wohlbedachter rechtmeßig[er] # Proceß # gebreucht | werde, welcher soviel die Geistlichkeit betrifft allermeist | darinnen stehet, dz [= dass] die Kirchendiener wenn Sie v[er]mercken, | dz [= dass] Sie in ihrer anbefohlenen Gemein, Trutten, Hexen, Unholdten | Zauberer und dergleichen böße Teüfelische leuth regen und | (Canzel) finden wollen, daß Gesez Gottes auff der Canzell mit | gebüerlichem Ernst schärpffen, die greülichen abscheülichen |

{9}

Sünden, so diese Leuth wied[er] alle geboth Gottes begehen, Inn ihren | Predigten oft unnd viel endtecken, unnd in gemeinstraffen, die | schrecklichen straffen, welche Gott auff diese sünden verordnet | und ergehen laß, den leuthen zue gemüth führen, Ied[er]man treülich dar- | für warnen, unnd allen muglichen fleiß fürwenden, daß daß Teufelswerckh bey Ihrer gemein zerstöret und auß Ihren Pfarr- | kindern die Jenigen, so sich der greülichen abscheülichen Sünde, schuldig | wißen, auß des Teüfels rachen unnd hand[en], errettet werden mögen, | kommen dann v[er]dechtige Personen auß Ihren Pfarrkindern zur licht, | sollen sie eine clare bekandtnus von ihnen herauß bring[en] möchten, und doch | die Geistliche bescheidenheit gebrauchen, dz [= dass] Sie daß Ienige, waß ihnen | in der Beicht bekandt wirdt, nicht offenbahren, sond[ern] v[er]schwiegen halten, | weil es Gott gebeichtet ist, Und nichts desto wenig[er] Ihnen auff | Ihr begehren, unnd auff vorgehende Zeichen eines reüigen bußfertig[en] | Herzens, die # absolution # unnd dz [= das] Heil.[ige] Abentmahl mittheilen [wolen?], | aber solche Ihre Pfarrkinder od[er] andere frembde Persohnen, umb | ihrer Mißthaten willen von weltlich[er] Obrigkeit gefenglich ein- | gezogen sollen sie dieselben mit ernst v[er]nehmen dz [= dass] Sie den Richtern | die Warheit bekennen, unnd Ihr gewißen reinigen, und do ihnen der Teüfel / : welch seine gliedtmaßen unnd Bundtgenoßßen, | in d[em] gefengnus zuebesuchen und mit ihnen zwigespräch zuhalten | pflegt :/ dz [= das] herz v[er]stocken, die Zungen binden, und den Mundt | v[er]schließen will sollen sie bey ihnen mit Gottes Wortt unnd | mit andechtigem eyferigem gebeth ohne Unterlaß anhalten ihnen | ihre begangene sündt und mißthat, nach verordnung der Heil.[igen] | Zehn gebott Gottes offenbahren und zuerkennen geben. Sie mit | Gottes gewaltigem und grimmigen Zorn schröckhen und mit zeitlichen |

{9'}

unnd ewigen straffen, so sie v[er]dient haben bedrohen, auch treülich | mit ihnen Gott anruffen, er wolle ihnen ihr herz erleüchten unnd | erweichen, dz [= dass] Sie dem Teüffel nicht statt geben, sondern sich von | herzen zue Gott bekehren, unnd in wahrer reü und leidt nach seiner gnadt unnd Barmherzigkeit seüfzen da solches erfolget, sollen sie | ihnen daß Evangelium predigen und den schönen crefftigen trost | V[er]kündig[en], dz [= dass] der Sohn Gottes unßer Erlößer und Heilandt | Jesus Christus mit seinem gehorsamb blueth und todt auch ale | ihre Sünde wie groß und schröcklich sie Immer sey, vollkömmlich | gebüeßet, bezahlet und darfür genug gethan hat, und dz [= dass] d[er] himlische | Vatter umb seines lieben Sohns teuern v[er]dienst willen, sie auch | zue gnaden annehmen ihnen ihre Sünde v[er]geben, und die ewige Seelig- | keit schencken wolle allein daß Sie an seinen lieben Sohn Jesum Christum | glauben Ihn für ihren Erlöser unnd heylandt halten, und sich seines | treüen verdienstes Bluths und todts im leben und sterben von herzen | trösten, darzue Sie die Kirchendiener mit trost v[er]nehmen, Ihren | schwachen glauben mit der Heilg[en] Tauff # Absolution # stercken, | Sie zue gedult unndt gehorsamb d[er] hohen Weltlich[en] Obrigkeit an- | halten, unnd beyneben ernstlich für sie bethen, auch Sie der ganzen | christlichen Gemein in ir gebeth befehlen, dz [= dass] Sie Gott in ihren | gefengnus und mitten im Todt in wahrer bueß und bekehrung, | unnd in Rechtem Seeligmachendem glauben durch seinen heiligen | Geist erhalten unnd zur ewigen seeligkeit bewahren wolle, | Wenn die Kirchendiener einen solchen ordentlichen # proceß # gebrauchen, | so richten sie bey den Elenden leüthen mit Gottes wortt, unnd | mit andechtigem eyfrigem gebeth offt mehr auß, dann die Nach- | richter mit ihrem foldern unnd peinigen, daß der Teüffel /: welch[er] Gottes leßterlich heilige Predig Ampt wed[er] dulden noch leiden |

**{10}**
kann :/ von den Elenden Leüthen abgetrieben und ihre Seel von der | ewigen V[er]damnus errettet würde. Wollen sie aber nach allen | angewandten verstockt und wollen sich nicht gewinnen [lassen?], so | müßen Sie die Kirchendiener dem rechten Gericht Gottes be[fehlen?] | der seine Ursachen hat, warumb er etliche leüth, wen Sie es zu | grob gemacht ins Teüfels rachen stecken unnd ihren sünden sterben [und?] | v[er]derben ~~müßen~~ last. |

Belangend den # Polit#ischen Proceß sollen Fürsten und herrn wenn | ihnen etliche der Trutnerey und Zauberey v[er]dechtige unnd berüch- | tige Personen, und[er] ihrem gebieth angegeben werd[en] durch ihre # Fiscaln #, | Voigt Richter unnd Amptleüth fleißig # inquirirn # laßen wie | es nicht allein mit V[er]dechtigkeit und beruchtigten Personen, sondern | auch mit denen so sie angeben eigentlich beschaffen, ob die angebung | nicht auß Haßß Neid Feindschafft Rachgier oder dergleichen | bösen # affecten # herrühre, ob die angeber und kundschaffter | redtliche Leüth seyn die ein guth gewißen unnd ehrlichen Namen | haben, od[er] ob sie leichtfertige v[er]ruchte Leüthe sein die zuvorn | wied[er] Ehr und gewißen gehandelt haben, od[er] wohl selbst mit | Trüttnerey und Zauberey behafft seyn unnd viel mehr in Teüfels- | gesellschaft unnd v[er]bündtnus gerathen alß die Ienigen welche | von Ihnen angegeben und nambhafft gemachet worden sein. Denn auff | solche Stückh, wie auch auff bloße argwohn gemein geschrey und | der Leüth hin und her waschen, die v[er]dechtige und beruchtigte Per- | sohnen nicht einzuziehen seyn, es wehren dann andere [stärkere?] # Indi- | ditia # und # argumente # vorhand[en], alß dz [= dass] solche v[er]dechtige und | beruchtigte Personen sich selbst mit wortten v[er]rathen oder auff | etlichen Zauberstücken betretten werden, oder [bey ihnen gifft?] |

{10'}
Kröten, Ostien, Menschliche glieder, wachsene durchstochene bilder, | # Charakteres # und Zeichen od[er] böse brieff unnd v[er]schreibung[en] gegen | (# Inditia #) den Teufel gefunden werden, da auch andere Truten und Hexen | in die gefangnus und Tortur beharrlich auff Sie bekennen, od[er] | glaubwürdige unvernünfftige unpartheyische Zeügen wied[er] sie vor- | handen sein, auff solche starcke # Inditia # und hefftige vermuthun- | gen mög[en] Sie von weltlich[en] Richtern wohl in verhafft genom- | men unnd auff die Jenigen stückh welche man Ihnen schuld gibt | von erst güetlich mit sanftmuth unnd beschaidenheit besprächt, | hernach durch die Nachrichter Ernstlich gefraget, und da es | die notturft erfordert, auch Peinlich angegriffen und in | der Tortur auff gewiße # Interrogatoria Examinirt # werd[en] | es sollen aber die Nachrichter nicht Teüfelsbanner seyn, die | ihren heimblichen V[er]standt mit dem Teüffel haben und ihm zur | seinem muthwillen helffen und hoffieren auch sollen Sie nicht | ancläger # Examinatores #, od[er] Blutdürstige Tyrannen seyn, die auff | etliche ungewiße und verdechtige Zeichen die gefangenen leib unnd | leben anclagen, und unmenschlich[er], unbarmherzig[er] weiß mit Ihnen | umbgehen, vielwenig[er] sollen sie ungebürliche aberglaubische mittel, | alß geweihet salz und waßer wachsene Bilder, # Conscrirte # Kreüther, | # Agnus Dei # dolltranckh od[er] v[er]dechtige Eßen gebrauchen, den | Teüfel zuvertreiben. unnd die warheit bey den gefangenen er- | kundigen, sondern Sie sollen rechtschaffene Christen seyn, die | nichts mit dem Teüfel zuschicken und zuschaffen haben, unnd die Gerechtigkeit gebüerlich weiß wie Ihnen die Obrigkeit Jedes- | malß befiehlet # exequiren #, auch ordentliche zuleßige mittel | gebrauchen, die warheit auß den Leüthen zuebring[en], wie solche | mittel in den beschriebenen Rechten benant und v[er]ordnet sind |

{11}
Unnd weil Ia Trütnerey und Zauberey sehr heimbliche v[er]borgene | laster sein, die der Teuffel alß ein Trutten~~König~~Künstler sich wun- | derbahrlich dan andere Ubelthaten kertt, v[er]duscht, und nicht leichtlich | zu erkundigung unnd offenbahrung kommen lest, so sollen die [Richter?] | uf alle stückh und umbstände, die in der peinlichen tragtur | desto fleißig[er] # inquirirn #, und nothwendige schleünige erkundigung | Einnehmen, dz [= dass] sie auf den rechten grundt kommen und nicht ehe daß | Urtheil fellen, Sie seyen denn gewiß welche Personhen dießer greü- | lichen abscheülichen Laster schuldig seyen wie Gott selbst [befiehlet?] | im 5. Buch Moysis am 13. Capittel [V. 15], Daß die Kinder Ißraels | in abgötterey stehen fleißig suchen, forschen und nachfragen und wen | sich die warheit findet, dz [= dass] die that gewiß ist alß dann zur straff | greiffen sollen, hirmit stimmen auch die Keyser[lichen] Rechte und | E.[uer] Fürstl[iche] Dhlt. [= Durchlaucht] in dießen greülichen abscheülichen lastern /: sovil | den Proceß anbelanget nicht so genau v[er]bund[en] sein, daß sie den- | selben stracks nachgehen müßen, Sondern sie können mit gutem ge- | wißen nach erforderung der Umbstände so nicht in gemeinen | Rechten und in der Peinlichen Halßgerichts Ordnung begriffen | neue Verordtnung thuen, und dem Herrn # Fiscal # auch ander welt- | lichen Richtern beßondere # Instruction # geben, welcher gestalt uber | der gemeinen Recht und der Peinlichen Halßgerichts Ordnung | # disposition # Rechtmeßig Geistlicher weiß nicht allein die War- | hait zuerkundigen :/ sondern auch mit den gefangenen sie sindt | schuldig od[er] unschuldig von anfang biß zum ende zur # procedirn # und | zuverfahren seye wie dergleichen # Instruction #, ohnlengst von der | hohen Obrigkeit in Bayern, und

von einem E. Rat zue Nördt- | lingen mit großem bedacht gestelt, und den Richtern ubergeben | worden ist |

{11ʹ}
# Zum Vierdten #
Wenn nun durch ordentlichen rechtmeßig[en] # Proceß # die warheit er- | kundiget, unnd die Elenden gefangenen Leüth endwed[er] durch augenscheinliche | that, oder durch ihr eigen bekandtnis od[er] durch glaubhaffter unverwürff- | lich und unpartheyischer Zeügen außag ihrer begangenen Ubelthaten, | uberwißen sein, so ist den Jenigen keines weges statt zugeben, die | treuentlich # disputirn #, daß Truten, Hexen, Unholdten und Zauberer | an leib und leben entwed[er] gar nicht, od[er] in glimpflich und nicht nach | der scharpffe zustraffen sain, Dann da stehet Gottes ernster | Bevelch im and[ern] Buch Moisis am 22. Capitel [V. 17], die Zauberin | soltu nicht leben laßen, unnd redet Gott sonderlich von weibsper- | sonen nicht allein darumb, dz [= dass] sie der böße feindt, alß schwache | gebrechliche Werckzeüg mit seinen arglistigen geschwindten anschläg[en] | und schrecklichen arglisten hinterschleücht und v[er]führet, sondern | auch darumb, dz [= dass] Weltliche Obrigkeit mit ihnen ohne alle gnadt | unnd Barmherzigkeit, welche sonst in andern lastern dem weib- | lichen Geschlecht auß mitlaid[en] erzaigt wirdt, verfahren, unnd | sie vom leben zum todt verurtheilen soll, Dahin gehen auch die | andern Treüungen Gottes, so troben nach einand[er] erzehlet worden, unnd Ihres gleichen Gott dem Herrn ein greüel sey, daß Gott | sein angesicht wied[er] Sie sezen, unnd Sie auß ihrem Volckh | außrotten wöll, daß sie des todts sterben, gesteiniget und | auß dem mittel hinweg gereümet w[er]d[en] sollen damit sein Zorn | von Landt und Leüthen abgewandt werde, Ja St. Paulus | fellet uber sie dz [= das] gestrenge Urtheil, in der Epistel an die | Galatter am 5. Capitel [V. 20f.], daß sie daß Raich Gottes nicht | erErben sollen. |

Neben solchen ordtnungen hat Gott seinen gerechten und grimmig[en] |

{12}
Zorn auch mit augenscheinlich[en] und schröcklichen straffen alen | diesen leüthen zuerkennen geben, wie die Evangel in Heilig Gött- | licher schrifft unnd in andern Historien bezeügen, die Zauberer werden | in Egipten mit bößen schwarzen blattern von Gott außgephegt, | dz [= dass] Sie vor dem König Pharao nicht stehen können, Im andern Buch | Mosis am 9. Capitel [V. 11], Bileam der Zauberer, welcher sich mit goldt | stechen ließ, das Volk Ißrael zuverfluchen, wird sampt den Midia- | nittern jämmerlich in der schlacht erschlag[en]. Num:[eri] 31 [V. 8]. Die handt | Gottes kömpt plözlich uber den Zauberer elymas, dz [= dass] er starckblindt | wirdt, unnd eine zeitlang nicht sehen kann, Inn der Apostelgeschicht | am 13. Capitel [V. 11], Unnd Simonen den Zauberer [Apg. 8, V. 9 - V. 25?] stürzt der Taifel | auf des Heiligen Petri und anderer frommer Leüth gebeth auß | den Lüften herunder, dz [= dass] Er den halß brech, da er als ein großer | Wunderman gen Himmel fahren wolt, |

Auß diesen Exempeln ist genugsamb zuersehen wie Gott Trutten | Hexen Unholden und Zauberer ohne mittel schröcklich strafft, unnd | hatt beyneben der Weltlich[en] Obrigkeit daß Schwerdt in die handt | gegeben, unnd Ihr ernstlich befohlen, dz [= dass] sie alß seine Statthalterin | und dienerin auf Erden, diese böse leüth nach Ihren V[er]dienst straffen | unnd auß dem mittel hinweg reümen soll, wie der bevelch lautet | im Fünfften Buch Moisis am 13. [V. 9f.] und 19. Capitel [V. 13], Dein aug | soll Ihr nicht schonen, unnd sein herz soll sich ihrer nicht erbarmen | Sondern du solt sie erwürg[en], und daß böße von dir hinweg | thuen, dz [= dass] es andere leüth hören, sich forchten und nicht dergleichen | böße stückh und[er] dir zuthun und furzunehmen, Dießem | ernsten befehl Gottes sind die frommen Gottseeligen König | Im Jüdischen Volckh, David Josaphat, Ezechias, Josias mit | fleiß nachkommen, die vom Heiligen Geist derhalben hoch gelobet |

{12'}

worden, dz [= dass] Sie alle abgötterey und Zauberey im Land auß- | gerottet haben, und die alten löblichen Keyßer, haben nicht allein | Truten Hexen, Unholden und Zauberer am leben gestrafft, sondern auch | feine gesez wied[er] Sie verordtnet, mit denen die löblichen # constitutio- | nes # Raichsabschiedt und Landsverordtnungen zu Unßerer Zeit uber- | einstimmen, dz [= dass] diese schädliche böße leüth ohne Barmherzigkeit | gestrafft und außgerottet werden sollen, |

Waß aber für straff gegen Ihnen furzunehmen sein möchten wird | weltliche Obrigkeit Ihrem v[er]stand nach wohl zu # definirn #, und | beyneben den Underscheidt zuhalten wißen, weiln die Verbrechung[en] | nicht allweg glleich gewest undschwehr finden, daß etliche herter, | etliche gelinder gestrafft werden.

Gottes gesez befihlet | im Dritten Buch Moisis am 20. Capitel [V. 27], und im fünften buch | am 13. Capitel [V. 11], dz [= dass] man sie mit stainen zue todt werffen solld, | welches bey den Juden die allerschärpfste undschröcklichste straff | geweßen, Die Keyßerl.[ichen] Recht veruhrtheilen sie zum feüer, | und wirdt damit dieße Weiße gehalten, dz [= dass] sie endwed[er] leben- | dig v[er]brandt, oder zuvorn # strangulirt # und hernacher ufs | feüer geworffen w[er]den.

Es mögen aber nicht alle dz [= das] feüer, | sondern etliche dz [= das] Schwerdt, etliche den Staupbeßen etliche | ewige gefangnus etliche v[er]weisung des Landes, etliche öffent- | liche Bueß, und stellung für die Kirchen, etliche # Confiscirung # | Ihrer ↓ hab und ↓ Gütter v[er]dienet haben, Und werden Iedesmaß die Umb- | stände geben bey welchen die strafe zue schärpffen od[er] zu | miltern sey, allein dz [= dass] ihrer Ubelthaten, sie sind groß oder | klein nicht ungestrafft bleiben, und dz [= das] andere durch ernste | # Mandata # von ihrer gemeinschaft abgehalten und in ihren |

{13}

Ubelthatten gewarnet werden, Sinthemahln Gott ernstlich | trohet, dz [= dass] er die Obrigkeit so hierinnen faul, ungehorsamb | und heiloßig, mit greülichen straffen haimsuchen und nicht allein | ganze Völcker, welche Truten, Hexen, Unholten und Zauberer under | sich dulden, außrotten, sondern die die Jenig[en], so bey dießen Gott- | loßen schedlichen Leüthen rath suchen, und sich ihrer hülff gebrauch[en] | zu grundt v[er]dilgen wolle, wie solche Trohung[en] in tritten Buch | Mosis am 19. [V. 31] und 20. [V. 6] Capitel geschrieben stehen. Darumb solln | weltliche Oberherrn, unnd zuvorauß E.[uer] Fürst.[liche] Dhlt. [= Durchlaucht] | auch deren # Fiscaln #, Voigte, Richter und Amptleüthe welche | mit dießen bößen Leüth[en] umbgehen müßen zur # exequirung # | d[er] v[er]dienten straffen den schuldigen Persohnen starckh und uner- | schrocken sein, unnd beyneben den Trost faßen, dz [= dass] alle Teüffel, | auch alle Trutten, Hexen, Unholdten und Zauberer E.[uerer] Fürstl.[ichen] | Dhlt. [= Durchlaucht] und derselben Dienern wenn Sie in ihrem ordentlichen | Beruff, Gottes willen und Bevelch treülich außrichten mit | ihren hellischen Künsten, nicht bey kommen, und keinen schaden | zufüeegen können wie sie oft in ihrer Außsag und Urgicht | bekandt haben, dz [= dass] Sie der Weltlich[en] Obrigkeit, welche Sie in | ihrer Macht unnd gewalt hat kein laidt thuen auch keinen | schaden zuefüegen können, Weil Gott uber seinen getreüen | Dienern helt, unnd Sie wied[er] des Teüffels und seiner werck- | zeüg list, bethrug boßheit und Tyranney gewaltiglich schüzet | und schirmet, wie der 91. Psalm [V. 1], Wer und[er] dem Schirm | des Höchsten sizet mit sehr schönen herrlich[en] verheißungen bezeüget. |

Solches hab ich gnedigster Fürst und Herr, E.[uere] Fürstl[iche] |

{13'}

dhlt. [= Durchlaucht] auf deren gnedigst begehren, von Trutnerey und Hexen- | werckh, wie es aigentlich damit geschaffen, und waß für Pro- | ceß unnd straff dawied[er] zugebrauchen, allermeist aus Gottes- | wortt, in aller Untherthenigkeit anzuzeigen, nicht sollen under- | laßen, Unnd gelanget beschließlichen E.[uere] Fürstl[iche] dhlt. [= Durchlaucht] | mein Underthenigst bitten, Sie wollen ihnen diß mein einfeltige bedencken | gnedigst gefallen laßen, unnd mich sampt den meinigen auchhinfüro | zu gnaden, und Vätterlich Fürstl.[iche] beförderung gnedigst be- | fohlen haben, welches Ich die Zeit meines lebens mit schuldig[em] | gehorsamb, getreüen diensten und andechtigen glaubigen | gebeth, fur E.[uere] Fürstl[iche] Dhlt. [= Durchlaucht] langes leben glückliche wohl- | farth zuverschuldten, in aller Underthenigkeit befließen sain will.. |

Datum Im Closter Hailßpronn den 25. Augusti | Anno 1591. |

Euer Fürstl[iche] dhlt. [= Durchlaucht] |

Underthenigster Gehor- | sambster |

Adam Francißci Abbt | daselbsten ./.

# Personenregister

Albrecht Alcibiades (Markgraf v. Brandenburg Ansbach-Kulmbach) 13, 15f., 34
Albrecht V. (Herzog v. Bayern) 112
Alciatus, Andreas 79
Althamer, Andreas 71, 90f.
Aquin, Thomas v. 19, 105ff., 137
Augustinus, Aurelius 24, 29, 73f., 76, 106

Binsfeld, Peter 137, 238
Bodin, Jean 203, 213
Brenz, Johannes 24, 35, 39ff., 46ff., 63, 69, 76, 80, 83f., 106, 108, 110, 118f., 121, 124f., 127, 137f., 267
Bugenhagen, Johannes 46

Canisius, Petrus 112
Christian (Markgraf v. Brandenburg Ansbach-Kulmbach) 13
Christian Ernst (Markgraf v. Brandenburg Ansbach-Kulmbach) 57, 224

Dürer, Albrecht 19

Erasmus v. Rotterdam, Desiderius 80f.

Ferdinand I. (König, ab 1556 Kaiser) 16
Fichard, Johann 78f., 203
Fischart, Johann 213
Förner, Friedrich (Weihbischof v. Bamberg) 205, 220
Francisci, Adam 9, 23, 53, 58, 64f., 71, 72f., 78, 98ff., 205f., 208, 210, 213ff., 238, 276f., 279f.
Friedrich V. (Burggraf v. Nürnberg, Markgraf v. Brandenburg) 11
Friedrich d. Ä. (Markgraf v. Brandenburg Ansbach-Kulmbach) 13

Gast, Hiob 32
Geiler, Johann 72
Georg d. Fromme (Markgraf v. Brandenburg Ansbach-Kulmbach) 13, 15, 16, 32, 33, 247

Georg Friedrich d. Ä. (Markgraf v. Brandenburg Ansbach-Kulmbach) 8, 10f., 13, 16f., 34, 49, 60f., 71, 99, 210
Gödelmann, Georg 79
Goethe, Johann Wolfgang v. 19

Heinrich v. Braunschweig (Herzog) 16
Himmler, Heinrich 18, 147, 148–193, 198–202

Institoris, Heinrich 56, 108

Joachim II. (Kurfürst v. Mark Brandenburg) 49
Joachim Ernst (Markgraf v. Brandenburg Ansbach-Kulmbach) 13
Johann Georg II. (Fürstbischof v. Bamberg) 205
Jonas, Justus 246

Karg, Georg 71f., 90f., 99, 249
Karl V. (Kaiser) 16, 36
Karl v. Baden (Markgraf) 16
Kasimir (Markgraf v. Brandenburg Ansbach-Kulmbach) 13, 15, 32

Limmer, Konrad 99, 205
Lombardus, Petrus 74
Luther, Martin 4f., 8, 9, 14, 23ff., 30f., 34f., 35ff., 38, 39, 42, 46f., 50, 53f., 61, 66, 70ff., 74f., 76f., 79, 80f., 83f., 86, 89f., 94f., 106f., 110f., 116, 120, 122, 124f., 127, 132f., 138, 244f., 266, 274, 275, 276ff., 280f.

Marsilius v. Padua 24
Maximilian I. (König, ab 1508 Kaiser) 11, 58
Meder, David 5, 72, 79, 80f., 92, 104, 106, 108, 114, 122, 251
Melanchthon, Philipp 46, 99
Molitoris, Ulrich 78
Moritz v. Sachsen (Herzog) 16

Nider, Johannes 148

Ockham, Wilhelm v. 24
Osiander, Andreas 24, 35, 37ff., 42, 46f., 51, 71f., 84, 86ff., 91ff., 106, 109, 110, 112, 123f., 280

Paulus (Apostel) 24f., 242
Philipp Adolf v. Ehrenberg (Bischof v. Würzburg) 276
Philipp Ludwig v. Neuburg (Pfalzgraf) 110, 118
Plantsch, Martin 69

Regino v. Prüm 78

Samuel de Cassinis 79
Schwarzenberg u. Hohenlandsberg, Johann v. 56
Spee, Friedrich v. 115f., 218
Spengler, Lazarus 46

Weyer, Johannes 41, 63, 69, 80, 85, 118f., 121, 122f., 137, 203
Wilhelm V. (Herzog v. Bayern) 63, 112

Zarathustra 121

# Ortsregister

Abensberg 182, 208, 211, 223, 230
Altdorf 69, 182
Ansbach (Stadt) 11, 12, 46, 71, 73, 98f., 100, 142ff., 168, 176, 182, 195, 199ff., 205ff., 213, 216, 235
Ansbach (Markgraftum) 13, 14, 18, 192, 202, 208f., 249
Arzberg 12, 145, 151, 154, 195

Baden-Baden 56
Baden-Württemberg 7
Bamberg 3, 11, 16, 18, 56, 101, 123, 141, 205, 220, 240, 276
Baiersdorf 12, 17
Basel 69
Baudenbach 258
Bayern (Bundesland) 7
Bayern (Herzogtum) 2, 11, 63ff., 102, 116, 121, 124, 132ff., 146, 204
Bayreuth 12, 14, 17, 18, 21, 56, 141, 151, 153, 155, 189, 190f., 195, 215, 216, 254, 256f., 267
Bergel 12
Berneck 12, 270
Buchheim 256, 261, 269
Burg Bernheim 12, 254, 259, 261

Cadolzburg 17, 174, 176ff., 190, 195, 197f., 201, 232
Calenberg-Göttingen (Fürstentum) 49
Colmberg 12, 169, 190, 195
Crailsheim 12, 14, 17, 18, 141ff., 147, 152, 184–188, 192f., 195, 197, 201, 213, 220, 228
Creglingen 12
Creußen 155, 195, 271, 273

Dachsbach 12, 167, 195
Dinkelsbühl 49
Drossenfeld (s. Neudrossenfeld)
Drumsdorf 254, 260
Dürnberg 256

Eckersdorf 257

Eichstätt 11, 202
Ellingen 182, 208, 211
Emskirchen 163, 190, 195, 201
Erlangen 12, 18

Feuchtwangen 17, 18, 150, 195
Forchheim 18
Franken 2, 7, 11, 14, 15f., 17, 104, 196, 202, 204
Frankfurt/Main 18, 199
Fränkischer Kreis 11, 13, 14, 17, 276
Freitenbach 254, 266, 271

Gefrees 254, 259, 260, 263, 265, 270
Gochsheim 11
Goldberg 99
Goldkronach 12, 255, 256f., 259, 261, 270
Gräfensteinberg 254
Greifswald 68
Gunzenhausen 12, 14, 17, 37, 170, 254, 258

Heidelberg 39, 69, 80
Heidenheim 12, 168, 170, 195, 201
Heilsbronn 12, 14, 17, 71, 99, 121, 135, 142, 153f., 156–162, 169–174, 176, 179, 183, 189, 194, 195, 197, 203, 204f., 206, 208f., 213f., 217, 223f., 228, 230, 232f., 235, 251, 265, 269, 276f., 280
Helmbrechts 12, 257, 261, 270, 273
Helmersdorf 254, 261
Helmstedt 69, 73
Heroldingen 71
Herzogenaurach 12
Hetzelsdorf 255, 261
Hof 12, 14, 17, 18, 255f., 270
Hohenberg 12
Hohenlohe (Grafschaft) 72
Hohenstadt 12
Hohentrüdingen 12, 167, 195

Ingolstadt 69, 182

Jägerndorf 99

Jena 69f., 182, 282
Jülich-Kleve-Berg 118

Kairlindach 255, 261
Kasendorf 258, 260ff., 263, 265
Kaufbeuren 64
Kitzingen 14, 17, 18, 155, 191, 195
Köditz 255f., 260, 270
Königsberg 38
Kulmbach (Stadt) 11, 12, 14, 17, 163–166, 169, 182f., 192, 195, 208, 219, 228, 248, 254–258, 266
Kulmbach (Markgraftum) 13, 16, 251, 264
Kurpfalz 56
Kursachsen 26, 30f., 46, 56, 66, 125, 252
Kurtrier 57, 64

Lehental 256f.
Langenzenn 12, 156, 163, 167, 170–173, 179, 195, 197, 201, 206, 213, 215, 217
Lanzendorf 254, 256, 261, 262, 271
Lauenstein 11
Leipzig 39, 69f., 282
Lenkersheim 12
Leutershausen 12, 17, 73
Lichtenberg 12, 18
Luzern 4

Mainbernheim 12, 168, 195
Mark Brandenburg 49f.
Markt Erlbach 12
Mecklenburg (Herzogtum) 49
Mittelfranken 7
Münchberg 12, 18, 256, 261ff., 272
München 18, 138, 141

Naila 18
Nemersdorf 255, 260, 268
Nesselbach 256, 271
Neuburg (Pfalzgrafschaft) 49
Neudrossenfeld 195, 254, 257, 258, 260ff., 265ff.
Neustadt/Aisch 12, 14, 17, 166, 195, 249, 254ff., 258, 271
Neuenstädtlein 257, 260
Niederrhein 11
Niedersachsen 11
Nördlingen 65, 102, 134ff., 208
Nürnberg 11, 14, 15, 17, 18, 37, 46, 48, 58, 83, 88, 96, 98, 110, 123, 141f., 158, 164, 172, 178, 189, 201, 206f., 230, 236, 247f., 252

Oberfranken 7
Oberhöchstadt 255, 261
Oettingen 208f.

Pegnitz 12
Plech 254, 256, 260, 262

Regensburg 49
Rehau 12
Roeckingen 213
Roßtal 12
Rostock 68
Roth 12
Rothenburg 11

Sachsen (Herzogtum) 16, 26
Sanspareil 12
Sausenhofen 258
Schauenstein 12, 254f., 259, 260f., 263, 270, 273
Schwabach 12, 14, 17, 18, 148ff., 175, 179–182, 194, 195, 197, 200ff., 211f.
Schwaben 11
Schwäbisch Hall 39
Schwarzenbach 12
Schwarzenberg (Grafschaft) 17
Schweinfurt 11
Seibelsdorf 256, 261
Selb 12
Selbitz 255, 259, 270
Sennefeld 11
Stammbach 254f., 259, 261, 270
Stauf 12
Straßburg 72
Streitberg 12
Stübach 254, 261
Stuttgart 39f.

Thierstein 12
Thuisbrunn 12, 258
Trebgast 254, 262, 270
Trumsdorf 255, 259
Tübingen 39, 41, 68f.

Uffenheim 12, 14, 17, 254, 256
Unterfranken 7

Wassertrüdingen 12, 14, 17
Weidenbach 258, 260
Weil 39
Weißdorf 255, 264
Weißenburg 11, 49
Weißenstadt 12

Westfalen 11
Windsbach 12, 161f., 183, 195
Windsheim 11, 49
Wirsberg 12, 270
Wittenberg 17, 35, 38, 69f., 99, 116, 120, 247, 248, 282

Wolfenbüttel 18
Würzburg 3, 11, 16, 69, 141, 240, 276
Wülzburg 17, 192
Wunsiedel 12, 14, 17, 141

# Sachregister

Agrarkrise
Anthropologie 25, 78ff., 88, 91
Apostasierung 56ff., 66f., 124ff., 127, 136, 139f., 203, 240, 276

Bann 46, 242–247, 248
Beichtgeheimnis 102, 131
Besagung 144f., 147, 148–193, 233
Beschreiung 142, 147, 148–193
Brandenburg-Nürnberger Kirchenordnung (1533) 9, 15, 34, 35, 38, 39, 43ff., 45ff., 54ff., 60, 66, 70, 87, 91ff., 104, 109, 112, 123f., 139f., 208, 212, 232, 247, 265f., 274, 277ff., 280f.
Bürgermeister 43, 59, 60, 143, 145, 166, 262
Buße 97, 100, 102, 128, 130, 156, 196, 203, 244, 250, 270f., 278

Canon Episcopi 40, 69, 78f.
Carolina 36, 54, 56, 57, 59f., 66, 68, 104, 125f., 129f., 131, 134, 136, 140, 203, 240, 275
Castner 43, 59, 60, 143, 145, 250

Dämonenpakt 4, 19f., 57, 66, 73f., 80, 92, 102, 105f., 108, 118, 123, 124ff., 127, 136, 137, 144, 146, 148–193, 224, 237f., 240, 263, 274, 276
Decretum Gratiani (s. Canon Episcopi)
Diebstahl 53, 57, 108, 155, 159, 161f., 163ff., 166, 182f., 222, 224, 228, 235, 261, 269
Dreiständelehre 29f., 68, 97
Dualismus 75f., 109f.

Ehebruch 52, 108, 154, 163, 236, 250, 253
Endlicher Rechtstag 144, 147, 218, 240
Ermahnung/Warnung 38, 53, 60, 62, 66, 86f., 91, 102, 117, 131, 136, 139, 216, 224, 232, 242, 247, 248ff., 251, 265, 270f., 274, 278
Eschatologie/Endzeit 26, 61f., 102, 110f., 118

Exkommunikation (s. Bann)

Fehlverhalten 254–258, 260ff., 263f.
Fiskal 144
Fluchen 58, 86, 90
Fragstücke 21, 143, 147, 234, 237f.
Freiheit 46, 74f., 80ff., 116, 123, 238, 281
Freispruch 149f., 153f., 156f., 160f., 170, 179, 181, 184, 186ff., 191, 196ff.

Gebet 34, 47f., 92, 94, 96f., 109, 112, 123, 131ff., 139, 212, 268, 281
Gegenmittel 82ff., 96, 98, 123f., 132
Gegenreformation 5f., 17, 220
Geheimer Rat 16, 143, 202f., 206
Gender 3f., 221ff., 258f.
Gerechtigkeit Gottes 25, 48, 76, 112ff., 116f.
Gesetz und Evangelium 29, 246
Gesinnungsstrafrecht 66, 85, 89, 125
Gotteslästerung 52, 54, 58f., 62, 107, 250, 253, 257
Gregorianischer Kalender 111
Gütliches Verhör 143f., 145, 147, 148–193, 215

Hausarrest 176, 182, 196f.
Heilerin 229–232, 270, 273
Hexenflug 19, 78f., 92, 105f., 108, 144, 146, 148–193, 237f., 274
Hexengesetzgebung 8, 63ff., 66, 134, 204, 277
Hexenhammer 56, 79, 80f., 105f., 108, 115, 123, 131, 137, 139, 144, 148, 229, 234, 238, 276
Hexenprobe 133
Hexensabbat 4, 19ff., 93, 105f., 108, 144, 146, 148–193, 211, 237f., 263, 274
Hochgerichtsbezirke 11, 276
Hofrat 16, 64f., 101, 134, 212
Hohe Gerichtsbarkeit 11, 142, 220, 274
Humanismus 14, 75, 122

## Sachregister

Katechismus 9, 71ff., 131, 212, 251, 252, 279
Katechismuspredigten (1533) 44f., 47ff., 70, 71f., 86ff., 90, 92, 95, 109, 124, 139f., 251, 266, 278
Katechismusunterricht (s. Katechismus)
Ketzerprozess 1, 19
Kinderpredigten (s. Katechismuspredigten)
Kindsmord 108, 152f., 188, 236, 250
Kirchenordnungen 8, 43ff., 60, 62, 103, 139, 246
Kirchenzucht 7, 9, 148, 157, 159, 241–274, 278
Kirchliche Leitung 6f., 8, 9, 24, 30f., 32f., 34, 43, 53, 66, 70, 85, 97, 128f., 131, 136, 139, 147, 219, 240, 249, 275f., 278ff., 282
Konfessionalisierung 10, 15, 17, 136, 208, 232, 244, 274, 281f.
Konfiszierung 130, 178
Konkordienformel 17
Konsistorialordnung (1594), 17, 34, 45, 52, 136, 249
Konsistorium 16, 30, 34, 52, 111, 166, 246, 248ff.
Kooperation 8, 28, 53, 66, 70, 98, 136, 220, 240, 249f., 272, 275, 282
Kriminalzucht 241
Kumulativer Hexenbegriff 19, 21, 54, 92f., 103, 105ff., 137, 139, 145, 146, 148–193, 209, 215, 234, 238, 262f., 278

Landesherrliches Kirchenregiment 30ff., 66, 85, 129, 136, 220, 275, 277f., 281f.
Landesverweisung 57, 130, 150, 160, 161, 169, 192ff., 196f., 222, 224
Leidfrage 38, 48, 76, 78, 91ff., 112
Liebeszauber 4, 21, 151, 254, 261f., 263

Männlichkeitsdiebin 234f., 261
Magie 2, 36, 50, 51, 61, 125, 132, 136, 229, 266, 267f., 278
Magisches Weltbild 7, 224, 232
Malleus Maleficarum (s. Hexenhammer)
Mandat 43, 55, 58ff., 62, 204, 246, 252
Markgräflerkrieg 15
Melancholie 118

Nachrichter (s. Scharfrichter)
Naturrecht 128

Oberhauptmann auf dem Gebirg 164, 219, 248, 264

Papst 26, 29
Peinliche Halsgerichtsordnung 43, 56f., 60, 62, 101, 136, 224, 240, 275, 277
Peinliches Verhör 143, 145, 148–193, 215
Permissio dei 73ff., 91, 93, 96, 102, 109ff., 112, 114f., 238
Polizey- und Landesordnungen 8, 43, 55ff., 57ff., 62, 275
Prangerstehen 150, 196f.
Predigt 68, 71, 72f., 96f., 98, 100, 102, 113, 123, 131, 139, 148, 151, 242, 246, 250ff., 264f., 267, 274, 278

Reformation 5ff., 9, 10, 14ff., 30, 32f., 35, 39, 49, 70f., 80, 122, 132, 229, 241, 244, 252, 254f., 275, 277f., 280ff.
Reformatoren (s. Reformation)
Realität der Zauberei 35, 38, 47, 78f., 88, 95, 106, 117ff., 125, 127, 138, 238
Rechtfertigung 80f., 82f., 93f., 95f.
Regionalstudie 2f., 4, 7, 8
Reichskammergericht 3, 141, 176, 182, 210f., 217, 277
Reichsstadt 3

Sakrament 107, 116, 151, 179, 243f., 247, 253
Säkularisation 32
Schadensfiktionalisten 79, 106, 125f.
Schadensrealisten 66, 79, 106, 125f.
Schadenzauber 4, 19f., 36, 42, 56, 83, 92, 102, 104, 105f., 107f., 124ff., 136, 140, 143, 145, 148–193, 203, 211, 222f., 233f., 237f., 240, 251, 156, 162f., 274, 276
Scharfrichter 100, 132f., 142ff., 147, 148–193, 200, 202, 205–210, 213f., 215, 239, 276, 280
Schlüsselamt 243
Schmalkaldischer Bund 15f.
Schwertgewalt 36, 66, 84, 97f., 102, 128, 243, 281
Schwören 89f.
Segenssprecherei 52, 54, 57, 107, 224, 254ff., 259, 261, 273
Soteriologie 78, 82ff., 94
Sozialdisziplinierung 241, 246
Spiritualisierung 56f.
Spruchpraxis 68
Staatliche Strafgewalt 7, 9, 91, 124, 241f., 271f., 275
Stadtschreiber 43, 143, 145
Staupenschlag 57, 130, 224

Strafzucht (s. Staatliche Strafgewalt)
Superintendent 16, 34, 155f., 215, 232, 248, 249, 253, 271, 274
Sympathiezauber 232, 268
Synodalordnung (1556) 17, 34

Taufe 44, 47, 50, 51, 54, 92, 107, 132, 170–174, 184ff., 208, 257, 266, 277, 278
Teufelsbuhlschaft 18f., 92, 105f., 108, 144, 146, 148–193, 238, 263, 274
Teufelshure 237–239, 240, 262
Teufelspakt (s. Dämonenpakt)
Teufelszeichen 144, 184ff., 189, 206, 237
Theodizee (s. Leidfrage)
Todesstrafe 35f., 39, 41, 42, 56, 59, 83ff., 102, 119, 126, 130, 137, 148–193, 196ff., 276
Todesurteil (s. Todesstrafe)
Transzendentalisierung (s. Apostasierung)
Tridentinum 81, 82
Trutenzeichen (s. Teufelszeichen)
Türkengefahr 26, 88, 97

Unholdenflug (s. Hexenflug)
Universität 9, 68ff., 282
Urfehde 147, 149f., 157, 159, 169, 188, 193

Verbundprozess 194, 197f., 224, 232
Verfolgungsbefürworter 63f., 106, 119, 137, 139, 204, 214, 220, 276f.
Verfolgungskritiker 41, 115, 207, 247
Verfolgungswellen 10
Verleumdungsklage 158
Verwandlungsvorstellung 20, 78f., 105

Visitation 9, 30f., 33, 34, 44, 46f., 49, 51, 52, 247f., 249, 252, 252–274, 278f.
Visitationsprotokolle 50, 60, 62, 147, 212, 230, 252f., 259, 260, 262, 263, 265, 268, 270, 273, 278
Visitatoren (s. Visitation)
Vogt 43, 60, 142, 145, 189, 209, 220, 250, 269, 273
Volksaberglauben 44f., 93, 207ff., 234, 252
Vorausgehendes Unglück 145, 146, 148–193, 227f., 232, 238

Wahrsagerei 52, 57f., 59f., 86, 95, 103, 120, 155, 156f., 218, 223ff., 229–232, 233, 237, 254–258. 260, 262, 273, 274
Weise Frau 3, 54, 229–232, 240, 262f.
Weltliche Obrigkeit 6f., 8, 9, 23ff., 30f., 32f., 34, 43, 53, 60, 66, 70, 84f., 92, 97, 113, 116, 123, 127ff., 131, 136, 139, 147, 219, 239, 240, 245, 247, 249, 264, 272f., 275f., 278f. 281f.
Wetterläuten 252, 254, 257, 265, 267, 278
Wettermacherei 20, 78, 105, 108, 119, 128, 152, 155, 169, 186, 205, 238, 254f., 257f., 260
Wort und Sakrament 82
Worttheologie 82f., 92, 94, 96f., 123, 245

Zaubereigebrauch 156, 221, 223f., 263f., 274, 275, 278, 280ff.
Zaubereiprozess 21, 105, 194, 278
Zauberische Familie 221, 233
Zwei-Reiche-Lehre 23ff., 32f., 34f., 36, 61, 66, 70, 84, 97, 129, 136, 244, 249, 275, 281

Spätmittelalter und Reformation. Neue Reihe

Begründet von Heiko A. Oberman
herausgegeben von Berndt Hamm in Verbindung mit Johannes Helmrath,
Jürgen Miethke und Heinz Schilling

Band 1
Matthias Benad
*Domus und Religion in Montaillou*
1990. X, 398 Seiten und 12 Seiten Kunstdruck. Leinen.

Band 2
Manfred Schulze
*Fürsten und Reformation*
Geistliche Reformpolitik weltlicher Fürsten vor der Reformation
1991. VII, 231 Seiten. Leinen.

Band 3
Sabine Holtz
*Theologie und Alltag*
Lehre und Leben in den Predigten der Tübinger Theologen 1550–1750
1993. IX, 479 Seiten. Leinen.

Band 4
Ute Gause
*Paracelsus (1493–1541)*
Genese und Entfaltung seiner frühen Theologie
1993. XI, 299 Seiten. Leinen.

Band 5
Hans Christoph Stoodt
*Katharismus im Untergrund*
Die Reorganisation durch Petrus Auterii 1300–1310
1996. IX, 373 Seiten und 1 Landkarte. Leinen.

Band 6
Thomas Hohenberger
*Lutherische Rechtfertigungslehre in den reformatorischen Flugschriften
der Jahre 1521–22*
1996. XIII, 445 Seiten und 1 Kunstdrucktafel. Leinen.

Band 7
Ralph Weinbrenner
*Klosterreform im 15. Jahrhundert zwischen Ideal und Praxis*
Der Augustinereremit Andreas Proles (1429–1503) und die privilegierte Observanz
1996. XII, 284 Seiten. Leinen.

Band 8
Holger Flachmann
*Martin Luther und das Buch*
Eine historische Studie zur Bedeutung des Buches im Handeln und Denken des Reformators
1996. X, 385 Seiten. Leinen.

Band 9
Ulrich Hinz
*Die Brüder vom Gemeinsamen Leben im Jahrhundert der Reformation*
Das Münstersche Kolloquium
1997. XII, 357 Seiten. Leinen.

Band 10
Petra Seegets
*Passionstheologie und Passionsfrömmigkeit im ausgehenden Mittelalter*
Der Nürnberger Franziskaner Stephan Fridolin (gest. 1498) zwischen Kloster und Stadt
1998. X, 388 Seiten. Leinen.

Band 11
Gerhard Faix
*Gabriel Biel und die Brüder vom gemeinsamen Leben*
Quellen und Untersuchungen zu Verfassung und Selbstverständnis des oberdeutschen Generalkapitels
1999. XI, 423 Seiten. Leinen.

Band 12
Sabine Vogel
*Kulturtransfer in der frühen Neuzeit*
Die Vorworte der Lyoner Drucke des 16. Jahrhunderts
1999. IX, 318 Seiten. Leinen.

Band 13
Ute Lotz-Heumann
*Die doppelte Konfessionalisierung in Irland*
Konflikt und Koexistenz im 16. und in der ersten Hälfte
des 17. Jahrhunderts
2000. XI, 510 Seiten. Leinen.

Band 14
*Johannes a Lasco (1499–1560) – Polnischer Baron,
Humanist und europäischer Reformator*
Beiträge zum internationalen Symposium vom 14. bis 17. Oktober 1999
in der Johannes a Lasco Bibliothek Emden
Herausgegeben von Christoph Strohm
2000. X, 390 Seiten. Leinen.

Band 15
*Spätmittelalterliche Frömmigkeit zwischen Ideal und Praxis*
Herausgegeben von Berndt Hamm und Thomas Lentes
2000. X, 212 Seiten. Leinen.

Band 16
Jürgen Miethke
*De potestate papae*
Die päpstliche Amtskompetenz im Widerstreit der politischen Theorie
von Thomas von Aquin bis Wilhelm von Ockham
2000. X, 347 Seiten. Leinen.

Band 17
Jan Ballweg
*Konziliare oder päpstliche Reform*
Benedikt XII. und die Reformdiskussion im frühen 14. Jahrhundert
2001. XIII, 399 Seiten. Leinen.

Band 18
Henning P. Jürgens
*Johannes a Lasco in Ostfriesland*
Der Werdegang eines europäischen Reformators
2002. VIII, 428 Seiten. Leinen.

Band 19
*Der Medici-Papst Leo X. und Frankreich*
Politik, Kultur und Familiengeschäfte in der europäischen Renaissance
Herausgegeben von Götz-Rüdiger Tewes und Michael Rohlmann
2002. VIII, 609 Seiten. Leinen

Band 20
Susanne Kleinöder-Strobel
*Die Verfolgung von Zauberei und Hexerei in den fränkischen Markgraftümern im 16. Jahrhundert*
2002. XV, 332 Seiten. Leinen.

Einen Gesamtkatalog erhalten Sie vom Verlag Mohr Siebeck,
Postfach 2040, D-72010 Tübingen.
Neueste Informationen im Internet unter http://www.mohr.de